国家社会科学基金后期项目（19FSHB012）资助成果

经济组织中的声誉转移与责任追索机制研究

Research on Reputation Transfer and Liability
Recourse Mechanisms in Economic Organizations

周祥军　著

吉林大学出版社

·长春·

图书在版编目（CIP）数据

经济组织中的声誉转移与责任追索机制研究 / 周祥军著. -- 长春：吉林大学出版社，2024.12. -- ISBN 978-7-5768-3933-3

I. F272

中国国家版本馆CIP数据核字第2024QV8596号

书　　名：经济组织中的声誉转移与责任追索机制研究
JINGJI ZUZHI ZHONG DE SHENGYU ZHUANYI YU ZEREN ZHUISUO JIZHI YANJIU

作　　者：	周祥军
策划编辑：	李承章
责任编辑：	李承章
责任校对：	王　曼
装帧设计：	刘　丹
出版发行：	吉林大学出版社
社　　址：	长春市人民大街4059号
邮政编码：	130021
发行电话：	0431-89580036/58
网　　址：	http://www.jlup.com.cn
电子邮箱：	jldxcbs@sina.com
印　　刷：	杭州五象印务有限公司
开　　本：	787mm×1092mm　1/16
印　　张：	20.75
字　　数：	360千字
版　　次：	2025年5月　第1版
印　　次：	2025年5月　第1次
书　　号：	ISBN 978-7-5768-3933-3
定　　价：	98.00元

版权所有　翻印必究

前 言

如果将组织的声誉视作一种难以估量的资产，那么，声誉的积累与传递便成为经济增长的关键。在经济的细胞中，声誉如同那些遗传编码，决定着组织的生存与繁荣。就如同现代医学在追寻免疫细胞的奥秘以对抗疾病一样，经济学家也在探索保持经济稳定、促进经济高效增长的"好基因"。

从亚当·斯密（Adam Smith）的"市场之手"到凯恩斯（John Maynard Keynes）的总需求管理，经济学的发展就像是一场既定的命运交响乐，而其中，声誉理论的演变成了一段特殊的间奏。如同维布伦（Thorstein Veblen）关于制度对经济行为影响的洞见，以及罗纳德·科斯（Ronald Coase）对企业性质的独到见解，这些经典作品不仅仅是理论的展现，更是对经济增长背后微妙力量的探索。

20世纪90年代初，经济舞台上的裂变可谓波澜壮阔，经济全球化的潮流在这一时期显得格外引人注目。正是在这一时代背景下，诺贝尔经济学奖于1991年授予了新制度经济学的奠基人之一罗纳德·科斯，以表彰其在交易成本和产权理论方面的杰出贡献。紧接着，在1993年，另一位新制度经济学派的杰出代表，道格拉斯·诺思（Douglass C. North）也因其将制度因素，包括产权，成功应用于经济史分析中的成就而荣获该奖项。从那时起，新制度经济理论焕发出勃勃生机，成为学术界、政界及各领域中的热门话题。

新制度经济理论的崛起，是一种必然，但其与1990年启动的人类基因组计划似乎又存在着某种偶然的默契与联系。或许，正是这种自然科学和社会科学之间的或然收敛，推动着人类历史的实然进程。在这一范式下，经济终于被视为一个活生生的有机体，而非一台冷冰冰的机器。产权，这一长期被新古典经济学所忽视的要素，也终于踏出理论假设的暗箱，成为解析经济问题的关键。根据新制度经济理论，经济运行的核心在于产权结构和交易成本。其中，最具革命性的观点莫过于"科斯定理"。该定理指出，如果交易成本不为零，那么产权的初始分配将会影响资源配置的效率。科斯通过对英国灯塔的产权变迁研究，挑战了长期以来将灯塔视为政府必须提供的公共品的传统观点。他发现，灯塔，无论是由政府还是私人运营，其决定因素在于交易成本，而非社会成本。在他看来，一个理想的产权制度应当促使包括人力在内的各种经济资源得到有效利用。该观点不仅进一步拓展了人们对企业边界的理解，也为生产力的进一步解放铺平了道路。

然而，正当人们将注意力聚焦于产权时，新的问题层出不穷。经济的稳定、增长与发展，说到底，正是人民对美好生活的向往。这意味着，发展经济不能为了增长而增长，而后者恰恰被认为是癌细胞的增长之道。换言之，经济增长，其出发点应与经济体的文化和特质相结合，落脚点在于本国人民的福祉。因此，随着产权概念的进一步解构，声誉，这一贯穿于一国社会与文化的基因，其重要性不言而喻。特别是对于高语境文化下的经济体，声誉机制对于社会隐性契约作用的强调更具现实意义。

进入 21 世纪，随着数字经济的兴起，声誉理论迎来了新的发展阶段。在这个由数据和链接构成的新时代，声誉的传递和管理变得更加复杂而重要。奥利弗·威廉姆森（Oliver E. Williamson）的交易成本经济学，道格拉斯·诺斯的制度理论，都在这一时期被重新审视，以适应数字化的挑战。

数字时代，经济学家就像探索未知海域的航海家，正在寻找那些能够引导经济组织安全航行的星辰。他们一再强调，仅仅依靠短期的经济刺激政策，往往治标不治本。一套系统的解决方案，必然要求深入到经济细胞的核心——产权。而产权的不完全性和动态性，进一步影响了社会契约和市场治理。声誉，这种具有社会属性的隐性契约，其本质和功能正在受到广泛关注。特别是在数字经济条件下，产权的动态性和契约的不完全性日益凸显，这意味着作为隐性契约的声誉机制在促进经济增长和维护市场秩序方面必然发挥关键作用。人们意识到，只有理解和优化声誉机制，才是经济组织健康持久增长之道。

新制度经济学中的声誉理论不仅仅是关于经济组织中资源的配置和利用，还涉及声誉转移与责任追索的复杂机制。这些理论和观点成为理解和解释现代经济组织运作的重要工具，为我们提供了观察和分析经济现象的崭新视角。在新制度经济学的发展历程中，声誉理论的演变显得尤为引人入胜。正如道格拉斯·诺思所强调的，国家的存在对于经济增长是不可或缺的，而离开了时声誉的讨论，便无法完全理解国家的作用。诺思在其研究中发现，在欧洲历史上，英国和荷兰的经济成功，关键在于它们建立了一系列有利于经济增长的产权制度，包括现代预算制度和现代企业制度。该产权制度，说到底，正是在西欧文化语境下，强化了政府和企业的双向声誉。这一机制促进了信任和合作，从而降低了交易成本，提高了效率。相比之下，法国和西班牙的经济衰退，则在很大程度上归咎于它们的产权体系无法为政府或企业带来有利于经济增长的声誉机制。可见，声誉，既是经济的，也是文化的。

新制度经济学的这种视角为我们理解声誉在经济组织中的作用提供了崭新的思考角度。就像诺思和科斯那样，新制度经济学家通过对声誉转移与责任追索的深入分析，开辟了经济理论的新天地。他们的研究揭示了声誉如何在历史上塑造经济发展的路径，以及在现代经济组织中如何发挥关键作用。

在这些经济学家中，一些人已然成为历史的一部分，但他们的思想和理论仍然闪耀着光芒。例如，阿尔钦（Armen Alchian）作为产权经济学的创始人，以及他的学生张五常和夏普（William F. Sharpe），他们的研究在声誉理论的发展中占据了重要位置。同样，德姆塞茨（Harold Demsetz）、威廉森（Oliver E. Williamson）、巴泽尔（Yoram Barzel）、斯蒂格利茨（Joseph E. Stiglitz）、菲吕博顿（Eirik Furubotn）和芮切特（Rudolf Richter）等人，他们的成果在声誉理论的发展上也留下了深刻的印记。哈特（Oliver Hart）的不完全契约理论进一步强化了声誉在现代经济组织治理中的重要性。根据哈特的观点，由于契约的不完全性，拥有更多资产的个体将具有更大的谈判筹码和控制权。这一发现对理解现代经济组织中声誉机制的作用至关重要，特别是在决定谁应该拥有更多权力以及这种权力应如何平衡的问题上更为关键。

总的来说，新制度经济学中声誉理论的发展不仅是对经济组织中资源分配和利用的一种深入探讨，而且是对于如何在复杂的现代经济环境中有效管理声誉和责任的全面阐释。本书中，我们将在新制度经济学的框架下探讨经济组织中声誉的转移与责任的追索。我们将深入研究不同经济组织如何通过制度设计促进资源的有效配置和经济的健康增长，以期为读者提供一个全面而深刻的视角，帮助他们更好地理解经济组织在数字化转型中的关键作用和挑战。

理论界对声誉机制的研究很多，但是，对声誉在经济组织中的转移性和共享性研究较为缺乏，并未就这种声誉转移性和责任的可追索性作更多的探讨。有鉴于此，本书着重探讨了经济组织中成员共享的声誉，提出外部行为主体没有办法获得纵向合作中每一个成员的准确类型或信息，只能依据合作的集体声誉对内部各个成员作出初步判断。如果成员集体努力维护声誉，将会为纵向合作的各成员带来声誉溢价，但是组织合作共享声誉的准公共物品性质，使得成员存在"搭便车"等机会主义行为，进而损害集体声誉，造成经济组织合作中的违约、产品质量、责任推诿等问题。如果能从理论上解释经济组织合作关系中的声誉共享所带来的利润，以及为声誉转移共享所支付的价格，就能准确追究纵向合作中各个环节的产品质量、产品安全等连带责任关系，从而能够对这类问题进行相关责任追索，真正实现谁的责任谁赔偿、谁负责的目的，以解决现实中不负责任、不予赔偿及其消费者追索、维权困难的问题。在数字经济条件下，大数据、区块链、人工智能等新技术的应用，对以上声誉机制问题的解决提供了坚实的技术基础。

本书的写作，正是基于上述前沿理论和研究成果，着眼于当代中国实践，主要从以下几方面进行研究：（1）经济组织中是否存在声誉转移、声誉转移水平的影响因素有哪些；（2）共享声誉好处的各个链条是否支付了声誉费用；（3）声誉损毁而带来的经济损失由谁赔偿，损毁责任追索到每个环节还是只由品牌和声誉拥有者承担；（4）经济组织合作责任追索的有效方式及可执行性。对于这些问题的研究和解决，有助于对经济组织合作关系治理机制作出进一步的贡献，以有利于法庭追索权条款的执行。按照"经济组织中声誉转移的存在性——声誉转移的影响因素及其成本——声誉损失的责任追索方式"的逻辑思路展开。

首先，采用意愿价值评估（CVM）调查法对纵向合作关系中是否存在声誉转移及其影响因素进行经验研究。实证结果表明，纵向合作关系中确实存在声誉转移；产品的属性是影响声誉转移水平的重要因素，且具有统计显著性。该部分的实证分析是后面分析的理论基础。其次，理清声誉在纵向合作中的使用、维护和价格支付之关系。纵向合作各环节享受到了声誉转移的收益，声誉拥有者通过收取声誉转移使用费在一定程度上起到了甄别成员企业的功能，将低质量、容易发生违约行为的企业排除在纵向合作之外。本书构建了声誉转移使用费理论模型，研究发现声誉使用费收取的高低与市场上消费者类型的分布、声誉价值的高低、违约信息传播效率和申请加入的成员企业的诚信程度有关。纵向合作各行为主体为加入纵向合作组织交纳声誉转移使用费。虽然使用费带来额外成本，但各环节因共享声誉而获得好处，实际收益因而提高。再次，在前两个问题的研究结论基础上，从经济效率视角分析品牌所有者承担连带责任的效率，由于品牌所有者是纵向合作关系的组织者和声誉转移使用费的获得者，直接向品牌所有者追究连带责任是有效率的。节约了消费者取证成本、诉讼成本和维权成本，有利于保障消费者权益；纵向合作成员企业彼此熟悉和了解，由品牌所有者先承担违约的连带责任再进行内部责任追索，会节约信息获取成本，提高责任追索效率；纵向合作品牌所有者作为组织者，对其他成员具有可置信惩罚威胁，从而极大地降低了成员个体违约的概率；纵向合作中品牌所有者承担连带责任，促进了声誉转移使用费用的合理收取，并降低了违约行为产生的概率。因此，本书认为纵向合作责任追索中，首先由品牌所有者对外承担严格连带责任，然后由品牌所有者进行内部责任追索的方式是有经济效率的。最后，本书通过经济学实验方法对纵向合作责任追索方式的效率进行分析。研究发现：纵向合作关系中个人责任追索机制和连带责任追索机制都利于成员努力水平的提高。但是纵向合作中相对于个人责任追索机制，连带责任追索机制效率更高、更利于纵向合作关系的维护。同时结合中国数字经济发展，探索平台型经济组织利用声誉转移与责任追索机制进行治理的方式。

全书共分八章。第一章开篇介绍了组织中协调与激励的多样性，并对协调与激励策略的成本效益进行了详细分析；探讨了内部价格体系在组织协调中的作用，揭示了经济组织内部决策的微观机制。重点分析经济增长的制度因素，提出"制度是经济增长的关键"这一假设，并从不同的社会经济组织制度角度比较经济效率。接下来，第二章深入探讨了经济组织中的声誉理论。从声誉的起源到其概念的界定，再到声誉理论的分类，本章提供了一个全面的声誉理论框架，评估了声誉理论的当前研究现状，探讨了其演进过程，并界定了本书的研究焦点和边界。在第三章中，我们关注纵向合作组织中的声誉转移机制，本章详细讨论了声誉如何影响需求变动，以及声誉转移的多种影响因素，从交易成本的视角分析经济组织中的纵向合作关系和声誉机制，探讨声誉转移的微观基础和运行机制。介绍了声誉转移的使用、维护和价格支付，主要分析了声誉转移为纵向合作链条带来的利润、各环节为声誉使用支付的费用及纵向合作的维护。这一章节为理解声誉转移在现代经济组织中的重要性提供了坚实的理论基础。第四章转向对纵向合作组织中声誉转移的经验研究，采用了CVM方法和意愿价值评估法，对纵向合作中声誉转移进行实证检验，重点分析是否存在声誉转移以及声誉转移水平的影响因素。第五章聚焦于组织中声誉转移的责任追索机制，从经济和法律的角度探讨了纵向合作中的违约惩罚和责任追索问题，提出了有效的责任追索策略，并分析了这些策略的经济效率。第六章，通过实验设计探索了组织中声誉转移的责任追索机制。实验覆盖了不同责任追索机制的比较分析，旨在提供更深刻的洞察，以理解不同机制的效力和适用性。第七章探讨了数字经济下组织中的声誉转移与责任追索问题，结合中国国情，研究了数字技术如何影响传统的纵向合作组织，以及如何在平台型经济组织中有效利用声誉转移与责任追索机制。第八章对声誉转移与责任追索进行理论与实践的反思，总结书中论述的理论与实践，探讨声誉转移在降低交易成本、提高市场信任度方面的作用，以及责任追索机制在合作稳定性和声誉维护中的重要性。

周祥军
2024 年 11 月

目 录

第一章 社会中的经济组织 ………………………………………… 1
  第一节 组织中的协调与激励 …………………………………… 1
    一、组织中协调与激励机制的多样性 ……………………… 1
    二、协调与激励策略的成本效益分析 ……………………… 10
    三、内部价格体系在组织协调中的作用 …………………… 12
  第二节 法律框架下的组织结构与变迁 ………………………… 17
    一、契约与权力交织:组织的新视角 ……………………… 17
    二、交易背后的故事:非正式合约的力量 ………………… 24
    三、从义利到契约规范:正式合约关系 …………………… 25
  第三节 复杂组织的结构与功能 ………………………………… 28
    一、纵向一体化 ……………………………………………… 28
    二、混合型组织 ……………………………………………… 32
    三、模块化组织 ……………………………………………… 35
  第四节 组织中的纵向合作维度 ………………………………… 37
    一、传统二分法的模糊性 …………………………………… 37
    二、企业实体与虚拟边界的分离 …………………………… 39
    三、组织中纵向合作关系界定 ……………………………… 41
    四、纵向合作的合约结构 …………………………………… 45
    五、纵向合约中的声誉机制 ………………………………… 46

第二章 经济组织中的声誉理论 ……………………………………… 50
  第一节 声誉理论溯源 …………………………………………… 50
    一、声誉的缘起 ……………………………………………… 50
    二、声誉概念界定 …………………………………………… 57
    三、声誉理论的分类 ………………………………………… 65
  第二节 声誉理论的研究现状研判 ……………………………… 72
    一、研究方法及数据来源 …………………………………… 72
    二、研究流程 ………………………………………………… 73
    三、研究概况 ………………………………………………… 74
  第三节 声誉理论的研究脉络演变 ……………………………… 83

一、声誉理论的内涵演进 …………………………………………… 83
　　二、声誉理论的主题演变 …………………………………………… 86
　第四节　声誉理论研究热点聚焦 ………………………………………… 89
　　一、个体声誉 ………………………………………………………… 92
　　二、集体声誉 ………………………………………………………… 97
　　三、声誉与数字经济 ………………………………………………… 101
　第五节　声誉转移的研究进展 …………………………………………… 104
　　一、声誉可转移的微观基础 ………………………………………… 104
　　二、纵向合作组织中的声誉 ………………………………………… 107
　　三、数字经济组织中的声誉 ………………………………………… 109
　　四、本研究的核心焦点 ……………………………………………… 112

第三章　纵向合作组织中的声誉转移机制 ………………………………… 114
　第一节　声誉影响需求变动的理论基础 ………………………………… 114
　　一、声誉对选择成本的影响 ………………………………………… 114
　　二、声誉溢价 ………………………………………………………… 115
　第二节　纵向合作声誉转移对需求影响的机理分析 …………………… 117
　　一、选择声誉转移的原因 …………………………………………… 117
　　二、声誉转移影响需求变动的机理 ………………………………… 118
　第三节　声誉转移水平的影响因素分析 ………………………………… 123
　　一、产品属性与声誉转移 …………………………………………… 123
　　二、技术进步与声誉转移 …………………………………………… 125
　　三、收入水平与声誉转移 …………………………………………… 126
　第四节　声誉转移的收益及纵向合作剩余 ……………………………… 127
　　一、声誉转移对成员企业收益的影响 ……………………………… 127
　　二、声誉转移的纵向合作剩余 ……………………………………… 130

第四章　纵向合作组织中声誉转移经验研究 ……………………………… 134
　第一节　声誉转移研究中CVM方法的理论基础 ……………………… 134
　第二节　意愿价值评估法的问卷引导 …………………………………… 136
　第三节　研究方案的设计及样本选择 …………………………………… 138
　　一、研究方案的设计 ………………………………………………… 138
　　二、声誉转移支付意愿的样本分布 ………………………………… 142
　第四节　纵向合作是否存在声誉转移的检验 …………………………… 145
　　一、Logit模型的选择 ………………………………………………… 145
　　二、样本统计描述 …………………………………………………… 146

三、估计结果 ·· 147
　第五节　纵向合作声誉转移水平的影响因素检验 ············ 149
　　　一、生存分析模型建立 ···································· 149
　　　二、基于问卷类型分层的模型估计 ························ 151
　　　三、变量选择与预期作用分析 ···························· 154
　　　四、COX风险比例模型的选择 ···························· 158
　　　五、COX模型分层修正 ···································· 161
　　　六、模型稳健性检验 ······································ 164

第五章　组织中声誉转移的责任追索机制 ······················ 167
　第一节　纵向合作的违约惩罚 ································ 168
　　　一、违约惩罚的基本原理 ································· 168
　　　二、纵向合约主体博弈分析 ······························ 170
　　　三、默认合约 ·· 172
　　　四、利益共享 ·· 174
　　　五、自我履约 ·· 175
　　　六、法律惩罚 ·· 177
　第二节　法律界对纵向合作声誉转移的责任追索观点 ········ 179
　　　一、由品牌所有者承担 ···································· 179
　　　二、由生产商承担 ··· 179
　　　三、考虑相关因素，区别对待 ···························· 180
　　　四、由产品上标注的"生产者"承担 ······················ 181
　　　五、连带责任 ·· 181
　第三节　责任追索困难的法律原因 ···························· 182
　　　一、相关法律规范中存在矛盾 ···························· 182
　　　二、责任主体的认定缺少理论基础 ······················ 183
　第四节　纵向合作责任追索的经济效率分析 ·················· 184
　　　一、连带责任追索方式的经济效率分析 ·················· 184
　　　二、链主企业承担连带责任的经济效率分析 ············· 186
　　　三、纵向合作关系实行严格责任归责的经济效率分析 ···· 189

第六章　组织中声誉转移的责任追索实验研究 ················ 192
　第一节　实验设计 ·· 192
　　　一、实验目的和思路 ······································ 192
　　　二、实验研究方法 ·· 192
　第二节　实验的具体步骤 ···································· 196

一、实验的被试者选择 …………………………………… 196
　　二、实验的准备阶段 ……………………………………… 196
　　三、实验的实施阶段 ……………………………………… 197
　　四、实验的开展情况 ……………………………………… 200
第三节　实验数据分析 ………………………………………… 201
　　一、不同责任追索机制的比较分析 ……………………… 202
　　二、连带责任追索机制 …………………………………… 204
　　三、个人责任追索机制 …………………………………… 210
　　四、个人责任和连带责任追索机制比较 ………………… 216
　　五、不同责任追索机制的回归分析 ……………………… 221

第七章　数字经济下组织中的声誉转移与责任追索 …………… 227
第一节　数字经济背景下的纵向合作组织变革 ……………… 227
　　一、数字技术对传统纵向合作组织的冲击 ……………… 227
　　二、平台经济：双边市场与商业模式 …………………… 228
第二节　平台型电商组织的兴起 ……………………………… 231
　　一、平台型电商生态系统 ………………………………… 232
　　二、平台型电商供应链 …………………………………… 234
　　三、平台型电商企业 ……………………………………… 235
第三节　电商供应链中的声誉转移 …………………………… 239
　　一、电商供应链声誉界定 ………………………………… 240
　　二、电商供应链的声誉特性 ……………………………… 245
　　三、电商供应链的声誉维护 ……………………………… 249
　　四、电商供应链的声誉转移路径 ………………………… 252
　　五、电商供应链声誉的转移程度 ………………………… 254
　　六、电商供应链声誉转移的影响因素 …………………… 255
　　七、电商供应链声誉转移的范围 ………………………… 257
第四节　电商供应链声誉转移危机与责任追索 ……………… 260
　　一、电商供应链纠纷与声誉机制失灵 …………………… 260
　　二、电商供应链声誉转移危机 …………………………… 264
　　三、电商供应链声誉转移危机的来源 …………………… 267
　　四、电商供应链声誉转移危机的管理策略 ……………… 270
　　五、电商供应链声誉转移危机的责任追索 ……………… 274
第五节　声誉转移机制与责任追索策略协同匹配 …………… 282
　　一、产品责任制的理论基础与挑战 ……………………… 283

二、电商供应链声誉租金 ………………………………… 283
　　三、与声誉租金挂钩的责任追索机制 …………………… 287
　　四、声誉转移机制与责任追索策略协同 ………………… 290
　第六节　电商供应链声誉租金权利与责任对等模型 ………… 291
　　一、声誉异质性下供给侧的对等责任追索 ……………… 293
　　二、声誉异质性下需求侧的对等责任追索 ……………… 297
　第七节　本章小结与展望 ……………………………………… 301
　　一、本章小结 ……………………………………………… 301
　　二、未来研究方向与展望 ………………………………… 302

第八章　总结与反思 ……………………………………………… 305
　第一节　声誉转移机制的理论与实践 ………………………… 305
　　一、声誉转移对于降低交易成本的作用是多方面的 …… 306
　　二、增强市场地位与信任度 ……………………………… 306
　　三、维护和增强组织间合作 ……………………………… 307
　　四、声誉转移机制的成功依赖因素 ……………………… 308
　第二节　责任追索制度的作用和挑战 ………………………… 309
　　一、责任追索作为合作稳定性和声誉的维护工具 ……… 309
　　二、挑战：责任界定的模糊性与法律框架的不完善 …… 310
　　三、组织间合理风险分配的有效责任追索机制 ………… 310
　　四、数字经济背景下的责任追索机制 …………………… 311
　第三节　声誉转移与责任追索的协同效应 …………………… 312
　　一、声誉转移和责任追索的协同作用提高组织效能 …… 312
　　二、声誉转移为责任追索提供社会和文化基础 ………… 313
　　三、完善的责任追索机制促进声誉转移的稳定性
　　　　和可信度 ……………………………………………… 314
　　四、数字经济下组织中的声誉转移与责任追索管理策略 …… 314

参考文献 …………………………………………………………… 316

第一章 社会中的经济组织

第一节 组织中的协调与激励

一、组织中协调与激励机制的多样性

在深入探讨经济组织的协调与激励机制时,我们首先必须关注效率这一重要的组织原则。效率在经济学中被定义为在一种有效选择下所达成的经济结果。衡量某种选择的经济绩效,涉及两个主要方面:一是其结果所获得的收益是否与特定群体相关,二是这些收益是否与该群体的选择相关。值得注意的是,经济绩效可能随着群体的迁移或约束条件的变化而发生改变。因此,衡量一个经济组织的经济绩效主要看其在多大程度上满足市场对商品或服务的需求。在供求关系中,无论是供大于求还是供不应求,都不能被视为最佳的效率结果。

经济学中的效用函数被用作衡量这一满意度的指标,而所谓的经济效率即指效用的最大化。经济效率可以被细分为技术效率和配置效率。技术效率指的是生产者在既定资源条件下使产出最大化,或在既定的产量条件下使所用资源或成本最小化。配置效率则涉及经济体将资源合理地分配给不同的生产者,以最大限度地满足人们的需求。当一个经济体达到所谓的帕累托效率时,即在不使任何人境况变坏的情况下,无法使某些人的处境变好,那么该经济体则被视为经济有效。

以铁路与农田的示例来阐释,如果火车行驶引起的火花给农民造成损失,且铁路公司无力或不愿补偿,那么这种资源配置就是无效的。相反,如果火车的噪声帮助提高了农作物产量,那么这种配置就被视为更优。这里涉及"科斯定理",即在现实世界中的交易成本为正值的情况下,不同的产权初始安排将导致不同的资源配置结果。这意味着产权安排对经济组织的协调起到了关键作用,并有助于提高效率。

诺思(Douglass C. North)在其对经济增长的研究中认为,经济组织的效率是关键所在。高效的经济组织有助于推动经济增长,而低效的经济组织则会阻碍经济增长。合理的产权安排能够使私人收益率等同于

社会收益率，从而促进有效经济组织的形成和发展。在《1600—1850 海洋运输生产率变化的原因》一文中，诺思指出，尽管在这一时期海洋运输技术没有显著变化，但由于海洋运输变得更为高效，市场经济更趋完善，航运制度与市场制度的变革降低了海洋运输成本，从而极大地提升了海洋运输的生产率。这表明良好的产权制度对于一个经济体来说是至关重要的激励机制。

在探究经济组织绩效的提升时，产权的动态性和经济中的外部性扮演着关键角色。现实世界的复杂性，意味着长期维持私人收益率与社会收益率等值的状况是一项挑战。巴泽尔（Barzel）深入分析了产权的动态性特征，以奴隶制的变迁为例，探讨了产权与交易成本之间的关系。他指出，由于交易成本的存在，清晰界定产权在实际中是不现实的。奴隶制的例子表明，尽管奴隶主在法律上拥有奴隶及其财产，但在现实中，奴隶有能力积累财富甚至购买自由。这表明奴隶主并不能完全占有奴隶，因为全面控制会带来高昂的成本，如雇佣监工和防止逃逸。相反，给予奴隶一定的自主权，而将重点放在劳动结果而非过程上，会带来更好的经济效果。这表明，将劳动产品的剩余索取权返还给奴隶，可能会更有利于提高经济绩效。

巴泽尔进一步对比了租佃合同和工资合同这两种契约方式。他认为，在土地均质而劳动力非均质的情况下，劳动者可能存在偷懒的潜在动机，从而减少产出，因此此时租佃合同比工资合同更有效。相反，如果劳动力是均质的而土地是非均质的，那么工资合同可能更加有效。这说明，由于交易成本的存在，产权呈现出动态特征，因此不可能找到一劳永逸的产权安排。[1]

张五常提出的分成合同在特定条件下同样是高效的。他强调，在产权私有的条件下，合约选择的目的在于使财产在风险分担中所获收益最大化。他指出："对任何一种资源，都有许多人对其所有权进行竞争，每个潜在的买者和使用者不仅拥有对资源的可供选择的使用的知识，而且也具有关于使各种资源进入生产过程的不同合约安排的交易成本知识……市场对所有权的转让所进行的竞争执行两种主要的合约功能。第一，竞争汇集了所有潜在所有者的知识——即关于可供选择的合约安排及使用的知识。第二，潜在的合约参与者之间的竞争以及资源所有者有能力转让其使用资源的权

---

[1] 约拉姆·巴泽尔. 产权的经济分析[M]. 费方域，段毅才，译. 上海：上海人民出版社，1997：109-110.

利,则减少执行一个合约条款的成本。"换言之,为了实现较高的经济组织绩效,财产的使用和转让必须基于自由竞争的原则,同时财产所有者的权利必须得到充分保护。只有在产权得到清晰界定和有效保护的情况下,才能引导资源或财产从低效领域流向高效领域,激发其创造价值的潜能,从而提高经济绩效。这要求对产权的收益进行有效保护。①

在深入理解产权的多维性及其在经济组织中的作用时,德姆塞茨(Demsetz)对产权的观点提供了极为深刻的见解。他认为产权不仅仅局限于收益权,还涵盖了损失权。当一方通过生产更优质的产品而获得益处时,其他竞争者因此而遭受损失。在一个公正且自由的竞争环境中,这种情形是可接受的,除非涉及某些损人利己的行为。面对错综复杂的产权关系,界定产权的原则和方法成为关键问题。此处,阿尔钦(Alchian)的分析为我们提供了一个有益的视角,他指出:"一个成功的分析私有产权的框架已对一个私有财产体制下经济资源使用的引导与协调方式给出了解释。……这在圣经上表述为'偷不应该为窃',或在数学上表述为对一个物品的交换价值的保护。"

斯韦托扎尔·平乔维奇(Svetozar Pejovich)进一步深化了对生产效率的理解。他指出,当任何物品的生产无法在不降低其他物品产出的情况下增加时,生产在技术上是有效的。效率的概念要求每种物品都由最低成本的生产者生产,而每增加一单位的生产应由成本相对较高的生产者完成。同样,在物品已经生产出来之后,制度安排也会影响产出。平乔维奇以录像机生产企业为例进行说明。

例如表1-1,假设有五家录像机生产企业,它们在一定时间内分别能生产不同数量的录像机,成本则以他们各自所放弃的价值表示。考虑到企业放弃其他生产会产生机会成本,决策者需要慎重考虑如何在录像机和其他产品之间分配资源。这本质上是一个关于产权划分的问题,更具体地讲,是关于产权中使用权的归属问题。理论上,如果产权主体被赋予投资收益权,那么这将形成一种激励机制,促使他将资源配置于高收益环节,反之亦然。换言之,如果表中的价格低于30美元,那么对于企业而言,将资源投入录像机生产可能不如投资于其他更有利可图的产品。

---

① 张五常. 交易费用、风险规避与合约安排的选择 [A]. 载于: 财产权利与制度变迁 [C]. 上海: 上海三联书店/上海人民出版社,1994:139.

表 1-1　五家企业的生产选择

企业	录像机数量	其他产出的市场价值（美元）	每台录像机的成本（美元）
A	250	27500	110
B	300	27000	90
C	100	3000	30
D	200	14000	70
E	400	20000	50

在深入分析经济学中的产权理论与企业行为时，我们必须将注意力集中在企业 C 的案例上，这是五家录像机生产企业中规模最小且生产成本最低的一个。在这个例子中，当录像机的市场价格超过了 30 美元/台，比如 32 美元/台时，企业 C 会受到激励去增加录像机的生产量以获取更多的利润。这种市场机制下的自利行为不仅促使企业 C 进行有效的投资，也反过来增进了社会的整体福祉。

如果我们进一步假设所有企业均被赋予相应的产权，并以此为基础来定价，那么 A、B、C、D、E 这五家企业将面对不同的生产激励，如图 1-1 所示，分别是 110 美元、90 美元、30 美元、70 美元和 50 美元。在这种情况下，每家企业的生产决策将基于其能够承担的最低价格，这就形成了在典型私有制经济条件下向上倾斜的供给曲线。这种供给曲线揭示了市场机制如何引导生产者提供不同数量的产品所需的最低价格。

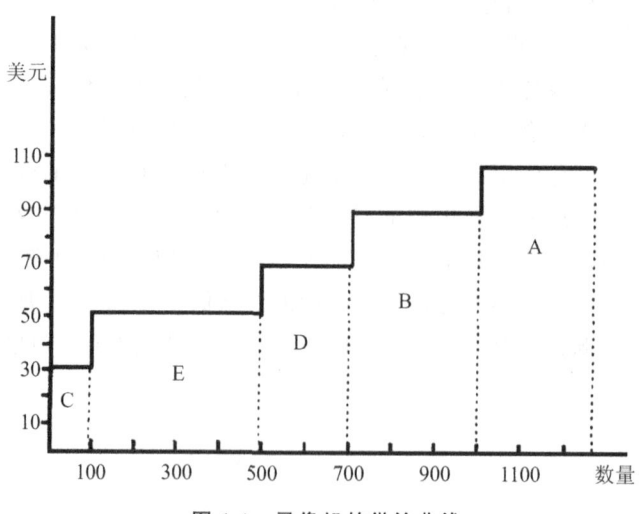

图 1-1　录像机的供给曲线

这种供给曲线的向上倾斜反映了生产的技术效率，而这正是私有产权制度的重要成果。斯韦托扎尔（Svetozar Pejovich）进一步阐述了产权和契约自由如何通过影响经济主体的行为来激励生产中的效率。例如，如果企业 C 进入市场受到阻碍，那么产出组合就可能是低效甚至无效的。因此，一个有效率的经济组织必然需要激励有效的产出。

在现实世界中，当人们合作、专业化其经济活动，并相互交换所需的商品和服务时，他们可以生产出更多的物品。这就引出了组织问题：当人们成为专业生产者并需要进行交易时，他们的决策和行为需要协调，以实现合作的效益。此外，人们还必须有完成合作活动中自己任务的动力。组织的存在、结构、政策和程序的具体细节，都反映了在协调和激励方面实现效率的尝试。

总的来说，企业 C 的案例和相关的经济理论阐述了在市场机制中如何通过合适的产权安排和激励机制来促进生产效率和社会福利的提升。这不仅是对单个企业行为的分析，也是对整个经济体系如何高效运作的深入理解。

在探讨经济组织的复杂性和其内在协调机制时，我们不禁联想到亚当·斯密在其巨著《国富论》中所描绘的大头针制造过程。斯密巧妙地绘制了一幅画面，其中各个工人专注于大头针生产的特定阶段——从铁丝的抽拉到成品的包装，展现了劳动分工的高度专业化。他进一步指出，这种分工方式大大提升了产量，与单一工人完成全部工序相比，产出增加了数倍。然而，这种专业化的生产过程也暴露出一种固有的需求——协调。

在查理·卓别林（Charlie Chaplin）的电影《摩登时代》中，我们见证了一个艺术化的、略带夸张的 20 世纪 30 年代流水线工人的典型工作日。卓别林的角色被置于一种机械重复的境地，其中，他的"职业病"——对六角形的偏执——成为对这种枯燥、重复劳动的尖锐讽刺。这不仅揭示了工业化时代对工人心理和身体的影响，而且反映出高度专业化生产方式对个体的机械化要求。

从斯密的大头针工厂到卓别林的《摩登时代》，这些案例都指出，无论是在小规模的简单经济体系还是在大型复杂的经济组织中，专业化原则和协调原则都发挥着至关重要的作用。然而，确定资源最佳用途的信息并非随处可得，这就要求建立有效的协调和信息传递机制。这可以通过集中化的信息处理或是分散化的决策制度实现。

斯密的"大头针工厂"模型提出了几种潜在的组织结构：首先是传统的企业所有者兼管理者，他负责协调整个生产过程，从招聘工人到调整生产计划；其次是工人集体合作的模式，它减少了对协调的需求，但可能牺牲专业化带来的效率；最后是将每个生产阶段组织为独立的企业，各环节通过市场交易连接，如同在通用汽车和丰田公司等大型企业中所见。

在现代经济组织中，如何平衡专业化与协调的需求，成为提升生产效率和组织绩效的关键。斯密和卓别林的案例不仅为我们提供了宝贵的历史视角，也启发了我们对当前经济组织结构和管理策略的深思。在这个充满变革的时代，理解并应对这些挑战，是所有经济学者、企业家和政策制定者的共同任务。

在探讨经济学中的协调与激励机制时，我们不禁回顾亚当·斯密的经典论述——"看不见的手"。斯密在其著作《国富论》中阐释了市场机制如何在缺乏中央集权指导的情况下，通过个体自利行为的自发协调，引领资源向最高效用的方向流动。私有产权的确立与保护，在这个过程中起到了核心作用，它不仅优化了资源的配置，更重要的是，将个人利益与社会福祉巧妙地结合在一起。在特定条件下，市场经济的这种自然调节机制，使得个体的自利追求转化为整体经济的协调发展。

然而，斯密的理论也引发了对市场机制局限性的深入思考。尽管市场通过个体行为的自利动机能够高效运作，但为何在现实经济生活中，我们仍然观察到许多经济活动并非完全通过市场价格机制来协调？为何有些交易在市场上进行，而有些则在公司内部完成？究竟何为公司的经济职能和本质？更进一步，那些采用非传统商业模式的组织，如沃尔玛、亚马逊、优步和 eBay，它们是否也符合公司的定义？

这些疑问指向了一个关键点：产权的使用权在很多情况下比所有权更为重要。在现代经济组织中，所有权与使用权的分离变得日益普遍。例如，许多大型零售企业并不拥有其销售的所有商品，而是通过合同形式与供应商协作。这种模式强调了交易成本在经济决策中的核心地位。公司的存在和其内部的经济活动，实际上是对市场交易成本的一种回应。当市场交易的成本过高时，公司作为一种内部化的协调机制，通过减少市场交易频次来降低成本。

在公司内部，与市场上的分散价格体系不同，决策往往更为集中。然而，在复杂的企业组织中，决策过程既不能完全集中，也不能完全分散。集中决策可能带来信息不足和响应迟缓，而过度分散则可能导致决策的不一致和协调成本的增加。因此，现代企业管理的挑战在于找到协调与激励之间的平衡点。有效的激励机制应该确保下层员工在分享信息和努力实现组织目标时，能够符合他们自身的利益。同时，上级管理者的角色不仅限于推动下属采取高效率的行动，更重要的是通过激励机制来提升整个组织的总体绩效。

由此可见，市场机制与公司内部的协调机制共同构成了现代经济的两大支柱。它们各自以独特的方式促进资源的有效配置和经济效益的最大化。斯密的"看不见的手"和企业内部的管理艺术，共同揭示了经济活动的复杂性和动态性，为我们理解如何在多变的经济环境中取得最佳协调与激励提供了深刻的洞察。

在经济学的丰富图景中，亚当·斯密的"看不见的手"理论及其对市场机制的阐述，如同一束照亮经济行为核心的光。斯密的思想启示我们，市场通过其自发的调节机制，能够有效地协调个体自利行为与社会福祉之间的复杂关系。在这个框架中，私有产权的保护不仅是经济效率的基础，也是社会资源配置的关键。

然而，斯密的这一理论框架并不足以解释所有经济现象。特别是在企业内部的经济活动方面，我们发现市场机制并非万能。此时，科层组织的存在及其内部的决策结构成为探讨的焦点。企业之所以存在，是因为在某些情况下，市场交易成本过高，而企业能够通过内部化机制来降低这些成本。但是，企业内部的协调与激励机制也存在着复杂性和挑战性。

在经典的经济学文献中，产权理论为我们提供了理解企业内部机制的有力工具。诸如里贝盖普（Garg D. Libecap）和科斯等学者的贡献，使我们认识到产权的配置及其对资源使用决策的影响。里贝盖普特别强调了产权制度的多样性和其对经济行为及绩效的影响。他提倡在企业中重新分配产权，赋予员工更多权利，以激励他们的贡献，并降低监督成本。这种新型的雇佣关系，鼓励员工在企业中"投资"自己的人力资本，而不是被动地接受管理层的单方面决策。

科斯的理论进一步阐释了交易成本在经济组织形式选择中的重要性。根据他的分析，企业的存在与市场之间的选择，取决于哪种方式在特定情况下能最小化交易成本。这一点在现代经济组织的结构设计中尤为重要，因为它涉及企业如何有效地分配资源、管理内部流程，以及如何与外部市场互动。

综上所述，经济学中的协调与激励机制是一个多层次、多维度的复杂话题。在此框架下，市场机制和科层组织的结合为我们提供了一个全面的视角，来理解个体行为、企业结构、产权配置，以及其对社会资源利用的影响。这些理论不仅深化了我们对经济行为的认识，也为管理实践和政策制定提供了宝贵的见解。

在探究市场与价格体系的协调机制之时，我们必须透彻地理解这一系统的微妙动态。斯密的"看不见的手"提供了一个悠久的传统，将个体的自利行为与整体的社会效益巧妙地结合起来。这一理论精粹揭示了在市场自由发挥作用时，如何无形中引导资源向最能发挥其效用的方向流动。然而，要充分理解这一过程的复杂性，我们必须进入一个更加细致的层面，即边际效用的概念。

萨缪尔森（Paul A. Samuelson）对"价值悖论"的解释，引导我们思考市场机制中的一个关键点：即商品和服务的边际效用如何影响其市场价值。水与钻石的经典例子，不仅反映了效用与稀缺性之间的复杂关系，也揭示了市场定价机制的微妙本质。在这里，我们看到了经济学的一种精妙：即如何通过理解边际效用，来解释看似矛盾的市场现象。

然而，这一理论的探讨不能仅止于此。虽然我们日常生活中的大量资源似乎是免费或低成本的，但实际上这些资源的获取和利用的背后隐藏着复杂的经济机制。例如，尽管水是地球上最丰富的资源之一，但其分配和利用依赖于一系列的经济决策和组织结构，这些结构涵盖从提取、净化到分配的全过程。这一事实凸显了市场经济中资源利用的效率和效用的重要性。

在探讨市场和价格体系的同时，对于科层组织的存在与运作也应给予充分的关注。市场机制虽然在许多情况下高效，但并非在所有情况下都是最优的解决方案。科层组织提供了一种不同于市场的资源配置方式，它依赖于内部决策和协调机制，能够在某些情况下降低市场交易的成本。这种组织内部的决策和协调机制，尤其是在信息不对称和团队之间的相互依赖性方面，提出了一系列复杂而深刻的问题。

在全球化和技术迅猛发展的今天，科层组织的结构和功能正经历着前所未有的变革。从传统的集中式决策到更为灵活的网络化结构，每种形态都在尝试解决如何在维持内部协调和激励的同时，与快速变化的外部市场环境互动的问题。这些变革不仅反映了科层组织内部的动态，也体现了经济学理论在实际应用中的深度和广度。

因此，当我们探讨市场与价格体系的协调机制时，不应忽视科层组织在现代经济中的角色和影响。这些组织不仅是市场机制的补充，也是其扩展和深化，它们在推动资源向更高效用流动的过程中发挥着不可或缺的作用。通过综合考虑市场机制和科层组织的相互作用，我们可以更全面地理解经济活动的复杂性，并为实现更高的社会效益提供更加坚实的理论基础。

在深入探讨经济学理论与实践的交会点时，我们必须审视交易成本最小化原则如何塑造和影响经济组织的架构。在这方面，企业不仅仅是市场活动的参与者，更是激励与协调的结构化体系。他们通过内部结构的优化，努力在提高效率与降低成本之间找到最佳平衡点。这种平衡是通过一系列的组织创新来实现的，其中分权机制尤为关键。

分权机制在现代企业中的应用反映了产权制度的演化。这种机制将权力从中央集权的层级向下转移，赋予较低层级更大的自主权。这种权力下放不仅仅是对资源的重新分配，更是一种对工作效率和团队合作精神的投资。通过这种方式，企业不仅能够增强员工的责任感和归属感，还能够提高决策的速度和质量。吉伦海默对沃尔沃卡尔马工厂的研究提供了一个典型的例子。在这个案例中，工作团队不仅被赋予了更多的自主权，还被鼓励去创新和改进生产流程。这种组织模式的成功在于它将员工视为合作伙伴而非单纯的劳动力，从而激发了他们的潜能和创造力。

然而，这种组织转型并非没有挑战。它要求管理层对员工展现出前所未有的信任，并要求员工对组织目标有深入的理解和认同。这种转型的关键是建立一种可信的承诺机制，确保员工明白他们的努力将得到认可和奖励。此外，这种转型还需要一种更加灵活的管理风格，以及对企业文化和员工心理的深刻理解。在沃尔沃卡尔马工厂的案例中，企业通过不断的投资和对工作环境的改善，展现了对员工的尊重。总体来看，经济组织的成功在很大程度上取决于它们如何平衡内部的协调与激励。在竞争日益激烈的市场环境中，这种平衡变得更加重要。组织必须不断地适应和创新，以保持其竞争力和效率。通过深入研究和理解这些组织机制，我们不仅能够更好地理解经济活动的复杂性，还能够为未来的经济学研究和企业实践提供宝贵的洞见。

探讨经济组织的协调与激励机制时，我们不可避免地涉足产权理论的复杂领域，尤其是当这些理论应用于现代企业管理实践时。产权理论的核心在于认识到在任何经济交易中，权利和义务的分配对资源的使用、分配和效率产生根本性影响。这一点在林肯电气的案例中得到了生动的体现，该公司通过利润分享计划，将员工转变为事实上的"共同所有者"，从而创造了一种新型的激励机制。

林肯电气的利润分享计划不仅仅是一种奖金制度，更是一种对员工价值和贡献的认可。通过这种方法，公司将员工的个人努力与组织整体的成功紧密联系起来。这种联系不仅体现在财务的共享上，更重要的是，在心理上建立了一种共同命运体的感觉。员工感到他们的贡献被看重，并且直接影响他们的报酬。这种感觉增强了他们对公司的忠诚度和对工作的投入，从而提高了整体的生产效率。

事实上，林肯电气的做法在经济学上具有深远的意义。它体现了诺贝尔经济学奖得主奥利弗·威廉姆森的交易成本理论，即组织可以通过减少内部交易成本来提高效率。在林肯电气的案例中，通过建立激励相容的奖金计划，公司减少了监督成本，同时提高了员工的自我管理能力。此外，这种做法还减少了潜在的冲突成本，因为员工现在有更多的动机去寻求效率提升的方法，而不是与管理层发生对抗。

从更宏观的角度来看，林肯电气的做法也反映了现代企业面临的一个关键挑战：如何在保持竞争力的同时，确保员工满意度和忠诚度。在全球化和技术革命的大背景下，企业不仅要与外部竞争对手抗衡，还要在内部建立一种促进创新、效率和团队协作的文化。林肯电气通过利润分享计划，成功地将这两个方面结合起来，成为现代企业管理的一个典范。综上所述，林肯电气的案例为我们提供了一个重要的经济学洞察：在正确的激励机制下，个人的自利行为可以转化为促进整体组织效率和效益的强大动力。通过将员工转变为组织的共同拥有者，企业不仅提高了内部协调性，还激发了员工的潜能，从而在竞争激烈的市场环境中获得了持续的成功。

二、协调与激励策略的成本效益分析

在探讨现代经济学的深邃脉络中，交易成本的概念显得尤为重要。它不仅仅限于直接的金融支出，更广泛地涉及市场行为和组织动态的理解。特别是在金融资产交易的背景下，如股票和债权，我们见证了交易成本的历史演变和其对市场机制的深刻影响。华尔街，这个词汇的历史背景和演进，从一个简单的交易地点到成为全球金融活动的象征，反映了交易成本理论的实践应用。起初，交易活动是在简单的物理空间进行的，但随着时间的推移和技术的进步，这些活动转移到了更加复杂和结构化的环境中。特别是通信技术和电子网络的发展，极大地改变了金融交易的本质，减少了传统交易所需的物理空间和时间。

在现代经济活动中，信息技术特别是移动互联技术的应用，极大地影响了交易成本的结构和性质。互联网为消费者提供了前所未有的信息搜索便利，同时为商家提供了更有效的市场营销途径。在过去，商业活动的信息不对称性导致了显著的谈判和信任建立成本。然而，在当前的"互联网＋"时代，这些成本得到了显著的降低，交易过程更加高效。然而，这一技术变革并非不需成本。互联网企业在建立基础设施方面需要巨大的初始投资，并且在网络安全、技术更新等方面持续面临挑战。

然而，不应忽视的是，尽管互联网技术减少了传统市场交易的许多成本，但它自身也产生了新的成本类型。前期的基础设施建设、技术升级、网络安全和消费者接受度等方面的投入，这些都构成了互联网经济的运行成本。在竞争激烈的互联网市场中，小型企业往往被规模更大的企业吞并，从而形成更大规模的企业集团。这一现象将原本市场上存在的交易成本转化为科层组织内部的成本。

在科层组织内部，交易成本的概念同样适用。这些成本涉及信息的收集和传播、决策制定和执行过程。虽然科层组织能够减少市场交易中的不确定性和成本，但组织内部的信息流通和决策过程也是成本密集型的。特别是在大型企业中，官僚制度和刚性可能导致内部成本超过市场交易成本。在全球化的背景下，跨国公司面临的文化差异、政治风险和跨境交易风险等，也是影响交易成本的重要因素。

交易成本理论提供了一个全面的框架，用于理解市场和组织行为，以及在这两者之间寻找最佳平衡点的决策过程。这一理论不仅适用于传统的市场和组织结构，也同样适用于互联网时代和全球化背景下的新兴商业模式和组织形态。在这个复杂多变的经济环境中，对交易成本的深入理解是实现有效资源配置和高效组织运作的关键。

探讨科层组织的交易成本时，其核心在于信息的流动和决策的执行。科层组织的特点在于其分层次的决策过程，其中信息自下而上流动，而决策和指令则自上而下实施。这种组织结构虽然能有效减少市场交易中的不确定性和成本，但其内部信息传递和决策制定过程本身也并非无成本。实际上，这些内部过程可能由于信息收集或传递的不准确性而导致决策失误，增加内部的交易成本。因此，在科层组织内部安排交易的成本与通过市场进行相同交易的成本之间的比较，成为决策者面临的关键问题。

在规模庞大的科层组织中，官僚制度和僵化的运作方式往往更为明显。相较于小型企业的灵活性，大型企业在应对快速变化的市场环境时往往显得更为迟钝。此外，在全球化背景下，跨国公司还须应对文化差异、跨境交易的风险以及国际政治和政策的影响。这些因素无疑增加了跨国企业的交易成本。例如，全球化企业通过建立跨国信息共享网络来协调其分散于世界各地的业务,但这种网络的维护和管理本身也是一项巨大的开支。

与此同时,激励问题的处理在科层组织中同样关键,尤其是在信息不完全和不对称的环境中。在市场交易中,买卖双方往往各自掌握着一些私人信息,这种信息不对称可能导致不理想的交易结果。而在组织内部,股东与高层管理者之间、管理者与员工之间的信息不对称,同样可能导致效率低下和资源浪费。因此,有效的激励机制对于减少这些内部交易成本至关重要。

在处理激励问题时,承诺的角色不可忽视。如果交易双方无法就承诺达成有约束力的协议,那么可能导致违约行为的出现。而为了防止潜在的机会主义行为,组织可能不得不投入更多的成本进行监督和管理。因此,信任和承诺在经济交易中的作用不容忽视,尤其是在科层组织中,高昂的监督成本往往是为了弥补信任缺失所付出的代价。科层组织的交易成本不仅体现在信息的流通和决策制定过程中,也反映在激励和信任机制的建立上。在全球化和技术进步的背景下,这些成本呈现出新的特点和挑战,要求组织不断调整和优化其内部结构和运作方式,以应对这一复杂的经济环境。在这个过程中,理解和有效管理交易成本成为组织提高效率、促进资源优化配置的关键。

三、内部价格体系在组织协调中的作用

在考虑大型科层组织中的激励机制时,我们不可忽略的是,这些组织面对的是一个涵盖了众多部门和团队的复杂体系。在这样的环境中,分权制度显得尤为重要,因为它不仅能够将决策权下放至更接近实际操作的层级,还能够提高整个组织的灵活性和响应速度。然而,这样的分权制度也带来了其自身的挑战,特别是在信息流通和激励机制的设计上。

当权利和责任被分散到不同的部门和团队时,如何确保这些部门和团队在追求自身利益的同时,也能促进整个组织的共同目标,这就成为一个关键问题。在这种情况下,内部市场的概念尤为重要。通过内部市场机制,可以在组织内部创建一个类似外部市场的环境,包括内部价格机制、供需关系以及竞争和协作的动态。例如,部门间的内部交易可以通过内部定价来协调,这样每个部门不仅要对自己的成本和收入负责,还要考虑如何通过内部市场优化资源配置。

内部市场机制的一个关键组成部分是财务控制系统。通过设定明确的财务指标,可以对各部门的绩效进行量化评估。这不仅包括成本和收

入，还涉及资产回报率、利润率和投资绩效等。这些指标不仅可以用来评估部门经理的绩效，还可以作为公司资源分配和战略规划的重要依据。同时，财务指标还可以用来激励部门间的协作和竞争，从而提升整个组织的效率。

然而，内部市场机制也存在其自身的限制。例如，当部门经理有权决定内部交易的数量时，如果内部转移价格设置不当，就可能导致部门间的交易量无法达到优化整个公司利润的水平。此外，如果各个部门过于关注自己的利益，可能会忽视公司整体利益，甚至采取损害公司利益的行为。因此，在设计内部市场机制时，需要仔细考虑如何平衡各部门的利益，以及如何通过制度设计来引导行为，确保既促进部门间的有效竞争，又维护整个组织的共同目标。

在全球化和技术进步的背景下，科层组织面临着日益复杂的管理挑战。如何在维护组织内部稳定和效率的同时，应对外部环境的变化和不确定性，这需要组织领导者不断地思考和创新。通过有效的信息管理、激励机制设计及灵活的组织结构调整，科层组织可以更好地适应复杂多变的市场环境，实现可持续的发展。

科层组织内部的交易成本以及激励机制的设计是一个极具挑战性的课题。一个有效的内部市场机制不仅要能够模拟外部市场的价格信号，还要能够在组织内部产生相应的激励效果。然而，在设计这样的机制时，存在着许多潜在的复杂性和挑战。

考虑到组织内部各部门之间的交易关系，机制设计的关键在于如何设定合适的内部转移价格。内部转移价格旨在为组织内部的产品和服务定价，这样每个部门就能够以市场化的方式进行交易。理想情况下，这种机制应当能促使各部门像在真正的市场环境中一样进行资源配置，以提高整个组织的效率和绩效。然而，由于内部市场缺乏真正市场的竞争和信息透明度，内部转移价格的设定往往充满了挑战。

如果内部转移价格设定过高或过低，将会导致资源配置的扭曲，进而影响整个组织的运行效率。例如，在贝尔科公司的案例中，由于内部打印服务的价格过高，导致员工转而寻求外部服务，最终形成了资源浪费和效率低下的局面。这样的情况在许多大型组织中都不同程度地存在。因此，有效的内部市场机制设计需要综合考虑市场竞争状况、成本结构以及内部需求的动态。

除了价格机制之外，激励问题也是组织内部市场机制的一个关键方面。在一个大型组织中，如何确保各个部门和团队不仅关注自身的效率和盈利，还要致力于推动整个组织的目标，这是一个需要细致考量的问题。有效的激励机制应当能够鼓励部门间的合作和竞争，同时确保这些行为符合整个组织的长远利益。

对于管理层而言，合理设计和调整内部市场机制，是确保组织健康运行的重要任务。这包括制定适当的内部转移价格政策，建立有效的激励和评价系统，以及不断地监控和调整内部市场的运行状况。在这一过程中，管理层需要具备对市场动态的敏锐洞察力，以及对组织内部运作的深入理解。只有这样，才能确保内部市场机制既能够促进组织内部的高效运作，又能够适应外部市场环境的变化。科层组织内部的市场机制设计是一个多维度、动态调整的过程。它不仅需要考虑市场和成本的因素，还要兼顾组织内部的结构和文化。通过精心设计和不断优化，组织可以在内部市场机制的指引下，实现资源的高效配置，提升整体的运行效率和竞争力。

企业内部结构与功能的复杂性，着眼于经济学和组织理论中的核心观念——如交易成本、产权理论，以及激励与协调机制。这些理论为我们解析企业内部的动态机制提供了丰富的视角。下面将基于这些理论，对企业内部的协调与激励机制进行深入的分析，特别是在科层组织的背景下。

首先，罗纳德·科斯的交易成本理论对理解企业行为至关重要。交易成本是指在经济交换过程中产生的各类成本，包括寻找交易伙伴、谈判合同以及确保合同执行的成本。这一理论指出，企业存在的主要原因是为了减少市场交易中的成本。在企业内部，通过建立适当的管理层级和流程，可以更有效地协调生产和分配，从而减少市场交易所带来的高昂成本。

接下来，考虑到产权理论，它强调了清晰界定的产权对于经济效率的重要性。产权不仅包括物理资产的所有权，还包括对这些资产的使用、收益和转让权。在企业内部，产权的分配和界定对激励机制产生深远影响。以福特汽车公司的5美元日工资政策为例，这一政策的实施不仅大幅提升了员工的工作积极性和生产效率，还通过提供额外的利润分享，重新界定了雇员与公司之间的关系，强化了员工对公司的忠诚和归属感。

此外，激励机制在企业内部起着至关重要的作用。激励机制设计的核心是确保员工的个人目标与企业的整体目标相一致。激励可以采取多种形式，如工资、奖金、晋升机会，甚至是更加抽象的满足感和认同感。例如，福特的高薪激励策略不仅提高了员工的物质回报，还增加了员工对企业文化的认同,从而在员工中形成了一种自我约束和自我提升的氛围。

在探讨企业内部的协调机制时,不可忽视的是信息的流动和处理。信息在企业中流动的方式和效率直接影响决策的质量和速度。为了确保信息的有效传递,科层组织通常建立了严格的沟通渠道和汇报系统。然而,这些系统有时也可能导致信息失真或延迟,从而影响决策过程。

所有这些内部机制的设计和实施都需要考虑到企业的特定环境和挑战。随着全球化的发展和技术的进步,企业不仅需要应对快速变化的市场需求,还需要适应跨文化管理和远程协作的挑战。因此,企业内部的协调与激励机制必须不断地适应和进化,以保持其有效性和竞争力。企业内部的协调与激励机制是一个复杂且动态的系统。理解和优化这一系统需要深入地应用交易成本理论、产权理论以及组织行为学的相关知识。通过对这些机制的持续研究和改进,企业能够更有效地实现其目标,同时为员工提供成长和发展的机会。

在研究大型企业如福特汽车公司的内部动态时,我们必须将注意力集中于组织结构、权力动态及劳动力市场策略等关键领域。亨利·福特(Henry Ford)的管理方法,特别是在20世纪初期工业化的背景下,为理解企业内部权力结构和劳动力市场策略提供了重要的实证基础。福特的管理模式体现了对生产效率的极致追求,通过实施流水线制造方法,显著提升了生产效率。这种方法虽然提高了效率,但也导致了严格的劳动纪律和权威的管理风格。

福特的5美元日工资政策是一个关键的案例。这一政策的实施,虽表面上看似提高了工人的生活水平和工作积极性,但实际上也是对员工行为的一种深刻控制。福特通过福利社会部门的建立,对员工的私生活进行了深入的干预,以确保他们的忠诚和稳定。这种控制策略不仅反映了权力和激励的复杂动态,也揭示了劳动力市场策略的深层次影响。

福特的管理哲学在其发展的早期阶段可能是高效的,但随着企业规模的扩大和市场环境的变化,其局限性逐渐显现。例如,亨利·福特对市场变化的反应迟钝和对创新的抵制最终导致了市场份额的流失。这种独裁式的管理方式虽然在短期内确保了企业的快速增长,但在更动态和竞争激烈的市场环境中逐渐显示出不适应。

从经济学的代理理论和契约理论角度看,福特的案例强调了信息不对称和代理成本对企业内部结构和效率的影响。信息的不对称性和管理层的权威导致了决策过程中的误差和僵化。福特施行的5美元日工资策略，尽管在劳动力市场中创造了一种新的运行模式，但也引入了长期的政治权威和行政控制，从而影响了企业的适应性和灵活性。福特汽车公司的案例为理解大型企业的内部结构和动态提供了深刻的洞察。这个案例不仅仅是对一个特定企业的历史性分析，更是对现代企业理论的重要贡献，特别是在理解企业如何在不断变化的市场环境中发展和适应方面。通过深入分析这些理论和实践的交织，我们能够更好地理解企业的内部动态和外部环境之间的复杂关系。

科层组织与市场机制的相互作用方面，科斯的见解提供了关于组织内部资源配置的深刻洞见。科斯认为，科层组织的管理者往往试图通过非价格机制来协调内部资源的配置，这往往导致了一种以政治决策为主导的过程，而非效率最大化的市场机制。此外，诺思的研究进一步强调了政治制度对经济效率的潜在影响，提出政治制度所引导的交易成本可能导致产权配置偏离效率最大化的路径。

RJR Nabisco 公司的收购案例为科斯理论提供了实证支持。1988 年，RJR Nabisco 公司的 CEO 罗斯·约翰逊（Ross Johnson）提议将公司从公开市场收购为私有企业。然而，由 Kohlberg Kravis Roberts（KKR）所领导的竞争性出价揭示了市场机制在纠正和激励科层组织内部管理者行为方面的有效性。尽管 RJR Nabisco 公司的管理层提出了更高的出价，公司的董事会最终选择了 KKR 的提议，反映了市场竞争对于管理者行为的约束作用。

米勒（Merten M. Miller）教授的分析进一步阐明了市场竞争在激励和约束科层组织内部管理者行为中的重要作用。他指出，RJR Nabisco 公司的股东从股票价值带来的大量收益中获利，反映了市场竞争如何迫使管理团队做出更贴近企业真实价值的出价。此外，雇员也从新管理者的入驻中受益，因为新管理者对雇员权益和士气的保护比原管理团队更为重视。

这些案例和理论分析反映出科层组织与市场机制间的复杂动态关系。在科层组织内部，管理者的决策可能受到政治影响和个人目标的驱动，而非纯粹的经济效率考虑。然而，市场竞争提供了一种外部机制，能够有效地纠正科层组织内部的激励不足和委托—代理问题。通过这种方式，市场竞争促进了资源配置的有效性，并在一定程度上保证了企业行为与更广泛的社会利益相一致。科斯和诺思的理论，结合具体的企业案例，为理解科层组织与市场机制之间的相互作用提供了丰富的洞察。这些洞察不仅有助于我们理解组织内部的决策过程，还揭示了市场机制在塑造和约束这些决策中的关键作用。在当代经济学研究中，这种对内部组织行为和市场力量相互作用的深入分析是极其重要的。RJR Nabisco 公司收购案例揭示了所有权与控制权分离问题的复杂性，以及市场机制在此背景下的作用和局限性。

关于约翰逊在收购案中表现迥异，我们可以从行为经济学的视角来分析。约翰逊最初的出价低于 RJR Nabisco 公司股票的市场价值，这可能反映了信息不对称和市场的不完美性。随后，竞争性出价的出现不仅推高了股价，也暴露了 RJR Nabisco 的潜在价值及管理层可能的低效或不当行为。这种情况下，市场竞争确实起到了纠正作用，但也显露出市场在面对内部管理层潜在动机和行为时的局限性。

RJR Nabisco 公司案例的另一重要教训是所有权与控制权的分离对企业效率的影响。在传统的公开上市公司中，所有权（股东）与控制权（管理层）之间的分离可能导致效率低下和管理层行为偏离股东最佳利益。这种情况下，股东对管理层的直接控制受限，增加了管理层自利行为的可能性。然而，RJR Nabisco 公司案例的转变——从公开上市公司到私有公司——减少了这种分离，因为新的私有所有者同时拥有管理权。这可能促使管理者更注重长期效率和盈利能力，而非短期的自利目标。

这种转变引发了关于上市公司治理结构的重要讨论。特别是在信息不对称和委托—代理问题普遍存在的情况下，股东如何有效地约束管理层的行为成为一个关键问题。RJR Nabisco 公司案例表明，尽管市场机制在某些情况下能够纠正管理层的不当行为，但在所有权与控制权分离的传统企业结构中，它的有效性可能受到限制。这进一步强调了在企业治理结构中寻找更有效激励和约束机制的必要性。

总而言之，RJR Nabisco 公司案例不仅体现了市场力量在纠正企业内部不当管理行为中的作用，还揭示了现代企业治理结构中的核心问题，特别是在所有权和控制权分离的情况下。这为理解和改进企业治理机制提供了宝贵的洞见，促使学者和从业者重新思考如何在企业内部建立更有效的激励和约束机制，以提高企业的整体效率和表现。

第二节　法律框架下的组织结构与变迁

一、契约与权力交织：组织的新视角

谢林强调："个体的行动或不行动，无论何种形式，均对他人产生正

面或负面的效应。在缺乏有效的社会构架的环境下，这些行为带来的结果往往是不尽如人意的。人们常常归咎于'人性'的负面影响；然而，如果我们理解到大多数人更关心自己的事务，并且对自己的事务有更深的了解，就会认识到，比起人性，社会的组织和构建才是关键。这些挑战通常是可以克服的，而解决方案依赖于是精心设计的组织结构还是自然形成的组织，是长期还是短期的组织，是资源管理型还是强制性质的组织。"①

在新古典经济学中，企业被视为生产技术的体现，是实现投入与产出之间技术关系的载体，其目标是利润最大化。然而，这种观点未能解释为何选择企业形式进行生产，因此其洞察力有限。另一方面，新制度经济学视企业为多方通过契约建立的集体，是契约的集合体。威廉姆森认为，信息不对称和机会主义导致了不确定性。② 在信息不对称的环境下，契约往往只能提供一个大致框架。当契约争议出现时，必须依赖于某种强制性的权力来确保人们公平对待彼此并按契约行事。信息优势是组织整合的重要优势之一。然而，有限理性导致的控制损失是决定企业规模的关键因素。控制损失包括信息传递过程中的损失和指令质量的下降，前者是指随着组织层级的增加，信息的传递会遭受损失；后者是指由于管理者无法获得全部信息，必须牺牲一些细节以获得更多信息，导致信息质量下降。

相较于劳动，资本在信息优势方面表现得更为出色，这使得拥有资本的人在担任委托人角色上更具优势。随着教育、培训、中介机构、互联网等现代技术的发展，劳动力的能力展示渠道日益增多，从而使劳动方面的信息变得更加透明和真实，削弱了资本方面的信息优势。因此，资本拥有者的委托人地位逐渐减弱。同时，领导魅力、创业精神、管理能力等天赋影响较大的因素也发挥着重要作用，这些因素并非单纯依赖教育就能实现。这也使得资本所有者再次增强了其作为委托人的资格。因此，劳动和资本的优劣不仅取决于信息优势，还受到先天因素的影响，导致二者逐渐走向平衡。

尽管市场和企业均基于契约构建，但它们在契约的持续时间、完整性和执行方式等方面有所不同。首先，关于契约的时限，市场主要是基

---

① 托马斯·C. 谢林. 微观动机与宏观行为 [M]. 谢静, 邓子梁, 李天有, 译. 北京: 中国人民大学出版社, 2005: 104.

② WILLIAMSON O E. Markets and hierarchies: analysis and antitrust implications [M]. New York: Free Press, 1975.

于短期契约，而企业倾向于长期契约。对于企业而言，为了防止机会主义行为的发生，长期契约需要具备可靠的执行力，包括通过抵押品、担保人或法律程序确保契约的执行。其次，在契约的完整性方面，市场契约通常较为详尽，而企业由于未来不确定性和高昂的法律成本，很难制定出完整的契约。契约的完整性与事前交易成本成正比，而与事后交易成本成反比。因此，法院对合同的公正解释和当事人的诚实行为尤为关键。再次，企业内部存在着从上至下的指令链，这有助于减少谈判成本，但同时也产生了剩余的控制权问题。总的来看，权威、法律和信誉是确保契约执行的核心机制。从某种角度来说，尽管合同可能规定了多种违约惩罚，但它们依旧类似于"君子协定"，依赖于各方对信誉的重视，以及一方对另一方权威的接受，并基于对后者的信任。

根据非合作博弈理论，在完全、对称信息的情境下，通过逆向归纳可知，在有限期重复博弈的囚徒困境中，背叛是唯一的均衡策略，也是唯一的纳什均衡，即所谓的连锁店悖论。[1] 而在无限期重复博弈中，完全、对称信息下，根据无名氏定理，未来的报复威胁或未来利益的诱惑可以促使参与者对不合作者实施必要惩罚，即使这样的惩罚对执行者本身也有损害，例如冷酷策略或针锋相对策略。在这种情况下，合作和背叛都有可能发生。在不完全、对称信息的条件下，如果参与者对对方的类型不了解，这种不确定性可能导致合作。例如，在KMRW声誉模型中，如果一方认为对手很可能采取针锋相对的策略，其最佳选择是开始时合作，然后在博弈接近结束时选择背叛。在完全、非对称信息的条件下，博弈双方初始时拥有相同信息并达成合同，但随后一方采取了对方无法观察的行动，即隐藏行动带来的道德风险。在不完全、非对称信息条件下，自然选择了一方参与者（例如 A）的类型，而另一方（例如 B）未能观察到这一选择，随后双方签订合同，这就是逆向选择问题。因此，A 可以在签约前（通过信号传递）或签约后（通过信号甄别）向 B 显示自己的类型，或者 B 可以设计一个能够揭示 A 私人信息的合同。[2]

在经济组织研究中，合作博弈理论提供了从联盟视角分析的工具。20世纪60年代，海塞尼（Harsany）提出了合作协议（即承诺）在合作博弈中的作用，将博弈理论的焦点从策略分析转向对预期结果的探讨。

---

[1] SELTEN R. The chain store paradox [J]. Theory and Decision, 1978, 9 (2): 127-59.
[2] KREPS D M, MILGROM P, ROBERTS J, et al. Rational Cooperation in the Finitely Repeated Prisoners' Dilemma [J]. Journal of Economic Theory, 1982, 27 (2): 245-252.

他关注的是通过具有约束力的承诺可以实现的结果，以及如何在合作博弈解决之后分配盈余和成本。[①] 此外，联盟形成理论探讨了在大联盟因外部性而无法形成时，哪些小联盟更可能成立及其稳定性问题。[②] 联盟的稳定性包括外部和内部稳定两方面，同时满足这两个条件的集合称为稳定集。在功利主义条件下，外部稳定性要求合作带来持续的高回报，以最大化整体剩余，夏普利值是这种合作的解决方案。在平均主义条件下，内部稳定性要求持续的一致性（帕累托最优原则）和承诺，以确保每个参与者获得其认为应得的联盟剩余部分，核仁是这种合作的解决方案。纳什解所基于的效用假设（50∶50）就是这种平均主义的体现。

长期以来，博弈论在合作与非合作方法之间存在着分歧，其发展与合同理论相对独立，后者在很大程度上是前者的应用，包括制度分析，涵盖法律和政治。非合作博弈深入分析了策略互动，补充了价格理论中自利最大化的局限，但缺乏对组织稳定性的分析。而合作博弈的优势在于，它以公平为准则分析策略稳定性，直接得出博弈解，为研究经济组织的存在和稳定性提供了有力的工具。如果将一般均衡的形成（即价格机制的动态调整）视为买卖双方的讨价还价过程，那么一般均衡理论的核心和合作博弈的核心没有本质区别，前者只是以契约线的方式表述。然而，合作博弈并未分析联盟形成过程和核心配置的达成，无法反映参与者追求自身利益最大化的经济学基本原则。纳什（John Nash）认为，合作博弈中的约束性合约是通过非合作的讨价还价过程达成的，因此应将合作博弈转化为非合作博弈来研究。根据纳什的规划，合作博弈包含无限的博弈前信息交流和有约束力的合约（承诺），但缺乏严格的模型，因此应该将合作理论中的非规范化部分具体化，并简化为非合作博弈的过程。罗伯特·奥曼（Robert J. Aumann）认为，合作和非合作方法是观察同一博弈的不同视角。因此，在研究契约与组织问题时，应结合这两种分析方法。无限次重复的动态博弈和谈判博弈都是实现合作结果的非合作方法。如果效用是可转移的，那么参与者可以通过分割或分摊总剩余来达成合作。但如果效用是不可转移的（NTU），不同参与者的效用无法直接比较，只能通过威慑达成有约束力的合约来实现合作，如触发策略。在处理 NTU 问题时，策略性让步博弈旨在使达成的合约所规

---

① HART S, MAS-COLELL A. Cooperation: Game Theoretic Approaches [M]. New York: Springer-Verlag, 1997.
② MASKIN E. Bargaining, Coalitions and Externalities [R]. Institute for Advanced Study, 2003.

定的利益分配在合约达成的每个阶段都是自我执行的。

　　企业和市场均作为稀缺资源配置的工具存在。在新古典经济学中，企业被视作生产要素的集合体，这一理论有效地解释了企业追求利润最大化的行为。而新制度经济学家们则将企业视作多种契约的集中点，他们从交易成本的角度探讨了企业作为市场替代品的存在及其作用。长期契约替代短期契约能够减少交易成本，但在资产专用性的前提下，也可能增加机会主义行为的风险。纵向一体化则可以有效减少这种风险的发生。交易成本理论在分析经济组织时确认了决定不同组织形式相对效率的关键要素，即将不同属性的交易与各自成本和能力不同的治理结构相匹配。①

　　现代企业理论关注交易成本对企业形态形成的影响，以及产权划分对资源最终配置的作用。斯密的理论更适合解释资本主义早期的个体经济繁荣，而科斯的理论则更加深入地解释了工业化大生产过程中科层组织的作用。在充分竞争的市场中，每个理性的个体都在自利的驱动下追求利润最大化，从而提升了社会整体福利。但市场运作本身伴随着交易成本，因此企业或科层组织的出现是必要且重要的。企业内部通过权威管理者的指令和分权实施可以降低市场交易的成本，实现更高效的资源配置。这一过程可能通过企业并购重组等手段进一步深化，直到企业内部交易的边际成本与市场上或其他经济组织中安排同类交易的边际成本持平。

　　科斯在《企业的性质》中首次引入了交易成本概念，探讨了企业的存在和界限问题。他引用哈耶克（Hayek）的观点，认为经济体系由价格机制协调，社会从组织转变为有机体。② 正如 D·H·罗伯逊（Dennis Holme Robertson）所描述，"在这无意识合作的海洋中，有意识力量的岛屿，如同牛奶中凝结的奶油"。科斯认为，企业家需要具备经营和管理的双重功能：一方面进行预测并通过价格机制和新契约进行操作，另一方面对价格变化做出反应并重新安排生产要素。他强调，契约的本质在于限定企业家的权力范围。张维迎指出，公司这种组织形式的创造正是为了发挥企业家精神。威廉姆森认为，交易成本的存在是由于人类的有限理性和机会主义行为。有限理性意味着个体虽然希望理性行动，但其

---

① WILLIAMSON O E. The Logic of Economic Organization [J]. Journal of Law, Economics and Organization, 1988 (4): 65-93.
② 罗纳德·哈里·科斯. 企业的性质（1937）[A]. 载于：企业、市场与法律 [C]. 盛洪，陈郁，译校. 上海：上海三联书店/上海人民出版社，2010: 34-40.

知识、预见、技能和时间都有限，而机会主义包括各种利用交易对手弱点来榨取更大份额利润的行为。克莱因（Robert Klein）认为，"敲竹杠"问题源于契约，而将企业仅视为"契约的联结"是不全面且易产生误解的。西蒙（Herbert A. Simon）认为，有限理性源自信息收集和计算的限制。马奇（James G. March）和西蒙从满意度角度出发，认为机会主义是一种适应，可能促使个体离开组织。他们指出，没有单一环境适合所有组织生存，而存在多种环境以产生良好的激励—贡献平衡。组织生存的调整可能朝任何一种方向发展。当环境变化对组织的报酬—贡献平衡产生重大不利影响时，组织成员可能会改变行为以恢复有利的平衡。考特（Robert Court）认为，长期关系可能由约束产生，并形成制度。传统的约束形式如友谊、亲属关系、少数民族自尊心和宗教信仰等，通常促进无政府保护的经济合作或与政府敌对的团体经济活动，例如国际商人和有组织犯罪团伙。合同法和法庭通过履行、解释以及调整契约来降低交易成本、纠正市场失灵，并促进合作。合同法的目的之一是培养减少依赖合同解决合作问题的长期关系。当长期关系的双方卷入法律纠纷时，法庭可能会尽量补救他们的关系。通过维持长期关系，合作问题能够以最低程度依赖于政府而得到解决。

显而易见，经济组织首先体现为文化的交会点，涵盖企业文化、地区文化、法律和习俗等方面。在经济活动中，组织借助激励和负向激励（即惩罚）两种机制来维护关系并提升绩效。从博弈论和信息经济学角度看，聚点是因心理原因而特别引人注目的那些纳什均衡点。在没有明确的聚点存在时，调解和沟通显得尤为关键。[①] 为了实现协调，参与方会努力寻找某种选择或规则，从集体的视角出发，提供唯一的、有助于成功协调的答案：如果寻求解决协调问题的人们能够明确或自然地想到一个选择规则，那么这个规则（及其等价的标志或策略）就是显著的，即"谢林显著性"原则。

经济组织是不同类型信息的集合体。如果按照新制度经济学的观点，将企业视为契约集合体，则可以同样将契约视为各种信息之间的连接点。将不同经济组织视为不同类型信息的集合体，其关系通过契约（明显或隐含）联结，有效的经济组织则是那些根据不同信息条件建立合适契约关系的合理制度安排。在此过程中，博弈各方根据贝叶斯法则，通过先验和后

[①] 艾里克·拉斯穆森.博弈与信息：博弈论概论[M].韩松,等译.北京：中国人民大学出版社,2009：38.

验的概率条件，不断调整他们的契约信念，从而选择合作或背叛。将企业视为信息集合，并将契约视为节点，有助于模糊化企业的有形边界，使隐性和显性契约关系都通过信息得以体现。同时，将经济组织的概念信息化，有助于引入认知和行为科学的方法，充分体现企业作为"有意识的岛屿"的有机特性，进而在不同博弈结构下探讨契约对信息的有效配置及由此形成的相应经济组织。例如，在非合作博弈的前提下，契约将信息转化为共同知识，从而将囚徒困境从无限重复博弈转变为有限重复，通过逆向归纳法，当资产专用性使背叛行为在最后一轮成为可能时，参与方会根据各自的期望适时采取行动，正如克莱因所说："契约是如何导致而非解决敲竹杠问题的"。此外，个体理性与集体理性之间的冲突不仅在市场中存在，也同样发生在企业内部。在非对称信息条件下，企业或科层组织内化了市场中的囚徒困境，从而产生了新的委托—代理问题，即管理者困境。

经济组织的复杂性和多样性不容忽视。有理论认为，企业系统是自组织与他组织相结合的类生命系统，其发展趋势由管理负熵和管理熵的矛盾运动决定，这决定了企业系统是孤立系统的管理熵增结构还是开放系统的管理耗散结构，进而决定了企业生命发展的趋势。耗散结构是指在远离平衡态条件下的开放系统通过负熵流增加形成的有序结构。在信息论中，熵代表系统的不确定性和复杂程度，而负熵则是物质系统有序化、组织化、复杂化状态的度量。因此，耗散结构理论对于分析租金耗散和组织在信息熵作用下的演化特征等问题具有一定的启发性。

经济组织的有效性取决于适应环境的能力。高效的经济组织从不是一成不变的形式，而是在不同的前提条件和具体环境下形成的多种状态，包括离散契约关系、纵向一体化和混合型经济组织等。每种形式都展示了其特有的经济效率。

将过程视为分析替代法律规则效率的核心思路同样适用于对组织形态的分析。在技术、信息和经济主体相同的条件下，通过企业这种组织形态可以完成的任务原则上也可以通过契约来实现，反之亦然。交易者在一种组织形态与另一种组织形态之间转换时，变化的是交易者可选择的责任、程序和制裁，以及由此产生的交易者可用的策略和适应实现的过程。既然法律制度用来明确这些责任和限制条件，并基于此执行制裁，组织形态之间的区别最终就可以在法律文本中找到根据。①

---

① WILLIAMSON O E. Comparative Economic Organization: The Analysis of Discrete Structural Alternatives [J]. Administrative Science Quarterly, 1991, 36: 269-296.

二、交易背后的故事：非正式合约的力量

在现代交易的纷繁世界里，法律体系赋予了那些在离散市场上交易的独立实体和个体以显著的自治权和灵活性。在这种环境中，参与交易的双方通常依据自愿原则进行协商，且交易一旦完成，双方的责任通常随之终止。例如，购买者对购得物品的使用或处置拥有完全的自主权。这种在简单交易中的行动自由，赋予交易者在面对各种不可预见事件和新信息时的应变能力和动机。

然而，正是这种行动自由，也为交易者提供了操纵市场的机会。若交易各方对现行条款不满意，他们可能会降价、延迟或逃离交易，而法院对此往往不予干预，无法强制双方遵守合同。同理，在没有具体协议的情况下，法院一般不对交易后的行为进行干预，即便这可能导致一方遭受损失。因此，尽管市场交易具有灵活性，它也易受到潜在的不诚信和背信弃义行为的负面影响。

在 1750 至 1870 年间，鲸鱼业由于其所提供的高价值油脂、鲸骨和其他产品而兴盛一时。尽管公海捕鲸存在着所有权争议，但捕鲸者们为了巨大的利益，积极创造和实施和平解决这些争议的规则。研究发现，通过捕鱼季前制定的非正式规则，帮助解决了捕获鲸鱼的所有权纷争。这些规则的执行依赖于捕鲸者之间的长期互动和逐渐形成的社会契约，这些契约倾向于规则模糊、难以管理且交易成本较高，但却更有利于促进捕鲸者之间的合作。这意味着，在紧密关联的群体中，非正式的社会力量产生的非正式产权（规范）内容，通过最小化群体交易成本和潜在交易收益损失，实现了财富的最大化。与法律中心主义不同，这种紧密群体的产权保护机制是通过非正式社会网络建立的。具体规则的设定依据不同渔场位置而非鲸鱼种类，因为后者会使管理变得更为复杂。

公海捕鲸的案例揭示了产权理论的两个重要问题：产权的起源和非正式社会力量产生的非正式产权（规范）内容的可预测性。威廉姆森的"法律中心主义者"观点将国家视为产权的唯一创造者，而捕鲸业案例支持了一种相反的观点，即产权可以起源于无政府状态中的社会习惯。当人们处于一个紧密联系的群体中时，他们将发展出一系列针对常见问题的财富最大化规范。当群体成员彼此深陷于现有的社会关系，且这些关系足以让每个成员对他人施加非正式社会控制时，这样的群体被视为紧密联系的。当一种规范能够最小化群体的交易成本和潜在交易收益损失时，我们将其视为财富最大化的规范。

即便在当代经济中，非正式契约安排仍然广泛存在，其原因可能与行政管制有关。以美国州际铁路运输为例，美国《州际贸易法》对铁路部门和托运人就铁路运输服务的价格和其他条款签订协议施加了限制。ICA 的非歧视性要求禁止托运人和铁路公司为特定业务协定特殊价格。这一要求导致托运人和铁路公司在保护性契约条款（如最低装运要求）无法实施的情况下转向非正式契约安排。这些非正式契约安排旨在补充和完善费率，涵盖承运人运输车皮的数量、一次运输的时长、特殊服务标准和托运人保证的承运量等。这些条款可能在短期内多次协商或重新协商，或以不完全契约形式长期存在，偶尔也会采用即期契约。研究者帕莱将专用投资分为非专用性、中等专用性和高度专用性三种，并探讨了与之相关的特定问题，包括契约执行方式（承诺）、对调整要求的态度（不确定性）、适应性协商的意愿，以及交换长期结构性计划信息的倾向等。在不确定情况下，调整可以是单边的、协商性的（针锋相对、考虑未来）或无调整。单边调整通常被视为缺乏深思熟虑，而协商性调整能够达成是因为未来可能获得某种隐含或明确的收益。帕莱认为，长期计划的信息交换与私有财产分享和非对称信息共享一样，反映了不同的交易治理态度。经验分析表明，高度专用投资的存在增加了交易伙伴之间长期关系契约安排的应用，专用交易的当事人比非专用交易的当事人更有可能交换长期预测信息。

三、从义利到契约规范：正式合约关系

在探讨现代社会中的正式合约关系时，我们不禁想起古老的智慧："君子喻于义，小人喻于利。"在传统中国文化中，人的品行往往不是以简单的好坏来区分，而是根据其行为动机和结果划分。这种划分方式更贴近实际，因为理解事物的全貌往往非常复杂，更不用说那些似是而非的情况。君子注重长远利益，秉持诚信和守诺，而小人则追求即时回报。就像时间的长短是相对的，君子与小人的区别也是相对的。在一定利益面前被认为是君子的人，面对更大利益时可能成为小人，反之亦然。因此，纯粹的"君子协定"在多大程度上能承受现实的考验，是一个值得深思的问题。如果大家都接受"长期来看，我们都是会死的"，那么小人得势似乎就成了自然之道。但是，法律与道德伦理有所不同，依赖君子之道来立法可能会给更多的小人提供可乘之机，甚至使许多原本的君子沦为小人。

在现代社会，经济的迅猛发展使财富变动更加频繁，动态的产权和

由此产生的租金盈余激发了更多的利益纠葛。我们不能单纯依靠道德觉悟来指导行为，"君子协定"充满不确定性。特别是在国际市场上，情况更为复杂。因此，建立在正式契约基础上的商业往来成为现代经济社会的核心，它让人们警惕短期的机会主义行为，同时增强了对中长期合作的信心。

在法律允许的范围内，通过签订合约，交易双方以合同条款来约束彼此，从而减少重复谈判的可能性和成本。如果双方都具备强烈的法律意识，交易和合作的达成就会更加顺利。这就要求我们营造一个良好的法律环境，提升公众的法律意识。在法律制度下，任何违约行为都会受到制裁或阻止，并采取相应的强制措施。因此，一系列公正透明的法律条款和诉讼程序都应该旨在提升信心，保护合同关系。

除了法律环境，合同的订立和执行本身也存在不完全性的问题。一方面，要求双方预见所有可能的未来情况是不现实的，即使合同条款尽可能详细，也无法完全覆盖所有情况。另一方面，由于有限理性和诉讼人可能的机会主义表现，法庭也无法强制双方完全遵循合同意图或验证这些意图是否已实现。这意味着合同在一定程度上趋于僵化，同时留下了大量合同欺诈的空间，或存在通过强制方式修改明确的交易条款以重新分配合同剩余的可能。因此，在订立合同时，人们不应过度具体化交易条款，而是应建立一个允许未来就交易条款进行谈判的框架。

关系专用性投资的存在要求企业在长期契约中制定相应的条款，以促进合作并应对潜在的机会主义行为，例如在石油焦炭、天然气和煤炭交易中。此外，在难以快速安排替代性运输服务的情况下（例如时间和空间专用性投资），企业可能会同时采用长期契约和纵向一体化策略，如在船运市场中。维克托·P·戈德堡和约翰·R·埃里克森（John Ericsson）在研究石油焦炭长期合同中的价格和数量调整机制时发现，由于焦炭体积大、污染重、储存成本高等特点，以及缺乏可靠的替代性客户（需求端缺乏竞争），焦炭生产者面临场地专用性问题。他们从促进合作机制和遏制非合作机制两方面着手，认为价格波动的增大会导致合同期限缩短，也更容易被终止。炼焦厂对稳定可获得利益的追求是石油焦炭合同期限长度的决定因素。减少签订合同前的搜索成本和减少签订合同后的违约或机会主义行为动机，是石油焦炭合同中出现价格调整机制（或非线性定价安排）的主要原因。此外，承诺的目的是增进合作。炼焦厂需要决定牺牲多少自主决定生产速度的权利，而煅烧厂则须承担接收一定数量焦炭存货的责任。炼焦厂的储存能力越小，就越重视煅烧厂及时运走焦炭的承诺；而当炼焦厂成为煅烧厂的唯一供应商时，几乎无一例外地放弃了自主决定生产速度的权利，以确保购买方及时取货。

在经济交易的复杂世界中，斯科特·马斯腾（Scott E. Master）和基斯·克罗克（Keith J. Crocker）的研究提供了对天然气合同中"照付不议（take-or-pay）"条款的深刻见解。他们的工作不仅剥开了条款的表面层次，揭示了其作为有效激励机制的深层次功能，还展示了其在私人秩序中的重要作用，特别是在法庭对合同损害判断困难的情况下。他们的研究突破了传统的风险规避和价格管制视角，展示了这一条款如何使得买方在仅当效率要求时才停止购买。他们的分析揭示了这种条款在双边垄断关系中的预防作用，特别是在防止资产专用性导致的准租金挤占上。本书研究的核心在于理解这种单边选择权如何与当事人的未来潜在违约策略相一致，从而确保利润最大化。

保罗·L·乔思科（Paul L. Joskow）的研究则从煤矿与发电公司签订的合同存续期的角度探究了威廉姆森提出的关系专用性投资理论。他的工作以实证方法检验了场地、物质资产和特定资产这三种关系专用性投资与煤炭合同存续期的关系。乔思科的研究细致地分析了不同地理位置的煤矿、电厂之间的互动以及年交易量对合同期限的影响。他的发现强调了，随着关系专用性的增强，长期合同相比于反复的事后讨价还价成本更低，进而倾向于事前确定未来交易条件。乔思科的研究在方法论上延续了威廉姆森、克莱因、克劳福德和阿尔钦等学者的理论，但其对工具变量的运用为理解资产专用性条件下的交易行为提供了新的视角。

马斯腾和克罗克的研究以及乔思科的工作共同丰富了我们对经济交易、契约设计和市场行为的理解。他们的分析不仅是理论上的创新，而且为实际的市场交易提供了深入的洞见。通过对长期合同的细节分析，这些研究揭示了合同不仅仅是法律文件，更是经济行为者智慧和策略的体现。

在其深入探究散装船运输业结构与契约机制的研究中，斯蒂芬·克雷格·皮荣（Stephen Craig Pirrong）展现了对经济细节的精妙洞察。他精准地指出，在散装船运市场中，传统意义上的资产专用性——包括场地、物质和人力资产——似乎并未显著存在。相反，此领域的核心在于复杂的长期合同和纵向一体化的普遍应用，这些因素映射出市场深层的动态和需求。

皮荣通过细致的分析，揭示了散装船运市场的一个独特现象——"时空专用性"。他论证了，当市场条件允许时，即期合同因其灵活性而成为首选。但在某些条件下，特别是当船运市场的时间和空间因素成为关键时，这种专用性促使托运人和承运人之间展开激烈的价格谈判，以争夺准租金，从而推动他们转向中期或远期合同。这一转变背后的原因，不仅仅是市场的"厚度"或货物的供应多样性，而是由于合同在时间和空间上的特殊要求。

皮荣的研究进一步探讨了不同货物流、市场性质、产地地理分布及船只特征等因素，如何影响交易双方在契约选择上的偏好。他对14种散装货物及其契约形式的深入分析揭示了一个多元化的图景。一些货物，如谷物、石油（1973年后）、热媒（1980年前）、化肥和废铁，主要采用即期合同。而其他货物则更倾向于采用长期契约，其中一些甚至结合了长期契约和中期包租合同。皮荣的洞察还包括对市场交易方式的三个关键启示。首先，当市场参与者采用即期或短期合同时，他们必须能够迅速而灵活地在多个使用者间转移资产，以避免签约风险，尽管长期契约安排在市场中也有其地位。其次，长期合同的普及表明，声誉机制是防止道德风险（合同上的事后"敲竹杠"）的有效工具。最后，托运人和承运人在延长合同期限时，倾向于采用正式合同（有时是长期合同），这表明在缺乏正式契约的情况下，单靠声誉和重复交易难以有效抑制策略性行为。

远期合同的签订过程实际上是一个复杂的协调博弈，其中包含许多可能的均衡解，但达到特定均衡解的机制却充满不确定性。特别是考虑到合同通常是私人间订立的，因此独立行动且不了解其他参与者行为的个体最终选择相同的到期时间，是一种令人难以置信的现象。因此，一个协调博弈的均衡状态，最多只能被视为是经过相互影响的当事人通过谈判达成的自我实施合同。然而，这种均衡的实现往往伴随着高昂的谈判成本。

总的来说，皮荣的研究不仅深化了我们对散装船运输业务的理解，也为经济学理论提供了宝贵的见解，特别是在理解市场结构、契约特性和声誉机制的作用方面。

第三节 复杂组织的结构与功能

一、纵向一体化

在现代市场经济的复杂交易环境中，纵向一体化作为一种组织模式，其优势与劣势一直是企业理论领域中的一个热门议题。特别是在市场交易存在显著缺陷的情境下，纵向一体化成为签订合同的一个重要替代方案。然而，这种模式是否优于市场交易，尤其是在企业内部与市场组织的区别方面，引发了广泛的学术辩论。

一些学者质疑纵向一体化是否真正具备独特的治理优势。他们认为，一体化并没有本质改变人的天性或交易者所处的技术和信息环境。这些评论家强调，无论是一体化还是市场交易，都无法显著改变交易者在生产指导和解决争端方面的权威。换言之，无论是企业雇员还是消费者，他们的最终选择通常都归结为"解雇或起诉"。在这种观点下，企业的存在被视为一种普通的契约关系集合，或者说是一种契约上的"联结"。

然而，正如阿尔钦和德姆塞茨所示，尽管终止关系和寻求法律支持可能是最终的解决方案，可是，在不同的组织形态下，实际可采取的行动和可提起诉讼的事由存在显著差异。这些差异源于不同法律制度对组织形态的构建。对于纵向一体化而言，法律制度的差异不仅体现在所有权上，还体现在治理结构上。所有权作为一体化的核心元素，通过配置对资产使用和处置的控制权，有效地限制了非所有者的机会主义行为，如隐匿资产不投入生产或"敲竹杠"。

在生产的内部化过程中，一体化的影响并非孤立存在，而是与所有权紧密相连。所有权改变了交易者与财产之间的法律关系，而内部化生产则改变了交易者之间的关系。首先，法律对于一体化中的雇员提出了更多的要求，如服从指令、披露信息，以及其他有利于雇主的行为。其次，管理内部交易的法律呈现出"司法宽容"的特点。这意味着，尽管法庭会给予企业起诉权，但在处理价格、延误造成的损失以及质量问题等方面纠纷时，法庭往往会拒绝就企业内部各部门之间的相同技术争议举行听证会。与此相对的是，独立签约人可以通过上诉来解决争端，而在一体化的环境中，企业的高层管理者则拥有对企业内部各部门之间纠纷的最终裁决权，这成为企业内部的"最终法庭"。

这种差异意味着，相比于市场交易，企业内部组织在责任、制裁和程序等方面拥有更大的行动自由和更强的控制力。此外，企业内部组织在信息获取和处理方面也表现出更高的效率。因此，尽管一体化并非解决所有问题的灵丹妙药，但在某些情况下，它确实提供了一种有效的治理机制，特别是在市场交易存在严重缺陷时。这一观点反映了对企业内部与市场组织之间复杂关系的深刻理解，同时也强调了在现代经济环境下，对组织形态的选择和优化的重要性。

在探讨企业的组织结构和运作效率时，纵向一体化作为一种战略选择，其优势与限制成为一个值得深入探讨的议题。特别是在现代经济体系中，科层制的普遍性和其内在的低效率问题，为纵向一体化的好处设定了一定的边界。理论上，新合并成立的企业可以采取选择性运营模式，至少保持与合并前两家独立企业相同的效率。这种选择性的方式意味着合并后的企业让原来属于两家企业的各个部门独立运作，仅在净利润存在时进行干预。然而，由于现行的管理内部交易的法律约束，合并后的企业往往无法实施这种理想的管理模式。这限制了企业所有者在确保不侵占由业绩提升带来的收益方面的能力，从而削弱了部门管理者在创新、维护资产、获取及利用信息以及进行投资以提升部门效率方面的激励。在这种情况下，企业的管理层往往替换掉那些作用较小、间接的激励方法，导致激励强度的损耗，加之管理层实施额外交易的能力有限，最终损害了内部组织的功效，进而限制了企业的规模发展。

本杰明·克莱因在研究中通过检验通用汽车公司购买费雪车身公司时所面临的契约困难和纵向一体化带来的利益，深入探讨了潜在的"敲竹杠"问题。他发现，这类问题不仅源于专用性资产投资，还源于与这些投资相关的长期契约条款。通过企业组织资产所有权的转移，纵向一体化在一定程度上带来了灵活性，并避免了签订契约过程中的潜在"敲竹杠"问题，从而节约了巨大的交易成本。在克莱因的观点中，虽然声誉机制在控制机会主义行为中有其局限性，但契约反而可能制造而非解决"敲竹杠"问题。纵向一体化虽然不能完全消除费雪兄弟的威胁，但由于专用性人力资本的存在，纵向一体化能有效解决这种潜在的敲诈行为。原因在于，纵向一体化后，生产性团队所有权发生转移，使得通用汽车公司拥有公司相互依赖的劳工契约和雇员团队所包含的企业专业性知识，从而真正掌握了与专用性人力资本相关的所有信息。与此同时，费雪兄弟所拥有的信息是不完全的，并且这些信息被限制在费雪组织结构中。在这种情况下，包括费雪兄弟在内的费雪组织的所有权和劳工契约都转交给了通用汽车公司。克莱因进一步指出，仅仅将企业视为"契约的联结"是不完全且具有误导性的。企业不仅是由多个特定契约组成的，其构成还包括有价值的团队资产、处理信息的有效机制以及控制权。通过巩固企业控制的这些组织资产所有权，纵向一体化消除了对一个基本契约的需求，并形成了更灵活的生产指挥能力。因此，纵向一体化不仅显著减少了潜在的敲诈行为，同时也产生了一系列重要的交易成本节约。这些深入的分析和研究成果对于理解大型企业的组织结构和运作效率具有重要的理论和实践意义。它们不仅揭示了科层制和管理内部交易法律对企业结构和效率的影响，还阐明了纵向一体化在解决特定市场挑战时的优势与局限性。这些观点为企业管理者在考虑组织形态和管理策略时提供了宝贵的参考和启示。

关于现代企业结构及其运营效率的研究，柯尔·蒙特沃德（Kirk Monteverde）和戴维·J·惕斯（David J. Teece）的研究提供了对美国汽车行业后向纵向一体化问题的重要见解。他们观察到，当技术诀窍（包括各种技能）针对特定企业具有专用性且不易转移时，纵向一体化的问题便显著地凸显出来。尤其在汽车零件的新开发过程中，技术诀窍的产生和转移难度增加，使得在应用工程完成后更换供应商的成本变得非常高昂。这种情况下，公司专用型零部件的开发和应用工程的努力，结合起来便产生了较大的机会主义风险，从而促使这些部件和工程被纳入企业的一体化体系内。从策略博弈的角度分析，通用汽车和福特等大型制造商更倾向于将零部件的设计和生产内部化，特别是当供应商依赖性增强，赋予供应商明显的先动优势时。与之形成鲜明对比的是，日本汽车行业中主要汽车公司与其供应商之间更趋向于完全合作的关系。

斯科特·马斯腾对航空项目中的"要么制造要么购买（make-or-buy）"决策进行了细致的分析。他发现，专门为航空系统设计的元件更可能在内部生产，尤其是当这些元件的异质性、专用性和耐用性增加时，一体化的可能性相应提高。生产组织方式的选择不仅受制于契约的不完整性所带来的高外部组织成本，同时也受到科层组织复杂性带来的内部成本限制。在长期契约中存在的准租金挤占问题，尽管通过科层组织得以内部化，但由此所获得的利益却是有限的，特别是当组织规模增大时，科层制度的低效率问题变得更为显著。在航空业的采购中，政府和一级承包商、承包商的再次分包构成了两个不同层面。政府通常不愿意将交易内部化以避免沉重的管理成本，但在面对复杂和专用性较强的零部件时，仍会选择一体化生产方式。这揭示了交易的特定细节会影响备择组织形式的效率差异，决策者须权衡契约组织方式和科层组织方式的相对效率。

马斯腾指出，由于专用性资产的存在，未来的机会主义行为成为可能，尤其是在特殊工具和试验设备的采购中。承包商可能会在签约前提供一个低于预计成本的报价，以期获得合同，这种做法被称为"大宗买入"，潜在地埋下了"敲竹杠"行为的风险，实际上这也是一种签约前的逆向选择行为。针对这种情况，马斯腾提醒政府采购方，在面对专用性物质资本时，可采取选择权（option）策略，包括对供货商的选择和对货物数量的选择（扩展性合同），以应对原来承包商的机会主义行为。

总而言之，这些学者的研究提供了对于企业结构决策、纵向一体化的动因及其潜在影响的深刻见解。其不仅阐明了纵向一体化在应对特定技术挑战和市场条件下的优势，也揭示了其在管理效率和组织成本方面的局限性。这些研究成果对于理解现代企业的运营策略、组织结构以及与外部市场的交互关系具有重要的理论和实际意义。

二、混合型组织

这里的混合型组织一词不是指某一种具体的组织类型，而是包含了多种组织关系的集合。关于现代企业结构和运作效率的复杂性，混合型组织的概念提供了对市场和科层组织之间多元化组织关系的深入理解。这一概念不仅仅指向一种特定的组织类型，而是涵盖了多种组织关系的集合体。这种混合型组织可能包括契约与纵向一体化的结合，或者是在激励强度、适应能力和科层体制等方面介于市场和科层组织之间的某种组织形态。例如，合资企业和相关安排常常包含签约和所有权两种元素，尽管这些企业可能在两个独立的个体或公司之间签订了合法契约，但在特许权使用协议下授予特许人的控制权，常常令特许企业拥有"类似企业"的属性。

爱德华·加利科（Edward C. Gallick）在研究中针对美国金枪鱼行业中加工商和船长之间的正式和非正式契约关系进行了深入探讨。加利科分析了在排他性交易环境下，技术变迁如何削弱声誉机制的作用，并探讨了当事人如何通过制度设计来适应新的交易关系。在美国，考虑到降低金枪鱼捕捞的再分配价值，捕捞船船长和加工商之间采取了排他性交易安排。这种安排使得捕捞船成为一种关系专用性资产，从而将船长暴露在加工商的潜在机会主义行为下。在"诱饵船"时代，由于捕捞规模小，渔船频繁在港口逗留，声誉机制能有效制约加工商的潜在"敲竹杠"行为。然而，20世纪60年代，技术的变革使得美国金枪鱼捕捞业从"诱饵船"时代过渡到了围网型渔船时代，渔船由劳动密集型转变为资本密集型，从而增强了渔船的资产专用性，并提高了可挤占的准租金比例。刚捕捞上来的金枪鱼作为专用性极高的资产，其准租金很可能被加工商榨取。由于契约的不完备性，加工商可能利用其中的不可执行条款和逃逸条款，故意拖延卸货或拒绝接受货物，以此敲诈船长。

针对这种情况，加利科指出参与者可以通过隐性契约和不可折现生产资产担保两种方式来遏制机会主义行为。隐性契约是一种冷酷策略，即一旦发生机会主义行为，未来的生意可能完全终止。船长可以向加工商提供足以保证未来契约执行的远期溢价（或额外支付）。只要船长和加工商都认为该远期溢价的现值大于隐性契约违约带来的短期收益，加工商的机会主义动机便会被消除。类似地，当加工商拥有的不可折现生产资产的现值大于其对隐性契约违约的短期收益时，机会主义行为也得到遏制。此外，如果远期溢价的现值不超过节省的营销成本，也会对机会主义行为起到抑制作用。因此，减少加工商机会主义行为动机的补偿制度主要包括四种：（1）合伙拥有渔船；（2）为渔船的抵押贷款提供担保；（3）每次出海捕鱼前确定价格；（4）对延迟卸货行为收取逾期费。

这一研究不仅为理解混合型组织的结构和运作提供了深刻洞见，也强调了在现代经济环境下，企业和个体必须如何灵活适应技术变革和市场变化。通过深入分析特定行业的实例，加利科的研究提供了对于声誉机制、契约关系和制度设计的新视角，这些见解对于理解当代经济中组织结构的复杂性和多样性具有重要意义。

在深入分析复杂的经济交易和市场行为时，斯科特·马斯腾和爱德华·斯奈特（Edward A. Snyder）对"美国政府诉联合制鞋机器公司"一案的解释提供了独特的视角。他们认为，租赁在某种程度上是针对机器质量的一种契约性保证的替代形式，这种形式有利于促进复杂机器的开发、生产和使用。更重要的是，租赁成为一种从制造商那里获取与设备生产性用途相关的服务和信息的有效途径。

他们指出，对于复杂且耐用的消费品而言，提供质量保证是一项具有高度表述和执行成本的契约性承诺，它无法有效地解决直接销售中存在的道德风险问题。此外，在直接的知识转让过程中，由于信息的完整性仅限于信息提供者，客户往往难以预先评估信息的价值，也无法确信他们所获得的信息和建议是最优的。因此，传统的合同保证几乎无法确保机器设备制造商有效地完成和传达其专门技能和技术诀窍。

租赁合同通过将制鞋商从机器交易中获得的收入与机器的价值相挂钩，有效地解决了激励问题。这种租赁的特殊性，在于其保证和信息转移功能有助于克服非对称信息情境下的道德风险和逆向选择问题。具体表现为：（1）明确条款的局限性使得通过直接补偿解决商品问题变得不切实际；（2）支付流的随机性质促使制造商从事任何能增加租赁商品需求的活动。

然而，租赁协议也存在不足。在租赁安排下，出租人可能缺乏对设备进行维护和爱护的激励，而且通过机器设备交易来免费提供信息可能会扭曲使用机器设备的动机。此外，通过租金间接收费的方式并不能有效阻止客户使用其他厂家生产的机器设备。在这种契约关系下，免费搭车和机会主义行为成为可以预见的问题。

通过对租赁合同的持续时间、排他性、出租人监督权、合同终止权、保养和维修等方面的精心设计，可以促进效率的提升。联合机器采用租赁合同的策略旨在最小化合同双方遭遇昂贵法律费用的风险，同时优化交易的效率。这一案例分析不仅揭示了租赁合同在复杂机器交易中的作用和限制，也深入探讨了非对称信息、道德风险和逆向选择等经济学核心问题在实际交易中的体现和解决方案。马斯腾和斯奈特的研究为理解现代经济交易中的契约关系、激励机制和法律框架提供了宝贵的视角，同时也强调了经济决策中信息不对称和契约设计的重要性。

蒂莫西·J·缪里斯（Timothy J. Muris）、戴维·T·谢夫曼（David T. Scheffman）和帕布鲁·T·斯皮勒（Pablo T. Spiller）的研究为我们提供了对碳酸软饮料行业销售组织的深刻见解。他们从科斯、威廉姆森及阿尔钦等经济学家的理论框架出发，论证了关系专用性投资并非必然导致纵向一体化的结论。这一研究的核心在于交易成本的精细衡量。在早期，尽管碳酸饮料企业面临着严重的资产专用性问题，但它们仍广泛采用独立瓶装商系统。然而，正是交易成本的增加，最终导致了销售系统向自营瓶装子公司的转变。这些交易成本包括制造工艺、产品特征、营销战略和利益相关者等多个方面，其中包括独立瓶装系统特有的排他性及永久性经营权特征、行业的规模和复杂性日益增加、瓶装系统的某些特殊性、大客户重要性的增加、顾客日益精明、溢出效应的重要性日益凸显、新产品和新包装的引入以及现代市场促销本质的变化。

在特许经营模式方面，这些学者提出了特许经营合同中激励和威慑的平衡问题。在排他性特许经营模式下，特许提供商（即特许人）和特许经营商（即受许人）成为博弈的双方。在这种模式中，承诺和威胁成为关键元素。承诺体现在特许人有责任对受许人支付的专利费作出反应，并通过广告和制定政策来增加特许经营权的价值。威胁则体现为特许人终止合同的能力，其威慑程度与受许人从特许经营中赚得的租金额相匹配。因此，契约必须确保这些承诺和威胁是可信的。

帕特里克·J·考夫曼（Patrick J. Kaufmann）和弗朗辛·拉封丹（Francine Lafontaine）的研究则专注于麦当劳特许经营权模式，特别是对于将事前租金和事后租金都留给特许经营权的下游受许人这一现象。他们从激励理论和信息不对称理论的角度进行了解释。激励理论有效解释了事后租金的行为，但对于特许人将事前租金也留给受许人的现象，现有文献尚未提供充分的解释，从而成为研究的重点。在激励理论方面，这一现象通常有两种解释：特许人的机会主义行为和受许人的流动性约束。考夫曼和拉封丹认为，由于声誉损失导致的成本高于机会主义行为的得益，因此机会主义行为的解释不足以完全解释这种现象。受许人的流动性约束观点则更好地论证了这一现象。出于激励的目的，麦当劳的特许人倾向于让受许人集管理权与所有权于一身，并对候选者提出更高的要求。受许人需要提供初始资金的40%，并且一旦开始经营麦当劳或从其他渠道获得一家麦当劳店后，将不再被允许从事其他工作，即实施排他性条款。特许人设计的经营设备租约（BFL）旨在确保优秀的候选人不会因资金缺乏而失去机会。考虑到受许人难以通过贷款筹集资金的现实，这使得受许人成为既是所有者又是经营者的股东型特许经营人。因此，将事前租金留给受许人对于受许人而言是必要的，并且有助于促使其为下一期的续签而减少犯错误的可能性。在信息不对称方面，虽然存在信号传递和信号甄别的解释，但它们缺乏实证支持。这与激励理论中对特许人机会主义行为缺乏解释力的事实相契合。从某种意义上说，麦当劳特许人将事前租金留给受许人的行为，可以被视为一种有保障的策略性让步，有利于形成交易双方的合作关系。

这些学者的研究不仅深化了我们对于经济交易、契约关系和市场行为的理解，也强调了在现代经济环境中，企业必须灵活应对交易成本的变化和信息不对称的挑战。通过这些学者的研究，我们可以更加深入地了解特许经营、资产专用性以及合同设计对于企业战略和市场结构的影响。

三、模块化组织

在当前的经济学领域，模块化组织的概念成为一个引人入胜的研究主题，尤其是在信息技术迅猛发展和市场范围不断扩大的背景下。一体化模式虽然在规模经济方面提供了低成本和同质化的优势，但面对信息和技术的高速发展，一体化组织在创新驱动能力方面逐渐显露出其局限性。在这种背景下，传统意义上的剩余索取权概念已不足以完整解释激励机制问题，从而催生了对模块化概念的探索。

经济组织从一体化向模块化的演进，实际上反映了产权概念从剩余索取权向进入权的转变。这一转变涵盖委托人向代理人授予某一关键性财产的使用权，但未就收益分配方案进行事先约定的情形。这种情况下，代理人可能仅拥有虚拟的产权，其收益权并不得到保障，因而产权治理须通过监督和分成等手段提供激励，进而形成一种新型的人力资本产权治理模式。

赫伯特·西蒙在1962年发表的《复杂结构》一文中，首次将模块化概念引入企业理论，开创了研究日益复杂的企业结构及其有效治理方式的新视角。紧随其后的研究从产品和生产设计的角度，系统地探讨了基于创新动力和产品结构的产业组织模块化理论，将模块化的组织与自组织、复杂系统的层级结构、搜索行为和记忆约束等因素联系起来，展现出该时期理论研究的复杂系统和认知学的转向。进入20世纪90年代，模块化研究通过"镜像假说"（Mirroring Hypothesis）对企业边界进行了重新界定，重点转向产品结构、任务分割以及基于模块产品的创新潜力等方面的探讨，标志着研究重心的产业向企业的转移。此后的研究揭示，在复杂系统中，模块系统的演变更为迅速，并显示出随机突变和自然选择等特性，需要一些模块单元全面掌握各领域的相关知识。交易成本经济学和企业知识理论的融入，将模块化组织视为解决问题的实体，广泛研究了处理企业绩效与搜索空间之间矛盾、增强根本性变革方案设计能力等问题。

模块化组织强调价值的创造而非仅仅维持现状，其产权激励主要集中于进入权方面，旨在最大化个人绩效和团队生产率。模块化的三大要素包括知识、产品和组织。[1] 科技的发展和创新推动了知识的运用，同时产业知识的发展为企业间劳动分工的发展铺平了道路，实现了接口标准化和模块去耦合化。强调产品多样性、灵活性及可升级性的企业更倾向于采用模块化生产模式，涵盖零部件的生产分工、"一对一"配置图绘和去耦合的接口设计规格等。组织模块化则体现在设计或实际设定的要件数量、要件间依赖性及其信息含量等方面。

模块化组织对价值创造的贡献主要表现在加速产品创新、促进报酬递增和改变产业边界三个方面。其经济绩效在多个行业中得到了显著的证明。例如，在服装行业，模块化不仅提高了产品质量、降低了生产成本，还减少了库存并加快了对零售商的反应速度。在飞机引擎生产和化工行业中，模块化生产体现出自动机制，通过系统整合，形成了跨生产边界的协同效应。对大众汽车巴西装配工厂的研究发现，模块化生产体系还促进了新进工人对工会作用的诉求。在笔记本行业中，产品模块化

---

[1] 郝斌，任浩，Anne-Marie GUERIN. 组织模块化设计：基本原理与理论架构 [J]. 中国工业经济，2007，(06)：80-87.

的多重性特征极大地促进了对组织的重构。在电子行业中，模块化促进了全球价值链中参与专业化分工的领导企业所构成的体系。

总的来说，模块化组织在当代经济学中显得日益重要，它不仅是对传统一体化组织模式的补充和完善，更是在快速变化的市场环境中提高组织灵活性和创新能力的有效途径。通过模块化，组织能够更好地适应市场的变化，实现持续的创新和价值创造。

第四节　组织中的纵向合作维度

一、传统二分法的模糊性

在社会经济学领域，对于组织形态的理解和分析，传统上往往依赖于一种二分法，即将组织分为市场和科层。然而，这种传统二分法在现代经济组织的多样性和复杂性面前显示出一定的模糊性。这种二分法，将组织简化为要么是基于价格机制的市场交易环境，要么是依赖权威和命令的层级结构，已经无法充分捕捉现代组织形态的多维特性。随着全球化和技术革新的推进，新型组织形态如网络组织、战略联盟、虚拟公司等，展现了市场灵活性和层级协调效率的混合特点，打破了传统模型的界限。这种模糊性挑战了传统组织理论，迫使学者们重新考虑分析框架和方法，特别是在处理组织内外部环境交互、合作与竞争的动态平衡，以及信息技术等新因素对组织形态影响的情境下。因此，这种模糊性不仅为经济组织的研究带来新挑战，也为理解和解释现代经济现象开辟了新的视角。

经济学对企业和市场的研究是不断发展的，传统的研究认为市场和企业是两种截然不同的组织形式，二者之间界限分明。企业进行内部协调、组织生产依靠权威；市场顺利进行交易依靠价格调节。威廉姆森指出，在企业和市场中进行资源配置的机制是单一的，即企业中资源配置依赖于科层这一单一机制，并不包含市场机制；而市场机制中也不存在权威关系。[1]

在新古典经济学中，人们将市场看作一个交易的场所。有大量的生产者和消费者根据产品价格与产品带来的利润或效用进行成本收益分析

---

[1] WILLIAMSON O. The Economic Institute of Capitalism [M]. New York: Free Press, 1985.

最终决定是否进行交易，而生产者、消费者都是匿名的、独立的。在市场交易平台中，交易方的地位平等且不存在企业科层结构，这一理论忽略了企业内部关系的研究，将市场和企业看作两种截然不同的组织形式且彼此并不兼容。同时，简单地把企业看作具有投入产出关系的"黑箱子"。李海舰、聂辉华认为，企业与市场的二分法导致了在市场条件下过于关注由价格竞争带来的好处，同时忽视了市场中科层制度对效率的提升；而在企业领域，则忽略了市场机制带来的激励作用，过分强调了科层行政关系协调对成本的节约。①

科斯在《企业的性质》一文中，认为企业和市场之间是相互替代、互为竞争的关系，二者本质均是契约，选择何种组织形式最终都是由是否节约交易成本决定的。这一观点终结了企业和市场是互为矛盾、彼此对立的传统观点。可见，虽然学者们对企业与市场的区别进行了大量研究，但是却不能够找到市场和企业明确的界限，企业边界问题始终存在争议。市场和企业二者之间的自动协调关系和直接调节的关系使得人们将其看作完全不同的调节方法，但是这样容易造成对企业间合作事实的忽视。而且对于企业与市场之间存在的关系绝不是非此即彼的绝对关系，在市场中也同时存在其他非价格机制和某些紧密的合作类型。市场是一种非常复杂的交易关系，它与企业之间存在着一定的融合，可以说企业的内部协调、控制机制与市场的价格机制可以同时在各个层次发挥作用。王询提出企业和市场二者之间是相对模糊的中间地带，并没有非常明显的分界线。② 在二者之间的中间地带，经济行为主体不仅存在非市场形式的关系，还存在市场的交易关系。更为严谨地说，有的经济关系是通过非经济形式，而不是经济交易来完成的。

处于市场和企业之间的这种组织形式一般称为中间组织。威廉姆森称其为混合组织③；拉森（Larsson）称其为网络组织④。不同学者对这种组织也有不同的定义，安德森（Anderson）研究指出："中间组织是企

---

① 李海舰，聂辉华．论企业与市场的相互融合［J］．中国工业经济，2004（08）：26-35．
② 王询．论企业与市场间的不同形态［J］．经济研究，1998（7）：34-40．
③ WILLIAMSON O. The Economic Institute of Capitalism［M］．New York：Free Press，1985．
④ LARSSON R. The handshake between invisible and visible hands：Toward a tripolar institutional framework［J］．International Studies of Management & Organization，1993，23（1）：87-106．

业与企业间集体行动者的业务关系集合。"① 梅莱斯（Mailath）等通过研究得出以下结论："中间组织不再局限于传统对于企业和市场的二分方式，它表现为一种不断演变并按照一定的路径动态发展的复杂的经济组织形式。"② 对中间组织的定义是，为了能够使得企业拥有竞争优势所采用的企业与企业之间关系的一种有针对性的组织安排。从以上定义可以看出，学者们一致认为中间组织是市场和企业之间的一种组织形式，且混合了市场和企业特征，且契约关系相对稳定，是契约关系的集合。

二、企业实体与虚拟边界的分离

产品的生产是由研发、原材料供应商、生产商、销售商直到消费者等一系列纵向环节构成的。③ 这些环节通过彼此间的合作和一定形式的整合，形成紧密关系，最终组成了纵向供应链。对于纵向供应链上的企业而言，其所处的环节对企业在供应链中的重要程度以及与其他企业的上下游关系有直接的影响。④ 而占据纵向环节的多与少对企业的纵向边界具有决定作用。企业在纵向合作中所处的环节以及占据纵向环节的多少是由企业的纵向分离和纵向一体化两个过程的综合作用实现的。所谓的企业纵向边界是指衡量企业内部执行产业价值链上活动的程度。⑤ 它体现在企业将某一环节置于市场还是企业内部执行的选择上，由纵向分离和纵向一体化两方面共同决定。传统上所谓的企业边界往往仅局限于企业的规模大小，但实际上企业边界应该包含两层不同的含义：企业的虚拟边界和企业的实体边界。⑥

企业的虚拟边界一般指的是企业中虚拟存在的资源的边界⑦，如企业的知识、企业的技术、企业的战略控制能力等资源的边界；企业的实体

---

① ANDERSON C M, PUTTERMAN L. Do NonStrategic Sanctions Obey the Law of Demand? The Demand for Punishment in the Voluntary Contribution Mechanism [J]. Games and Economic Behavior, 2006, 54 (1): 1-24.
② MAILATH G J, SAMUELSON L. Your reputation is who you are not, not who you would like to be [J]. Journal of Agribusiness, 1998 (18): 115-127.
③ 郁义鸿. 产业链类型与产业链效率基准 [J]. 中国工业经济, 2005 (11): 35-42.
④ SERPA J C, KRISHNAN H. The impact of supply chains on firm-level productivity [J]. Management Science, 2018, 64 (2): 511-532.
⑤ SANTOS F M, EISENHARDT K M. Organizational Boundaries and Theories of Organization [J]. Organization Science, 2005 (16): 491-508.
⑥ 曾楚宏, 林丹明. 论企业边界的两重性 [J]. 中国工业经济, 2005 (10): 73-82.
⑦ AGHION P, HOLDEN R. Incomplete contracts and the theory of the firm: What have we learned over the past 25 years? [J]. Journal of Economic Perspectives, 2011, 25 (2): 181-197.

边界通常是企业实体物质资源存在的边界，比如企业中的资本、人力、设备、厂房、土地等资源的边界。通常企业的实体边界容易理解，它是由有形的资源决定的且相对清晰、稳定、易于观察；而企业的虚拟边界是由一些无形的资产决定的，与实体边界相比，相对模糊、不稳定、不易于观察。

科斯在《企业的性质》一文中指出，企业的边界是由市场交易产生的边际成本和企业内部组织产生的边际成本决定的；二者相等之处就是企业的边界。① 此处指出的企业边界是明显的，且企业实体边界和虚拟边界在此定义下是完全重合的。随着经济的发展演变，企业与企业之间的互动联系越来越频繁，逐渐出现了中间组织形式。原来的市场、企业二分法逐渐被中间组织、市场、企业科层三分法分析框架所取代。② 三分法框架导致企业的虚拟边界和实体边界逐渐分离，使企业边界更为模糊化。通常企业的虚拟边界要远大于实体边界，二者之间的偏差程度主要取决于企业在合作网络中的融入程度以及企业所在置身的网络的大小。郑方形象化地阐述了虚拟边界和实体边界的区别及其联系，通过分析企业四种关系与企业的双重边界，探讨了企业在内外环境中所面临的四种关系，这四种关系分别为契约关系、行政关系、市场关系和产权关系。③ 市场关系指的是企业在市场环境下进行交易所形成的关系。契约关系一般有隐性契约关系和显性契约关系两种类型，隐性契约关系不写入正式合同中，隐性契约的执行依靠企业与企业间的默契；显性契约是企业与企业之间正式的合同或协议，体现了具有法律效力的责任和义务关系。行政关系是内部科层结构形成的领导监督与被领导被监督的关系的集合。企业的产权关系是企业对企业财产的所有权关系，包括财产的使用、支配、占有和收益。

在上述四种关系中，处于企业的实体边界之内的主要是行政关系和产权关系，且这两种关系比较稳定，轻易不会发生变化，因此，企业在实体边界层次上表现得比较清晰和稳定。而企业的市场关系和契约关系是在企业所有权层次上延伸出来的关系，这两种关系经常变化，且相对灵活，造成企业虚

---

① LARSSON R. The Handshake between Invisible and Visible Hands [J]. International Studies of Management and Organization, 1993 (23): 87-106.
② GRABHER G. Locating economic action: projects, networks, localities, institutions [J]. Environment and Planning A, 2001, 33 (8): 1329-1331.
③ 郑方. 从纵向一体化到纵向分离——基于对立统一关系的分析 [J]. 中国工业经济, 2010 (11): 98-108.

拟边界的模糊性和动态性。企业的虚拟边界位于企业两个边界的最外层，它能够更好地体现企业总体情况，且企业边界之所以具有模糊性与企业虚拟边界的开放、动态和模糊特性相关。① 随着市场和企业的进一步相互融合，经济组织逐渐发展成为市场中有企业、企业中有市场的新趋势。

然而，这四种典型关系在企业双重边界的分布并非一成不变，它们随着市场和企业的不断融合以及相互关联，逐渐交织在一起。企业将市场关系引入企业内部形成模块化，且企业内部的模块组织相对独立，模块与模块之间存在着市场关系。张五常等学者视企业为一系列合约的集合，认为企业和市场仅是产品要素契约和产品契约的不同表现形式。因此，企业是契约组织，且企业内部存在着大量的契约关系。郑方通过引入融合结构图来对企业双重边界和存在的四种关系进行直观说明。② 如图1-2所示，该图直观地展示了企业虚拟边界和实体边界之间的差异。就单个企业而言，企业的实体边界可以比作企业的一堵墙，企业要通过突破这堵墙对外部资源进行整合，从而与外部的其他企业或经济资源进行有机融合。当企业的虚拟边界和实体边界分离后，企业通过虚拟边界向外拓展，实现与外部资源的结合③。

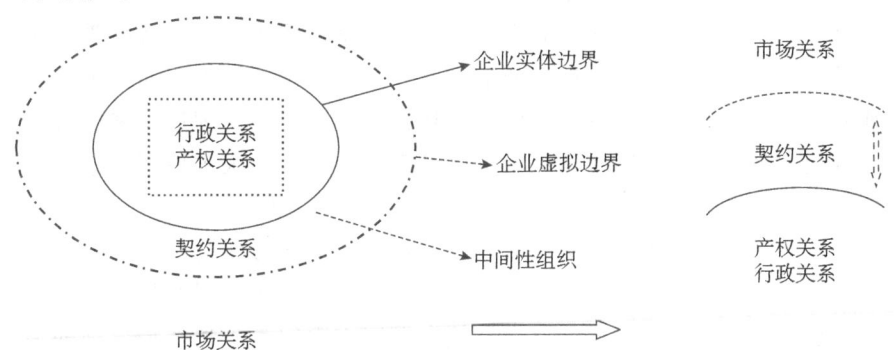

图 1-2 企业的双重边界与四种关系

来源：本图来自郑方（2010）。

三、组织中纵向合作关系界定

本书所研究的纵向合作关系是混合组织形式的一个重要特例。纵向合作包括特许经营、农超对接、公司＋农户、外包以及各种供应链等，

---

① 李海舰，聂辉华. 论企业与市场的相互融合 [J]. 中国工业经济，2004 (8)：26-35.
② 郑方. 从纵向一体化到纵向分离——基于对立统一关系的分析 [J]. 中国工业经济，2010 (11)：98-108.
③ 李海舰，聂辉华. 企业的竞争优势来源及战略选择 [J]. 中国工业经济，2002 (9)：5-13.

这种组织形式不断演变，并蔓延到社会经济的各个角落和领域。例如，在事业单位和政府部门中，纵向合作的发展已经促使这些部门将部分业务外包以节约成本。这显示了纵向合作已经成为社会经济活动的重要部分，并且成为企业理论和产业组织理论研究的核心问题。

纵向合作指的是在一条供应链上，上下游企业之间存在的投入产出关系，并在此基础上进行的纵向联合。为了增强竞争优势、提高效率，上下游企业进行纵向合作，形成共享收益、共担风险的机制。纵向合作更侧重于组织制度方面，它涵盖从原材料供应商到销售商，直至消费者等一系列供应链节点之间的紧密或松散合作。纵向合作根据紧密程度可以表现为各种形式，其中最紧密的为一体化经营，而最松散的形式为市场形式。纵向一体化和市场形式是纵向合作的两个极端形式。在二者之间存在着大量的中间组织形式，紧密程度各不相同。由此可见，纵向一体化经营仅是纵向合作的一种最紧密特殊的形式，它将所有相关经济活动一体化，在一个企业中经营。纵向合作中各环节的联合通常是通过合约实现的，包括正式合约和非正式合约。

纵向合作形式的出现原因多种多样，国内外学者从不同角度提供了解释。主要理论包括：交易成本学派的降低交易成本理论、战略管理学派关于稳定获取关键战略性资源的观点、产业组织学派关于通过纵向合作获取市场垄断地位的解释，以及委托代理理论关于合理避税和躲避政府规制的观点。综观这些理论，可以发现纵向合作的根本原因在于降低经营风险、提高企业效率，以及获取比竞争者更大的竞争优势。

以威廉姆森为代表的交易成本理论认为，纵向合作是市场内部化的过程。该理论基于机会主义和有限理性的假设，主张根据交易的资产专用性程度、不确定性程度以及交易频率等三方面因素来选择最合理的治理结构，旨在减少不确定性并降低交易成本。合理的治理结构理论上应实现交易成本的最优化。此外，交易成本理论还从经济学视角研究纵向合作中的资产专用性问题，认为专用性投资的大小会影响合作双方的"锁定"程度，进而影响合作的稳定性。在进行经济组织形式选择时，应比较企业内部化交易的成本（如生产产品的精力、时间成本）与外部化交易的组织成本（如合约谈判、缔约、履行成本等），以寻找最小化交易成本的组织形式。

产业组织对纵向合作的观点是，由于现实市场的不完全竞争或市场失灵，大型销售商或生产商通过前向合作或后向整合能提高竞争力、增加企业利润，从而获得更大收益。这一观点认为纵向合作能够在某些市场条件下解决外部性问题,并提高市场效率。

委托—代理理论视角下,纵向合作被视为一种应对信息不对称和风险偏好差异的策略。通过合理设计合约任务的可分解性和可程序性,纵向合作旨在优化合作结构,控制成本,并减少由信息不对称引起的剩余损失。纵向合作在减少交易成本的同时也可能导致行政成本的增加,特别是当合作较为紧密时。因此,在实践中,企业和市场的边界往往难以明确界定,纵向合作的紧密程度因情况而异。纵向合作可以被视为纵向一体化和市场交易关系连续体的一部分。威廉姆森将这种连续体中的各种组织形式称为混合治理模式或合同模式。纵向合作的具体形式包括广义和狭义两种类型。广义纵向合作包括市场和企业之间多种形式的中间组织以及类似市场的交易方式;而狭义纵向合作专指中间组织形式,排除了纯粹的市场交易。

新制度经济学对纵向合作的解释侧重于契约的不完备性和交易的属性。在交易费用模型中,交易被视为不完全性的契约,其特性包括不确定性、频率和资产专用性。交易双方的有限理性和机会主义倾向造成契约风险,影响交易效率。因此,中间组织的出现是为了管理这些风险,转移冲突,并实现双方获利。不同的交易类型需要不同的纵向合作形式,从市场企业、混合型中间组织到纵向一体化企业不等,选择哪种形式主要取决于事前和事后交易成本的最小化。

纵向合作组织指的是在供应链不同环节之间,跨越不同企业或业务单位的合作模式。[①] 这种组织形式的核心在于通过合作增强整个供应链的效率和效能,从而在竞争激烈的市场环境中取得优势。纵向合作组织的特点在于其跨界性和互补性,不同组织根据自身优势和资源进行合作,共同面对市场挑战和机遇。[②] 从新制度经济学的角度来看,纵向合作组织反映了市场与组织之间的互动和契约关系的复杂性。这种合作关系不仅基于经济效益的追求,还涉及权力、信任和社会规范等多重因素。纵向合作组织的形成和运作,展示了如何通过制度安排来协调和整合跨越不同企业的资源和能力。在当代经济体系中,纵向合作组织越来越成为

---

① ADENSO-DÍAZ B, LOZANO S, GARCIA-CARBAJA S, et al. Assessing partnership savings in horizontal cooperation by planning linked deliveries [J]. Transportation Research Part A: Policy and Practice, 2014, 66 (1): 268-279.

② CHEN L T. Dynamic supply chain coordination under consignment and vendor-managed inventory in retailer-centric B2B electronic markets [J]. Industrial Marketing Management, 2013, 42 (4): 518-531.

提升供应链效率、促进创新和响应市场变化的重要方式。通过这种组织形式，不同的企业能够分享风险，共同开发新产品，快速适应市场需求。此外，纵向合作还有助于弥补单一企业在资源、技术或知识方面的不足，通过集体智慧和力量，提升整个供应链的竞争力。

在新制度经济学的视角下，纵向合作组织与契约型关系的结合是现代企业间合作的关键趋势。这种合作通常基于正式的契约关系，涉及不同企业或组织单元在供应链的不同阶段之间形成的协作。契约明确规定了合作条款、责任分配和资源共享方式，为合作提供了法律基础和管理工具。这种基于契约的关系特别强调灵活性，使得合作组织能够根据市场变化和项目需求迅速调整合作模式。这种灵活和适应性的特点使纵向合作组织能够有效响应市场变化，适应竞争环境，利用市场机会。因此，有效管理纵向合作组织和契约型关系，对于企业在全球市场中保持竞争力和适应力至关重要，这不仅促进了资源的有效配置，还增强了企业面对市场不确定性时的适应能力。

在合作关系变得更长期和深入的情况下。当合作双方在长期合作过程中逐渐建立起信任和依赖，合作的深度和广度不断扩大，原本基于契约的纵向合作关系可能演变为更紧密的组织型关系。在这种紧密的组织型关系中，合作双方可能会建立更加稳定和正式的合作机制，包括共同的管理结构、决策过程以及资源和风险共享等。此外，资源共享在这种关系中成为常态，合作各方不仅共同投资于关键资源或技术，还可能在市场情报、管理经验甚至人力资源和研发活动上进行深度合作。随着合作关系的深化，共同决策机制的建立也使得各方能够协调一致地为实现共同商业目标和长远发展目标作出决策。这种关系的转变不仅提高了经济效率和市场竞争力，也带来了更复杂的管理和协调挑战，要求参与各方在保持各自独立性的同时，有效地协调和整合共享资源和共同目标。

纵向合作组织在新制度经济学中被视为一种现代企业间合作的重要模式，它与纵向一体化、混合型组织和模块化组织之间存在着复杂且互补的关系。这些组织形态各具特点，相互之间的差异和联系反映了现代企业在应对市场变化和组织挑战时的多样化策略。

与纵向一体化的关系：纵向合作组织与纵向一体化的主要区别在于控制和整合的焦点。纵向一体化强调的是将供应链的不同环节内部化到单一组织内部，从而实现高度的控制和整合。相比之下，纵向合作组织则侧重于不同企业间的合作，这种合作模式更强调跨企业间的协同和资源共享，而不是单一组织内部的整合。

与混合型组织的关系：混合型组织的特点在于它能够灵活地结合市场机制和层级结构，这使得它在与外部组织形成纵向合作关系时显得更为灵活和适应。混合型组织在内部管理和外部合作之间找到了一种平衡，使其既能有效地适应市场变化，又能管理好与外部合作伙伴之间的关系。

与模块化组织的关系：模块化组织通过其独立的模块结构，更容易与外部组织形成纵向合作关系。每个模块按照自己的专业能力和需求，与外部合作伙伴进行交互，这种结构的灵活性和适应性使得整体组织能够更加有效地响应外部变化，并提高整体运作的效率。

总之，纵向合作组织作为一种基于契约的合作模式，既具有灵活性，也可以发展成更紧密的组织型关系。它与纵向一体化、混合型组织和模块化组织之间有着密切的联系和互动，每种组织形态都对如何形成和管理纵向合作关系提供了不同的视角和策略。

四、纵向合作的合约结构

前文讨论了纵向合作组织的特征、类型及其在供应链中的作用，分析了这种合作方式如何通过跨越不同企业或业务单位的合作来增强整个供应链的效率和效能。在这种背景下，探讨纵向合作的合约结构就显得尤为重要，因为合约是这些合作关系中最为核心和具体的表现形式。

纵向合作合约结构与一般合约在形式上相似，包含四个核心要素：合约的缘由、履约条款、违约保护机制，以及未尽事宜的处理。首先，合约的缘由明确了合作的背景和条件，为合作提供了基础框架。其次，履约条款详细规定了合作双方的合同期限、权利、责任、义务，以及利益分配方式，确保双方明确了解各自的职责和期望。对于合约中无法预见的未尽事宜，如市场变化或突发事件，合约须提供相应的处理机制，以便事后能够进行有效的谈判和解决。最后，违约保护机制涵盖惩罚措施、保护性条款等，以应对违约行为和保障合作的稳定性。

纵向合作合约的独特之处在于其强调了资产投入的专用性。由于合作中的企业需要根据特定要求进行生产，因此涉及专用性投资。这种专用性投资可能导致投资方在合作中被"锁定"，特别是在合约事前有明确约定或事后需要重新谈判的情况下。这种"锁定"现象增加了合约当事人"敲竹杠"的动机，可能导致纵向合作中准租金的挤占。因此，在设计和管理纵向合作合约时，需要特别考虑这种专用性投资的影响，并采取相应的策略来减轻其负面影响。

在纵向合作中，违约保护构成了合约内容的关键部分，涵盖惩罚措施、事后谈判、激励措施、履约的保护性条款、合约履行的保护性措施，以及退出合约的条件设定。其中，保护性条款的有效性依赖于法律威慑力和合约交易方之间的利益关联。这些条款旨在保障合约的顺利执行和相关方的利益。然而，市场变化导致的法律执行成本增加或交易双方利益分配的重大变化可能导致保护性条款失效。许多合约纠纷的根源在于市场条件变化，这可能导致合约方利益的重大改变和保护性条款的无效。

纵向合作合约中的保护性措施旨在确保合约能够得到执行。这些措施通过抵押金、建立关系网、特定通道、赊账等机制来约束合约双方的行为，从而保证他们履行合约规定。保护性措施的最大优点在于它们既节约成本，又降低执行成本，同时提高了违约威慑的可信度。通过这些措施，纵向合作中的合约得以有效执行，维护了合作双方的利益和合作关系的稳定。

纵向合作中的违约惩罚属于保护性措施和保护性条款的内容，是默认合约的一种类型。在纵向合作中，违约惩罚通过给违约者带来惩罚损失和资产专用性的沉淀成本损失，对纵向合作中声誉准租金进行了有效保护，防止被榨取。违约惩罚在纵向合作中被广泛使用。

默认合约的另一种类型是履约激励机制，它包括利润共享与合理分成、未来的签约机会、市场的让渡等内容，履约激励机制能够有效防止纵向合作中声誉租金被挤占。

五、纵向合约中的声誉机制

在由大品牌企业整合的纵向合作组织中，即使各环节企业获得了集体声誉上的好处，但这些声誉价值依然不能归属于纵向关系成员企业，而是归属于纵向合作的整合者——品牌拥有者，原因是声誉必须是可以转移的。换言之，供应链上的每个环节不可以通过链条声誉单独获得更多的好处。进一步说，在纵向供应链条上的任何一个毁坏声誉的环节，都会破坏授权商的品牌价值，因为信任损害也是可以转移的。声誉转移问题由来已久，中介的出现实际上是声誉转移的结果，交易双方通过对第三方的信用而建立起交易关系。品牌共享也是如此，商业帝国的建立前提就是品牌是共享的，而品牌和声誉是一致的，当品牌可以共享的时候，意味着声誉也是共享的。由大品牌企业整合成纵向合作供应链可以看作一种私人秩序，能够形成集体声誉外部效应，从而使纵向合作关系中的每一个成员企业从声誉溢价中获利；还可以起到承诺作用，单个企业通过建立起纵向合作关系，并通过纵向供应链的形式向消费者作出承诺，保证其不会产生欺骗行为，并通过集体声誉对承诺进行抵押。如果消费者发现供应链中的成员企业存在欺骗行为，则会对整个供应链进行抵制，使得整个供应链的集体声誉遭到损害。成员企业通过加入纵向合作，就能得到集体声誉对外部消费者作出的承诺，即纵向合作成员企业提供的是高质量的产品，否则，集体声誉就会受到损害。如果纵向合作中某一成员提供了低质量的商品，纵向合作组织将对其进行相关惩罚，同时纵向合作中所有的成员企业都会受到集体声誉损害带来的损失。

为了增强纵向合作对消费者作出承诺的可置信性，纵向合作关系中品牌领导者制定了严格的加入标准并收取一定的品牌使用费（如超市收取的通道费、特许经营中的特许经营费）。将纵向合作与其他形式的第三方执行方式相比较可以发现，纵向合作中成员企业之间较为了解和熟悉，能够掌握对方更多的经济活动信息，因此，对于成员企业的违约情况能够以相对较低的成本进行调查和认定。纵向合作就是基于品牌所有者的声誉转移对成员企业收取使用费作为抵押，进一步约束成员企业的违约行为。威廉姆森指出："抵押往往能提高效率，它是一种可置信的承诺，抵押可在事后起到约束违约行为的作用，也可以事前起甄别的作用。"[1]

大品牌企业整合纵向合作关系供应链中，纵向合作整体以集体声誉进行抵押对消费者作可置信承诺。由于信息不对称，对单个企业逐一进行调查的成本非常高，导致单个企业的违约行为不能被证实，造成单个企业的声誉失效。大品牌企业通过整合纵向关系，以其声誉转移给组织内部企业，通过纵向合作中的集体责任来确保成员企业遵守合约。纵向合作中的集体责任可以被看作一种能够进行自我实施的制度方式，其主要依赖于纵向合作的集体责任和纵向合作组织内部成员企业的个人责任。假如该纵向合作关系中的某个企业发生违约行为，则该纵向合作关系的集体声誉将受损，该组织内的品牌领导者将会受到牵连，并对购买者的损失负有法律责任。纵向合作组织为减小其他无辜的成员企业受到惩罚的可能性，会加强调查力度及时发现具有违约行为的企业，进而对违约企业实行处罚。集体连带责任制度保证了纵向合作关系内企业的诚实行为，维护了集体声誉。

声誉转移的纵向合作关系是基于集体声誉的连坐制，通过连坐可以增强惩罚力度，增强企业承诺的可信性。因此，纵向合作组织以其集体

---

[1] WILLIAMSON O. The Economic Institute of Capitalism [M]. New York: Free Press, 1985.

声誉作为抵押对外作出可置信承诺，所以说加入纵向合作的企业更值得信任。纵向合作关系由于声誉转移使得最终产品声誉提高，提升了消费者的支付意愿和购买量，为纵向合作链条带来了好处。其合作伙伴为声誉转移支付费用，当集体声誉增值的时候，合作伙伴能够分享声誉增值的收益。

但是，纵向合作关系存在着两面性。对内部而言，品牌拥有者与成员企业之间建立了一种契约关系。纵向合作中，品牌拥有者与其成员企业的关系与企业中雇佣者与员工的关系非常相似。为保证纵向合作的产品质量和集体声誉，纵向合作组织者会对各环节企业提出严格的要求，成员企业要按照纵向合作的要求进行生产。但是，纵向合作品牌拥有企业与各环节企业的所有权是分离的。因此，纵向合作呈现为一种市场组织的状态。对外部而言，纵向合作关系组织者与各环节企业在产品、质量等方面形成统一的协作整体，成为集体声誉的载体。对于纵向合作外部的其他经济主体而言，会将该纵向合作看成一个整体，而不需要了解纵向关系内部之间的关系。当纵向合作关系中某一成员存在违约行为，消费者将其看作整个纵向合作关系的整体行为，将会造成集体声誉贬值，进而对成员企业造成损失。

简而言之，纵向合作关系这种组织形式通过声誉转移将品牌拥有者和声誉使用成员企业联结在一起。纵向合作成员企业之间是一种市场组织形式，以整体的形象和声誉面对外部主体。一方面，集体声誉的建立需要纵向合作中所有企业共同努力，外部经济主体只能通过对团队最终产品的质量进行观察，对纵向合作集体声誉形成认知；另外，纵向合作中的成员企业存在"搭便车"行为，利用集体声誉的转移实行欺诈行为榨取声誉租金。如果成员企业存在欺诈行为，纵向合作的集体声誉将会受损，给其他成员企业造成损失，最终可能会导致纵向合作解体。因此，要保证纵向合作关系的声誉机制发挥作用，就要有相应的机制对声誉进行维护。

现实的市场交易中，纵向合作组织上游的企业可能以次充好，用劣质的产品对供应链下游环节或消费者进行欺诈。由于信息不对称，下游环节不能够识别产品的质量，无法辨别产品的优劣。如果上游企业能够选择诚信策略建立良好的声誉，就能得到消费者的认可，达成双方合作的结果，该结果对双方来说是最优的。但是由于信息不对称、机会主义倾向，上游企业在单次博弈中，会选择提供低质量产品进行欺诈的策略，同时消费者事先已经认识到上游企业会选择欺诈倾向，将会以低质量价格进行支付。这种情况下，双方无法达到最优均衡。

　　根据 KMRW 模型，在多次重复博弈条件下，如果参与者选择欺诈获得的短期收益小于合作策略获得的长期收益，则上游企业将选择合作策略，维护声誉，以获得长期收益。纵向合作可以将相关企业整合，以整体组织的形式成为长期存在的市场交易者，弥补单个企业的低效率问题。纵向合作中成员企业共享集体声誉，集体声誉以纵向合作组织为载体克服现实的信息不对称问题，获取声誉租金。但是集体声誉对纵向合作中的成员企业而言，具有公共物品的性质，成员企业可以通过卸责、欺诈来获得更大收益，达到攫取集体声誉租金的目的。通过纵向合作供应链可知，单个企业通过纵向合作被整合到组织当中，获得了纵向合作集体声誉的印章，因此企业可以通过声誉的转移寻求声誉租金。但是不同组织的声誉参差不齐，企业之所以有加入纵向合作的激励，就是为了寻求声誉转移租金。现实市场中，在大型零售超市收取通道费用的情况下，生产企业仍积极寻求产品进驻超市，原因就是想要得到大型超市的声誉转移，获取声誉租金。

第二章 经济组织中的声誉理论

第一节 声誉理论溯源

一、声誉的缘起

声誉,作为个人或组织在他人心目中的信誉或名望,是社会科学研究中的一个核心概念。[①] 作为一种心理概念,声誉与一个人或组织的实际行为表现紧密相关,它通常不是直接可观察的,而是通过他人的观察和评价产生的。声誉理论在经济学、心理学、社会学和管理学等领域均有深入研究,关注的核心在于如何通过他人的评价来影响个体或组织的行为,以及个体或组织如何通过改变自身的行为来影响他人对自身的评价。在经济社会学中,声誉被视为一种重要的社会资本,它可以显著影响个人或组织的社会地位和经济利益。例如,一个良好的声誉可以帮助企业吸引更多的顾客和更优秀的员工,而声誉不佳则可能导致客户流失和市场竞争力下降。学术界对于声誉的界定一直存在分歧。例如,有学者认为声誉是以公众为基础的,与团体相关的现象。[②③] 他们的观点强调了社会群体在形成和维持个体或组织声誉中的作用。还有学者认为声誉既可以是个人也可以是群体所持有的一种认知,这表明声誉同时具有个体层面和群体层面的特征。[④]

综合来看,声誉理论提供了一个理解和解释个体和组织在社会互动中行为的有力工具。无论是在个人层面还是组织层面,维护良好的声誉都被视为实现长期成功的关键因素。因此,无论是在社会学、心理学还

---

① MILGROM P, ROBERTS J. Predation, reputation and entry deterrence [J]. Journal of economic theory, 1982, 27 (2): 280-312.

② BAUMEISTER R F. Self-esteem, Self-presentation and Future Interaction: A Dilemma of Reputation [J]. Journal of Personality, 1982, 50 (1): 29-45.

③ GIOIA D A, H P SIMS JR. Perceptions of Managerial Power as a Consequence of Managerial Behavior and Reputation [J]. Journal of Management, 1983, 9 (1): 7-26.

④ TSUI, ANNE S. A role set analysis of managerial reputation [J]. Organizational behavior and human performance, 1984, 34 (1): 64-96.

是在管理学和经济学领域，对声誉的研究都具有重要的理论和实践价值。

声誉的实际应用在时间上远早于其理论研究，类似于企业实际经营的历史早于企业经济理论的发展。词典中对声誉的定义体现了它的多维性：《牛津英语大辞典》将声誉描述为对个人特质和行为的综合评估，而《汉语大辞典》则强调了名誉和声望。这些解释共同指向了一个核心观点：随着人类社会的发展，声誉已成为社会结构的一个重要部分。从历史的视角来看，有很多例子证明了声誉在塑造社会行为中的重要性。例如，在中国的春秋战国时期，商鞅这位秦国变法的关键人物，通过"南门立木"等事件塑造了自己及法律执行者的声誉，从而赢得了民众的信任。亚当·斯密，作为经济学的奠基人，早已认识到声誉在确保社会和经济契约履行中的重要作用，并进行了初步的探讨，为声誉理论的早期发展奠定了基础。一般认为，声誉理论经历了几个发展阶段：最初是萌芽阶段，接着是理论的形成与模型化，最后是理论的拓展和在多个领域的应用。这一发展历程不仅深化了我们对声誉这一复杂社会现象的理解，还凸显了其在当代社会和经济环境中的日益增长的重要性。

在 20 世纪中期，尤其是 50 年代到 70 年代末期，声誉理论在学术界尚处于其发展的初始阶段。[1] 尽管早在亚当·斯密的时代，声誉的概念就已被提及为一种契约确保机制，但对于声誉的正式理论分析在很长一段时间内都相对缺乏，多数研究仅停留在表面的描述层面。[2][3][4] 据文献检索结果显示，第一篇以"声誉"（reputation）为主题的研究发表于 1917 年，名为"Comparative value of personal reputation and conferred degree"[5]，该研究主要关注会计制度中个人声誉的价值。然而，直至 20 世纪 80 年代之前，专门探讨声誉的学术文献都相对较少。

随着时间的推移，声誉作为一种信息传递机制的重要性日益被人们所认识，并受到了深入研究。在新制度经济学的框架下，个体声誉被视为一

---

[1] BALMER J M T. Corporate identity and the advent of corporate marketing [J]. Journal of marketing management, 1998, 14 (8): 963-996.

[2] FAMA E F. Agency problems and the theory of the firm [J]. Journal of political economy, 1980, 88 (2): 288-307.

[3] GRAY E R, BALMER J M T. Managing corporate image and corporate reputation [J]. Long range planning, 1998, 31 (5): 695-702.

[4] FOMBRUN C J, GARDBERG N A, SEVER J M. The Reputation Quotient SM: A multi-stakeholder measure of corporate reputation [J]. Journal of brand management, 2000 (7): 241-255.

[5] NAU C H. Comparative value of personal reputation and conferred degrees [J]. Journal of Accountancy (pre-1986), 1917, 24 (4): 247.

种至关重要的社会资本，它能够在社会经济活动中抑制机会主义行为，并对人的行为产生激励效果。[1] 尽管如此，长期以来，声誉问题的研究一直缺乏经济学模型和深入分析，在主要学术期刊检索平台如 Web of Science、Elsevier 等平台上直接包含"声誉"一词的文献仅有十几篇，虽有多篇文献涉及声誉分析，但专门的研究文献相当有限，反映了当时声誉研究的现状。直至 20 世纪 70 年代博弈论在经济领域得到广泛应用后，与声誉相关的经济学文献开始逐渐增多，声誉研究进入其发展的新阶段。

在主流经济学领域，这一时期声誉并未获得充分重视，这一点从《新帕尔格雷夫经济学大辞典》未将"声誉"（reputation）列入词条中可见。[2] 这种忽视主要源于古典经济学家对于经济运行的基本假设和研究范式。在他们的观点中，经济交易活动是在一个信息充分且自由竞争的理想状态下运行的，企业被视为单纯的生产函数，投入与产出明确无误，不存在机会主义行为。在这种假设下，声誉作为一种反映交易主体"类型"的机制，其在传递交易主体过往行为信息中的重要性被忽视了。然而，实际的经济世界并非如古典理论模型所设想的那样信息完备和均匀分布，而是充满不确定性和有限理性的行为主体。当经济学家开始认识到这一点时，声誉的价值和重要性便显现出来。有学者讨论了声誉在交易行为或某种均衡状态中的重要作用。[3][4] 在经济学领域对声誉的系统研究中，1980 年到 1990 年是声誉理论的形成和模型构建阶段。在这一时期，声誉作为一个独立的研究领域在经济学中逐渐确立[5]，主要是由于声誉问题紧密联系着经济环境中的信息不对称性和不确定性因素，这超越了传统经济学的研究边界[6]。这一时期，声誉研究的进展得益于三个关键理论的发展：信息不

---

[1] WILLIAMSON O E. Markets and hierarchies: analysis and antitrust implications: a study in the economics of internal organization [J]. University of Illinois at Urbana-Champaign's Academy for Entrepreneurial Leadership Historical Research Reference in Entrepreneurship, 1975.

[2] 刘江会. 证券承销商声誉的理论与实证研究 [D]. 复旦大学, 2004.

[3] STIGLITZ J E, ROTHSCHILD M. Increasing risk: I. A definition [J]. Journal of Economic Theory, 1970, 2 (3): 225-243.

[4] HIRSHLEIFER J. The private and social value of information and the reward to inventive activity [A]. 载于: Uncertainty in Economics [C]. San Diego: Academic Press, 1978: 541-556.

[5] 刘江会. 证券承销商声誉的理论与实证研究 [D]. 复旦大学, 2004.

[6] 符加林, 张依梦, 张怡然. 中国企业声誉研究的演进脉络与展望——基于 CiteSpace 软件的可视化分析 [J]. 郑州轻工业大学学报（社会科学版），2021, 22 (02): 62-69.

对称理论①②、交易成本理论③以及博弈论。这些理论不仅展示了深入研究声誉问题的必要性，也构建了研究该问题的理论框架。信息不对称理论揭示了信息的不完备性和非对称性对经济交易的影响，而交易成本理论则强调交易过程中存在的成本对企业行为的关键影响。博弈论的引入为声誉问题的分析提供了具有逻辑性和解释力的工具。爱德华·拉泽尔（Eduard Lazear）是最早将博弈论应用于声誉研究的学者之一，他通过一个博弈模型阐释了在长期雇佣关系中，声誉抵押如何抑制员工的懒惰行为。④ 戴维·克雷普斯（David Kreps）在这一时期成为声誉理论领域的关键人物，他通过将博弈论的最新成果应用于声誉研究，对声誉的作用和机制进行了开创性的研究⑤⑥⑦⑧，形成了正式的声誉理论模型。他与米尔格罗姆（Paul Milgrom）、约翰·罗伯茨（John Roberts）和罗伯特·威尔逊（Robert Wilson）共同完成的研究被广泛认为是 KMRW 定理的重要贡献。⑨ 他们的研究显示，在一个充满不确定性的经济环境中，由于信息的不完全或不对称性，个人行为或类型常常是不可观察的，这一发现显著地提高了声誉研究的深度和广度。

在这个阶段，声誉理论在主流经济学中的地位得到了显著提升，尤其是在理解经济行为人的决策和市场均衡中的作用。这一时期的研究为声誉理论的后续发展奠定了坚实的基础，为理解现代经济活动中的声誉动态提供了重要的理论工具和分析框架。

声誉作为经济交易中的一个关键因素，在 20 世纪 80 年代以及 20 世纪 90

---

① AKERLOF G A. The market for "lemons": Quality uncertainty and the market mechanism [J]. The quarterly journal of economics, 1970, 84 (3): 488-500.
② SPENCE M. Market signaling: Informational transfer in hiring and related screening processes [M]. cambridge: harvard university press, 1974.
③ COASE R H. The nature of the firm (1937) [J]. The nature of the firm, 1991: 18-33.
④ LAZEAR E P. Why is there mandatory retirement? [J]. Journal of political economy, 1979, 87 (6): 1261-1284.
⑤ KREPS D M. A representation theorem for "preference for flexibility" [J]. Econometrica: Journal of the Econometric Society, 1979: 565-577.
⑥ KREPS D M, WILSON R. Reputation and imperfect information [J]. Journal of economic theory, 1982, 27 (2): 253-279.
⑦ FUDENBERG D, KREPS D M, LEVINE D K. On the robustness of equilibrium refinements [J]. Journal of Economic Theory, 1988, 44 (2): 354-380.
⑧ KREPS D M. Corporate culture and economic theory [J]. Perspectives on positive political economy, 1990, 90 (109-110): 8.
⑨ KREPS D M, MILGROM P, ROBERTS J, et al. Rational cooperation in the finitely repeated prisoners' dilemma [J]. Journal of Economic theory, 1982, 27 (2): 245-252.

年代初期获得了显著的理论发展。这一时期，声誉理论的发展主要聚焦于探索声誉的形成机制和作用，特别是在信息不对称和市场不完全的环境下。KMRW模型作为这一阶段的一个里程碑，首次将博弈论引入声誉研究，提供了对于声誉形成及其影响的系统性理解。KMRW模型将声誉视为无限次重复博弈中的重要策略工具，通过基于以牙还牙甚至采用冷酷策略的个人实施机制来解释声誉的作用。克莱因（Benjamin Klein）和莱夫勒（K. B. Leffler）、法马（E. F. Fama）的研究强调了声誉在约束经济行为主体的行为中的关键作用。①② 神取道宏（M. Kandori）的工作扩展了KMRW模型的观点，指出社会规范和信息传播机制对于声誉机制的形成和维持起着至关重要的作用。③ 法马在他的研究中，重新评估了声誉效应，提出在代理人市场中，声誉是一种关键的约束力量。④ 他指出，经理人的价值不仅取决于其过去的业绩，还与其在经理人市场上的声誉紧密相关。霍姆斯特罗姆（B. Holmstrom）进一步发展了这一思想，构建了一个正式的"代理人市场—声誉模型"，以解释在重复交易情况下，声誉如何激励经理人。⑤

在这一时期，经济学家和社会学家共同推动了声誉理论的研究，他们的研究深入探讨了机会主义行为的本质，并明确指出声誉在约束由信息不对称引起的机会主义行为中的重要性。⑥⑦⑧⑨⑩ 这些理论和模型的发展，为理解和分析复杂经济活动中的声誉动态提供了坚实的理论基础。

在声誉理论的演进过程中，自20世纪90年代初至今，该领域经历

---

① KLEIN B, LEFFLER K B. The role of market forces in assuring contractual performance [J]. Journal of political Economy, 1981, 89 (4): 615-641.

② FAMA E F. Agency problems and the theory of the firm [J]. Journal of political economy, 1980, 88 (2): 288-307.

③ KANDORI M. Social norms and community enforcement [J]. The Review of Economic Studies, 1992, 59 (1): 63-80.

④ FAMA E F. Agency problems and the theory of the firm [J]. Journal of political economy, 1980, 88 (2): 288-307.

⑤ HOLMSTROM B. Moral hazard in teams [J]. The Bell journal of economics, 1982: 324-340.

⑥ FAMA E F, JENSEN M C. Separation of ownership and control [J]. The journal of law and Economics, 1983, 26 (2): 301-325.

⑦ GROSSMAN, SANFORD J, HART, et al. An analysis of the principal-agent problem [J]. Econometrica, 1983, 51 (1): 7-45.

⑧ WILLIAMSON O E. Yhe Economic Institutions of Capitalism: Firms, markets, relational Contracting [M]. Free Press, 1985.

⑨ HART O, HOLMSTROM B. The Theory of Contracts [R]. No. 418. Massachusetts Institute of Technology (MIT), Department of Economics, 1986.

⑩ GIBBONS R, MURPHY K J. Relative performance evaluation for chief executive officers [J]. ILR Review, 1990, 43 (3): 30.

了理论的深化和应用的广泛化。在这个时期,经济学、管理学和社会学界的研究者共同推进了声誉理论的多元发展,形成了诸如"声誉资本""声誉租金"以及对声誉效应深入的剖析等新的理论观念。在这一阶段,登博格(D. Fudenberg)和莱文(D. K. Levine)对克雷普斯等人的研究成果进行了深化,他们假设顾客接收到的关于企业行为的信息存在一定程度的不确定性,由此将"完美公众监督模型"扩展为"不完美公众监督模型"。[1] 他们的研究揭示了,在企业持有足够的耐心且在顾客心目中具有正面形象的情况下,良好的企业声誉能够带来接近于理想支付的实际回报。梯若尔(R. Tirole)在探讨合伙制度时,提出集体声誉实质上是个体声誉的聚合。[2] 他的研究指出,代理人的行为及其产生的声誉会直接影响其所在团队的整体声誉。同理,莫里森(A. D. Morrison)和威廉(Wilhelm)强调了在合伙制度中个人声誉的重要性,将其视为一种独特的、不可交易的人力资本资源,代理人的声誉将直接影响委托人对其的支付决策。[3] 特德斯(S. Tadelis)通过构建一个包含道德风险和逆向选择要素的动态一般均衡模型,探讨了声誉市场如何影响企业的努力程度。[4] 这一时期的声誉理论研究不仅丰富了理论维度,也拓展了声誉理论在经济和社会领域的应用范围,揭示了声誉在现代经济交易中的复杂作用和影响。

如前所述,声誉是随着历史的累积而产生的,反映主体信息质量的一种信号,该信号随着声誉机制而在公众中传播,它的主体既可以是集体,也可以是个体。当声誉的主体是集体时,表现为集体声誉;而当声誉的主体是个体时,则表现为个体声誉。

声誉理论的研究起源可以追溯到 20 世纪 80 年代初期。在这个时期,经济学家开始研究声誉作为信号的概念,并将其应用到博弈论中。最早的研究者是克雷普斯等人,他们提出了一个博弈论模型,即有限重复囚徒困

---

[1] FUDENBERG D, LEVINE D K. Maintaining a Reputation When Strategies Are Imperfectly Observed [J]. Review of Economic Studies, 1992 (59): 561-579.
[2] TIROLE J. A theory of collective reputations (with applications to the persistence of corruption and to firm quality) [J]. The Review of Economic Studies, 1996, 63 (1): 1-22.
[3] MORRISON A D, Wilhelm J R. Partnership firms, reputation, and human capital [J]. American Economic Review, 2004, 94 (5): 1682-1692.
[4] TADELIS S. The market for reputations as an incentive mechanism [J]. Journal of political Economy, 2002, 110 (4): 854-882.

境（finitely repeated prisoners' dilemma）模型。① 在这个模型中，两个参与者重复地面临着囚徒困境博弈，即在每个回合中，两个参与者必须决定是否合作，而这个决策将直接影响他们的收益。每个回合结束后，博弈会重新开始，直到达到固定的回合数为止。该模型的关键之处在于，因为博弈是有限重复的，参与者的决策将受到之前所做决策的影响，而不仅仅是在当前回合中的收益。Kreps 等人证明了，在这种情况下，合作是可能的，并且可以通过一个稳定的平衡状态来实现。这个平衡状态通常被称为"有限重复囚徒困境的触发策略均衡"（trigger strategy equilibrium）。该模型解释了为什么某些企业在市场中能够维持高品质水平，而其他企业则难以做到。这一模型中，声誉被视为信号，通过维持高品质来建立信誉。

在此基础上，研究者们逐渐深入探讨了声誉理论，提出了多个模型和理论框架。其中，最著名的是信号传递模型、信号稳定性模型和经验惩罚模型。信号传递模型最早由斯彭斯（M. Spence）提出，他认为声誉是一种信号，能够传递关于个体品质的信息。② 信号稳定性模型由米尔格罗姆（Milgrom）和罗伯茨（Roberts）提出，即信息不完全情况下市场的信息传递机制，当双方在市场中缺乏信息时，雇主可以通过招聘高素质的员工来传递自己的信息。③ 雇主在招聘员工时支付了更高的薪资，表明他对这些员工的高素质和工作能力有信心。认为声誉是一种稳定的信号，能够在多个周期中传递，提出了"信号"（signaling）这一概念，将其应用于市场和招聘领域，并阐明了信息不完全情况下的信息传递机制。这一概念在经济学和其他社会科学领域中得到了广泛应用，对人们理解市场信息传递机制和人力资源管理等领域产生了深远的影响。经验惩罚模型由克莱因和莱夫勒提出，他们认为声誉是通过惩罚那些没有维护声誉的个体来建立的。④ 在不完全契约和信息不对称的情况下，声誉是确保契约履行的重要机制。声誉是一种反映个人或公司信誉和诚信的信号，它可以在交易中传递并影响交易的结果。声誉不仅可以作为一种奖励机制，也可以作为一种惩罚机制，因为一个人的声誉会受到不诚实

---

① KREPS D M, MILGROM P, ROBERTS J, et al. Rational cooperation in the finitely repeated prisoners' dilemma [J]. Journal of Economic theory, 1982, 27 (2): 245-252.
② SPENCE M. Market signaling: Informational transfer in hiring and related screening processes [M]. Cambridge: Harvard University Press, 1974.
③ MILGROM P, ROBERTS J. Price and advertising signals of product quality [J]. Journal of political economy, 1986, 94 (4): 796-821.
④ KLEIN B, LEFFLER K B. The role of market forces in assuring contractual performance [J]. Journal of political Economy, 1981, 89 (4): 615-641.

行为的损害。通过不完全契约和信息不对称的市场模型发现，声誉可以作为一种信号来降低契约成本和监管成本，从而促进交易的达成。该文章的主要贡献是将声誉引入契约理论中，为我们理解声誉在市场中的作用提供了新的理论框架。这一理论对于理解市场力量、契约制定、信用和声誉的重要性等方面产生了深远的影响，并在实证研究中得到了广泛应用。

目前，声誉理论作为社会学、经济学中的一个重要研究领域，已经有了较为完备的理论框架和实证研究。声誉在经济活动中起着重要的作用，不仅可以帮助个体或组织建立信任，还可以约束其行为，维护市场秩序和社会和谐。在声誉与社会责任、声誉的建立和维护机制、声誉在不同行业和文化背景下的作用等方面有进一步的发展。同时，随着数字化和网络化的不断发展，声誉理论的研究也将面临新的挑战和机遇，如何应对和利用这些变化，将成为未来研究的重要方向。

二、声誉概念界定

关于声誉的界定，目前并未形成统一的共识，反映了这一概念的复杂性和多维度特性。鲍迈斯特（R. F. Baumeister）、乔亚（D. A. Gioia）和西姆斯（H. P. Sims）基于公众的集体认知提出，声誉是与团体紧密相关的现象。[1][2] 他们的观点突出了声誉作为群体对个体或集体广泛评价的结果。相对地，罗森（S. Rosen）、多比（V. J. Doby）和卡普兰（R. D. Kaplan）的研究视角则专注于声誉作为个人属性，近似于对个人的评估和认知。[3][4] 他们的研究揭示了个体在社会互动中的声誉如何形成，并被社会成员所认可。进一步地，有学者提出了一个更为综合的观点，认为声誉既可以是个体的属性，也可以是群体所共有的认知状态。[5]

---

[1] BAUMEISTER R F. Self-esteem, self-presentation and future interaction: A dilemma of reputation [J]. Journal of Personality, 1982, 50 (1): 29-45.

[2] GIOIA D A, Sims H P Jr. Perceptions of managerial power as a consequence of managerial behavior and reputation [J]. Journal of Management, 1983, 9 (1): 7-24.

[3] ROSEN S, COCHRAN W, MUSSER L M. Reactions to a match versus mismatch between an applicant's self-presentational style and work reputation [J]. Basic and Applied Social Psychology, 1990, 11 (2): 117-129.

[4] DOBY V J, CAPLAN R D. Organizational stress as threat to reputation: Effects on anxiety at work and at home [J]. Academy of Management Journal, 1995, 38 (4): 1105-1123.

[5] TSUI A S. A role set analysis of managerial reputation [J]. Organizational Behavior and Human Performance, 1984, 34 (1): 64-96.

这种观点不仅拓宽了声誉的研究视野，也反映了声誉在不同社会和组织层面的复杂动态。① 整体而言，这些观点共同为声誉理论的深入研究提供了丰富的理论基础和多样的分析框架，从而使声誉理论在社会科学领域中占据了重要的地位。

学术研究在声誉理论的发展上可以分为集体声誉理论和个体声誉理论两个主要方向。个体声誉理论聚焦于单一经济主体，如个人或企业，探讨其如何通过行为建立及维护声誉，以及这种声誉如何影响其经济决策和市场行为。与之相辅相成的集体声誉理论则关注于更广泛的群体或组织层面，研究如何在社会和市场环境中建立集体信誉，并分析这种声誉对集体的经济活动和社会互动的影响。尽管集体声誉理论对于理解市场有效运作至关重要，但相较于个体声誉理论，它的研究起步较晚。特别是在中国，学者们2010年前后才转向对集体声誉理论的深入探讨。这一研究趋势的转变标志着声誉理论领域正在迈向一个新的发展阶段，为理解复杂的市场和社会动态提供了新的理论视角和分析框架。

声誉理论在经济学上的应用，最早可以追溯到亚当·斯密时代，亚当·斯密认为声誉在维护诚信、保证契约的顺利执行过程中具有重要的作用。此后，声誉理论一直受到学者的重视，但是始终没有被模型化。正如克雷普斯和威尔逊所说，需要以经济学模型为基础的正式分析。② 虽然声誉理论的产生比较早，但是该理论在经济学中的兴起只有20多年的时间。在新古典经济学中没有交易成本，把交易活动置于信息完全的环境中研究，此时声誉的重要性并不明显。随着新制度经济学的发展，人们开始意识到现实环境下人们是有限理性的且充满了不确定性，这与新古典中信息完备的假设并不一致。在真实经济世界中，由于信息不完全、交易者有限理性，造成严重的信息不对称性，在这种情况下声誉的重要性和声誉价值逐渐凸显。可以说声誉机制与经济世界环境的不确定、信息不对称性紧密联系在一起。阿克尔洛夫（G. A. Akerlof）提出了柠檬问题，他发现在二手车市场中由于信息不对称，造成劣质品驱逐良质品，最终造成产品质量整体下滑。③ 斯彭斯将信息不对称问题模型化，提出了信号传递模型。④ 声誉具有信息显

---

① 李延喜，吴笛，肖峰雷，等. 声誉理论研究述评 [J]. 管理评论，2010，22 (10)：3-11.
② KREPS D, WILSON R. Reputation and perfect information [J]. Journal of Economic Theory, 1982 (27): 53-279.
③ AKERLOF G A. The market for "lemons": Quality uncertainty and the market mechanism [C] // Uncertainty in Economics. Academic Press, 1978: 235-251.
④ SPENCE M. Market signaling: Informational transfer in hiring and related screening processes [M]. Cambridge: Harvard University Press, 1974.

示的功能逐渐受到重视、声誉问题也成为经济学研究的重点。新制度经济学集大成者威廉姆森将声誉作为一种资本是有价值的，它能够起到激励作用，抑制人们在经济活动中机会主义行为的发生。

声誉理论成为主流经济学的重点研究领域是从20世纪70年代开始的，得益于人们对新古典理论的完善、信息不完全和市场不完备等理论的出现。其中带来声誉理论实现实质性突破的原因有以下几点。一是刘江会提到的在研究技术上的突破。[①] 博弈论更为科学地揭示了人们在经济活动中的决策和相互作用，为声誉理论的深入研究提供了分析工具，使得研究更有逻辑性。二是新制度学派的交易成本理论的出现，该理论揭示了现实交易活动过程中产生的成本，对企业的经济行为、策略的选择产生重要影响，从而进一步影响了声誉理论的研究。[②] 三是阿克尔洛夫和斯彭斯对现实市场中信息的不对称性和不完备性的发现，使声誉理论得到了长足发展。[③]

部分学者通过经济学实验对声誉理论进行验证，证明即使博弈是有限次的，也会经常产生合作行为。由于信息不完全和现实经济世界的不确定性，使得个人、企业或某一组织的类型或者行为不可观察，但是如果其在经济活动中始终保持某一类型且长期稳定不变，这样经过多次重复博弈，其他人逐渐了解这一情况，便对其未来的行为或策略有一定的预期，这种长期过程形成的其他人对其预期就是声誉的形成过程。因此，声誉机制作为一种信号传递方式，有利于声誉主体的内在类型和不可观察行为的对外显示。有助于经济活动中其他参与人通过声誉机制了解该行为人的潜在类型和内心属性，进而影响到该参与者与其他参与者采取的策略，最终对均衡结果产生影响。可见，声誉的好坏直接影响到参与者在经济交易过程中获利的多少。声誉的价值正是体现在对收益的影响上，交易者为了获得更大收益，会非常注重自己的声誉，约束自己的行为。声誉机制已经成为抑制机会主义行为的重要机制之一。

博弈模型证明了，在企业内部员工的雇佣关系中，存在一种和员工工作时间长短有关的工资——工龄工资，企业将工龄工资作为员工的声誉抵押，能够有效抑制员工的卸责和机会主义行为。经济学中，对声誉

---

① 刘江会. 证券承销商声誉的理论与实证研究 [D]. 复旦大学，2004：36-38.
② COASE R H. The nature of the firm: Origin [J]. The Journal of Law, Economics, and Organization, 1988, 4 (1): 3-17.
③ SPENCE A M. Market signaling [J]. Harvard University of Economics, 1973 (87): 355-374.

机制的研究公认肇始于 Kreps 等人。他们在声誉机制的研究中，第一次建立了标准声誉模型（KMRW 模型），该模型主要研究了在信息不完全的情况下，尽管是有限次重复博弈，交易者考虑到声誉机制最终也能达到合作均衡。①②③ 余津津认为 KMRW 模型证明了声誉通过影响博弈参与者的决策行为，确实对收益会产生影响，进一步说明了声誉机制对经济活动的重要性。④ 科瑞普斯、威尔逊、米尔格罗姆和罗伯特建立的 KMRW 模型主要是基于参与者对违约方采取冷酷策略或者针锋相对的策略进行惩罚，虽然博弈是有限次的，不同于传统分析中的无限次重复博弈，但声誉机制仍能够促使参照者在不完全信息情况下达成合作。KMRW 理论中提出"声誉机制增加了参与者承诺的可信度"，为声誉理论的进一步发展奠定了基础，这就保证了注重长期利益的经济行为者短期内承诺的可信性。神取道宏在 KMRW 模型的基础上将信息的生产机制、传递机制引入声誉理论中，即使不存在强制执行力，声誉也会促进合作的出现。⑤ 他认为，由于存在信息传递机制，可以及时地将违约者的欺骗行为传递给其他参与者，从而共同对违约者进行抵制或惩罚，因此，即使交易次数较少，声誉也能够促进合作的产生，参与者避免被相关人员联合抵制，有很强的维持良好声誉的激励。进一步扩大了声誉实施的社会基础。随着理论的拓展，KMRW 理论的消费者完美监督模型扩展成为不完美公共监督模型。迈拉斯（G. J. Mailath）和萨缪尔森（Samuelson）对不完美信息的具有公共监督性质的声誉模型进行拓展，建立了不完美信息的具有私人监督性质的声誉模型，对声誉建立过程的问题进行解决。⑥ 声誉机制成为交易过程中约束经济行为主体短期机会主义的重要激励和约束机制。参与者为了获得长期利益需要约束自己短期欺诈行为以维护自己的声誉。可见，在信息不完全和信息不对称的情

---

① DAVID M, KREPS, MLLGROM P, et al. Rational cooperation in the finitely repeated prisoners' dilemma [J]. Journal of Economic Theory, 1982, 27 (2): 245-252.
② KREPS D, WILSON R. Reputation and perfect information [J]. Journal of Economic Theory, 1982 (27): 253-279.
③ MILGROM P, ROBERTS P. Predation, reputation and entry deterrence [J]. Journal of Economic Theory, 1982 (27): 280-312.
④ 刘江会. 证券承销商声誉的理论与实证研究 [D]. 复旦大学博士学位论文, 2004: 36-38.
⑤ KANDORI M. Social Norms and Community Enforcement [J]. Review of Economic Studies, 1992 (59): 63-80.
⑥ MAILATH G J, SAMUELSON L. Your reputation is who you are not, not who you would like to be [J]. Journal of Agribusiness, 1998 (18): 115-127.

况下,声誉已经成为约束交易参与者行为的重要因素。

在声誉理论的发展过程中,有许多学者对声誉进行了不同的定义和界定。例如,夏皮罗(C. Shapiro)和瓦里安(H. R. Varian)将声誉定义为"消费者对供应商的信任水平,这个水平通常是通过消费者过去的购买经验来建立的"。① 在这种定义中,声誉被视为消费者对供应商信任度的度量。另外,丰布兰(Fombrun)将声誉定义为"组织与利益相关方之间的信任关系的度量"。② 这种定义突出了声誉作为组织与外部利益相关方之间关系的重要性,如投资者、客户、员工等。

除了定义声誉的对象外,声誉理论还关注了声誉的来源和作用机制。根据声誉的来源,声誉理论通常分为内生和外生两种类型。内生声誉是通过个体或组织自身的行为表现来建立的,例如优秀的产品质量、优质的服务等。外生声誉则是通过其他人的评价或宣传来建立的,例如广告、口碑传播等。

声誉的作用机制也是声誉理论的重要研究领域。根据声誉对个体或组织行为的影响,声誉理论可以分为正向声誉和负向声誉。正向声誉可以促进个体或组织的行为符合社会期望,从而增加其社会地位和信任。

声誉理论的核心观点是,人们的社会行为往往是为了维护或提升自己的声誉,因为好的声誉能够带来诸如信任、尊重和合作的好处,而坏的声誉则可能导致排斥、惩罚和失去机会。其理论框架主要包括以下几个方面。

1. 声誉的形成

声誉是通过人们在社会交往中的行为和表现来建立的。人们对一个人或组织的印象是由自己的观察和与他人的交流得来的。一个人或组织的声誉往往基于其过去的行为和表现,但也受到当前情境和他人的影响。奥利弗(R. L. Oliver)提出了一个关于顾客满意度的认知模型,声誉可以通过顾客的经验和信息得到形成,并且影响顾客的满意度和忠诚度。③ 丰布兰探讨了企业声誉的形成和影响,认为企业声誉可以通过其行为和

---

① SHAPIRO C, VARIAN H R, CARL S. Information rules: A strategic guide to the network economy [M]. Harvard Business Press, 1999.
② CHARLES J. Fombrun. Reputation: Realizing value from the corporate image [M]. Harvard Business School Press, 1996.
③ OLIVER R L. A cognitive model of the antecedents and consequences of satisfaction decisions [J]. Journal of marketing research, 1980, 17 (4): 460-469.

表现形成，并且可以影响顾客、员工和投资者等不同群体的行为和选择。① 闰多瓦（V. P. Rindova）探讨了声誉的形成和影响因素，认为声誉的形成和影响可以通过组织的行为和表现、媒体报道和其他社会因素等多种途径得到实现。② 哥茨（M. Gotsi）讨论了企业声誉的概念、范围、影响因素、管理策略和评价方法，并提出了一个统一的声誉定义。③ 声誉的形成是声誉理论中一个重要的组成部分，相关论文中提供了关于声誉形成的认知模型、企业声誉和组织声誉等多个角度的研究和思考。

2. 声誉的维护

声誉可以影响人们的行为和选择，一个人或组织的好声誉可以带来信任、尊重和支持，而坏声誉则可能导致排斥、惩罚和损失，人们通常会努力维护自己的声誉，以获得好处。声誉的影响主要研究声誉对个人、组织和社会产生的影响。迪普豪斯（D. L. Deephouse）探讨了声誉在组织战略中的作用和影响，认为声誉可以被视为一种战略资源，并且可以通过媒体报道和其他途径来建立和维护。④ 罗伯茨通过实证研究，探讨了声誉对企业长期财务绩效的影响，声誉可以促进企业的品牌认知和客户忠诚度，从而实现持续的财务表现。⑤ 布朗（T. J. Brown）探讨了声誉如何影响消费者对企业产品的反应和选择，认为企业的声誉可以影响消费者对其产品的认知和态度，从而影响消费者的购买决策。⑥ 克莱因和莱夫勒讨论了市场力量在保证合同履行中的作用，市场也可以通过声誉机制和契约外威慑来加强对合同履行的约束力。⑦

---

① FOMBRUN C, SHANLEY M. What's in a name? Reputation building and corporate strategy [J]. Academy of management Journal, 1990, 33 (2): 233-258.
② RINDOVA V P, WILLIAMSON I O, PETKOVA A P, et al. Being good or being known: An empirical examination of the dimensions, antecedents and consequences of organizational reputation [J]. Academy of management journal, 2005, 48 (6): 1033-1049.
③ GOTSI M, WILSON A M. Corporate reputation: seeking a definition [J]. Corporate communications: An international journal, 2001, 6 (1): 24-30.
④ DEEPHOUSE D L. Media reputation as a strategic resource: An integration of mass communication and resource-based theories [J]. Journal of management, 2000, 26 (6): 1091-1112.
⑤ ROBERTS P W, Dowling G R. Corporate reputation and sustained superior financial performance [J]. Strategic management journal, 2002, 23 (12): 1077-1093.
⑥ BROWN T J, DACIN P A. The company and the product: Corporate associations and consumer product responses [J]. Journal of marketing, 1997, 61 (1): 68-84.
⑦ KLEIN B, LEFFLER K B. The role of market forces in assuring contractual performance [J]. Journal of political Economy, 1981, 89 (4): 615-641.

人们通常通过表现良好的行为和建立信任来维护自己的声誉。例如，一个企业可以通过提供高质量的产品和服务来赢得客户的信任和尊重，从而提高其声誉。此外，人们也可以通过使用符号、标志和口碑来增强自己的声誉，声誉的维护主要研究声誉的损失和恢复，以及维护声誉的策略和方法。贝努瓦（W. L. Benoit）探讨了声誉受损时，组织可以采取的不同策略和方法（如道歉、辩解和赔偿等），并构建了"图像修复策略"理论，成为声誉维护研究的经典之作。[①] 库姆斯（W. T. Coombs）提出了"情境危机传播理论"的模型，探讨了声誉受损时组织可以采取的不同策略和方法。[②] 该理论考虑了不同情境下的不同策略和方法，并成为声誉维护研究的重要理论之一。声誉的维护是声誉理论的重要组成部分，相关论文从声誉受损时的应对策略、声誉管理和建立声誉的方法等方面开展了一系列研究。

3. 声誉的损毁

声誉也可能因为一些负面事件或行为而受到损害。例如，一个企业的声誉可能因为产品质量问题或丑闻而受到损害。一旦声誉受到损害，恢复良好声誉的难度通常比维护良好声誉更高。现有的研究主要集中在声誉损毁的原因、后果、管理策略等方面。丰布兰探讨了企业声誉的概念、价值、形成和管理等方面的内容，特别是声誉受损的原因和应对策略，成为声誉损毁研究的经典之作。[③] 道林（G. Dowling）围绕企业声誉的理论和实践，阐述了企业声誉的形成和影响因素，特别是声誉受损的影响和管理策略。[④] 库姆斯提出"情境危机传播理论"模型，旨在帮助组织在危机中保护声誉资产，提供了关于声誉损毁的管理策略和方法。[⑤] 现有研究主要集中于声誉受损的原因、影响和管理策略等方面。

4. 声誉机制所需的基本条件

---

① BENOIT W L. Image repair discourse and crisis communication [J]. Public relations review, 1997, 23 (2): 177-186.
② COOMBS W T. Protecting organization reputations during a crisis: The development and application of situational crisis communication theory [J]. Corporate reputation review, 2007 (10): 163-176.
③ CHARLES J FOMBRUN. Reputation: Realizing value from the corporate image [M]. Boston: Harvard Business School Press, 1996.
④ DOWLING G. Creating corporate reputations: Identity, image and performance [M]. Oxford: Oxford University Press, 2000.
⑤ COOMBS W T, HOLLADAY S J. Helping crisis managers protect reputational assets: Initial tests of the situational crisis communication theory [J]. Management communication quarterly, 2002, 16 (2): 165-186.

只有满足一定的条件，声誉机制才能够发挥作用。首先，要满足重复博弈条件，如果交易是一次性的，参与者没有激励去维护和创造声誉而且单次交易无法对欺诈行为进行惩罚。克雷普斯对博弈论中的"连锁店悖论"进行了深入研究，在关联博弈或者重复博弈的交易过程中，声誉才能够体现价值。① 其次，是信息能够将声誉进行传递。信息能否有效传递决定了声誉是否能够形成，信息传递是声誉形成的基础和关键。信息传递的速度、传递的广度和范围、传递的准确性影响声誉发挥作用的效力。在对合同的研究中发现，不同的商号之间声誉的交流和传递，能够作为正式合同和法律的替代机制抑制交易关系中的逆向选择问题、降低交易成本、提高交易效率。米尔格罗姆通过对香槟酒交易会组织进行研究，认为香槟交易会之间的信息有效传递，激励了交易者注重声誉。② 克莱因也发现声誉信息的及时有效传递能够降低经济主体之间的信息不对称，提高交易效率。③ 神取道宏认为在现实的经济交易过程中，参与者之间的交易并不频繁，往往是一次交易或者数次交易，这种情况下就不符合声誉发挥作用的重复博弈假设。④ 但是如果受到欺诈的交易者能够通过有效的声誉信息传递方式将欺诈者的信息传递给与欺诈者相关的其他成员，使得相关成员都对欺诈者进行抵制和惩罚，声誉机制仍然能够发挥作用。该研究将声誉理论嵌入社会基础中，强调通过社会机制维持声誉。声誉发挥作用所需要的第三个条件要求惩罚是可置信的。如果惩罚不具有可置信性，违约者事先知道不会受到惩罚，就不会注重自己的声誉，声誉就不能构成激励或约束机制。在双边关系中，由于交易双方的长期合作收益要大于短期欺诈收益，因此双方都注重合作、维护声誉，如果存在违约行为，就会遭到双边惩罚，声誉受损。除了双边关系惩罚，还存在多边惩罚机制。比如行业协会实施多边惩罚制度，协会中某个成员存在欺诈行为，那么正规协会成员都会以极低的成本获取到信息，其他成员都不再与其合作，最终违约者被清除出协会。协会成

---

① KREPS D, WILSON R. Reputation and perfect information [J]. Journal of Economic Theory, 1982 (27): 53-279.
② MILGROM P, NORTH D, WEINGAST B. The Role of Institutions in the Revival of Trade: the Law Merchant, Private Judges and the Champaign Fairs [J]. Economics and Politics, 1990 (2): 1-23.
③ KLEIN B. The Role of Incomplete Contracts in Self-Enforcing Relationships [J]. Revue Economic Industrial, 2000 (92): 67-80.
④ KANDORI M. Social norms and community enforcement [J]. The Review of Economic Studies, 1992, 59 (1): 63-80.

员预料到违约将会遭受集体惩罚的损失，基于成本收益考虑，最优策略是保持诚信、积极履行合约。贾生华、吴波认为，在多边惩罚机制中，单个参与者面对关联博弈，团体的规范促使对机会主义行为的多边惩罚更为可信。[1] 符加林根据惩罚实施的对象和实施范围的差异，将惩罚机制分为三种情况。[2] 第一种情况为通过冷酷策略或者针锋相对策略拒绝与违约者交易，对违约行为采取直接报复；第二种情况是戴蒙德（D. Diamond）提出的通过声誉信息传递，相关参与人对违约方采取的联合抵制或惩罚[3]，该情况中虽然一方参与者不断变化，但是另一方参与者是长期存在的，如果长期存在方欺诈，则不固定一方就会通过信息传递给其他相关成员；第三种情况是青木昌彦的社会嵌入惩罚制度，违约方不但会在经济方面受到排斥、遭受损失，同时在社会关系中也会受到排斥，遭受非货币化损失，如感情、尊严等。[4]

将声誉机制发挥作用所需条件总结为三个基本方面，分别为威胁的可置信性、信息传播的有效性、重复博弈。声誉机制建立的条件概括为四个方面。首先，参与者能够进行合理的长远预期。这个条件要求参与者注重长远利益，如果参与者只顾当前，并不考虑以后的影响，则声誉无法建立。其次，信息传递要有效率，信息传递的快慢和传播范围直接影响交易者对声誉的重视程度，速度快、范围广，交易者才能重视声誉，采取诚信行为。再次，能够对欺诈行为做出可置信的惩罚。对违约的惩罚手段主要有两种，一是克莱因强调的依靠市场的非法律惩罚方式[5]，二是来自法律的强制性惩罚，即欺诈者会受到法律制裁，法律制度的完善和诉讼成本低廉是保证法律惩罚的关键。最后，经济主体之间必须是重复博弈，交易频率越高，就会越注重长期收益而维护声誉。

三、声誉理论的分类

声誉理论是经济学、社会学、心理学等多个学科的交叉领域，其中经济

---

[1] 贾生华，吴波. 基于声誉的私人契约执行机制 [J]. 南开经济研究，2004（4）：16-20+51.

[2] 符加林，崔浩，黄晓红. 农村社区公共物品的农户自愿供给——基于声誉理论的分析 [J]. 经济经纬，2007（4）：106-109.

[3] DIAMOND D. Reputation Acquisition in Debt Market [J]. Journal of Political Economy, 1989, 4: 828-862.

[4] 青木昌彦. 比较制度分析 [M]. 周黎安，译. 上海：上海远东出版社，2001.

[5] KLEIN B, LEFFLER K. The Role of Market Forces in Assuring Contractual Performance [J]. Journal of Political Economy, 1981（89）：615-641.

学和社会学是声誉理论的重要研究领域。声誉理论在社会经济领域的研究主要涉及企业、个人及市场的声誉建立、维护与管理等方面。对于组织层面的研究，一些学者将声誉看作一种组织资源，可以为组织创造经济和社会价值。丰布兰和尚利（M. Shanley）提出声誉是一种无形的资产，可以为企业创造长期的经济价值①；克莱因和道瓦（Dawar）则将声誉看作企业的市场资产，可以影响其市场份额和定价能力。② 此外，声誉也可以作为组织行为的一种约束机制。例如，博尔顿（P. Bolton）等就表明声誉的损失可以促使银行行长更加谨慎地管理风险。③ 同时，一些学者也注意到了组织内部员工对声誉的贡献。波多尼（J. M. Podolny）指出，企业员工的行为可以直接或间接地影响企业声誉。④ 在个体层面的研究中，声誉被视为一种信号或标志，可以为他人提供有关该个体能力和道德品质的信息。斯彭斯的模型认为，通过学历等信号可以传递有关个体能力的信息，而声誉则是一种额外的信号，可以为个体增加聘用机会。⑤ 另一些学者则更加强调声誉的道德维度，例如琼斯（T. M. Jones）提出了"企业社会责任"（CSR）的概念，认为企业的道德声誉对于其长期的经济价值具有重要的影响。⑥ 在社会经济领域，笔者根据现有国内外文献将声誉理论的研究大体分为以下几个方向。

1. 声誉与激励

声誉机制是一种隐性的契约激励机制，可以在一定程度上弥补和替代显性合约激励机制。目前，声誉机制已经成为经济学中保证交易或者契约顺利执行的重要机制之一。声誉机制通过改变参与者长期和短期收益的差别，来影响参与者决策。声誉有以下基本功能。

（1）信息效应。斯彭斯认为参与者可以通过声誉显示其真实类型，因

---

① FOMBRUN C, SHANLEY M. What's in a name? Reputation building and corporate strategy [J]. Academy of management Journal, 1990, 33 (2): 233-258.
② KLEIN J, DAWAR N. Corporate social responsibility and consumers' attributions and brand evaluations in a product-harm crisis [J]. International Journal of research in Marketing, 2004, 21 (3): 203-217.
③ BOLTON P, FREIXAS X, SHAPIRO J. The credit ratings game [J]. The Journal of Finance, 2012, 67 (1): 85-111.
④ PODOLNY J M. Networks as the pipes and prisms of the market [J]. American Journal of Sociology, 2001, 107 (1): 33-60.
⑤ SPENCE M. Market signaling: Informational transfer in hiring and related screening processes [M]. Cambridge: Harvard University Press, 1974.
⑥ JONES T M. Ethical decision making by individuals in organizations: An issue-contingent model [J]. Academy of management review, 1991, 16 (2): 366-395.

此，声誉作为识别信号，帮助交易者减少寻找到合作者的难度，提高交易效率。[①] 阿克尔洛夫在研究柠檬市场问题时，提出声誉信息传递为解决柠檬问题提供了重要思路，且声誉机制能够解决信息不对称问题。[②] 克雷普斯在研究中引入了序贯博弈，当存在信息不对称时，参与者对另一参与者的诚信类型的判断是以概率的形式存在的，且这种概率随着博弈的进行而不断修正。克雷普斯和威尔威将声誉定义为参与者以前交易表现和信息的历史记录。[③] 声誉的信息流在相关的经济主体之间进行交换、传播，这种信息流通过声誉的信息系统和网络，逐步将信息转变为一种显示机制，一定程度上提高了交易的公开性、对信息的扭曲起到抑制作用，最终对交易成本的降低起到促进作用。声誉机制所带来的信息传递在一定程度上扩大了交易范围，限制了长距离参与者的潜在机会主义行为。麦考利（Macaulay）以商号与商号的关系为研究对象，发现商号之间的信息传递在一定程度上弥补了法律和正式合同机制。[④] 米尔格雷姆以香槟酒交易会中的信息传递为研究对象，发现声誉通过信息传递使得古时候的商人能够有效地识别远距离的企业，降低了信息搜寻的困难，节省了交易费用。[⑤] 泰德利斯（Tadelis）采用逆向选择模型对以企业名称为载体的声誉怎样才能有效传递企业或所有者的信息进行研究。[⑥] 声誉在市场机制中扮演着重要的角色，它可以被视为一种信誉或信任的形式，通过它，消费者、投资者、供应商和其他市场参与者可以判断一个公司或个人的信誉和可靠性。声誉可以影响市场参与者的行为和市场交易的结果。因此，声誉作为市场机制中的一种信任机制，成为经济学、管理学和社会学等领域的研究热点。

（2）声誉对市场参与者行为的影响。丰布兰和尚利解释了声誉是如

---

① SPENCE A M. Market signaling [J]. Harvard University of Economics，1973（87）：355-374.
② AKERLOF G A. The market for "lemons"：Quality uncertainty and the market mechanism [J]. Uncertainty in Economics，1978：235-251.
③ KREPS D，WILSON R. Reputation and perfect information [J]. Journal of Economic Theory，1982（27）：53-279.
④ MACAULAY. Non-contractual relations in business：A preliminary study [J]. American Sociological Review，1963（28）：55-67.
⑤ MILGROM P，NORTH D，WEINGAST B. The role of institutions in the revival of trade：the law merchant，private judges，and the Champaign fairs [J]. Economics and Politics，1990，2：1-23.
⑥ TADELIS S. Pareto optimality and optimistic stability in repeated extensive form games [J]. Journal of Economic Theory，1996，69：470-689.

何由各种因素构成的,包括企业的可信度、可预见性、努力程度和诚信度等,还探讨了声誉的经济和社会价值,以及如何管理声誉以实现企业战略目标。该领域主要研究声誉对市场参与者行为的影响,包括消费者购买决策、供应商价格决策等。[1] 在这方面的研究中,一些经典文献研究如下。巴尼(J. Barney)探讨了声誉资源的特点和分类,以及如何评估和利用资源来实现竞争优势以及资源基础理论对于战略管理和组织理论的意义。[2] 迪普豪斯探讨了声誉在风险管理中的作用,包括声誉如何影响公司在面临危机时的应对和恢复能力,以及声誉如何在长期内为公司创造竞争优势。[3] 罗伯茨和道林探讨了声誉管理与组织绩效之间的关系,其介绍了声誉管理的概念和重要性,讨论了声誉管理对组织绩效的影响,证明了声誉管理对组织绩效的积极影响,声誉管理得分高的公司在股票市场上表现更好,同时声誉管理得分高的公司拥有更高的品牌价值和更忠诚的客户。[4]

2. 声誉与契约

契约中的声誉作为一种约束力,能够有效地解决合同交易中存在的信息不对称问题,同时对于合同交易双方来说都有利。契约理论强调契约的重要性,认为合同可以在一定程度上降低交易成本和风险。声誉作为一种信任机制,可以弥补合同的不足,增强市场参与者之间的信任,声誉作为契约的补充机制。该领域主要研究声誉在契约中的作用和影响。克莱因和莱夫勒认为,企业与客户之间的契约也是建立信任的关键因素。[5] 通过签订契约,企业可以向客户承诺特定的质量标准,而这种承诺可以促使企业保持高质量水平,并在市场上建立良好的声誉。

弗登博格(Fudenberg)和梯若尔讨论了声誉和重复互动在促进参与者合作方面的作用,未来报复或奖励可以激励参与者在现在合作,从而导致更有效的结果。[6] 米尔格罗姆和罗伯茨探讨了价格和声誉信号在信

---

[1] FOMBRUN C, SHANLEY M. What's in a name? Reputation building and corporate strategy [J]. Academy of management Journal, 1990, 33 (2): 233-258.
[2] BARNEY J. Firm resources and sustained competitive advantage [J]. Journal of management, 1991, 17 (1): 99-120.
[3] CARRIGAN M, ATTALLA A. The myth of the ethical consumer-do ethics matter in purchase behaviour? [J]. Journal of consumer marketing, 2001, 18 (7): 560-578.
[4] ROBERTS P W, DOWLING G R. Corporate reputation and sustained superior financial performance [J]. Strategic management journal, 2002, 23 (12): 1077-1093.
[5] KLEIN B, LEFFLER K B. The role of market forces in assuring contractual performance [J]. Journal of political Economy, 1981, 89 (4): 615-641.
[6] FUDENBERG D, TIROLE J. Game theory [M]. MIT Press, 1991.

任博弈中的作用，通过设定高价和投资于广告或其他声誉建设活动，卖方可以向买方发出信号，表明他们更有可能提供高质量的产品，讨论了买方的先验信念以及卖方操纵信号的能力如何影响价格和声誉信号在信任博弈中的有效性，该领域主要研究声誉对契约履行的影响。[1] 契约对声誉影响的主要研究方面是契约对声誉的形成和维护的影响。如格罗斯曼（Grossman）和哈特（Hart）关于契约与长期关系的研究。[2] 关于声誉和契约的协同作用主要研究声誉和契约在市场机制中的协同作用。如格雷夫（Greif）研究了早期贸易中的合作、信任和声誉的作用，通过对11世纪马格里布地区的贸易商联盟进行研究，发现当地通过建立信任、确立声誉、实施监督和实现有效的契约执行来维持长期的合作关系。[3] 克雷普斯研究了声誉、信任和监督机制在组织中的作用。[4] 组织内部的文化和信任机制对于协调行动、维持声誉、保持合作非常重要，他研究了在缺乏监督机制的情况下，声誉和信任如何帮助组织成员之间保持合作和高效沟通。

3. 声誉与信任

声誉作为一种公共物品，对于组织、企业和政府等公共机构的管理和治理具有重要作用。研究者关注如何通过声誉来激励公共机构实现良好的治理和维护公共利益。声誉在公共物品领域中的作用主要涉及信任机制、激励机制和协调机制等方面，它可以促进公共物品的供给和维护。哈丁（Hardin）将声誉作为信任机制，在公共物品供给和维护中发挥重要作用。[5] 丰布兰认为声誉可以作为激励机制，鼓励公共物品的供给和维护。[6] 声誉还可以作为协调机制，促进公共物品供给的协调以及声誉在公共物品供给和维护方面有积极作用。

---

[1] MILGROM P, ROBERTS J. Price and advertising signals of product quality [J]. Journal of political economy, 1986, 94 (4): 796-821.

[2] GROSSMAN S J, HART O D. The costs and benefits of ownership: A theory of vertical and lateral integration [J]. Journal of political economy, 1986, 94 (4): 691-719.

[3] GREIF A. Contract enforceability and economic institutions in early trade: The Maghribi traders' coalition [J]. The American economic review, 1993: 525-548.

[4] KREPS D M. Corporate culture and economic theory [J]. Perspectives on Positive Political Economy, 1990, 90 (109-110): 8.

[5] HARDIN G. The tragedy of the commons: the population problem has no technical solution; it requires a fundamental extension in morality [J]. science, 1968, 162 (3859): 1243-1248.

[6] FUDENBERG D, LEVINE D K. Reputation and equilibrium selection in games with a patient player [M] //A Long-Run Collaboration On Long-Run Games. 2009: 123-142.

声誉与信任研究领域主要关注声誉与信任之间的关系，以及二者对市场机制和社会合作等方面的影响。声誉与信任常常被视为相互依存的概念，声誉是一种被社会认可的好名声，而信任则是对他人行为的信任和依赖。以下是声誉与信任研究领域的阐述及经典文献。

声誉和信任通常被视为相互依存的概念，声誉可以增强信任，而信任也可以增强声誉。福山（Fukuyama）认为信任是一种社会资本，可以促进经济发展和政治稳定，高信任社会具有更高的效率和创新能力。[1] 甘贝塔（Gambetta）认为信任是一种相互依赖的社会关系，可以促进社会的协作和共同利益。[2] 声誉和信任在市场机制中都可以发挥重要作用，它们可以降低信息不对称和交易成本，增强市场参与者之间的信任和合作。克莱因和莱夫勒研究了在存在信息不对称时，声誉、信任和合约如何影响经济交易。[3] 声誉和信任可以降低交易成本，并增加买方和卖方之间的合作。此外，合约可以弥补信息不对称的影响，但合约的制定和执行也会带来一定的成本。阿罗（K. J. Arrow）探讨了交易限制和声誉对市场中信息不对称的影响，声誉是解决信息不对称问题的一种机制，可以提高市场的效率和稳定性。[4] 声誉还可以用来限制某些交易，从而降低市场的不确定性和风险。声誉和信任在社会合作中也可以发挥重要作用，它们可以增强个体之间的互信和合作，促进社会整体效益的提升。

随着信息技术和社交媒体的发展，声誉和信任的研究也在不断发展，新的研究领域和问题不断涌现，如在线声誉、信任传播和形成机制等。对于各种领域的研究，探讨声誉和信任的相互作用和影响，可以帮助我们更好地理解和应对现实生活中的问题，促进社会的发展和进步。

4. 声誉资本转移

泰德利斯（Tadelis）认为参与者的声誉具有价值，是一项无形资产。拥有高声誉的参与者可以获得声誉租金，并增强自身的竞争力。[5] 声誉资本一方面能够给参与者带来声誉租金，另一方面声誉贬值又会使参与

---

[1] FUKUYAMA F. Trust: The Social Virtues and the Creation of Prosperity [J]. New York: Free Press, Chapter 9, 1995.
[2] GAMBETTA D. Can we trust trust [J]. Trust: Making and breaking cooperative relations, 2000, 13 (2000): 213-237.
[3] KLEIN B, LEFFLER K B. The role of market forces in assuring contractual performance [J]. Journal of political Economy, 1981, 89 (4): 615-641.
[4] ARROW K J. Gifts and exchanges [J]. Philosophy & Public Affairs, 1972: 343-362.
[5] TADELIS S. The market for reputation as an incentive mechanism [J]. The Journal of Political Economy, 2002 (4): 854-882.

者遭受声誉损失。声誉机制存在路径依赖,参与者拥有的声誉越高,其投入到声誉中的资源越多,就会越爱好声誉,促使其进一步扩大对声誉的投资。符加林将声誉的成本作为企业的沉淀成本进行研究,认为建立和维护声誉所投入的沉淀成本越多,声誉越高,而声誉遭受损坏所造成的损失也会越大。① 声誉附属于企业的品牌或名称,声誉的两个效应有声誉的建立效应和声誉的维持效应。高品质企业比低品质企业更愿意创造自己的声誉,且高品质企业更倾向于投资进行声誉维护。在市场博弈过程中,高品质企业愿意付出更大的努力,使得自己与低品质企业相区别。声誉资本不同于一般的人力资本和物质资本,他是一种有利于经济发展的社会资本。综合来看,声誉资本属性的研究涉及很多领域,如对集体声誉的研究、对个体声誉的研究,以及对政府声誉的研究。斯彭斯探讨了信号传递对市场交易的影响,声誉被视为一种信号,用于传递关于卖家品质的信息。② 当时学者们开始关注企业间的联盟和合作关系。这些合作关系往往基于一个企业在某一领域中的声誉和知名度,而这种声誉和知名度可以在合作关系中转移,影响另一个企业在该领域中的表现和结果。例如,如果一家知名的汽车制造商与一家新兴的电池制造商建立合作关系,汽车制造商的良好声誉可以在合作关系中转移,提高电池制造商的知名度和信任度,从而促进电池制造商的业务增长。声誉转移的过程可以通过各种渠道进行。一种常见的方式是通过合作关系和联盟来实现,这种方式可以帮助企业在目标市场中扩大影响力、降低市场准入门槛、提高产品的市场认可度等。例如,一家知名的科技公司可以通过与一家新兴的软件公司合作,将自己在硬件方面的优势转移给软件公司,从而提高软件公司在市场中的竞争力和知名度。另外一种常见的方式是通过品牌和产品之间的关联来实现,例如,一家知名的饮料品牌可以通过推出一款与自己品牌形象相符的零食产品,将自己的声誉和知名度转移给这款新产品,从而提高该产品的市场认可度和销售额。

声誉转移理论认为,在市场交易中,买家会参考卖家的声誉来决定是否进行交易,即卖家的声誉可以作为商品的一部分进行交易。数字经济的出现对声誉转移理论产生了深刻的影响。首先,数字经济使得信息更加透明,消费者可以通过在线评价、社交媒体等途径获取更多的信息,

---

① 符加林,崔浩,黄晓红. 农村社区公共物品的农户自愿供给——基于声誉理论的分析[J]. 经济经纬,2007(4):106-109.

② SPENCE M. Job market signaling [J]. The Quarterly Journal of Economics,1973,87(3):355-374.

而不仅仅依赖于卖家提供的信息。这意味着声誉在数字经济中更加重要，卖家的声誉直接影响着他们的销售。其次，数字经济使得声誉可以更容易地被传播。消费者可以通过社交媒体等渠道分享自己的购物经历和对卖家的评价，这些评价可以迅速传播到更广泛的受众中。阿拉尔（Aral）和沃克（Walker）提出了一种新的算法来确定社交网络的影响力和易感性成员，揭示了社交网络中声誉的传播机制。[①] 声誉在数字经济中可以更加迅速地传播。最后，数字经济为声誉提供了新的机制。德拉罗卡（Dellarocas）研究了在线反馈机制的作用和影响，揭示了声誉在网络中的传播和转移机制。[②] 例如，在一些在线市场中，卖家可以通过参加平台的认证计划来提高自己的声誉，这可以增加消费者的信任。同时，一些区块链技术也可以用于建立去中心化的声誉系统，让声誉的评价更加公正和可靠。

第二节　声誉理论的研究现状研判

一、研究方法及数据来源

本部分研究以声誉转移理论为研究对象，采用文献计量学中的引文分析和共现分析原理，综合运用传统文献综述方法和科学知识图谱分析方法，对数字转型背景下的国内外声誉理论研究进行了系统梳理。科学知识图谱是一种有效的知识管理工具，可以可视化地描述时序状态下的知识资源及其载体，全方位地呈现一个领域的研究范式与演化路径，能更科学地指导未来的研究方向。本文借助成熟的科学可视化技术软件 COOC，对国内外数字转型背景下声誉转移相关科学文献中的新趋势与新动态进行了多类型可视化知识图谱绘制，从而更有效地把握声誉转移内涵的演进、应用情境的迁移以及研究热点与前沿动向。通过科学知识图谱分析，可以在宏观层面认识声誉理论的研究脉络。同时，为了在微观层面能更深入地掌握声誉转移领域的前沿议题及研究内容，本书更进一步对国内外文献进行了系统收集，并通过文献分析法进行了深入梳理。本书选取了多个知名的学术数据库，包括 Web of Science（WOS）核心数据库和中国知网（China National Knowledge Infrastructure,

---

[①] ARAL S, WALKER D. Identifying influential and susceptible members of social networks [J]. Science, 2012, 337 (6092): 337-341.

[②] DELLAROCAS C. The digitization of word of mouth: Promise and challenges of online feedback mechanisms [J]. Management science, 2003, 49 (10): 1407-1424.

CNKI），以全面地检索与声誉理论相关的英文和中文文献。本研究集中于社会科学经济管理领域中的相关核心文献，以梳理国际领先的创新理论和方法为基础，同时深入挖掘中国特色声誉理论体系，以期揭示数字转型背景下声誉转移理论的应用前景。为保证创新扩散相关领域文献的检索完整性，在中国知网数据库中，以"声誉机制""声誉理论""声誉转移""信任转移""信誉转移"为主题词进行检索；同时考虑到数字转型这一研究背景的渗透体现在数字创新的相关研究中，本研究采用"数字转型""数字化""平台经济""数字平台""数字经济"与上述主题词进行组合搭配检索。在 WOS 数据库中，本研究以"reputation mechanism""reputation Theory""reputation transfer""trust transfer""reputation"等主题词进行检索，并结合数字转型背景相关的"Digital Transformation""digitization""platform economy""digital platform""digital economy"等词汇进行组合搭配检索。数据采集的时间跨度为 2000 年至 2023 年，数据采集截止时间为 2023 年 3 月 15 日。为保证声誉理论文献研究查准率，本研究在浏览文献题目、关键词、摘要后进一步筛查文献，并剔除无效数据。基于以上思路，本文初步采集到了 1887 篇中文文献和 3065 篇英文文献。通过剔除重复样本，论文总数降至 1164 篇。其中，245 篇中文文献和 301 篇英文文献被"中文社会科学引文索引（Chinese Social Sciences Citation Index，CSSCI）"以及"社会科学引文索引（Social Sciences Citation Index，SSCI）"分别或同时检索。此外，还剔除了一些不够相关或者只涉及声誉理论部分内容的文献，如只提及声誉理论的基本概念而未展开实质性研究的文献。

二、研究流程

以数字转型为背景，以声誉理论为视角，采用文献分析法和计量学原理作为研究起点，从中国知网和 WOS 数据库收集该领域中英文献作为样本数据，利用 COOC 对国内外声誉转移领域的科学知识图谱数据进行分析。根据可视化分析结果，包括关键词引用频次、突现性、中心性分析、关键词共现图谱分析、聚类视图分析、时区视图分析等方法，结合本领域经典文献进行文献综述研判，进一步了解数字转型背景下声誉理论领域的内涵演进、应用情景变迁、研究热点与方法的发展趋势。

研究流程的实施框架如图 2-1 所示，研究的起点是"初步筛选：检索相关文献"，从中国知网和 WOS 数据库精心挑选了相关的中英文文献，以确保研究内容的全面性。"文献阅读：研究文献内容"和"理论建构：建立理论模型"阶段，对所收集的文献进行了深入的阅读和分析，建立了声誉理论的理论模型，明确了数字转型背景下声誉理论的关键构成要素及其相互关系。接下来，"研究现状：使用WOS和中国知网数据库分析"阶段使我们深入了解了声誉理论在当前学术界的发展现状和趋势，为后续研究提供了坚实的理论基础。在"软件辅助：运用COOC进行文献共被引分析"阶段，我们利用COOC软件对精选文献进行了共被引分析，构建了科学知识图谱，揭示了声誉理论的核心议题及其边缘领域。这一步骤不仅提升了研究的科学性，也为理论的深入分析和模型构建奠定了基础。为了进一步深化理解，我们进行了"数据量化：对研究数据进行量化分析"和"趋势预测：分析研究趋势"，这些步骤细化了声誉理论的量化研究方法，预测了该领域的未来发展趋势。在研究的后期阶段，"共被引分析：进行共被引分析"和"知识图谱：绘制知识图谱"通过更细致的数据分析，展现了声誉理论的核心文献和研究领域的交叉融合，为声誉理论的发展提供了新视角。最终，"研究综述：总结文献研究"到"归纳与展望：归纳研究脉络与未来展望"阶段中，我们总结了整个研究过程，对数字转型时代下声誉理论的内涵、应用场景、研究热点和方法发展趋势进行了全面展望。该框架图清晰地展示了从文献筛选到理论建构，再到数据分析和趋势预测的完整研究流程，通过这一系统性的研究方法，我们不仅丰富了声誉理论的学术方法，也为本文文献发展脉络梳理和后文的研究提供了基础。

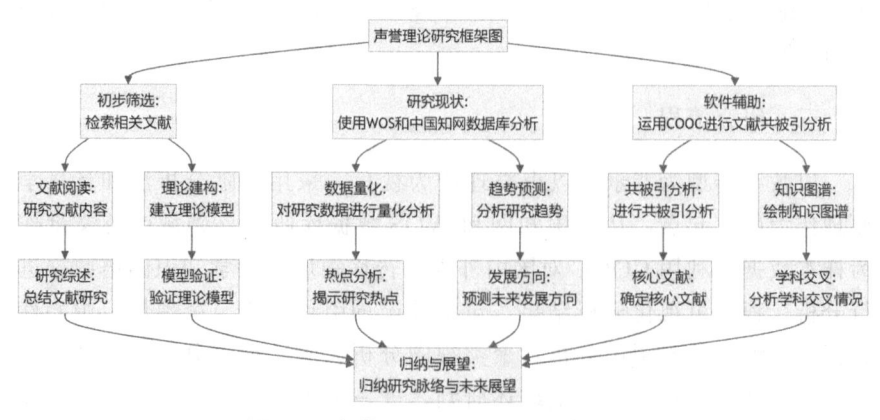

图2-1 声誉理论文献计量研究框架图

三、研究概况

1. 声誉理论文献发表基本趋势

目前，国内外关于声誉理论的研究一直在持续推进。在不同的研究阶段，这些研究表现出了各种不同的特征，研究结果呈现出阶段性的涌现。近期，国内外在创新扩散领域的研究数量急剧增加，而国际核心期刊的发表数量显著高于国内平均水平（详见图 2-2、图 2-3）。其中，2005 年是新世纪以来国外创新扩散领域的第一个研究成果高峰，伴随着新制度经济学兴起。在这一阶段，许多经典研究针对企业、社会开展，然而国内相关研究相对滞后，研究成果也相对匮乏。2008 年是国外创新扩散领域的第二个高峰，而这一阶段国内相关研究也在持续增加，甚至在 2015 年一度超过国外研究数量。这一阶段刚好遇到了全球数字化升级的浪潮，渗透到了社会生活的各个方面。伴随着信息技术的发展，社交媒体的创新以及数字转型时代创新模式的变革，引起了国际学术界对于声誉理论问题的新关注。研究成果持续增加，但是国内研究相对滞后。近五年以来，数字转型对于各个领域的核心业务流程的渗透不断增强。目前，数字经济下的声誉理论研究已经成为国际层面上广受关注的领域。自 2018 年至今，相关研究持续保持着高热度，并且深度不断增加。

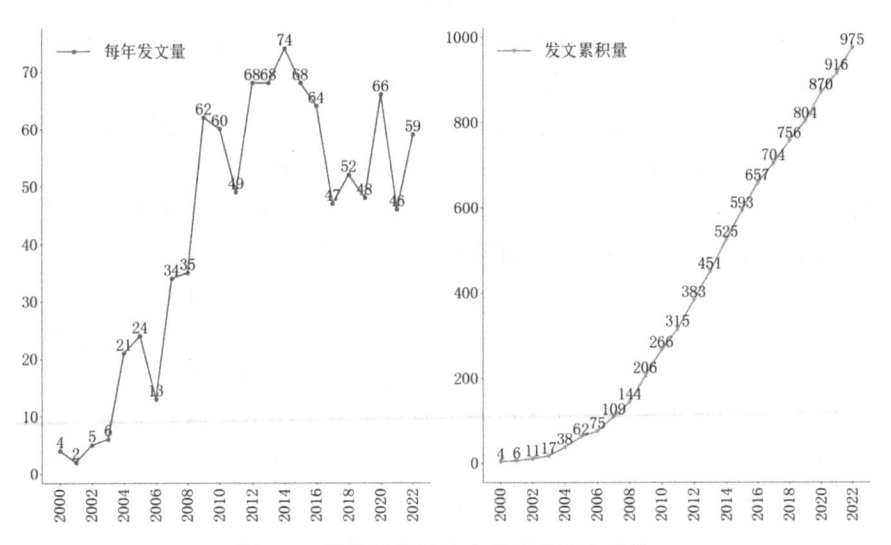

图 2-2 国外声誉理论文献发表基本趋势

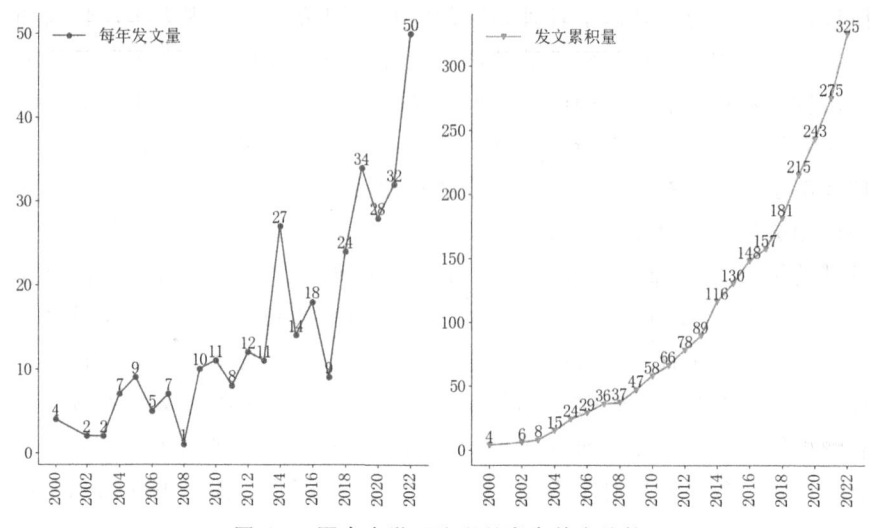

图 2-3　国内声誉理论文献发表基本趋势

2. 国内外高被引文献期刊分布情况对比

聚类分析的目标就是在相似的基础上收集数据来分类。聚类源于多个领域，包括数学、计算机科学、统计学、生物学和经济学。在不同的应用领域，很多聚类技术都得到了发展，这些技术方法被用作描述数据，衡量不同数据源间的相似性，以及把数据源分类到不同的簇中。聚类是将数据分类到不同的类或者簇中的一个过程，所以同一个簇中的对象有很大的相似性，而不同簇间的对象有很大的相异性。

本研究的纳入标准：①至少收录 5 篇相关文献；②所收录的文献至少被引用了 10 次。可视化展示国内基于关键词的文献期刊耦合知识图谱（如图 2-4、图 2-5 所示）。通过对比国内学者在研究过程中的重点关注可以发现，我国学者在声誉理论研究中明显更多关注国外研究进展。根据图 2-4 所示，声誉理论领域总联系强度最高的文献排序前五十位分别是期刊经济管理、科技进步与对策、中央财经大学学报、中南财经政法大学学报、管理评论、商业经济与管理、山西财经大学学报、经济经纬、审计研究、当代财经、经济与管理研究、财经研究、经济与管理、会计研究、金融研究、财经问题研究、南开管理评论、江西财经大学学报、财经论丛、求索、软科学、统计与决策、中国管理科学、上海金融、系统管理学报、管理科学学报、现代财经（天津财经大学学报）、华东经济管理、中国工业经济、金融论坛、管理世界、预测、现代管理科学、经济研究、管理工程学报、经济学（季刊）、经济评论、农村经济、外国经济与管理、经济体制改革、中国软科学、科学学与科学技术管理、厦门大学学报（哲学社会科学版）、财贸研究、科技管理研究、管理学报、商业研究、投资研究、财经理论与实践、南开经济研究。

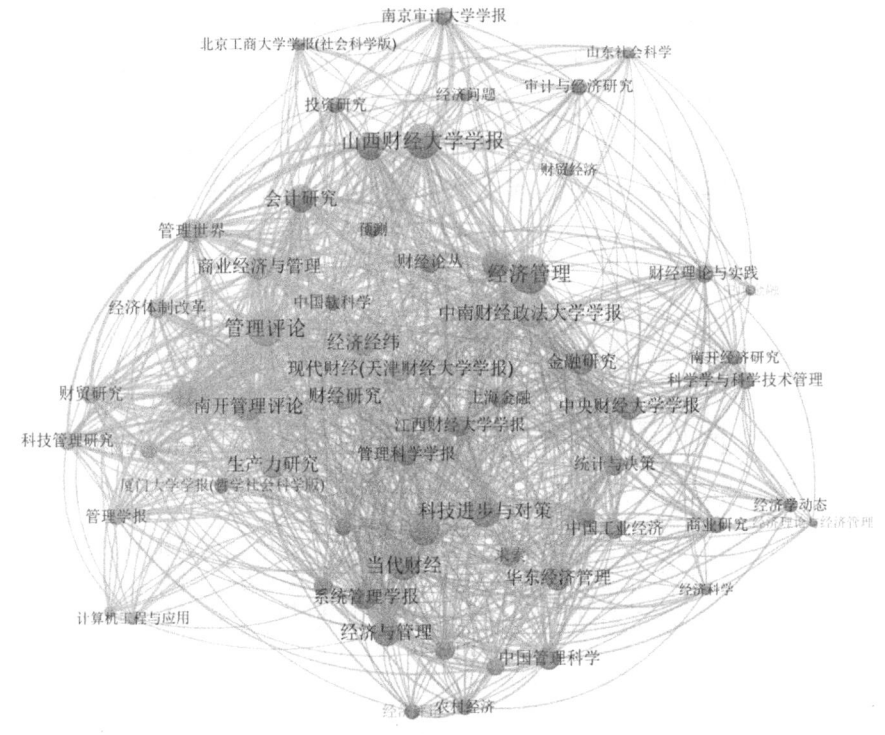

图 2-4 期刊耦合知识图谱

相互之间强度最大的期刊联系是聚类1，包括：包括上海金融、中国工业经济、中国管理科学、中国金融、中央财经大学学报、农村经济、华东经济管理、南开经济研究、商业研究、当代财经、求索、江西财经大学学报、现代管理科学、科学学与科学技术管理、科技进步与对策、管理工程学报、管理科学学报、系统管理学报、经济与管理、经济与管理研究、经济学（季刊）、经济学动态、经济理论与经济管理、经济研究、经济科学、经济评论、统计与决策、财经理论与实践、金融研究、金融论坛。聚类2包括：中南财经政法大学学报、南开管理评论、商业经济与管理、外国经济与管理、现代财经、生产力研究、科技管理研究、管理世界、管理学报、管理评论、经济体制改革、经济经纬、计算机工程与应用、计算机应用、财经研究、财贸研究、软科学。聚类3包括：中国软科学会计研究、北京工商大学学报、南京审计大学学报、厦门大学学报、审计与经济研究、审计研究、山东社会科学、山西财经大学学报、投资研究、经济管理、经济问题、财经论丛、财经问题研究、财贸经济、预测。这充分说明国内外对于声誉理论研究的核心文献有共同的关注认可度，国内学者也更加注重持续跟踪国外研究前沿，这些期刊在声誉机制领域具有举足轻重的地位，对后续研究有深远影响，也是后续应该重点关注的平台。

如图 2-5 所示，根据期刊聚类图颜色及双聚类图可以确定 3 个聚类的主要文献话题，红色聚类 1 代表期刊多发表"融资与声誉机制"的相关文献，绿色聚类 2 代表期刊发表的文献多是研究"声誉机制管理"，蓝色聚类 3 说明期刊所发表的相关文献主要研究"品牌声誉与转移"。

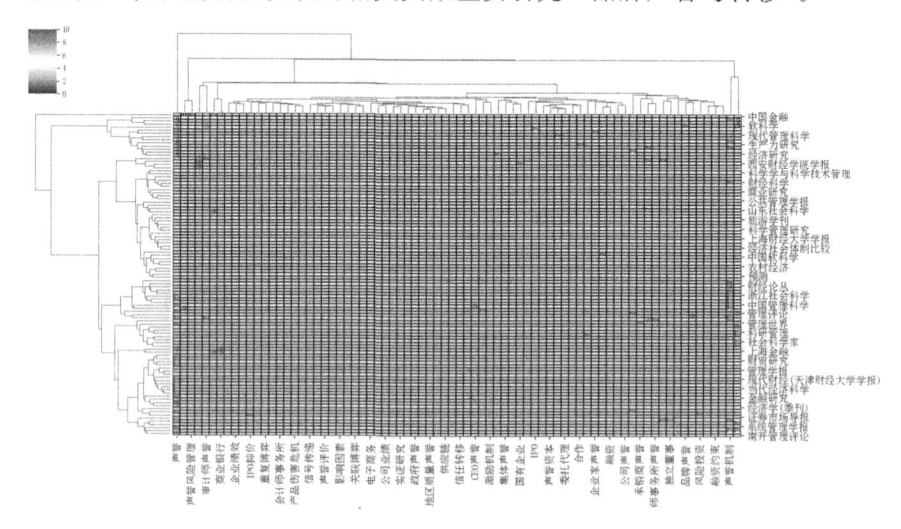

图 2-5　基于关键词的期刊耦合知识图谱

3. 国内高被引作者分布情况对比

学术理论的发展是建立在学者们的研究推动之上的。通过研究国内外现有文献中关注度和引用率最高的作者及其代表作，可以梳理影响学科发展和理论推进的关键学者和重要研究贡献。为了探究声誉理论领域内具备较高影响力的学者及其核心观点，本文采用了 COOC 软件绘制国内外声誉理论研究的基于关键词的作者耦合网络知识图谱（如图 2-6、图 2-7 所示）。图中每个节点代表一个被引作者，节点越大代表作者的影响力越高，圆圈与圆圈之间的线段是指作者之间所具有的关系，即合作网络关系，连线越粗表示强度越高。

图 2-6　国内高被引作者分布情况

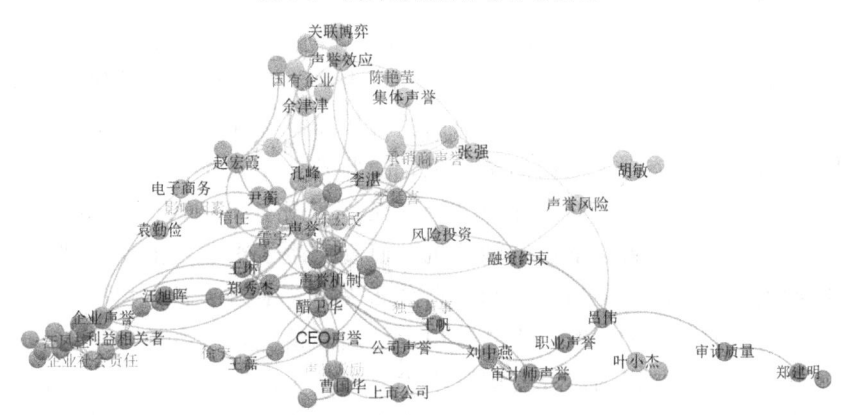

图 2-7　基于关键词的作者耦合网络

根据图 2-6 的分析，声誉理论研究领域影响力前十名分别是郑秀杰、杨淑娥、李军林、李延喜、雷宇、李湛、王帆、刘明霞、汪旭晖、吴元元。其中，影响力最大的学者是郑秀杰，他的代表作《中国上市公司声誉对公司绩效的影响研究》是国内研究公司声誉的重要文献。作为公司声誉理论的国内奠基学者之一，他系统地提出了公司声誉的理论框架，并对其内涵要素、扩散渠道、过程、路径、机制等进行了系统研究。李延喜同样是高影响作者的典型代表，他最重要的贡献是对管理者声誉进行了研究，从财务会计角度考虑了社会系统外部因素及内部个体间相互关系的共同作用对声誉机制的影响，对于声誉理论在会计方面的研究具有重要的意义。后续以管理者声誉为研究主体的研究成果很多在此基础上展开。高被引学者汪旭晖提出了一种扩展的平台型电商企业温室管理模式，同时为捕获平台声誉转移和声誉治理的全新模式提供了新的研究视角，在学术界受到了关注。①

如图 2-7 所示，声誉理论研究关联强度最大的作者根据研究主题可以划分为四个聚类。聚类 1（公司治理、声誉约束），作者包括党兴华、刘江会、刘红霞、卢志刚、孔峰、尹薇、徐浩萍、李维安、李辰颖、杜创、王学东、王帆、盛昭瀚、许永斌、赵宏霞、郭亚军、陈宏民、陈艳雷、宇黄晓红。聚类 2（管理者声誉、平台声誉转移），作者包括刘明霞、和芸琴、张宁、徐金发、杨淑娥、汪凤桂、汪旭晖、田虹、袁勤俭、贾志永、郑秀杰、郭一凡、黄国群。聚类 3（企业声誉、社会责任、声誉机理、盈余管理），作者包括吴元元、文守逊、李延喜、李湛、李焰、王涛、王琳、王磊、醋卫华、顾新。聚类 4（集体声誉、声誉效应、声誉风险），作者包括严玲、余津津、张宝、张萍、李军林、皮天雷、米运生、贾丽霞。

图 2-7 中还特别突出了吕伟、余津津、陈艳莹和曹国华等中国学者的影响力，他们作为声誉理论研究的领军人物，对于该理论的研究对象和边界的拓展作出了重要贡献。他们的著作在声誉理论研究中被广泛引用和认可，充分体现了他们的学术地位。此外，汪旭晖等学者提出的基于声誉理论的平台型电商企业声誉转移模型在图中亦有显著表现，这一方法论对数字转型背景下声誉转移机制研究产生了影响，推动了理论和实践的创新发展。图中的连线和节点分布表明，中国学者在积极引入国际先进的研究范式的同时，也结合中国的实际情况，对声誉理论进行了本土化发展，使得国内研究与国际学术界保持了高度的一致性，并在此基础上作出了自己独特的贡献。这一跨文化和跨学科的学术互动，为声誉理论的全球化发展注入了新的活力，并展现了中国学者在国际学术舞台上的重要作用。

4. 国内高被引科研机构分布情况对比

运用 COOC 软件生成 2010—2023 年在声誉理论领域进行研究的主要机构合作网络图谱如下（见图 2-8）。

---

① 汪旭晖，张其林. 平台型电商企业的温室管理模式研究——基于阿里巴巴集团旗下平台型网络市场的案例［J］. 中国工业经济，2016（11）：108-125.

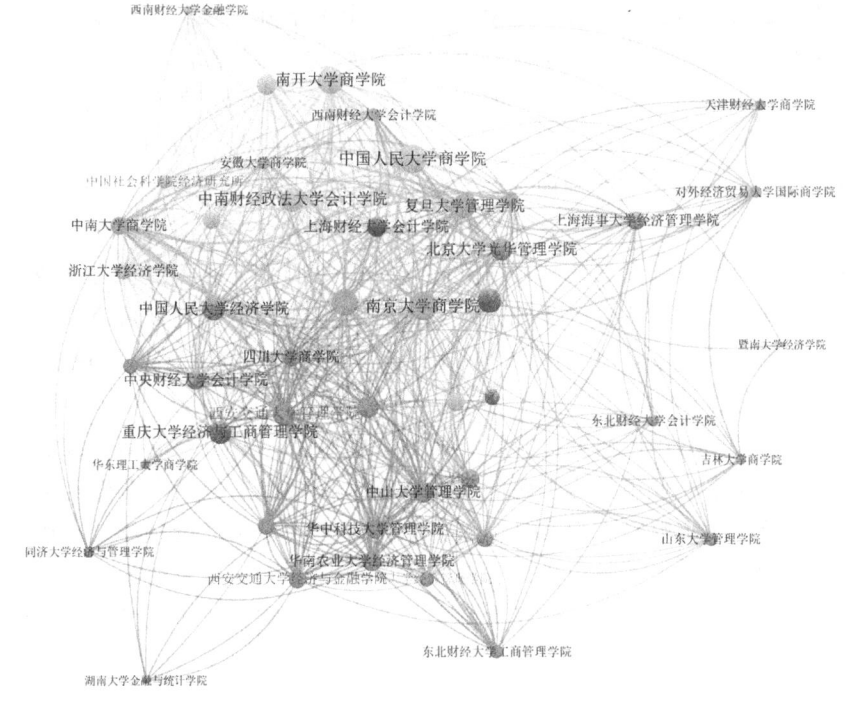

图 2-8　国内主要机构合作网络图谱

从图 2-8 中可以得出以下结论。首先，声誉理论研究领域形成了众多小型的研究合作团队，整体来看比较松散，其中规模较大的有 5 个聚类。聚类 1 包括：东北财经大学工商管理学院、中山大学管理学院、华中科技大学管理学院、华南农业大学经济管理学院、同济大学经济与管理学院、四川大学商学院、广东商学院会计学院、浙江大学管理学院、湖南大学金融与统计学院、西安交通大学管理学院、西安交通大学经济与金融学、西安理工大学经济与管理学。聚类 2 包括：中南大学商学院、南京大学商学院、厦门大学管理学院、吉林大学商学院、复旦大学管理学院、安徽大学商学院、对外经济贸易大学国际商学院、暨南大学管理学院、暨南大学经济学院、西南财经大学会计学院。聚类 3 包括：上海海事大学经济管理学院、东北财经大学会计学院、中国人民大学经济学院、中央财经大学会计学院、北京大学光华管理学院、天津财经大学商学院、山东大学管理学院、武汉大学经济与管理学院、清华大学经济管理学院。聚类 4 包括：中南财经政法大学会计学院、中国人民大学商学院、中国社会科学院经济研究院、南开大学中国公司治理研究院、南开大学商学院、大连理工大学管理与经济学院、浙江大学经济学院、浙江工商大学财务与会计学院、西南财经大学金融学院。聚类5包括：上海交通大学安泰经济与管理学院、上海财经大学会计学院、华东理工大学商学院、华南理工大学工商管理学院、重庆大学经济与工商管理学院。

其次，一些机构独立开展研究，与其他机构缺乏沟通和联系，如西南财经大学金融学院、湖南大学金融与统计学院等。此外，从图2-8中可以看到，声誉理论领域各研究机构的中心性均为0，这表明在该领域目前尚未出现引领发展的核心研究机构。由此说明了研究机构之间或者高校之间的合作有待进一步加强。综上，在声誉理论研究领域发文的机构以高等院校为主，研究机构之间缺乏有效的合作交流，整体出现松散、局部呈现合作的特点。

基于主题的国内研究机构聚类如图2-9所示，以CEO声誉、IP、企业家声、董事职业声誉为主题的国内研究机构聚类1包括东北财经大学会计学院、中央财经大学会计学院、华南理工大学工商管理学院、南京大学商学院、安徽大学商学院、山东大学管理学院、广东商学院会计学院、暨南大学管理学院、武汉大学经济与管理学院、清华大学经济管理学院、重庆大学经济与工商管理。

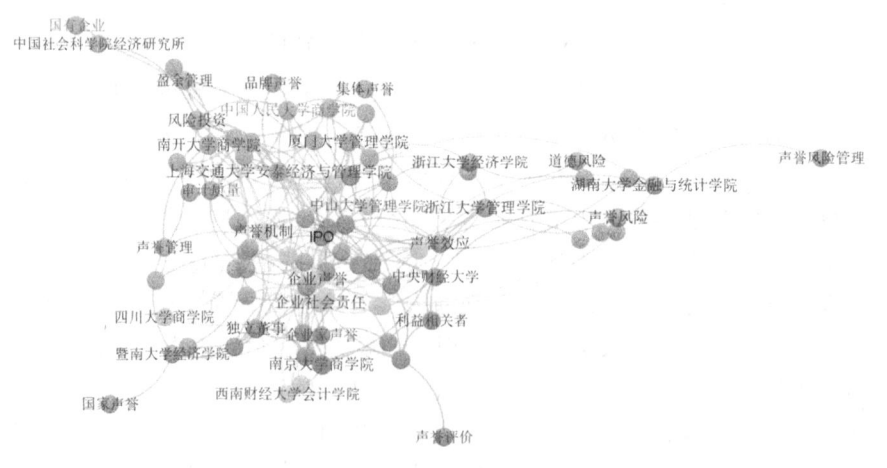

图2-9 基于主题的国内研究机构聚类

以信息不对称、企业声誉激励、声誉管理、集体声誉为主题的国内研究机构聚类2包括上海交通大学安泰经济与管理学院、东北财经大学工商管理学院、中南财经政法大学会计学院、中国人民大学商学院、中国社会科学院经济研究院、北京大学光华管理学院、华东理工大学商学院、南开大学中国公司治理研究院、南开大学商学院、厦门大学管理学院、浙江工商大学财务与会计学院、西南财经大学金融学院。

以公司治理、国家声誉声誉模型、审计师声誉、激励机制为主题的国内研究机构聚类3包括上海海事大学经济管理学院、上海财经大学会计学院、中南大学商学院、中国人民大学经济学院、吉林大学商学院、复旦大学管理学院、天津财经大学商学院、对外经济贸易大学国际商学院、暨南大学经济学院。

以企业社会责任信任、承销商声誉、企业声誉为主题的国内研究机构聚类4包括中山大学管理学院、华中科技大学管理学院、华南农业大学经济管理学院、四川大学商学院、大连理工大学管理与经济学院、西南财经大学会计学院、西安交通大学管理学院。

以博弈、商业银行声誉、道德风险、声誉风险管理、重复博弈为主题的国内研究机构聚类5包括同济大学经济与管理学院、浙江大学管理学院、浙江大学经济学院、湖南大学金融与统计学院、西安交通大学经济与金融学院、西安理工大学经济与管理学院。

第三节 声誉理论的研究脉络演变

一、声誉理论的内涵演进

数字化时代对声誉机制的理解和应用提出了新的要求，这对现有声誉理论构成了冲击。特别是在传统理论框架下，关于声誉定义、边界以及其机理与应用间关系的基础假设面临挑战。随着数字转型的推进，经济和社会组织的边界与属性发生了变化，这不仅促进了资源配置的优化，也提升了声誉机制的运作效率。研究的视角从过去依赖模型导向的研究方法，转向更贴合当前数字化需求的分析。声誉理论的探讨范围也因此得以拓宽，从传统经济组织模式延伸至包含数字化业态的经济社会组织形态。同时，研究方法也经历了进化，现在不仅包括理论推导和模型分析，还扩展到了应用机器学习和社会网络研究等更为复杂的技术手段。这些方法致力于深入探究声誉理论在数字化背景下的特征和协同运作机制。围绕声誉理论的本质，我们审视了其内涵要素，并结合数字化转型的新环境，探讨了声誉机制理论的演进。具体的研究从理论的自身发展、研究方法的创新，到应用场景的动态变化等多个维度展开。这样的探索不仅跟踪了声誉理论的学术脉络，还强调了理论在数字化时代的适应性和引领力。

1. 声誉理论本身：由理论研究向数字化应用演进

声誉理论旨在解释个体或组织在社会中获得声望的过程。这个理论的研究脉络可以追溯到经济学、心理学和社会学等多个领域。声誉理论在不同领域的研究脉络不尽相同，但都强调声誉在社会中的重要性，并探讨了声誉的形成、管理和影响等方面的问题。心理学研究声誉主要集中在人们对声誉的感知和评价上。心理学家认为，声誉是一种社会认同，可以影响人们的行为和态度。社会学研究声誉主要集中在组织的声誉管理和社会评价方面。社会学家认为，声誉是一种社会资本，能够帮助组织建立声望和信任，从而提高组织的竞争力和影响力。在经济学中，声誉被视为一种信号，能够帮助市场中的个体和企业建立信任关系。例如，阿尔克洛夫提出了"市场失灵"的概念，指出市场上的不对称信息会导致个体或企业的声誉受损，进而影响市场的运作。这一理论为声誉研究提供了理论基础。[1] 克雷普斯等人提出了启示模型理论，强调了信息的传递过程对声誉的形成和维护的重要性。他们认为，声誉的形成取决于信息的传递效率，而声誉的维护则需要信息的持续传递和验证。[2] 斯彭斯提出了信号模型理论，他指出，声誉可以被视为一种信号，用于传达个体或企业的质量信息，从而建立信任和信赖。[3] 哈特和霍姆斯特罗姆提出了契约理论，探讨了声誉对于契约的影响。他们认为，声誉可以影响契约的制定和执行，从而减少不当行为和风险。[4] 格兰诺维特（Granovetter）和德拉罗卡斯（Dellarocas）将社会网络理论应用于声誉研究中，社会网络可以影响声誉的形成和传播，因为社会网络可以加强信息的传递和验证。[5][6] 梯若尔将机制设计理论应用于声誉研究中，机制设计可以通过奖励和惩罚机制来促进个体或企业的良好行为，从而建立

---

[1] AKERLOF G A. The market for "lemons": Quality uncertainty and the market mechanism [J]. The quarterly journal of economics, 1970, 84 (3): 488-500.

[2] KREPS D M, MILGROM P, ROBERTS J, et al. Rational cooperation in the finitely repeated prisoners' dilemma [J]. Journal of Economic theory, 1982, 27 (2): 245-252.

[3] SPENCE M. Job market signaling [C] // Uncertainty in Economics. Academic Press, 1978: 281-306.

[4] HART O, HOLMSTRÖM B. The theory of contracts [C]. Advances in Economic Theory, 1987: 71-156.

[5] GRANOVETTER M. Economic action and social structure: The problem of embeddedness [J]. American journal of sociology, 1985, 91 (3): 481-510.

[6] DELLAROCAS C. The digitization of word of mouth: Promise and challenges of online feedback mechanisms [J]. Management science, 2003, 49 (10): 1407-1424.

和维护声誉。① 近年来，随着数字经济技术的发展，经济学家开始采用数据驱动的方法研究声誉。他们使用互联网上的用户评论和评级数据等大量数据来研究声誉的形成和影响。② 随着平台经济的发展，越来越多的研究者开始关注声誉转移问题。③④⑤他们研究了声誉转移的机制、影响因素以及对企业行为和市场效率的影响等方面，为实际应用提供了理论指导。声誉转移是声誉理论中不可忽视的一部分。

2. 研究方法发展：由理论模型、实证研究向机器学习转变

声誉理论最初是在实验室条件下进行的研究。经济学家们设计实验来探究声誉的形成和影响，例如信号模型实验和重复博弈实验等。实验方法为声誉理论的研究提供了一种直接、可控的方式。随着实证研究方法的发展，经济学家们开始采用实证研究方法来研究声誉问题。例如，他们可以通过问卷调查、统计数据分析、案例研究等方法来研究声誉在实际经济活动中的作用和影响。

经济学家们采用模型建立方法来研究声誉问题。例如，他们可以建立动态博弈模型、信息博弈模型、契约理论模型等来研究声誉的形成和转移问题。随着大数据和计算能力的不断提高，经济学家们开始采用基于数据的实证研究方法。例如，他们可以利用市场数据、企业数据等数据集来研究声誉在实际经济活动中的作用和影响。

随着社会网络分析方法的不断发展，经济学家们开始将社会网络分析方法应用于声誉研究中。例如，他们可以通过分析社会网络结构和信息传播过程来研究声誉的形成和影响。近几年，经济学家们开始采用机器学习方法来研究声誉问题。例如，他们可以利用机器学习算法来处理大规模的数据集，以探究声誉的影响因素和作用机制。同时采用联合研究方法来研究声誉问题。例如，他们可以结合实验研究、计量经济学方

---

① TIROLE, JEAN. Economics for the common good [M]. Princeton University Press, 2018.
② LIU Z, PARK S. What makes a useful online review? Implication for travel product websites [J]. Tourism management, 2015 (47): 140-151.
③ MUKHERJEE D, MAKARIUS E, STEVENS C E. A reputation transfer perspective on the internationalization of emerging market firms [J]. Journal of Business Research, 2021 (123): 568-579.
④ 张其林, 汪旭晖. 平台型电商声誉向平台卖家声誉的转移机制研究：基于拓展学习迁移理论的分析 [J]. 管理世界, 2022, 38 (12): 143-158+219+159.
⑤ 汪旭晖, 张其林. 平台型电商声誉的构建：平台企业和平台卖家价值共创视角 [J]. 中国工业经济, 2017 (11): 174-192.

法和模型建立方法等多种方法来研究声誉问题,以更全面地探究声誉的影响因素和作用机制。声誉理论的研究方法在不断地创新和演进,不同的研究方法在不同的场景下可以提供不同的视角和深度,从而为声誉理论的研究和应用提供丰富的思路和工具。

3. 应用渠道:由个体、企业组织向平台、生态扩张

声誉理论的应用渠道经历了从个体声誉到生态系统声誉的逐步演进。最初,研究集中在个人声誉上,探讨个人如何通过行为和社交互动来建立和维护声誉。这种研究着重于个体在社会中的信誉和地位,及其对个人行为的激励作用。随着时间的推移,声誉理论扩展到了企业组织层面,研究组织如何通过质量、服务和企业责任等方面构建良好的商业声誉。这个阶段的研究认识到,企业声誉对消费者信任、品牌忠诚度及长期利润具有重大影响。进入数字化时代,随着在线平台的兴起,声誉理论进一步发展,开始关注平台声誉的建立和管理。在线市场、社交媒体和评价系统的普及使得声誉管理变得更加动态和即时。① 平台声誉的管理对于吸引用户、维持活跃度和增加用户黏性变得至关重要。最近,声誉理论的应用已经延伸至整个供应链生态系统,包括传统和数字经济中的多方利益相关者。在这个更为复杂的环境中,声誉关系网络包括消费者、供应商、合作伙伴和监管机构等多个实体。声誉管理在国内供应链生态系统中不仅关系到交易安全和透明度,还关系到整个系统的可持续性和创新能力。

声誉理论的应用渠道呈现出从研究个体声誉到企业组织声誉,再到平台声誉,最后到供应链生态系统声誉的演变趋势。每一个阶段都反映了声誉管理在不同社会经济结构中的关键作用,以及它如何适应不断变化的技术和市场环境。声誉机制理论涉及经济学、社交网络、信任管理和区块链等多个领域。随着技术和理论的不断发展,声誉理论的应用前景将变得更加广泛。

二、声誉理论的主题演变

围绕数字转型对声誉理论内涵的影响可以发现,声誉理论的内涵边界正在不断突破,向多元融合方向发展。在数字技术的推动下,声誉机制的应用渠道日益丰富,采纳主体对声誉机制的交互作用逐步增强。应用场景也在向平台电商、纵向合作组织等松散的组织结构拓展,同时声

---

① DELLAROCAS C. The digitization of word-of-mouth: Promise and challenges of online reputation systems [R]. Preliminary Draft Paper, Sloan School of Management, Massachusetts Institute of Technology, 2001.

誉机制也向演化博弈、区块链等领域不断突破。相应地，声誉机制的研究主题也在不断延展。图 2-10 和图 2-11 描绘了 2006 年至 2023 年间声誉理论国内外研究关键词的演变趋势。

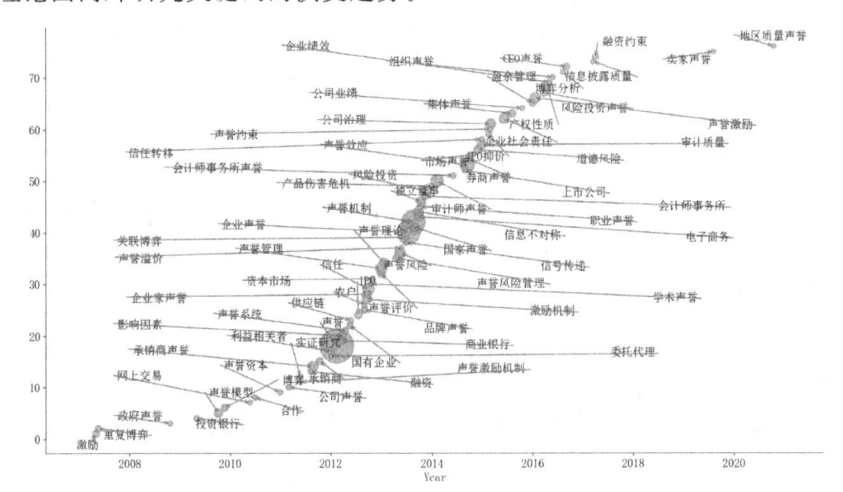

图 2-10　国内声誉理论研究主题的演进

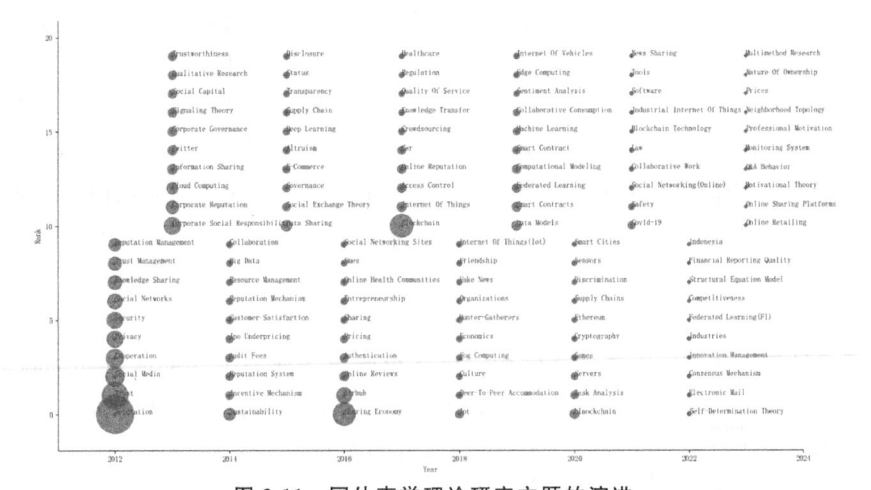

图 2-11　国外声誉理论研究主题的演进

在对比国内外声誉理论研究的主题关键词演进时，我们注意到该领域研究表现出明显的连续性。通过分析各个时期研究主题的连接线密集程度，我们发现早期的研究主题并未随时间而淡出，而是在不同历史阶段持续发展和演化。随着技术进步和社会变迁的影响，声誉理论的研究逐渐在多个层面展开，包括基础理论框架的完善、各种影响因素的深入探究、在多元领域及组织结构中的应用，以及研究模型和方法的发展。为了系统地梳理声誉理论研究主题在不同阶段的演变，本研究考虑了年度发文量及技术和社会背景的阶段性变化。因此，我们将该领域的研究历程划分为三个阶段：早期阶段、发展阶段和拓展阶段。具体来说，以2000年和2010年为重要时间节点，本书将相关研究划分为上述三个阶段，旨在展现声誉理论从起步到深入发展的全面脉络。这种分阶段的方法不仅能帮助我们理解声誉理论的发展历程，还揭示了其在不同历史时期的研究重点和趋势。

1. 早期阶段：2000年以前

在2000年以前的早期阶段，声誉理论的研究主题持续受到学术界的关注。这一时期，学者们主要聚焦于完善声誉理论的基础理论框架。国内外的研究均围绕声誉理论、重复博弈、机制设计、集体声誉等核心概念展开。1970至2000年间，声誉理论的研究重点是探讨企业声誉管理策略及其效果评估方法，以及声誉与公司财务绩效、股价之间的关联。同时，声誉理论在金融领域的应用也开始引起学术界的关注。

2. 发展阶段：2000年至2010年

在2000至2010年的发展阶段，随着互联网和社交媒体的兴起，声誉理论的研究范畴扩展到了在线声誉管理以及社交媒体对声誉的影响。研究者开始关注消费者、员工、投资者等多个利益相关方对企业声誉的影响和作用机制。此外，声誉与品牌、企业社会责任、企业风险管理等方面的关系也成为研究重点。这一阶段的研究主题不仅包含早期的基础理论关键词，还融入了具体的应用情境，使得主题关键词更加多元化。国外的研究侧重于探讨各种类型的声誉机制模型，涵盖信息技术、电子商务、平台组织等，在数字化转型的背景下探讨不同的组织结构，如社交网络、社会网络、复杂网络和网络结构等。同时，研究也着眼于数字鸿沟、大数据、社交媒体、异质性等具体影响因素。在国内，研究更侧重于研究方法的改进和创新，基于博弈论和复杂网络分析，围绕最优决策和博弈论展开深入研究。主要采用的方法包括网络分析、演化博弈和仿真分析等。

3. 拓展阶段：2010年至2023年

在2010年至2023年这一拓展阶段，声誉理论的研究领域经历了显著的变革与深化。这段时期，伴随着数字技术的迅猛发展，特别是区块链和人工智能等新兴技术的突破，声誉理论的应用范围和研究深度不断扩展。研究者们开始集中关注在数字化背景下，特别是在平台经济模式下，声誉机制的构建和运用。在此背景下，平台型电商成为声誉机制研究的重要领域。在这种新型的经济模式中，电商平台不仅是交易的中介，也成为声誉信息的重要聚集地。研究者们探讨了如何在这种环境中有效地构建和管理声誉系统,以增强消费者的信任,并提升交易的安全性和效率。

此外,声誉理论与网络科学、博弈论等领域的交叉研究,为理论提供了新的视角和方法。在数字化转型的影响下,声誉理论的研究更加聚焦于数字技术、社交媒体和政策领域对声誉机制的影响。这些研究不仅关注技术层面,也包括社会、心理和经济等多个维度。在这一阶段,研究方法的变革尤为显著。平台经济模式、演化博弈理论、多主体仿真模型及人工智能等方法被广泛采用,这不仅丰富了研究内容,也提升了研究的精确度和深度。同时,云计算和大数据等数字化工具的应用使得研究者能够更深入地探索信任转移机制和声誉转移治理的复杂问题,为声誉理论研究提供了全新的视角和工具。

第四节 声誉理论研究热点聚焦

在经济学与社会学交叉领域中,声誉机制的研究已经成为理解市场交易和社会互动的重要维度。声誉机制,作为一种隐性的激励和约束机制,对于降低交易成本以及潜在的经济收益具有显著的作用。在不同的市场和社会环境中,声誉的形成与维持能够有效地约束违约行为,降低法律执行的成本。近年来,随着市场经济的复杂化,声誉机制作为市场中的一种特殊激励机制受到越来越多学者的关注。

声誉理论的研究路径呈现出丰富多元的特点,其中显著的一条是以克莱因和莱夫勒的研究为起点。[1] 此研究流派主要聚焦于市场上厂商将声誉视为一种资产,利用所谓的"声誉溢价"来确保高质量产品的持续供应。[2] 根据这一理论框架,厂商收取的价格高于市场竞争水平,作为维护其声誉的一种策略。夏皮罗、格林(Green)和波特(Porter)的研究进一步阐释了厂商如何通过提供高质量产品来维护其声誉,以防止潜在的合作损失和未来销售收入的减少。[3][4] 这种机制有效地阻止了厂商的非合作行为。这一研究方向并未深入探讨声誉的形成过程,而是将其视

---

[1] KLEIN B, LEFFLER K B. The Role of Market Forces in Assuring Contractual Performance [J]. Journal of Political Economics, 1981 (89): 615-641.

[2] 李井奎,陈亦政,田国强. 产品声誉机制和产品责任制的互补机理及协调路径研究 [J]. 浙江社会科学, 2022 (07): 23-31+67+156-157.

[3] SHAPIRO C. Premiums for High Quality Products as Returns to Reputations [J]. The Quarterly Journal of Economics, 1983 (98): 659-680.

[4] GREEN E J, PORTER R H. Noncooperative Collusion under Imperfect Price Information [J]. Econometrica, 1984 (52): 87-100.

为一种激励机制，促使厂商提高产品质量。此外，这一文献主要聚焦于完美监督的情形，其中假定消费者能立即识别出低质量产品，并据此判断厂商在控制产品质量上的努力程度。消费者的反应通常被假设为统一且一致的，包括转投其他厂商或在未来拒绝支付声誉溢价。这些模型通常对消费者的行为作出较强的假设，包括对厂商产品质量的一致认知以及对其他消费者策略的强烈信念。关于产品责任制与市场声誉的文献，均是在这一理论框架下进行的探讨。[1][2] 这些研究为理解市场上声誉机制的作用和影响提供了重要的视角和分析工具。

另一条路线肇始于特斯勒（Telser）以及克雷普斯等提出的 KMRW 声誉模型。[3][4] 该模型引入了一个关键概念，在不完全信息的重复博弈环境中，策略型的厂商可通过模仿合作型厂商的行为，将合作行为转化为自我执行的协议。在这种框架下，声誉被定义为消费者认为厂商属于好的、承诺型（即合作型）的后验概率，消费者的选择策略与这一概率密切相关。克雷普斯、米尔格罗姆和罗伯茨、克雷普斯和威尔逊的研究奠定了声誉模型的基础，建立了所谓的"完美公共监督模型"（perfect public monitoring model），该模型假设消费者可以完美无缺地观察企业的所有行为。[5][6][7] 弗登博格和莱文对标准声誉理论进行了重要扩展，引入了"不完美公共监督模型"（imperfect public monitoring model）。[8] 在这个模型中，消费者对企业行为的观察存在噪声，即信息并非完全透明。迈拉斯和萨缪尔森进一步将声誉模型扩展到"不完美私人监督模型"

---

[1] 汪晓辉，史晋川. 标准规制、产品责任制与声誉——产品质量安全治理研究综述 [J]. 浙江社会科学，2015（05）：50-59+156-157.

[2] BAKER S, CHOI A. Managing Reputation with Litigation: Why Legal Sanctions Can Work Better than Market Sanctions [J]. Journal of Legal Studies, 2018 (47): 45-82.

[3] TELSER L G. A Theory of Self-Enforcing Agreements [J]. The Journal of Business, 1980, 53 (1): 27-44.

[4] KREPS D, MILGROM P R, ROBERTS D J, et al. Rational Cooperation in the Finitely Repeated Prisoner's Dilemma [J]. Journal of Economic Theory, 1982, 27 (2): 245-252.

[5] DAVID M, KREPS D M, MILGROM P, et al. Rational cooperation in the finitely repeated prisoners' dilemma [J]. Journal of Economic Theory, 1982, 27 (2): 245-252.

[6] MILGROM P, ROBERTS J. Predation, reputation and entry deterrence [J]. Journal of Economic Theory, 1982, 27 (2): 280-312.

[7] KREPS D M, WILSON R. Reputation and imperfect information [J]. Journal of Economic Theory, 1982, 27 (2): 253-279.

[8] FUDENBERG D, LEVINE D K. Maintaining a reputation when strategies are imperfectly observed [J]. The Review of Economic Studies, 1992, 59 (3): 561-579.

(imperfect private monitoring model),处理了在声誉建立过程中的私人信息问题。[1] 后来研究开始聚焦于声誉的保持、交易、消费等运行机制,探讨声誉如何在不同的市场环境中维持和转移。并扩展到声誉如何影响产品价格,特别是在竞争激烈的市场中声誉的战略价值。探索在不同市场特征,如垄断、寡头竞争等条件下声誉机制的运作。特别是在厂商声誉较高时,继续维持合作型的边际收益可能低于其边际成本,促使厂商有更强的动机降低努力水平,通过欺骗消费者来获得更大利润,从而增加产品质量问题的概率。长期而言,这种行为可能阻碍声誉的持续维持。对此问题的探讨最早见于贝纳布(R. Benabou)和拉罗克(G. Laroque)的工作,他们通过构建模型来阐释这一现象。[2] 克里普斯(M. W. Cripps)等的研究进一步深化了对这一问题的理解,指出在不完美监督条件下,重复博弈中的声誉是暂时性的,追求利润最大化的策略型厂商不会始终模仿合作型,而消费者可以通过历史数据逐渐推断出厂商的真实类型,最终导致声誉效应的崩溃。[3] 互联网和电子商务的兴起促使研究者关注线上交易中的声誉机制,特别是消费者评价和在线反馈如何塑造企业声誉。

目前,声誉理论领域的基本框架已经具备较为成熟的文献基础。在内涵边界拓展、研究主题演变以及研究方法创新等新领域,存在新的探索。随着数字化情境的变化,导致新的声誉机制下研究热点不断涌现。采用COOC软件进行高频关键词聚类分析,可以得到声誉理论领域研究热点的知识图谱(详见图2-12、图2-13)。通过对国内外声誉理论热点的比较研究,发现在电子商务的支撑下,声誉理论的数字转型研究已经具备初步的理论探索。当前热点议题聚焦于声誉效应、声誉机制、声誉治理、集体声誉、企业声誉等方面。这为数字转型背景下的声誉理论研究提供了整合式分析框架,为深入研究声誉转移前沿热点提供了整体性参考。

---

[1] MAILATH G J, SAMUELSON L. Your reputation is who you're not, not who you'd like to be [R]. No. rep-is-sep. University of Pennsylvania Center for Analytic Research and Economics in the Social Sciences, 1998.

[2] BENABOU R, LAROQUE G. Using Privileged Information to Manipulate Markets: Insiders, Gurus and Credibility [J]. The Quarterly Journal of Economics, 1992, 107 (3): 921-958.

[3] CRIPPS M W, MAILATH G J, SAMUELSON L. Imperfect Monitoring and Impermanent Reputations [J]. Econometrica, 2004, 72 (2): 407-432.

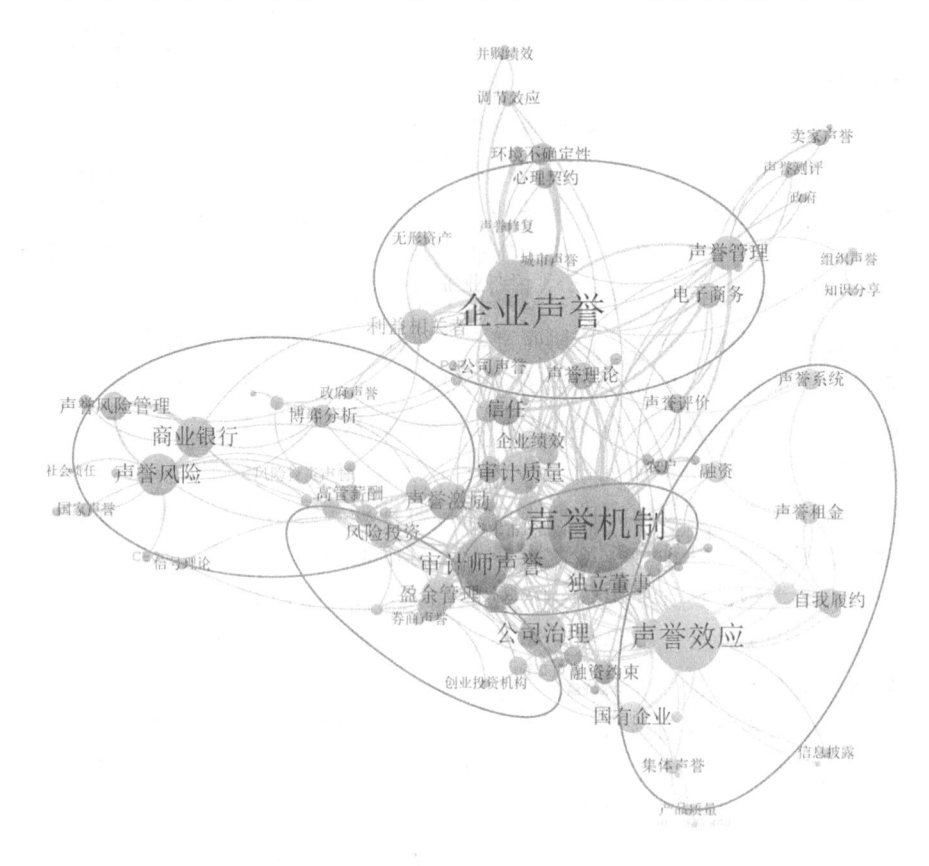

图 2-12　国内声誉理论研究热点

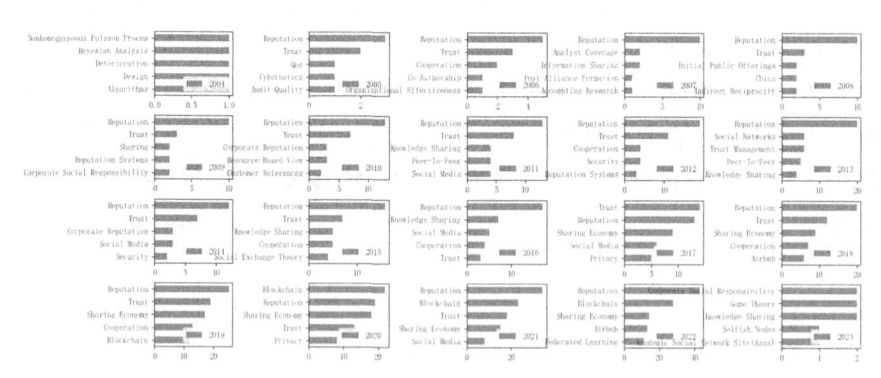

图 2-13　国外声誉理论研究热点

一、个体声誉

个体声誉模型被深入研究，以揭示在不确定性经济环境中个人行为如何影响声誉构建。这些研究基于信息不对称和行为预期，阐释了个体声誉的形成机制和作用。

声誉形成的基本原理在于，尽管个体的行动或内在特质通常是不可观察的，但当一个个体的行为方式呈现出稳定性时，其他经济主体便会对此产生一种稳定的预期。个体行为导致的这种预期构成了声誉形成的过程。个体声誉因而成为显示其内在特质的信号，这一信号不仅具有可传递性，还能使其他经济主体通过该信号甄别个体的行为属性和类型，从而影响他们对该个体的行为策略。

克雷普斯等人的声誉模型通过引入非对称信息，研究了不完全重复博弈中合作行为的可信性问题。[①] 他们提出，在重复交易过程中，追求长期收益最大化的交易双方，为避免触发对方的报复策略而损失长期合作收益的可能，会约束自身的短期机会主义行为，从而形成良好声誉，以获取长期合作的利益。法马认为个体的机会主义行为可以随时间得到解决。[②] 在竞争的经理市场上，经理的市场价值与其过去的绩效紧密相关。因此，即使在没有显性激励合同的情况下，经理们也会努力工作以提升其在市场上的声誉，并从中获得更高的未来收入。霍姆斯特罗姆对法马的观点进行了模型化的进一步阐述，并提供了严格的证明。[③] 这些研究表明，在经济学中，声誉机制基于理性个体追求利益最大化的假设，声誉机制对个体行为具有约束和激励的双重作用：不良的职业声誉可能导致职业生涯的终结，而良好的职业声誉则增强了个体在市场上的议价能力，前者对个体的机会主义行为起到约束作用，后者则起到激励作用。克雷普斯和威尔逊建立了标准声誉模型（KMRW），提出相对于一次性交易，买卖双方更愿意接受重复博弈的多期契约，因为从中可以获得更大的净收益。[④] 声誉在该模型中发挥两个重要作用：一是信号功能，作为一种信号，传递在不同交易主体之间，缓解信息不对称、防止逆向选择与道德风险[⑤]；二是交易与资本增殖功能，通过施加可信的私人惩罚，

---

① KREPS, DAVID M, et al. Rational cooperation in the finitely repeated prisoners' dilemma [J]. Journal of Economic theory, 1982, 27 (2): 245-252.
② FAMA, EUGENE F. Agency problems and the theory of the firm [J]. Journal of political economy, 1980, 88 (2): 288-307.
③ HOLMSTROM, BENGT. Moral hazard in teams [J]. The Bell journal of economics, 1982: 324-340.
④ KREPS D M, WILSON R. Reputation and imperfect information [J]. Journal of economic theory, 1982, 27 (2): 253-279.
⑤ SALOMON A, FORGES F. Bayesian repeated games and reputation [J]. Journal of Economic Theory, 2015 (159): 70-104.

震慑违约者，增加声誉资本降低未来缔约时的交易成本，以使合作剩余与声誉租金最大化①。声誉发挥作用需要具备一定的前提条件：重复博弈、违约时的信息对称性以及对违约者的有效惩罚。

声誉和自我履约研究在缺乏明确合约的情况下，如何通过声誉和自我履约来实现协作和达成合作。研究内容包括如何设计激励机制来促进声誉和自我履约，以及如何处理由于道德风险和不完全信息导致的合作失败的情况。契约执行可以分为自我履行机制和第三方强制执行机制。由于现实中的契约大多不完备，自我履行是实现契约的重要方式。克莱因认为，契约的自我履行主要依赖私人履约资本，包括未来期间因违约而带来的各种显性和潜在损失的贴现值。②终止交易关系、交易者市场声誉贬值等私人惩罚机制是自我履行的动力来源。

声誉效应研究声誉在经济活动中的影响。研究内容包括声誉如何影响企业的经营绩效、产品质量和市场竞争力，以及声誉如何影响个人的职业发展和在社交网络中的地位。从声誉效应角度出发，信息披露质量的提高会降低公司风险承担意愿。管理者在决策过程中会考虑已有声誉保持和未来声誉建立，职业关注度也是他们不愿意承担过高风险的重要原因。③

通过声誉激励机制来激励企业家和经理人员的行为，保护企业声誉，提高企业绩效，是当前企业治理领域的一个研究热点。声誉理论的重要作用被不同学科的学者所关注。霍姆斯特罗姆研究了个体生命周期对声誉激励效应的影响，发现声誉机制的隐性激励作用会随年龄或职业生涯的发展而不断弱化④；克雷普斯和威尔逊（Wilson）等用重复博弈模型对声誉的激励作用进行了研究，所构建的 KMRW 声誉模型成为后来重复博弈模型的经典文献⑤⑥；符加林认为声誉的作用在于为关心长期利益

---

① 米运生，曾泽莹，何璟. 农村互联性贷款的存在逻辑与自我履约——基于声誉视角的理论分析 [J]. 经济科学，2016（3）：100-113.

② KLEIN B, MURPHY K M. Vertical integration as a self-enforcing contractual arrangement [J]. The American Economic Review, 1997, 87 (2): 415-420.

③ 李小荣，张瑞君. 股权激励影响风险承担：代理成本还是风险规避？[J]. 会计研究，2014（1）：57-63.

④ HOLMSTRÖM B. Managerial incentive problems: A dynamic perspective [J]. The review of Economic studies, 1999, 66 (1): 169-182.

⑤ KREPS D M, WILSON R. Sequential equilibria [J]. Econometrica: Journal of the Econometric Society, 1982: 863-894.

⑥ KREPS D M, MILGROM P, ROBERTS J, et al. Rational cooperation in the finitely repeated prisoners' dilemma [J]. Journal of Economic theory, 1982, 27 (2): 245-252.

的参与人提供一种隐性激励以保证其短期承诺,声誉因此可以成为显性合约的替代品①;声誉激励机制和显性激励机制相结合的最优动态契约模型可以实现帕累托改进、提高激励强度,并能起到很好的约束作用。不同学科的学者们利用声誉理论对不同领域激励机制进行了积极探索,如代理人激励②、公务员激励③、高校教师激励④。在个体声誉的实际应用领域,尤其是经理人和独立董事的声誉研究,已成为商业和经济学研究的一个重要分支。该领域的研究主要集中在理解经理人的声誉如何影响其职业生涯以及企业的经营决策。在竞争激烈的经理市场中,经理人的职业声誉对其未来收入有显著影响。即使在没有显性激励合同的情况下,经理人仍然有动机积极工作,以提高在经理市场上的声誉,从而提高他们的未来收入潜力。⑤ 由于公司股东大都通过管理者经营业绩来对其进行评价,而风险高的投资项目通常伴随着较高的失败可能性,因此管理者在投资项目决策中会考虑到已有的声誉,为了向股东发送能力强的信号,管理者会倾向于选择风险较低的投资项目。赫舒拉发(D. Hirshleifer)通过建立管理者声誉和投资项目的选择模型发现,基于已有声誉,管理者在投资决策上表现出谨慎性。⑥ 由于上市公司管理者面临个人财富风险分散度低的问题,以及对其职业生涯的关注,导致了他们对风险的承担不足。⑦ 查克拉博蒂(A. Chakraborty)发现,由于解雇风险,管理者在风险型投资决策项目中会趋于谨慎,这可能导致公司股票回报波动率降低。⑧ 此外,信息披露质量的提高可能导致公司特有信息被竞争对手获取,影响公司竞争地位并带来较高成本。信息披露的专有成本和管理者薪酬补偿的存在可能损害公司利益,进而降低公司承担风

---

① 符加林. 企业声誉效应对联盟伙伴机会主义行为约束研究 [D]. 浙江大学, 2008.
② 刘惠萍, 张世英. 基于声誉理论的我国经理人动态激励模型研究 [J]. 中国管理科学, 2005 (04): 78-86.
③ 占小军, 唐井雄. 声誉激励:公务员激励机制的新思维 [J]. 江西财经大学学报, 2009 (04): 13-16.
④ 姜晓晖, 汪卫平. 高校教师学术声誉研究:一种探索性激励机制设计 [J]. 中国高教研究, 2021 (04): 42-47.
⑤ 牛冬梅, 刘庆岩. 机构持股、投资决策与高管薪酬——基于经理人职业声誉模型的理论分析 [J]. 西安交通大学学报(社会科学版), 2015, 35 (03): 59-64.
⑥ HIRSHLEIFER D, THAKOR A V. Managerial conservatism, project choice and debt [J]. The Review of Financial Studies, 1992, 5 (3): 437-470.
⑦ 伊志宏, 姜付秀, 秦义虎. 产品市场竞争、公司治理与信息披露质量 [J]. 管理世界, 2010 (1): 133-141.
⑧ CHAKRABORTY A, SHEIKH S, SUBRAMANIAN N. Termination risk and managerial risk taking [J]. Journal of Corporate Finance, 2007, 13 (1): 170-188.

险的意愿。

声誉理论将声誉视作反映行为人历史记录与特征的信息。它在各利益相关者间的流动和传播，形成了一种信息显示机制，有效地限制了信息扭曲，提高了交易透明度并降低了交易成本。米尔格罗姆等通过研究中世纪的香槟酒交易会，揭示了和谐的声誉信息流如何帮助交易者识别值得信赖的合作伙伴。① 声誉系统作为一种信号发送机制，不仅能甄别高质量产品，还能提升这些产品的价格。CSR声誉是减少企业与消费者之间信息不对称的工具。良好的CSR声誉可以传递一种信号，表明企业愿意并有能力分配合理的资源来维持与消费者之间的可持续关系。因此，CSR声誉可以有效填补"信息鸿沟"，减轻负面事件后的市场惩罚。此外，在新兴经济体中，相比发达资本市场，CSR声誉的这种信号效应可能更强，因为新兴经济体的市场透明度较差，企业难以依赖其他信息渠道与消费者进行高质量的沟通。②③

探讨委托代理理论在声誉风险管理和声誉治理中的应用，以及契约对声誉管理的影响等方面的问题。委托代理模型，从信息对称和信息不对称两方面研究委托方对代理方的激励问题。但这些激励机制的设计只考虑了显性激励，而忽略了声誉等隐性激励。现实中，个体或组织往往会为了追求良好的声誉而努力。法马最早提出声誉可以作为显性激励的一种不完备替代的观点，他认为即使没有显性激励，代理人也会通过努力工作积累良好的声誉以提高自己的竞争力。④ 刘易斯（S. Lewis）认为，声誉是企业与利益相关者合作的前提和取得信任的基础。⑤ 时茜茜等认为，引入声誉的激励机制能更好地协调业主和合作商的关系，防范

---

① MILGROM P R, NORTH D C, WEINGAST B R. The role of institutions in the revival of trade: The law merchant, private judges, and the champagne fairs [J]. Economics & Politics, 1990, 2 (1): 1-23.
② BUNDY J, PFARRER M D, SHORT C E, et al. Crises and crisis management: Integration, interpretation, and research development [J]. Journal of Management, 2017, 43 (6): 1661-1692.
③ 蔡玉程，王汉瑛，邢红卫. 缓冲垫还是双刃剑：产品伤害危机下企业社会责任声誉的异质性效应 [J]. 南京社会科学，2020 (7): 18-25+33.
④ EUGENE FAMA. Agency problems and the theory of the firm [J]. Journal of Political Economy, 1980 (88): 288-307.
⑤ LEWIS S. Reputation and corporate responsibility [J]. Journal of Communication Management, 2003 (4): 356-366.

代理人的道德风险,隐性激励因素对代理方有持续的激励作用。① 宋平等基于声誉视角,运用多阶段动态博弈方法研究了绿色供应链电子订单模式的信任机制,指出声誉能促进绿色供应链参与主体之间的相互信任。②

二、集体声誉

随着声誉理论的发展,逐渐形成了集体声誉研究分支,该理论的肇始于20世纪90年代,梯若尔以合伙制团队为研究对象,并把个体声誉的集合看作集体声誉。③ 在团队生产中,每个成员的个体声誉会对其所在团队的集体声誉产生影响。如果所有成员都有良好的个人声誉将会促进集体声誉的提升,如果个人声誉遭到破坏,其所在团体中的集体声誉势必受到影响。将个体之间的合作整体看作对集体声誉的外在载体,交易方根据合伙团体的声誉(以往的交易过程中的表现记录)决定是否与其合作,如果集体声誉遭到破坏将会带来很大的成本损失,甚至威胁到合伙关系的存续。温弗瑞(J. Winfree)和麦克罗斯基(J. Mcluskey)将集体声誉作为一种公共性物品来进行研究。④ 陈艳莹和杨文璐从行业的角度对集体声誉进行研究,将集体声誉看作经营过程中形成的相同性质企业的同一标识,同一标识下的企业数量较大且共用一个品牌,比如伊利牛奶。⑤ 张琥指出对集体声誉进行维护比个人声誉的维护更有难度,集体的规模与集体中个体被选中的可能性具有反向的相关关系,集体中的个体数量越多,个体预期能够获得交易的可能性越低,越可能出于理性动机为了达到个人利益最大化目的而去损害集体声誉,这种情况会进一步增大集体声誉维护的困难程度。⑥ 由此可见,加强对集体声誉的研究,能够更好地促进经济中交易的顺利进行。将集体声誉作为多个成员

---

① 时茜茜,朱建波,盛昭瀚,等. 基于双重声誉的重大工程工厂化预制动态激励机制[J]. 系统管理学报,2017(2):338-345.
② 宋平,药志秀,杨琦峰. 绿色供应链电子订单融资模式信任机制研究——基于声誉视角[J]. 财会月刊,2017(23):3-9.
③ TIROLE J A. Theory of collective reputation [J]. Review of Economic Studies,1996(63):1-22.
④ WINFREE J, MCCLUSKEY J. Collective Reputation and Quality [J]. American Journal of Agricultural Economics,2005(87):206-213.
⑤ 陈艳莹,杨文璐. 集体声誉下最低质量标准的福利效应[J]. 南开经济研究,2012(01):134-144.
⑥ 张琥. 集体信誉的理论分析——组织内部逆向选择问题[J]. 经济研究,2008,43(12):124-133+144.

个体所共享的集体标识,判断一个不完全了解的个体,可以通过个体所在集体进行判断。目前集体声誉已经成为经济学中重要的研究方向。

集体声誉作为一个团体的整体标识,能够起到增大承诺力度的作用,同时具有公共性物品的特征。经济主体行为者为了能够获得长期收益,而在有限次或无限次重复博弈的市场环境中,选择维护声誉,抑制潜在机会主义行为,这是集体声誉产生的主要原因。集体声誉能够产生并发挥作用需要满足一系列条件,比如团体能够对内部成员的欺诈行为进行惩罚、欺诈信息传播速度较快且传播范围较广、交易是多次重复的。集体声誉作为个体声誉的补充,能够对成员个体进行约束和激励,增加了承诺的可信度。

在一个团体中,集体声誉要靠团队中的个体维护形成。团队中通常存在成员和成员之间的博弈、团队和成员的博弈两种形式的互动。当团体中有成员欺诈损坏了团队的声誉,那么团体就会通过声誉对违约成员进行惩罚。团队中的成员在决定是否欺诈之前,首先会衡量合作带来的收益与欺诈的收益,当欺诈带来的短期收益大于合作带来的长期收益时,就会选择欺诈;合作带来的长期收益大于欺诈带来的短期收益时,该成员就会选择合作策略,对团体中的集体声誉进行维护。集体声誉的维护需要有团体对成员的声誉惩罚措施。梯若尔认为集体声誉的优势在于,个体声誉无法发挥作用的时候,集体声誉能够进行弥补。[1] 良好的集体声誉具有正的外部性,团队中每一个成员都能享受到集体声誉的好处;如果团体中个别成员的欺诈行为造成集体声誉遭受损失,就会给团体中诚信的其他企业成员造成负面影响。由于对团体的不信任,造成对团体内部成员的不信任。格雷夫以地中海远距离交易为例,由于条件的限制,其无法轻易获取个人的信息,对商人身份的认定和证实也存在困难,此时,远距离商人的个人声誉不能够发挥作用。[2] 通过行业协会形成集体声誉,协会以集体责任保证内部成员的诚实守信行为,促进了远距离的贸易发展并增强了承诺的可信度。

集体声誉与声誉分享研究如何利用组织内外的声誉来促进知识分享和协作。研究内容包括如何设计声誉模型来衡量组织内外的声誉,以及如何利用声誉租金和微分博弈来激励知识分享和合作。集体声誉也是一

---

[1] TIROLE J A. Theory of collective reputation. Review of Eeonomic Studies [J]. Review of Economic Studies, 1996 (63): 1-22.

[2] GRIEF A. Impersonal exchange without impartial law, the community responsibility system [J]. Chicago Journal of International Law, 2004 (5): 107-136.

个新兴的研究领域，旨在探讨组织内外的声誉是如何形成的，并如何影响组织的行为和绩效。目前，关于集体声誉的研究主要关注于组织或企业方向。梯若尔通过对合伙制的研究说明集体声誉是个体声誉的集合。①在他的模型中，通过观察代理人的行为记录（混杂着噪声）发现代理人的声誉会影响所属团队的声誉。莫里森和威廉指出："合伙制是集体声誉的展示品。"② 在他们看来，个人声誉属于人力资本，是一种不可交易、不可替代、也不能编纂的资产，委托人通过合伙人过去经历的记录（声誉）来决定付出的费用。因此，声誉的丧失将带来相当的成本，并且可能对合伙关系产生致命影响。③

克雷普斯等在标准声誉模型基础上证明了信息的传递速度和传播范围，有利于将声誉有关的信息传递给其他人，这种声誉的传递能够减少交易过程中产生的成本，提升交易效率。④ 如果产品的属性非常复杂，即使被消费者购买使用后也不能对其质量好坏作出准确判断，这种情况下，产品的集体声誉成为消费者判断其质量的重要因素。政府制度设计中集体声誉的作用。通过合理的制度设计，使得具有良好品质的官员能够获得声誉的好处，使官员的潜在机会主义行为得到一定程度的抑制。李金波、聂辉华和沈吉认为集体声誉可以作为一种解决团队内部道德风险问题的方法。⑤ 集体声誉被看作对团队内部存在"搭便车"行为带来损失的一种补贴，对团队内部产生的道德风险等问题起到一定程度的缓解作用。朱冬琴、马嘉应指出良好的声誉便于得到更多的信用贷款。⑥

集体声誉是创业投资机构和风险投资的核心竞争力之一。研究如何通过建立声誉良好的创业投资机构和风险投资公司来提高投资效率，降

---

① TIROLE J. A Theory of Collective Reputation [J]. Review of Economic Studies, 1996, 63 (1): 1-22.
② MORRISON A D, WILHELM W J JR. Partnership Firms, Reputation and Human Capital [J]. The American Economic Review, 2004, 94 (5): 1682-1692.
③ 李延喜, 吴笛, 肖峰雷, 等. 声誉理论研究述评 [J]. 管理评论, 2010, 22 (10): 3-11.
④ KREPS D, WILSON R. Reputation and perfect information [J]. Journal of Economic Theory, 1982 (27): 53-279.
⑤ 李金波, 聂辉华, 沈吉. 团队生产、集体声誉和分享规则 [J]. 经济学（季刊）, 2010 (3): 160-179.
⑥ 朱冬琴, 马嘉应. 信用贷款、金融发展与企业家声誉的信号传递 [J]. 上海经济研究, 2012 (5): 36-47.

低投资风险,是当前创业投资和风险投资领域的一个研究热点。[①] 在西方成熟资本市场上,风险投资作为专业金融中介具备监督和鉴证功能,用自身声誉来降低市场信息的不对称性,向市场传递价值信号。[②][③]

集体声誉也是约束上市公司违法、违规行为的一种重要机制。在拉波尔塔(R. La Porta)关于投资者保护和公司治理的综述论文中,虽然讨论的重点是不同法系下公司治理对投资者保护的影响,但也提及了声誉机制对上市公司的自我约束作用。[④] 在资本市场中,维持一个好声誉需要付出成本,其回报首先反映在可以更容易地获得再融资,或者以更低的成本获得再融资。在戴蒙德的声誉机制模型中,内部人通过良好的行为建立声誉资产,声誉资产可以帮助企业以更优惠的条件获得外部资金。[⑤] 在新兴市场经济和发展中国家,企业的发展常常受到资金约束,能够更便利地获得外部资金显得特别重要。

风险投资声誉机制在中国是否发挥作用呢?目前已有研究探讨了风险投资声誉对企业融资[⑥]、生产效率[⑦]、并购绩效[⑧]、IPO初始收益[⑨]和盈余管理[⑩]的影响,但结论并不一致。这些研究大都借鉴西方文献,采用风投的成功退出历史(如历史IPO市场份额、成功IPO公司数等)作为声誉代理变量,只能观测到声誉的累积过程,无法捕捉声誉毁损的情况。何顶等从声誉受损角度出发,利用风险投资所支持的上市企业被立

---

① 马宇. 新兴经济体跨境资本流量合意区间测算研究[M]. 北京:中国社会科学出版社,2023.
② HSU D H. What do entrepreneurs pay for venture capital affiliation?[J]. The journal of finance,2004,59(4):1805-1844.
③ SHU P G,YEH Y H,CHIU S B,et al. The reputation effect of venture capital[J]. Review of Quantitative Finance and Accounting,2011(36):533-554.
④ LA PORTA RAFAEL,LOPEZ-DE-SILANES,et al. Investor Protection and Corporate Governance. Journal of Financial Economics,2000(58):3-27.
⑤ DIAMOND D W. Monitoring and reputation:The choice between bank loans and directly placed debt[J]. Journal of political Economy,1991,99(4):689-721.
⑥ 吴超鹏,吴世农,程静雅,等. 风险投资对上市公司投融资行为影响的实证研究[J]. 经济研究,2012,47(01):105-119+160.
⑦ 赵静梅,傅立立,申宇. 风险投资与企业生产效率:助力还是阻力?[J]. 金融研究,2015(11):159-174.
⑧ 李曜,宋贺. 风险投资支持的上市公司并购绩效及其影响机制研究[J]. 会计研究,2017(06):60-66+97.
⑨ 蔡宁. 风险投资"逐名"动机与上市公司盈余管理[J]. 会计研究,2015(05):20-27+94.
⑩ 文守逊,张泰松,黄文明. 创业投资声誉、创业板IPOs初始收益和长期业绩[J]. 审计与经济研究,2012,27(04):104-112.

案调查这一事件,调查同一风险投资支持的其他上市公司的市场反应,从而研究我国风险投资声誉机制在二级市场上的运行情况。①

公司声誉与财务绩效之间的关系一直是研究的热点。一些研究者认为,良好的声誉可以提高公司的财务绩效,因为消费者更愿意购买有良好声誉的企业的产品和服务。但也有研究者发现,公司声誉和财务绩效之间的关系并不一定是单向的,财务绩效也可能影响公司声誉。企业声誉是带来持续竞争优势的关键性无形资源,通过树立企业声誉,企业可以获得影响力和可信度,从而提高财务绩效。如果企业在市场上享有良好的声誉,那么企业可以以一个比较高的价格销售产品,并且同时保持生产交易的成本在一个低的水平,那么长远来看,企业能够保持一个较高的盈利水平。②

三、声誉与数字经济

电子商务是一种新兴的商业模式,而消费者信任成为制约电子商务发展的关键因素之一,因此关于电子商务中声誉的研究逐渐受到学术界的重视。集体声誉理论在产品质量和电子商务方面的应用非常广泛。有学者以网上交易为背景研究了声誉评级体系对声誉持久性的促进作用。③ 还有学者对网上交易以及网上交易的声誉系统进行了研究。④ 利文斯顿(J. Livingston)通过对网上交易声誉体系进行研究,得出其与销售商产品价格以及产品质量三者之间的关系。⑤ 吴德胜,李维安研究了淘宝商盟的作用,淘宝卖家加入商盟中,商盟把集体声誉作抵押用于对成员企业诚信行为的担保,承诺商盟内部卖家不会欺诈,如果商盟内部有卖家欺诈,则商盟将会对该卖家进行惩罚。⑥ 淘宝商盟的出现,增强了卖家的信息度,促进了网上交易活动的顺利进行。罗必良指出:"村庄环境条件下存在的声誉机制及其关联博弈所发挥的行为规

---

① 何顶,罗炜. 风险投资声誉和股价"传染"效应——来自中国上市公司立案公告的证据 [J]. 金融研究, 2019 (09): 169-187.
② HUTTON J G. Reputation Management: the New face of Corporate Public Relations [J]. Public Relations Review, 2001 (27): 247-261.
③ EKMEKCI M. Sustainable reputation with rating systems [J]. Journal of Economic Theory, 2010 (146): 479-503.
④ JOSANG A, ISMAIL R, BOYD C A. A survey of trust and reputation systems for online service provision [J]. Decision Support Systems, 2007 (43): 618-644.
⑤ LIVINGSTON J. How Valuable is a Good Reputation? A Sample Selection Model of Internet Auctions [J]. Review of Economics and Statistics, 2005 (87): 453-465.
⑥ 吴德胜,李维安. 集体声誉、可置信承诺与契约执行——以网上拍卖中的卖家商盟为例 [J]. 经济研究, 2009, 44 (06): 142-154.

范作用，有利于农业合作中可自我执行的形成。"① 在交易领域，无论是传统线下还是现代网络交易，商家的声誉始终是影响消费者购买决策的关键因素。在社区规模较小且信息传递较为畅通的环境下，声誉机制本身就足以保障交易的顺利进行。② 这一发现对于理解声誉在小规模交易中的作用具有重要意义。在传统的交易环境中，尽管交易通常发生在较小的社区中，但信息传递的不充分和不顺畅却导致消费者在获取声誉信息时面临较高的成本。相比之下，网络交易的兴起大幅降低了这些信息获取成本。在网络交易环境下，交易平台扮演了信息传递者的角色，建立的声誉机制大大降低了卖家声誉信息传递的成本，有效地缓解了网络交易中的逆向选择问题，并保障了交易的顺利实现。库法里斯（M. Koufaris）和汉普顿（W. Hampton）对网络企业的声誉进行了定义，认为它反映了公众对企业诚信和顾客关注的信任程度，这与传统非网络环境下的声誉定义具有相似性。③ 在网络环境中，建立适当的声誉评价机制至关重要。例如，Ebay 的声誉评价系统通过反馈信息来影响消费者的信任和购买行为；同时，卖家考虑到未来的交易机会和不满意顾客可能的报复，也会调整自己的行为。贾文帕（S. L. Jarvenpaa）等人的研究表明，电子商务企业的声誉对于增强网络企业的信任具有积极影响。④ 在他们构建的顾客信任模型中，网站的质量和声誉被认为是建立顾客信任的有效手段。这种信任有助于克服人们对网络安全性的负面感知，促进电子商务环境的健康发展。

当前，学术界对声誉的研究主要关注传统声誉和在线声誉两个方面。对于传统声誉的研究，学者们深入探讨了声誉的内涵、形成、维持以及相关理论。普遍认为，企业声誉是企业通过一系列经营活动留给社会公众的综合印象⑤，是企业的无形资产。企业声誉的形成是由产品和服务质量、企业整体经营战略、社会责任履行情况等多种因素共同作用的结果。⑥ 企

---

① 罗必良. 村庄环境条件下的组织特性、声誉机制与关联博弈 [J]. 改革, 2009 (02): 72-80.
② YE Q, LAW R, GU B, et al. The influence of user-generated content on traveler behavior: An empirical investigation on the effects of e-word-of-mouth to hotel online bookings [J]. Computers in Human Behavior, 2011, 27 (2): 634-639.
③ KOUFARIS M, HAMPTON-SOSA W. The development of initial trust in an online company by new customers [J]. Information & Management, 2004, 41 (3): 377-397.
④ JARVENPAA S L, TRACTINSKY N, VITALE M. Consumer trust in an Internet store [J]. Information Technology and Management, 2000 (1): 45-71.
⑤ 余津津. 国外声誉理论研究综述 [J]. 经济纵横, 2003 (10): 60-63.
⑥ 汪旭晖, 王东明. 互补还是替代：事前控制与事后救济对平台型电商企业声誉的影响研究 [J]. 南开管理评论, 2018, 21 (6): 67-82.

业需要长期保持良好的经营行为才能维持较高的声誉水平,营造优质企业形象。良好的企业声誉具有增强企业竞争能力、减少企业交易成本、提升企业抗风险能力等多重效益。在线声誉是随着国际电子商务市场发展应运而生的时代产物①,在电子商务市场自身的虚拟性及市场中信息严重不对称等问题凸显下,在线声誉的出现具有重要的时代意义。从一定角度来说,电子商务市场的兴起也要归功于在线声誉的成功。②③

电子商务平台中,企业的声誉主要来自消费者的评价和评分,因此,声誉管理在电子商务中变得尤为重要。一些研究者提出了基于在线评价的声誉管理模型,并研究了在线评价对企业声誉的影响。市场信息不对称导致了一些商家产生虚假交易、刷单、以次充好、假冒伪劣等投机行为。声誉机制是平台对投机行为的非正式治理手段,包括平台官方认证机制和消费者评价,即网络口碑,与消费者建立信任关系,帮助消费者进行产品甄别,抑制商家的投机行为。④⑤ 网络口碑是消费者通过互联网、社交软件等在线传播媒介进行的有关品牌、产品或服务信息的非商业沟通。它包含以文本形式发布的消费者评价,即在线评论,以及以数值打分形式发布的在线评分等常见的网络口碑形式。这些消费者个人的反馈评价、经历分享、情绪表达等信息不断加聚汇总,最终形成了商家的在线声誉。⑥

在当代的网络交易环境中,声誉机制已成为平台规制的核心机制,对促进平台的健康发展及提高交易的诚信水平具有至关重要的作用。利文斯顿指出,声誉机制的有效运作能自然实现经济学中的无名氏定理,这表明声誉机制对平台的稳定发展至关重要。⑦ 有学者进一步证明了eBay 声誉机制的价值,其研究结果显示声誉机制的建立降低了平台用户

---

① 杨栩,廖姗.C2C 电子商务交易平台在线信誉反馈机制比较研究[J].管理现代化,2013(5):50-52.
② 于立.互联网经济学与竞争政策[M].北京:商务印书馆,2020.
③ TADELIS S. Reputation and feedback systems in online platform markets [J]. Annual Review of Economics,2016(8):321-340.
④ 王仙雅,王称意,慕静.平台经济视域下的商家投机行为治理——基于平台主动治理视角[J].商业经济与管理,2020(10):17-28.
⑤ 王俊豪,单芬霞,张宇力.电商平台声誉机制的有效性与信用监管研究——来自"淘宝"和"京东"的证据[J].财经论丛,2021(02):103-112.
⑥ 张艳辉,高云帆.在线声誉水平对消费者关注度的影响:对大众点评的实证分析[J].中国管理科学,2022,30(08):277-292.
⑦ LIVINGSTON J A. How valuable is a good reputation? A sample selection model of internet auctions [J]. Review of Economics and Statistics,2005,87(3):453-465.

的交易成本，同时增强了消费者的购买意愿。① 周黎安和张维迎的研究验证了声誉机制在一个无政府干预、近乎自由放任的"虚拟"市场中的积极作用。② 而王俊豪等研究发现在缺乏声誉机制的交易平台上，高质量商品难以长期交易。③

同时，声誉机制在提高网络交易平台的诚信水平和交易效率方面发挥着关键作用。④ 有学者提出了一个动态博弈模型，用于处理 C2C 在线交易中买卖双方的信息不对称问题，并提出了改进在线交易声誉评价的策略。⑤ 这表明声誉机制能够改善网络交易平台的诚信水平。在中国的在线拍卖市场中，卖家的良好声誉对销量有积极影响，但其边际效应急剧下降。⑥ 此外，卖家联盟可以在一定时期内增加销量。这表明声誉机制不仅提高了诚信水平，还可能影响交易效率。BP（Back Propagation）神经网络能够有效地模拟 P2P 借贷平台中个人借款人的信用评级，从而实现更准确的信用风险评估，并为 P2P 平台提出了对策。这进一步证明了声誉机制在网络交易平台中的重要性。⑦

第五节　声誉转移的研究进展

一、声誉可转移的微观基础

声誉转移是指在信息不对称的情况下，借助信号传递和信息披露质量等因素，将声誉从一个实体转移给另一个实体的过程。在农户、社会治理、社会资本、职业声誉、股权激励、供应链、融资约束、负面声誉、

---

① PRZEPIORKA W. Buyers pay for and sellers invest in a good reputation: More evidence from eBay [J]. The Journal of Socio-Economics, 2013 (42): 31-42.
② 周黎安，张维迎，顾全林，等. 信誉的价值：以网上拍卖交易为例 [J]. 经济研究，2006 (12): 81-91+124.
③ 王俊豪，单芬霞，张宇力. 电商平台声誉机制的有效性与信用监管研究——来自"淘宝"和"京东"的证据 [J]. 财经论丛，2021 (02): 103-112.
④ 唐要家. 数字平台的经济属性与监管政策体系研究 [J]. 经济纵横，2021 (04): 43-51+2.
⑤ CAI B Z, CHEN S G. Research on Reputation Evaluation of C2C Online Trading Based on Dynamic Game [J]. Modern Marketing, 2017, 7 (2): 57-63.
⑥ WEI'AN L, WU D, XU H. Reputation in China's online auction market: Evidence from Taobao.com [J]. Frontiers of Business Research in China, 2008, 2 (3): 323-338.
⑦ BAO L, LI S. P2P Personal Credit Risk Simulation Model Based on BP Neural Network [J]. Advances in Applied Mathematics, 2016, 5 (2): 192-207.

逆向选择等领域中，声誉转移的机制和效应也是一个重要的研究方向。声誉转移通过价格和销售量两个维度来体现。①

声誉对价格的影响方面，克莱因和莱夫勒在开创性的研究中首次探讨了声誉机制在市场交易中的作用，特别是对于销售体验性物品的卖家。② 在这一机制下，卖家为了保护未来的利润，选择遵守承诺，不欺骗消费者。然而，他们并未详尽探究高价格的形成过程。夏皮罗对克莱因和莱夫勒的研究进行了扩展和深化，指出初期较低的价格随后上升，确保了竞争性市场中产品的高质量，并补偿了企业最初对声誉的投资。③ 席夫（A. Schiff）等构建了一个独特的声誉机制，其中卖家通过广告和声誉在子市场中吸引买家。④ 误导性广告会损害卖家的下期声誉，从而影响其产品的市场吸引力。他们发现，这种声誉机制能够提升高质量产品的价格，帮助买家更准确地找到这些卖家的产品。产品价格随着声誉的提升而上升，直至企业退出市场。⑤ 高声誉企业的定价无法被低声誉企业模仿，因为消费者能够根据观察到的企业客户群体来判断企业的类型。瓦宁（P. Vanin）构建了一个线性需求的寡占模型，他发现如果推介价格容易被模仿，那么企业的推介价格就失去了可信度。⑥ 他指出，当消费者高度重视产品质量时，所有企业都会专注于高质量产品的生产，并采用先低后高的定价策略。消费者的重复购买为企业带来的利润可以补偿其最初的投资损失。在 eBay 的在线拍卖交易上，卖家的声誉水平对价格有显著影响，且差评数的影响远大于好评数⑦；有学者从理论上论证了线上声誉机制可有效解决信任问题并能降低交易成本，研究还表明卖家声誉水平越高则商品的定价和售价越高，而声誉水平的下降会导致

---

① 尹钰锋. 网络交易平台声誉价值效应及其差异化研究 [D]. 浙江财经大学，2021.
② KLEIN B，LEFFLER K B. The role of market forces in assuring contractual performance [J]. Journal of Political Economy，1981，89（4）：615-641.
③ SHAPIRO C. Premiums for high quality products as returns to reputations [J]. The Quarterly Journal of Economics，1983，98（4）：659-679.
④ KENNES J，SCHIFF A. The value of a reputation system [R]. University Library of Munich，Germany，2003.
⑤ HÖNER J. Reputation and competition [J]. American Economic Review，2002，92（3）：644-663.
⑥ VANIN P. Competition，reputation and compliance [R]. Quaderni-Working Paper DSE，No. 682，2009.
⑦ LUCKING-REILEY D，BRYAN D，PRASAD N，et al. Pennies from eBay：the Determinants of Price in Online Auctions [J]. Journal of Industrial Economics，2007（2）：223-233.

成交率降低。① 消费者愿意向声誉较好的商家支付更高的价格以获得高质量商品,通常可将高于平均价格的部分称为"声誉溢价"。杨居正等指出声誉溢价是声誉在网络交易中的一种价值体现,在不同的管制环境中,卖家信誉分数对声誉溢价的影响虽有差异但都是正向促进关系。② 钱炳和周勤发现声誉溢价与信用积分之间存在"U"型关系,即在建立声誉的初始阶段溢价效应递减,而当声誉积累到一定水平后溢价效应开始递增。③

声誉转移的另一个维度为声誉对其产品销量的影响。科比特(Corbitt)指出,高声誉的商家通常具有较高的诚信程度,相较于低声誉商家,消费者对他们的信任度更强,从而更愿意进行交易,这一点有助于商家提高商品的成交率,声誉与销量之间存在显著的相关性。④ 虽然消费者不愿因商家的高声誉支付更高价格,但愿意从高声誉商家购买产品,这意味着高声誉可为商家带来更高的销量。⑤ 安德鲁斯(T. Andrews)和恩宁(C. Benzing)基于 eBay 平台的拍卖数据发现,高声誉卖家的商品销售成功率更高。⑥ 其他学者也证实了卖家声誉对销量有积极作用。⑦ 国内研究者也通过淘宝网等平台的数据进行了大量研究。李维安使用 Tobit 模型证明了声誉值对商品销量有显著正影响。⑧ 李琪和崔睿的二元 Logistic 检验发现,卖家声誉评分对商品销量有积极作用。⑨

---

① PRZEPIORKA W. Buyers Pay for and Sellers Invest in a Good Reputation: More Evidence from eBay [J]. The Journal of Socio-Economics, 2013 (42): 31-42.
② 杨居正,张维迎,周黎安. 信誉与管制的互补与替代——基于网上交易数据的实证研究 [J]. 管理世界, 2008 (7): 18-26.
③ 钱炳,周勤. 声誉溢价是否总是存在?—来自淘宝网的实证研究 [J]. 产业经济研究, 2012 (2): 87-94.
④ CORBITT B J, THANASANKIT T, YI H. Trust and e-commerce: a study of consumer perceptions [J]. Electronic Commerce Research and Applications, 2003, 2 (3): 203-215.
⑤ JIN G Z, KATO A. Price, quality, and reputation: Evidence from an online field experiment [J]. The RAND Journal of Economics, 2006, 37 (4): 983-1005.
⑥ ANDREWS T, BENZING C. The determinants of price in internet auctions of used cars [J]. Atlantic Economic Journal, 2007 (35): 43-57.
⑦ WEI'AN L, WU D, XU H. Reputation in China's online auction market: Evidence from Taobao. com [J]. Frontiers of Business Research in China, 2008, 2 (3): 323-338.
⑧ 李维安,吴德胜,徐皓. 网上交易中的声誉机制——来自淘宝网的证据 [J]. 南开管理评论, 2007 (05): 36-46.
⑨ 李琪,崔睿. C2C 环境下信用服务对卖家售出行为的影响研究——基于二元 logistic 模型 [J]. 统计与信息论坛, 2013, 28 (06): 108-113.

吴德胜和任星耀通过淘宝平台上U盘交易数据得出类似结论。① 卡布罗（L. Cabral）和霍达斯库（A. Hortacsu）研究eBay上商品销售数据，发现第一个负面评价会显著降低销量。② 有学者发现存在一个声誉水平的临界值，超过此值声誉会促进销量。③ 评价数量与商品销量显著相关，但差评的影响更大。④

总体而言，声誉被视为一项重要的资产，并通过收取高于竞争性价格的"声誉溢价"来实现收益。如夏皮罗、罗杰森以及格林和波特指出，供应低质量产品的厂商不仅会丧失合作剩余，还会损失未来的销售收入。⑤⑥⑦ 这种损失的潜在风险有效地阻止了厂商的不合作行为。在产品责任制和市场声誉的最新研究中，史晋川等人的工作沿着这一思路进行了深入的讨论。⑧⑨⑩

二、纵向合作组织中的声誉

纵向合作组织是指在供应链或价值链的不同阶段进行合作的组织，如原材料供应商、制造商、批发商、零售商等。这些组织通过合作来提高效率、降低成本、增强市场竞争力。在这样的合作关系中，声誉起着

---

① 吴德胜，任星耀. 网上拍卖交易机制有效性研究——来自淘宝网面板数据的证据 [J]. 南开管理评论，2013，16（01）：122-137+160.
② CABRAL L, HORTACSU A. The dynamics of seller reputation: Evidence from eBay [J]. The Journal of Industrial Economics, 2010, 58 (1): 54-78.
③ ZHANG L-F, ZHANG F-J. Does E-commerce reputation mechanism matter? [J]. Procedia Engineering, 2011 (15): 4885-4889.
④ CUI G, LUI H-K, GUO X. The effect of online consumer reviews on new product sales [J]. International Journal of Electronic Commerce, 2012, 17 (1): 39-58.
⑤ SHAPIRO C. Premiums for high quality products as returns to reputations [J]. The Quarterly Journal of Economics, 1983, 98 (4): 659-679.
⑥ ROGERSON W P. Reputation and product quality [J]. The Bell Journal of Economics, 1983: 508-516.
⑦ GREEN E J, PORTER R H. Noncooperative collusion under imperfect price information [J]. Econometrica: Journal of the Econometric Society, 1984: 87-100.
⑧ 史晋川，汪晓辉，吴晓露. 产品侵权下的法律制度与声誉成本权衡——一个微观模型补充 [J]. 经济研究，2015，50（09）：156-169.
⑨ GANUZA J J, GOMEZ F, ROBLES M. Product liability versus reputation [J]. The Journal of Law, Economics, and Organization, 2016, 32 (2): 213-241.
⑩ BAKER S, CHOI A. Managing reputation with litigation: Why legal sanctions can work better than market sanctions [R]. Virginia Law and Economics Research Paper, 2013.

至关重要的作用,影响着合作伙伴的选择和合作的稳定性。[1] 在纵向合作组织中,声誉对防止成员违约起着关键作用。[2] 一个组织的良好声誉可以作为其合作承诺的保证,减少合作伙伴对潜在违约的担忧。[3] 声誉良好的组织更有可能遵守合同和协议,因为它们有维护自身声誉的动机。违约行为会损害其在市场上的声誉,进而影响其未来的业务机会。[4]

长期稳定的交易关系使其中任何一家公司的合作表现(包括战略配合、专用性资产投资、产品和服务价格、合同完成的准确性和及时性、信用状况、服务承诺兑现等)很容易在成员企业之间进行传递,从而对每一成员形成有效的声誉约束,保持在供应链中的声誉对供应链成员而言是至关重要的。[5] 以供应链为例,为了获取长期利益,供应链成员不会为了眼前的利益而做出有损供应链整体利益的机会主义行为,多次重复博弈会促成成员之间的合作。[6] 同时,组织声誉对组织成员具有正向激励效应,组织声誉租金越多,组织成员就会越诚实可靠。因此,声誉机制制约了供应链成员的机会主义动机,有助于调节供应链成员的行为规范,降低双方的交易成本,实现双赢发展。在长期合作关系中,"声誉"是一个重要概念,对于改进企业之间合作关系具有重要的价值。[7] 在纵向合作组织中,声誉对防止成员违约起着关键作用。一个组织的良好声誉可以作为其合作承诺的保证,减少合作伙伴对潜在违约的担忧。[8] 声誉良好的组织更有可能遵守合同和协议,因为它们有维护自身声誉的

---

[1] CHOI T Y, KRAUSE D R. The supply base and its complexity: Implications for transaction costs, risks, responsiveness, and innovation [J]. Journal of Operations Management, 2006, 24 (5): 637-652.

[2] 于荣,裴小伟,唐润. 基于食品绿色度和声誉的绿色食品供应链主体协同模式研究 [J]. 软科学, 2018, 32 (01): 130-135.

[3] DONEY P M, CANNON J P. An examination of the nature of trust in buyer-seller relationships [J]. Journal of Marketing, 1997, 61 (2): 35-51.

[4] ANDERSON E, WEITZ B. The use of pledges to build and sustain commitment in distribution channels [J]. Journal of Marketing Research, 1992, 29 (1): 18-34.

[5] DELLAROCAS C. Reputation mechanism design in online trading environments with pure moral hazard [J]. Information Systems Research, 2005, 16 (2): 209-230.

[6] 王迅,刘德海. 企业供应链合作伙伴选择的声誉效应模型分析 [J]. 科技管理研究, 2005 (10): 50-52.

[7] BOLTON G, LOEBBECKE C, OCKENFELS A. Does competition promote trust and trustworthiness in online trading? An experimental study [J]. Journal of Management Information Systems, 2008, 25 (2): 145-170.

[8] DONEY P M, CANNON J P. An examination of the nature of trust in buyer-seller relationships [J]. Journal of Marketing, 1997, 61 (2): 35-51.

动机。违约行为会损害其在市场上的声誉，进而影响其未来的业务机会。在纵向合作组织中，不仅单个组织的声誉重要，集体声誉也同样重要。集体声誉是指整个合作网络或供应链的整体声誉。通过确保供应链中每个环节的质量和可靠性，以及通过有效的沟通和协作，可以建立强大的集体声誉。[1] 集体声誉的建立有助于提升整个网络的市场竞争力，吸引更多的客户和合作伙伴。

在纵向合作组织中，声誉是一种宝贵的无形资产，对于维护和增强合作关系、提升市场竞争力至关重要。有效的声誉管理不仅涉及组织内部的质量控制和文化建设，还包括与合作伙伴的互动和市场沟通策略。随着全球化和数字化的发展，声誉管理在纵向合作组织中的重要性将进一步增强。

三、数字经济组织中的声誉

在数字经济时代，声誉理论的研究重心逐渐从传统的个体或组织声誉向更为复杂的平台型电商声誉转移。在这一背景下，特别显著的是锁定效应和晕轮效应这两个关键机制。锁定效应强调了良好的电商平台声誉对吸引和保持大量买家的重要性，它为平台内的卖家提供了稳定的客户资源。[2][3] 晕轮效应则关注平台声誉对卖家信誉的正面影响，它相当于为卖家提供了一种声誉上的"担保"，进而影响买家对卖家的认知和信任。[4][5] 这两种效应的相互作用构成了平台声誉对卖家绩效影响的复杂路径。在平台型电商声誉的研究中，可以区分为企业声誉和卖方整体声誉

---

[1] FOMBRUN C J, VAN RIEL C B M. Fame & Fortune: How Successful Companies Build Winning Reputations [M]. FT Press, 2004.

[2] BOUDREAU K J, JEPPESEN L B. Unpaid Crowd Complementors: The Platform Network Effect Mirage [J]. Strategic Management Journal, 2015, 36 (12): 1761-1777.

[3] JEON M M, JEONG M. Customers' Perceived Website Service Quality and Its Effects on E-loyalty [J]. International Journal of Contemporary Hospitality Management, 2017, 29 (1): 438-457.

[4] XIAO L, ZHANG Y, FU B. Exploring the Moderators and Causal Process of Trust Transfer in Online-to-offline Commerce [J]. Journal of Business Research, 2019, 98: 214-226.

[5] ZHANG X, WANG T. Understanding Purchase Intention in O2O E-commerce: The Effects of Trust Transfer and Online Contents [J]. Journal of Theoretical and Applied Electronic Commerce Research, 2021, 16 (2): 101-115.

两种类型。[1][2] 企业声誉作为个体声誉，其转移过程揭示了组织间声誉转移的特征。[3] 而卖方整体声誉作为集体声誉，其转移过程则体现了组织内声誉转移的特点。[4] 这些研究指出，平台型电商声誉向平台卖家声誉的转移机制可能远比一般的声誉转移更为复杂和多样化。它们为构建系统的声誉转移理论框架提供了丰富的研究基础，深化了我们对数字经济中声誉转移机制的理解。

张其林、汪旭晖根据拓展的学习迁移理论得出结论，卖方整体情感声誉向卖家个体情感声誉的转移主要取决于两者之间的内在特定联想。[5] 具体而言，在平台交易过程中，买卖双方存在大量的互动，如信誉互评、信息沟通等，这些互动有助于培育彼此信任、建立社会资本[6]，从而促使买家对于平台卖家形成良好的情感评价[7]。买家在特定平台型电商获得的良好情绪体验使其将本平台卖家视为"志同道合"的合作伙伴[8]，将平台卖家与他平台卖家区分开来。这种"志同道合"的认知正是卖方整体和卖家个体在买家心中的共同特定联想。据此，卖方整体情感声誉可以向卖家个体情感声誉转移：如果买家认为卖方整体情感声誉较高，意味着其能够将本平台卖家和他平台卖家区分开来。买家将会对卖方整体内部的所有卖家个体秉持相似的情感，即在特定的平台型电商，买家基于熟识卖家的服务体验建构卖方整体的情感声誉，进而形成对其他陌

---

[1] 张其林，汪旭晖. 平台型电商声誉向平台卖家声誉的转移机制研究：基于拓展学习迁移理论的分析 [J]. 管理世界，2022，38（12）：143-158+219+159.

[2] 陈虹，张其林. 平台型电商声誉对卖家绩效的影响研究——基于锁定效应和信号效应的考察 [J]. 营销科学学报，2021，1（02）：21-38.

[3] CHEBAT J C, SIRGY M J, ST-JAMES V. Upscale Image Transfer from Malls to Stores: A Self-image Congruence Explanation [J]. Journal of Business Research，2006，59（12）：1288-1296.

[4] GERGAUD O, LIVAT F, RICKARD B, et al. Evaluating the Net Benefits of Collective Reputation: The Case of Bordeaux Wine [J]. Food Policy, 2017 (71): 8-16.

[5] 张其林，汪旭晖. 平台型电商声誉向平台卖家个体声誉的转移机制研究：基于拓展学习迁移理论的分析 [J]. 管理世界，2022，38（12）：143-158.

[6] HUANG Q, CHEN X, OU C X, et al. Understanding buyers' loyalty to a C2C platform: the roles of social capital, satisfaction and perceived effectiveness of e-commerce institutional mechanisms [J]. Information Systems Journal, 2017, 27 (1): 91-119.

[7] CHEN J, ZHANG C, XU Y. The role of mutual trust in building members' loyalty to a C2C platform provider [J]. International Journal of Electronic Commerce, 2009, 14 (1): 147-171.

[8] TSAI H T, PAI P. Positive and negative aspects of online community cultivation: Implications for online stores' relationship management [J]. Information & Management, 2012, 49 (2): 111-117.

生卖家的情感评价。① 平台型电商是指在电子商务平台上销售商品和服务的企业。平台型电商平台作为中介，将卖家和买家联系在一起，卖家的声誉也会影响平台的声誉。因此，平台型电商需要采取措施来保护卖家的声誉，例如建立信誉评价体系等。在平台型电商企业中，频繁的交易纠纷可能对企业声誉造成严重损害，而一旦声誉遭到破坏，很难修复。② 为了解决这个问题，很多企业采用规范的经营行为、严格的违规控制和口碑营销等策略来重塑企业声誉。③④

同时，区块链技术可作为一种独特的在线声誉系统⑤，为交易提供较为安全的技术架构和降低风险的控制机制⑥，促使组织间信任向理性化、技术化方向发展⑦。以在线融资情境为例，区块链通过可追溯且不可篡改的交易次数、记录和验证信息形成对企业进行声誉评价，并在网络内实时分享企业的声誉信息，抑制潜在的篡改、伪造等机会主义行为，促进金融机构对融资企业的信任。与其他在线声誉系统不同，区块链具有改变中介角色、"弱化"平台作用的能力⑧，可弥补制度机制的不足⑨，如技术的可追溯性可以增强在线平台制度机制的可操作性、分布式账本架构能避免中心化系统带来的单点故障问题、高安全性可保障数据完整

---

① 汪旭晖，张其林. 平台型电商声誉的构建：平台企业和平台卖家价值共创视角 [J]. 中国工业经济，2017（11）：174-192.
② RHEE M, VALDEZ M E. Contextual Factors Surrounding Reputation Damage with Potential Implications for Reputation Repair [J]. Academy of Management Review, 2009, 34 (1): 146-168.
③ JANNEY J, GOVE S. Reputation and Corporate Social Responsibility Aberrations, Trends and Hypocrisy: Reactions to Firm Choices in the Stock Option Backdating Scandal [J]. Journal of Management Studies, 2011, 48 (7): 1562-1585.
④ FOROUDI P, MELEWAR T C, GUPTA S. Linking Corporate Logo, Corporate Image and Reputation: An Examination of Consumer Perceptions in the Financial Setting [J]. Journal of Business Research, 2014, 67 (11): 2269-2281.
⑤ 宋晓晨，毛基业. 基于区块链的组织间信任构建过程研究——以数字供应链金融模式为例 [J]. 中国工业经济，2022（11）：174-192.
⑥ LEMIEUX V L. Trusting Records: Is Blockchain Technology the Answer [J]. Records Management Journal, 2016, 26 (2): 110-139.
⑦ 陈凡，蔡振东. 区块链技术社会化的信任建构与社会调适 [J]. 科学学研究，2020 (12): 2124-2130.
⑧ 宋华，杨雨东，陶铮. 区块链在企业融资中的应用：文献综述与知识框架 [J]. 南开管理评论，2022b (2): 34-48.
⑨ GOLDFARB A, TUCKER C. Digital Economics [J]. Journal of Economic Literature, 2019, 57 (1): 3-43.

性和透明性等①。同时,中介平台具有主动采集和处理信息的能力和动力,而区块链并不具备②,如基于平台的制度机制可为区块链技术优势的发挥提供稳定的服务环境③。区块链架构下的在线声誉系统与在线平台制度机制的结合,可有效缓解交易风险、推动组织间的信任构建。

四、本研究的核心焦点

声誉作为企业重要的无形资产之一,在学术研究中引起了广泛关注。通过对现有文献的综述,我们可以得出以下研究结论。首先,声誉的研究主要集中在传统声誉和在线声誉两个方面。对于传统声誉,学者们关注声誉内涵、形成、保持和相关理论等方面。而对于在线声誉,则主要关注企业声誉在网络社区、社交媒体等平台上的传播和管理。其次,声誉的形成是由产品和服务质量、企业整体经营战略、社会责任履行情况等多种因素共同作用的结果。而良好的企业声誉具有增强企业的竞争能力、减少企业交易成本、提升企业抗风险能力等多重功效。最后,未来研究应进一步关注声誉与企业绩效、消费者行为、品牌价值等方面的关系,并结合新兴技术和新媒体平台,深入研究声誉转移的策略和效果。具体从以下两个方向展开。

1. 声誉转移与纵向合作组织

聚焦于纵向合作组织中的供应链模式,重点关注声誉转移与供应链中的问题。在现代经济中,声誉已经成为企业、品牌和个人在市场中获取竞争优势的重要因素之一,而供应链是生产和交付产品或服务的一系列环节的组合。

声誉理论可以影响供应链中各个环节的运行和效率。在供应链中,企业的声誉会影响供应商的选择、物流运输和仓储等环节,从而影响整个供应链的稳定性和效率。在销售链中,企业的声誉会影响渠道商、零售商和消费者的购买决策和反馈,从而影响整个销售链的效率和销售额。因此,企业需要重视声誉管理,加强与各个环节的沟通和协作,保持良好的声誉和形象,提高产业链的效率和稳定性。

供应链的稳定和高效也会直接影响声誉的建立和传播。如果供应链

---

① WANG L, LUO X R, LEE F, et al. Value Creation in Blockchain-driven Supply Chain Finance [J]. Information and Management, 2021, 59 (7): 103510.
② 郭迅华. 区块链的边界 [J]. 清华管理评论, 2018 (11): 42-47.
③ TENG Y. Towards Trustworthy Blockchains: Normative Reflections on Blockchain-enabled Virtual Institutions [J]. Ethics and Information Technology, 2021, 23 (3): 385-397.

中的任何一个环节出现问题，如供应商质量问题、物流延误等，将直接影响企业的声誉和形象，降低消费者的信任度。此外，供应链中的信息流动和透明度也会影响声誉的建立和传播。如果供应链中信息不对称、信息不透明，将影响消费者的选择和信任，从而影响企业的声誉和形象。因此，声誉理论和供应链密不可分，企业需要在供应链中注重声誉管理，加强与各个环节的沟通和协作，保持良好的声誉和形象，提高供应链的效率和稳定性。同时，企业也需要通过优化供应链的管理和流程，提高信息的透明度和可追溯性，促进声誉的建立和传播。

2. 声誉转移与数字经济组织

在数字经济快速发展和数字要素确权的大背景下，传统的纵向合作组织逐渐向平台经济组织模式演变，这种转变使得平台型电商供应链模式成为新的研究焦点。本书在研究传统纵向合作组织的基础上，进一步聚焦于平台经济组织中的电商供应链，探讨电商供应链中的声誉转移问题。

声誉的累积与转移机制在电商平台中主要基于消费者的评价、反馈和购买体验。这种累积的声誉不仅体现在单个商家身上，而且会影响整个供应链，包括生产者、物流服务提供商和其他合作伙伴。在供应链的任何一个环节出现问题，如产品质量不佳或交付延迟，都会对整个供应链的声誉产生负面影响。因此，供应链中每个环节的声誉管理都至关重要。

为了有效管理声誉，电商平台必须制定和实施一系列策略和措施。包括建立严格的商家入驻标准、实施质量控制程序、确保透明的消费者评价系统，以及通过技术手段监控和管理声誉风险。大数据分析、人工智能等数字技术的应用可以有效监控和管理声誉，例如，平台可以利用数据分析来识别潜在的声誉风险，比如通过分析消费者评价来评估商家的表现。

透明度和可持续性在数字经济时代对于建立和保持声誉至关重要。消费者越来越关注产品的来源、生产条件及供应链的可持续性。这要求电商平台和供应链参与者不仅要关注传统的声誉管理方面，还要确保这些方面的透明度，以维护和提升声誉。综上所述，在平台经济组织中，声誉转移是一个多层次、多方面的现象，需要通过集成的管理策略、技术应用以及对消费者行为的深入理解来进行有效管理和优化。

第三章 纵向合作组织中的声誉转移机制

第一节 声誉影响需求变动的理论基础

一、声誉对选择成本的影响

在新古典经济学中,假设信息是完全的,且交易不存在交易成本。而新制度经济学根据现实经济将交易成本引入经济分析当中,如科斯在《企业的性质》中对新古典经济学进行的修正。[①] 威廉姆森认为交易环境和经济主体的原因导致了交易困难,造成交易成本的产生。[②] 同时,下列五方面原因导致了交易成本的产生。一是新制度经济学有限理性人的假设,这主要是因为人的认知、获得信息能力、预期能力等因素的限制。二是机会主义,是指交易参与人为了实现自我利益最大化而采取的欺骗行为或故意隐瞒信息行为,增加了对机会主义监督的成本。三是现实交易的复杂性和不确定性,这主要是因为交易市场不断变化、难以预期,增加了契约签订成本和合约的不完全性。四是交易过程中的专用性投资。五是信息不对称,由于信息不完全,不同的市场主体拥有的信息程度是有差异的,使得信息优势一方容易产生机会主义行为,造成监督成本的上升。

由于市场交易过程中,交易成本涉及的种类不同,将交易成本进行了简单分类,主要包括搜寻成本(消费者对商品和交易对象相关信息搜集产生的成本)、信息成本(交易过程中通过信息交换产生的成本)、议价成本、决策成本、监督成本(对交易参与人的监督所产生的成本)、违约成本(发生违约时受到相关惩罚的成本)。因此,本书将交易成本概括为交易过程中所产生的关于信息搜集的成本、履行交易的成本以及谈判成本等成本的总称。

现实经济中存在的交易成本,影响了市场交易的效率,造成了交易

---

① COASE R. The Nature of the Firm [J]. Economica, 1937 (4): 386-405.
② WILLIAMSON. Markets and Hierarchies [M]. New York, NY: The Free Press, 1975.

过程中不确定因素的加大。经济主体要想作出最优决策需要获取足够的信息，而信息搜集会产生信息搜寻成本。在利润最大化的约束下，理性人只能掌握一部分信息，不可能掌握全部信息。

经济学的核心问题就是选择。如图 3-1 所示，消费者掌握了一定的信息之后，需要在信息基础上选择最优方案，选择过程也需要花费精力和时间等成本。人的决策行为都是在局限条件下，作出理性选择的结果。在网络发展、信息爆炸的经济社会，消费者在大量的同质化商品中作出决策是非常困难的，就会产生大量选择成本。消费者的理性选择就是在约束条件下最小化其选择成本。因此，产品给消费者带来的选择成本决定了消费者对该产品的选择效率。

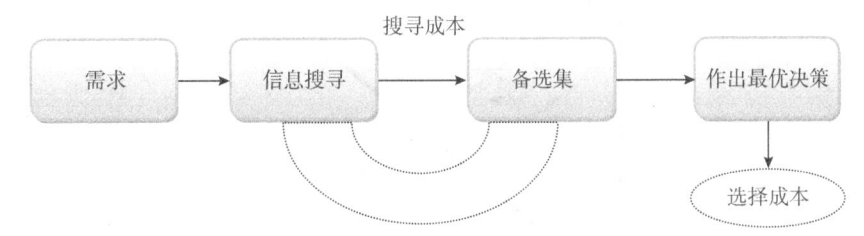

```
           搜寻成本
需求 → 信息搜寻 → 备选集 → 作出最优决策
                                ↓
                              选择成本
```

图 3-1 西蒙的理性消费者选择过程模式

声誉是以品牌为载体的一种排他性的无形资产，能够增加公众对其的信任，降低消费者对该品牌商品的选择成本。声誉的核心价值在于能够为消费者的选择提供一定指导，保证消费者不假思索、稳定地选择声誉产品，降低消费者对产品的选择成本。声誉能够满足消费者对选择产品的利益需求，为消费者带来物质和情感利益。声誉对情感利益的提升能够为产品带来溢价和价值增值。因此，声誉是一种企业无形资产。

声誉通过排他性的品牌标识，向消费者承诺产品质量，并在实际过程中遵守这一承诺。声誉作为排他性的品牌标识，通过声誉承诺对消费者最优化选择产生影响，降低了消费者在众多同质产品中的选择成本。如果不存在声誉，有限理性的消费者，在选择过程中要花费时间和精力成本，增加了消费者的选择成本；当存在声誉且声誉较高时，消费者将不假思索地选择信任的产品，降低了选择成本，提高了消费者对产品的选择效率。即声誉与消费者选择成本呈负相关关系：声誉增加时，消费者选择成本降低；反之，声誉减少时，消费者选择成本增加。

二、声誉溢价

声誉作为一个多维度的概念，不仅仅是商家或商品的标签，更是影响市场交易的一股隐形动力。声誉溢价，作为这股动力的直观体现，透露了声誉在消费者决策过程中的重要作用。下面将从几个维度解析声誉如何在市场中发挥作用，特别是在在线交易环境中。

首先，声誉影响着消费者的预期效用。市场上的商品虽有其固有价值，但消费者对于商品的预期和感知往往超越了物理特性。声誉良好的商品或服务，能够提高消费者对其效用的预期，从而使得需求曲线向右移动。这种预期的提升，直接导致消费者愿意为享有良好声誉的商品支付更高的价格，这就是所谓的"声誉溢价"。如图 3-2 所示，声誉本身并不影响商品价值，但会提高消费者对于商品的预期效用，从而使需求曲线向右移动。

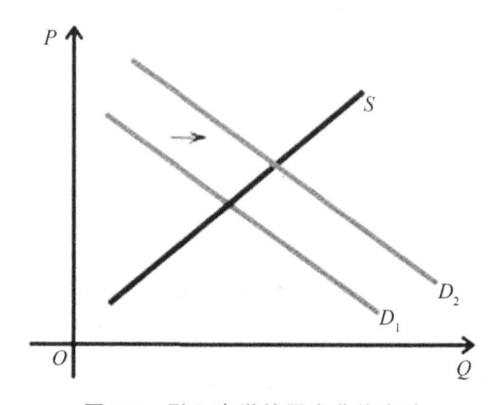

图 3-2　引入声誉的需求曲线变动

声誉是产品提供给消费者情感和物质方面收益的结合，可以看作满足消费者情感方面以及物质方面利益的载体。其中高声誉产品在情感方面的收益包括众多的情感影响变量，能够满足消费者身份、尊严、社会认同等方面的需求；物质方面的收益包括产品的有形载体和物质属性。

消费者为购买高声誉的产品所支付的价格主要是由声誉产品的情感利益和物质利益所带来的效用共同决定的。如果用 $P_i^{情感}$ 表示消费者为获得产品情感利益所需要付出的价格；$P_i^{物质}$ 表示消费者为获得产品物质利益所需要付出的价格，这两部分共同组成了声誉产品价格，$P_i = P_i^{情感} + P_i^{物质}$。因此，当产品给消费者带来的物质利益相同，只是品牌不同，即存在声誉差异的同质产品，由于物质利益相同，$P_i^{物质}$ 相等决定声誉产品价格差异的主要是情感利益，即 $P_i^{情感}$ 不同，声誉越高带来的情感利益越高。例如，同一件产品的在大型超市进行销售和在地摊进行销售，二者物质利益相同，然而大型超市的销售价格有时会高很多且对该产品的需求量远大于地摊，主要是大型超市中该产品能够为购买者带来更多的效应（包括购买者的社会认同和身份地位方面的效应），因此大型超市比地摊能够为购买者带来更多的情感方面的利益和效用，可见，大型超市中的产品存在"声誉溢价"，表现为价格相对较高。与同类产品相比，高声誉产品的价格相对较高，所获得的利润也较多。

其次，声誉在信息不对称的市场环境中充当了商品质量的信号。在许多情况下，消费者无法完全了解商品的所有细节，尤其是在线购物时。在这种情况下，声誉成为一种品质保证的标志。一个典型的例子是教育机构的声誉，它常被视为教育质量和学生潜在成就的指标。互联网的出现和发展进一步放大了声誉的影响力。在线市场的重要性日益增加，声誉成为防止欺诈、增强消费者信任的关键机制。在线平台，如电子商务网站，提供了正式且系统的审查和反馈系统，如用户评价，这些都是线下交易所不具备的。这种系统化的反馈机制为消费者提供了更加全面和真实的信息，帮助他们作出更明智的购买决策。值得注意的是，传统线下交易，特别是跨国贸易中，企业声誉的构建常常依赖于中间商的认证。然而，线上平台的兴起，尤其是对小企业而言，改变了这一格局。在线平台允许单个生产商直接建立并展示自己的声誉，缓解了买家和卖家之间的信息不对称问题，从而提高了整体的交易效率。

声誉在市场交易中扮演了重要角色。它不仅是商品价值的无形增强者，也是影响消费者选择和市场动态的关键因素。随着数字化时代的到来，我们预见声誉的影响将继续扩大，其在市场交易中的作用也将更加显著。

第二节 纵向合作声誉转移对需求影响的机理分析

一、选择声誉转移的原因

声誉是以品牌为载体的无形资产，消费者可以通过声誉了解某个产品或者企业，并能够使之与其他同类产品或企业分开。声誉的重要性伴随着信息爆炸时代品牌种类竞争加剧而体现得愈加明显。市场上品牌种类繁多，消费者要进行品牌选择，首先会选择给自己带来最大效用的高声誉产品。高声誉产品意味着可以信任、选择风险低。如果不存在声誉差别，消费者的选择成本和风险就会急剧上升。这时声誉成为当代社会的珍贵资源，节省了消费者的选择成本。因此，经济社会对声誉的需求不断增加。然而，声誉的建立需要长期投入和不断维护，且具有建立困难、毁灭容易的特点。因此，声誉的供给缺乏，经常存在信誉缺失。在对声誉需求增加、供给较少的情况下,声誉的溢价水平不断提高,导致声誉价值维持在较高水平。

在产品竞争市场上,很多缺乏大品牌和高声誉的企业想要跟高声誉产品一样能够获得市场青睐,提高竞争力和获利能力,但是建立自己的品牌声誉又非常困难,所以选择加入大品牌企业整合的纵向合作供应链中,寻求大品牌企业的声誉转移,便于自己的产品成为高声誉产品,获得一定的声誉溢价。而品牌拥有者对纵向合作成员企业进行声誉转移时,也会承担成员企业机会主义行为对自有声誉损害的风险。一旦声誉受到损害,带来的损失可能是致命性的,如美国安然事件。因此,品牌拥有者将会根据各种因素制定收取声誉转移使用费的标准,获得声誉转移的收益,作为承担品牌损失风险的回报。

声誉转移是一种战略手段,其核心在于将一个产品、品牌或公司所累积的正面声誉通过各种途径转移到另一个产品、品牌或公司上。声誉转移更是一种深层的信任交换。信任,这一在商业交易中极为宝贵的无形资产,通过声誉转移,可以在企业之间传递,从而为企业节省在新品牌或产品上构建信任的时间和金钱。信任的建立通常是一个缓慢且成本高昂的过程,尤其是在竞争激烈的市场中。然而,当企业将一个已经建立的、有良好声誉的品牌与新产品或服务相联系时,消费者对于新产品的接受度显著提高。这种信任的迁移,使得新产品或品牌能够绕过长期和昂贵的信任建立阶段,直接进入市场的成熟期。从成本节省的角度来看,声誉转移减少了新市场进入者需要投入的广告费用和促销活动支出。新产品可以借助既有品牌的信誉,节省在建立品牌认知度和可信度上的初始投入。这种节省,不仅体现在直接的财务成本上,也体现在避免潜在的机会成本上——如无须长时间等待建立客户基础,或者减少因信任缺失而可能的市场机会损失。此外,信任的转移还可以减少消费者试错过程中产生的间接成本。在一个品牌的信誉已经确立的情况下,消费者更有可能对新产品持开放态度,减少试验新产品时的心理抗拒。这种心理层面的成本节省,虽难以量化,却对建立长期客户关系至关重要。

二、声誉转移影响需求变动的机理

该部分从需求角度解释声誉为何能提高收益。在经济学中,基础性假设为需求曲线向右下方倾斜。针对这一假设,科斯将其作为经济学的基本假设,而马歇尔则从基数和序数效用论角度进行了推导。张五常提出,人性趋利避害的特征是需求曲线向右下方倾斜的原因。根据需求曲线，我们知道在其他条件不变时，产品价格越高，需求量越小，这会导致厂商的市场占有份额减少。然而，并不是所有市场现象都符合需求定律，例如，即使不同的场所生产的同质手机采用统一价格销售，市场的购买量也可能截然不同。对于这种现象，新古典经济学尚未给出解释。

在新制度经济学中，信息不对称、信息不完全、有限理性和交易成本的存在，导致了商品选择过程中的信息搜寻成本。因此，在产品销售过程中，面对众多商品的消费者往往无法确定产品的质量，不得不投入物质或非物质资源以搜寻信息。这意味着，消费者在支付产品价格的同时，还须承担信息搜寻的额外成本。当这一成本较高时，它可能会抑制消费者的购买决策，从而减少产品的销售量。相反，高声誉的产品由于其排他性，使品牌能够获得消费者信任，减少了信息搜寻成本，这提高了消费者的支付意愿，并扩大了产品的市场需求和销售量。

在纵向合作中，成员企业之所以愿意加入供应链享受大品牌企业的声誉转移，是因为他们想要利用通过声誉获得的信任来提高消费者对自己产品的信任度和选择概率，从而降低消费者在选择时的信息搜寻成本，最终目的是提升本企业产品的需求量。本书在刘华军的研究基础上[①]，探讨了品牌需求曲线及其对经济分析的贡献，进而研究了纵向合作中声誉转移对需求的影响。在纵向合作关系中，享有声誉转移的产品的市场需求函数可以表示为

$$Q = f(P, B) \qquad (3-1)$$

其中，P 为纵向合作产品的价格；B 表示产品获得的声誉转移；Q 为纵向合作产品需求数量；f 表示产品需求数量 Q 与声誉转移 B 和产品价格 P 之间的函数关系。

由向右下方倾斜的需求曲线可知，产品的需求量与价格之间呈反向关系。产品价格下降时，产品的市场需求量增加；相应地，产品价格上升时，产品的市场需求量减少。同时，产品的市场需求与产品获得的声誉转移呈正相关关系，即声誉转移增加时，纵向合作产品的市场需求量会增加；反之，声誉转移减少时，市场需求量会下降。因此，在纵向合作关系中，获得声誉转移的产品市场需求函数须满足以下条件：

$$\frac{\partial Q}{\partial P} < 0, \text{且} \frac{\partial^2 Q}{\partial P^2} > 0 \qquad (3-2)$$

---

① 刘华军. 品牌经济学的理论基础——引入品牌的需求曲线及其经济学分析 [J]. 财经研究, 2007 (1): 26-43.

因此，在其他条件保持不变的情况下，纵向合作中产品价格下降，则其需求数量上升；产品价格上升，则其需求数量下降。

$$\frac{\partial Q}{\partial B} > 0 \qquad (3-3)$$

在纵向合作关系中，产品市场需求量与声誉转移程度呈正相关关系。当声誉转移程度增大时，纵向合作产品的需求量将增加；相反，声誉转移程度减少时，需求量将减少。因此，在纵向合作中，当产品的价格保持不变时，影响产品需求的主要因素是产品获得的声誉。产品获得的声誉转移越高，越能增加产品的市场需求量。声誉转移程度的提高增加了消费者的信任，降低了对产品信息的搜寻成本，进而提高了消费者对纵向合作关系中产品的需求量，导致市场需求曲线向右移动。

为分析声誉转移前后纵向合作市场需求量的变化，构建了声誉转移前后纵向合作关系企业市场需求函数。其中，未考虑品牌因素纵向合作关系企业市场需求函数为

$$Q = f(P) = a - bP \qquad (3-4)$$

引入声誉转移后，纵向合作关系产品市场需求函数为

$$Q' = f'(P, B) = a(1+B) - bP \qquad (3-5)$$

其中，a、b 为大于零的数。从上面的表达式可知，在不考虑纵向合作风险转移时，纵向合作产品需求函数只和价格成反向关系；在考虑了纵向合作声誉转移之后，纵向合作产品的需求量增加了。

下面，通过图形来考察不具有声誉转移和具有声誉转移的纵向合作产品的市场需求曲线变化情况。如图 3-3 所示，产品获得纵向合作声誉转移后，需求曲线的变动。曲线 D_1 为没有获得声誉转移的产品需求曲线，D_2 为获得声誉转移的产品需求曲线。如图 3-3 所描述的情形，当产品获得纵向合作声誉转移后，在固定的价格水平下，需求曲线 D_2 大于需求曲线 D_1 的产品市场需求量，即 $Q_2 > Q_1$。获得声誉转移后，使得产品的需求曲线向右移动。引入声誉转移后的需求曲线向右移动使得产品在同一价格水平上获得更大的需求量，即使在价格提高的情况下，需求量也比没有获得声誉转移的产品有一定的提高。说明企业之所以有激励加入纵向合作分享声誉转移，是因为产品获得声誉转移后，价格高且销售量大，能够获得纵向合作声誉转移的收益。

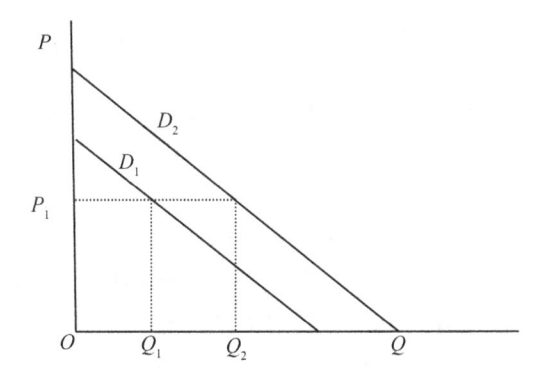

图 3-3　引入声誉的需求曲线变动

下面，加入纵向合作获得声誉转移前后成员企业的利润函数可以表示为：

$$\pi_1 = P_1 Q_1 - F - CQ_1 = a(P_1 - C) - bP_1^2 + CbP_1 - F \quad (3\text{-}6)$$

$$\pi_2 = P_2 Q_2 - F - CQ_2 = a(1+B)(P_2 - C) - bP_2^2 + CbP_2 - F \quad (3\text{-}7)$$

其中，π_1 表示没有获得声誉转移时纵向合作中企业获得的利润；π_2 表示加入纵向合作获得声誉转移后纵向合作中企业获得的利润。通过对 π_1 和 π_2 分别求导数，可以得到二者的最大化利润条件分别为：

$$P_1 = \frac{a + Cb}{2b} \quad (3\text{-}8)$$

$$P_2 = \frac{a(1+B) + Cb}{2b} \quad (3\text{-}9)$$

其中，P_1 表示没有获得声誉转移纵向合作中能够使企业获得最大利润的产品价格，P_2 表示获得声誉转移纵向合作中能够使企业获得最大利润的产品价格。由于 $P_2 - P_1 = \frac{a(1+B) + Cb}{2b} - \frac{a + Cb}{2b} = \frac{aB}{2b} > 0$，可得 $P_2 > P_1$，当加入纵向合作获得声誉转移后，纵向合作中企业获得最大利润的价格要比没有获得声誉转移企业的最大利润价格高，说明纵向合作中获得声誉转移的企业有着更大的溢价潜力，能够将价格订得更高。将价格 P_1、P_2 分别代入两个利润函数，则获得声誉转移前后纵向合作企业利润为：

$$\pi_1 = (a + Cb)\frac{a + Cb}{2b} - b\frac{(a+Cb)^2}{4b^2} - aC - F = \frac{(a+Cb)^2}{4b} - aC - F \quad (3\text{-}10)$$

$$\pi_2 = \frac{[a(1+B) + Cb]^2}{2b} - b\frac{[a(1+B) + Cb]^2}{4b^2} - F - aC(1+B)$$

$$= \frac{[a(1+B)+Cb]^2}{4b} - aC(1+B) - F \quad (3-11)$$

获得纵向合作声誉转移前后的企业利润分别为 π_1 和 π_2，则

$$\pi_2 - \pi_1 = \frac{2a^2B + a^2B^2}{2b} > 0 \quad (3-12)$$

因为 $\pi_2 - \pi_1 > 0$，如图 3-4 所示，面积 P_1EQ_1O 要小于面积 P_2FQ_3O。因此，加入纵向合作中获得声誉转移后，纵向合作成员企业与未加入纵向合作没有获得声誉转移的情况相比，其产品在市场上的销售价格提高了，而且获得的利润也增大了。成员企业获得纵向合作声誉转移的水平越大，其可以指定的价格和获得的利润就越大。

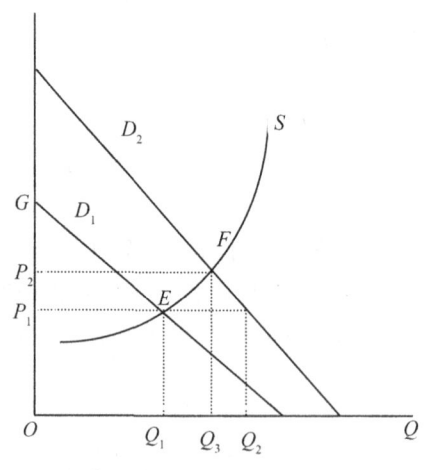

图 3-4　纵向合作声誉转移引起的消费者剩余变动

从图 3-4 中可以看出，企业加入纵向合作获得声誉转移前后比对，获得声誉转移后总的社会福利得到改善，同时生产者声誉和消费者剩余也有了显著提升。

综上所述，成员企业通过获得大企业的声誉转移，能够显著提升自身产品的声誉。这一声誉的增强不仅仅是品牌效应的体现，更是对产品质量和可靠性的一种间接认证。在消费者的心目中，与大企业声誉相关联的产品往往被视为更加可信赖和优质。这种信赖的建立，是基于消费者对大企业长期稳定的品牌形象和市场表现的认可。这种信赖显著减少了消费者在决策过程中的信息搜寻成本。在现代市场环境中，消费者面临着海量的产品信息和选择。声誉良好的产品能够快速突出，减少消费者评估和比较不同产品时的时间和精力成本。其减少的不仅仅是直接的财务成本，更包括消费者决策过程中的心理负担。此外，随着声誉转移

的发生，相关产品的需求曲线向右移动。这意味着在一定的价格水平下，消费者对这些产品的需求量增加。这种需求的增加，不仅使得纵向合作成员企业能够在提高价格的同时扩大市场需求量，还能够提升生产者和消费者剩余，从而增加整个社会的福利。这种对生产者和消费者双方均有利的结果，是纵向合作关系在社会各个领域广泛分布的主要原因之一。图 3-5 展示了纵向合作声誉转移引起的需求变动的机理。

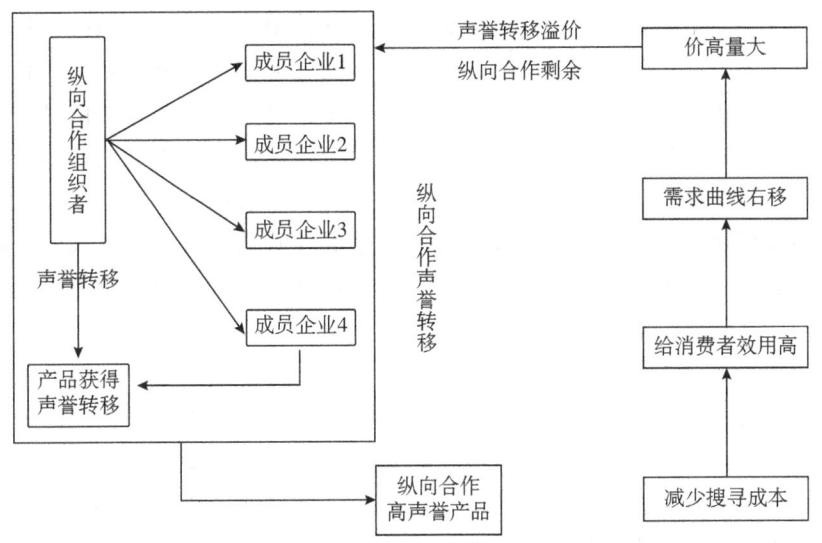

图 3-5 纵向合作声誉转移引起的需求变动的机理图

第三节 声誉转移水平的影响因素分析

随着 KMRW 模型的提出，声誉理论有了长足的发展。国内外学者逐渐认识到声誉机制是解决信息不对称问题的重要机制。声誉机制通过企业或产品品牌在市场上发挥作用。市场上信息不对称越严重的产品，声誉的作用越大，越需要品牌。声誉或品牌是产品生产者向消费者传递信息的一种机制，如果企业在产品生产过程中存在欺骗消费者的行为，就会导致其声誉受损、品牌贬值，从长期来看，生产者会因为声誉而遭受损失。

一、产品属性与声誉转移

在经济学中，产品质量信息在交易双方之间存在着非对称性。根据产品质量信息的非对称程度，可以将产品分为搜寻品、经验品、信任品。

如果产品是搜寻品，消费者虽不知道产品的具体质量，但能够通过付出一定成本进行相关信息搜索，并在购买前得知产品的质量。经验品则不同，消费者只有在使用产品后才能获得有关产品质量的真实信息。例如，笔记本电脑的质量只有在消费者使用一段时间后才能评估，这类产品无法通过事前付出搜寻成本直接获得质量信息。而对于信任品，如保健品，消费者无法在购买前或使用后了解产品质量的真实情况。

搜寻品的信息不对称程度较低，其品牌价值相对较小。因此，从传统意义上来说，如农产品土豆、胡萝卜等经验品通常没有品牌，声誉价值有限。相比之下，经验品如电脑、汽车等，由于交易双方的信息不对称程度更强，品牌和声誉的价值更大。对于信任品，如保健品，其信息不对称程度最高，品牌和声誉变得极为重要。在信息不对称程度极高的产品或行业中，声誉或品牌成为市场竞争的核心竞争力。新进入的企业或产品由于尚未建立声誉和品牌，在信息不对称的市场中难以获得消费者信任，因而面临市场进入的困难。

如图3-6所示，声誉价值与产品竞争优势的相对重要性包括成本优势、产品优势和品牌优势。成本优势意味着产品的成本低于其他同类产品，允许较低的定价。产品优势指的是产品在质量或功能上超越竞争对手。价格并非买方购买产品的唯一决定因素。品牌优势则是指产品在消费者心中的形象或声誉，即消费者对产品的信任程度。高声誉的产品能够赢得消费者信任，减少消费者搜索产品信息的成本。

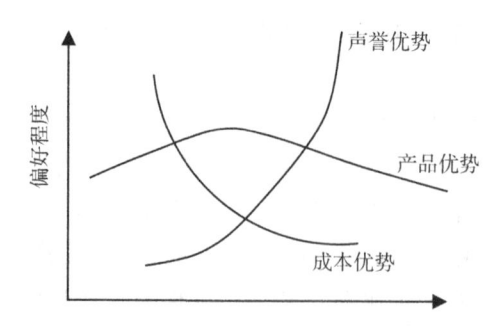

图3-6 声誉价值与产品竞争优势的相对重要性

因此，根据产品的特性，我们需要选择不同的战略。如图3-7所示，对于搜寻品，如胡萝卜、土豆等农产品，成本优势比较重要。而对于经验品，由于双方信息不对称程度加大，成本、产品质量和声誉优势都显得尤为重要。对于信任品，如保健产品等，声誉则成为关键的因素。在投资银行业，声誉价值尤为重要，因为投资者往往不信任陌生企业，而知名投资银行则利用其品牌和声誉保证上市企业质量，并收取高额服务费。投行能够利用其较高的声誉将企业股票价格卖得更高，筹集更多资金。

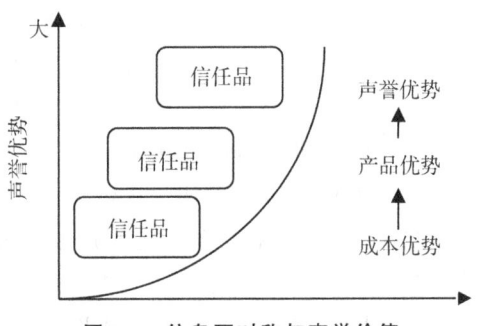

图 3-7　信息不对称与声誉价值

在供应链中，信息的非对称性与声誉价值之间的关系也同样存在。供应链通常由原材料供应商、中间产品生产商、最终产品生产商、销售商等环节组成。销售环节位于供应链下游，离市场消费者最近，其产品信息不对称程度最高，声誉价值也最大。相比之下，供应链中间环节的交易双方都是企业，通常掌握大量产品质量信息，信息不对称程度较低。例如，笔记本电脑的生产商对某一零部件的信息掌握程度并不逊于该零部件的生产者，而最终市场上的产品消费者通常是个人，他们获取信息的能力有限，对产品知识掌握较少。如苹果公司，其大部分产品由富士康代工生产，苹果公司主要负责研发设计和销售。由于苹果公司掌握着供应链中的销售环节，并利用其较高的声誉价值，获得了供应链中大部分利润。

随着生产技术变得越来越复杂，信息不对称问题愈加严重，消费者越发注重声誉和品牌，使得在纵向合作中，产品获得的声誉转移水平变得更高。

二、技术进步与声誉转移

随着技术的进步和产品技术含量的增加，供应链的分工变得更加精细。这导致产品生产者和消费者之间的信息不对称程度加剧，从而在一定程度上提升了品牌价值。同时，技术进步也使得原本无品牌的农产品，如胡萝卜、土豆、鸡蛋等，产生了建立品牌的需求。过去这些产品是天然种植，生产者难以造假。但随着转基因技术和抗生素、饲料喂养技术的应用，这些产品出现了交易双方的信息不对称问题。市场上存在的转基因产品、抗生素鸡蛋让消费者难以分辨，因而对食品安全意识增强的消费者更愿意选择那些声誉良好、信誉可靠的企业生产的产品。

由于消费者无法轻易分辨哪些产品是有机食品，哪些是非有机产品，且这两者之间的价格差异较大，可能存在生产商以次充好的情况。在这种情况下，产品的声誉成为生产商对消费者的重要承诺。消费者更加倾向于信赖品牌良好、声誉高的企业生产的有机食品。对于那些不知名的生产者来说，尽管他们生产的可能是高质量的有机食品，由于缺乏品牌声誉，也难以获得消费者的认可，造成销售上的困难。因此，越来越多的生产商转而依靠大型连锁超市如新玛特、沃尔玛等进行销售。这种通过销售商声誉转移的方式，对供应链的组织形态产生了重要影响。

家具市场也呈现类似的趋势。传统家具主要使用天然材料，材质本身决定了家具的价格，交易双方的信息不对称程度较小。但随着板材技术的发展，相同外观的家具可能使用了不同的材料，如实木或复合材料，这些不同的材料成分和环保程度也大不相同。在这种情况下，产品的品牌和声誉成为消费者的重要信任依据，促进了家居连锁市场的发展。

三、收入水平与声誉转移

随着消费者收入水平的逐步提高和时间变得更加宝贵，直接获取产品信息的机会成本变得较高。因此，高收入者更倾向于购买声誉高且品牌价值较大的商品，而低收入者可能更愿意花时间收集信息以减少费用。例如，在20世纪90年代的大连市，小摊小贩随处可见。但随着人民收入水平的提高，大型超市和连锁店如沃尔玛、麦当劳等涌入大连市，小商贩逐渐退出市场。这一现象的主要原因在于，在人民收入较低时，时间机会成本低，消费者愿意花费时间在小商贩处进行产品信息搜寻，以买到质量较高的产品。然而，当收入水平提高、时间机会成本增大时，消费者更少愿意花费大量时间在产品信息搜寻上，而更倾向于选择大品牌超市的产品。如图3-8所示，随着消费者收入水平的提高，消费者的支付意愿与产品质量之间的关系曲线变得更加弯曲，且收入水平越高，愿意支付的声誉溢价也越高。

以上分析了纵向合作中声誉转移的经济基础。在现实市场条件下，我们需要探讨几个关键问题：一是高声誉企业在声誉导向的纵向合作供应链中是否能够将其高声誉有效转移到成员企业，使整个供应链成员企业获得声誉转移的收益；二是不同产品获得的声誉转移水平是否存在差异；三是哪些因素可能会影响到纵向合作关系中声誉转移的水平。为回答这些问题，下一章将采用问卷调查的方法对现实市场中的声誉转移进行实证分析，为进一步的研究提供证据支持。

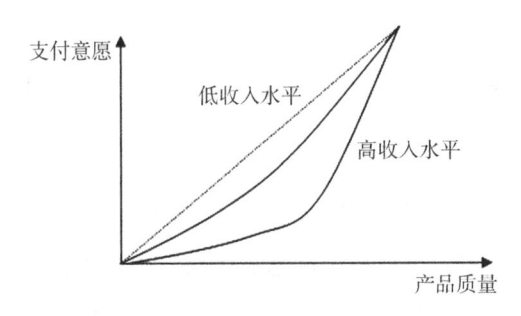

图 3-8　产品质量与消费者支付意愿

第四节　声誉转移的收益及纵向合作剩余

一、声誉转移对成员企业收益的影响

上文已经证明了纵向合作确实存在声誉转移，那么纵向合作中成员企业如果能够获得声誉溢价则会选择加入纵向合作获得声誉转移。从声誉转移对需求的理论影响可知，消费者从购买的商品中获得的效应不但与消费产品的数量、价格有关系，而且还与产品的声誉 B 正相关。声誉 B 越高，产品给予消费者的附加效用越大，并能够节约商品信息的搜寻成本。

因此，假设消费者的需求函数与声誉价值大小 B 正相关。假设消费者的需求函数具体的形式为：

$$Q = a(1+B) - bp \tag{3-13}$$

不是一般性的条件下，将需求曲线中的斜率 b 设为 1，a 也设为 1。则需求函数可以改写为：

$$Q = (1+B) - p \tag{3-14}$$

反需求函数为：

$$p = (1+B) - q \tag{3-15}$$

假设生产环节企业的固定成本为零，变动成本为 c。

如果不存在纵向合作关系，生产环节企业将会以价格 ω 将产品转移给销售环节企业，本书假设零售环节企业是大品牌企业，拥有高声誉。零售环节企业以价格 p 对产品进行销售。销售环节企业的声誉价值为 B，为了维持价值为 B 的声誉，企业需要投入 $\varphi \dfrac{B^2}{2}$ 成本。

(1) 如果不存在纵向合作关系，销售环节企业的收益为：
$$R = p \times q = (1+B)q - q^2 \quad (3-16)$$
零售环节企业的成本由产品的采购成本 ωq 和声誉维护成本 $\varphi \dfrac{B^2}{2}$ 两部分组成。因此，销售环节企业的利润为：
$$\pi = (1+B)q - q^2 - \omega q - \varphi \frac{B^2}{2} \quad (3-17)$$
将利润函数 π 对 q 求偏导，可得最优的销售量为：
$$\frac{\partial \pi}{\partial q} = (1+B) - 2q - \omega = 0 \quad (3-18)$$
$$q_1^* = \frac{(1+B) - \omega}{2} \quad (3-19)$$
将 q^* 代入 π 中可得：
$$\pi = \frac{[(1+B) - \omega]^2}{4} - \varphi \frac{B^2}{2} \quad (3-20)$$
另对 B 求偏导可得：
$$\frac{\partial \pi}{\partial B} = \frac{1}{2}[(1+B) - \omega] - B\varphi = 0 \quad (3-21)$$
$$B_1^* = \frac{1-\omega}{2\varphi - 1} \quad (3-22)$$
由于本书只考虑正向声誉，因此，B_1^* 要大于零，进一步可知，$2\varphi - 1 > 0$。

(2) 纵向合作情况下，销售环节企业收益

假设具有高声誉的零售企业整合生产商形成一条供应链，由于供应链中生产商能够获得零售商的声誉转移，因此，需要向零售商交纳声誉转移使用费，假设生产商需要向零售商交纳 $t*q$ 的声誉使用费，则零售商的反需求函数为：
$$p = (1+B) - q \quad (3-23)$$
收益函数为：
$$R = p \times q + tq = [(1+B) + t]q - q^2 \quad (3-24)$$
此时销售商的利润函数为：
$$\pi = p \times q + tq - \omega q - \varphi \frac{B^2}{2} = [(1+B) + t - \omega]q - q^2 - \varphi \frac{B^2}{2} \quad (3-25)$$
将利润函数 π 对 q 求偏导：
$$\frac{\partial \pi}{\partial q} = (1+B) - 2q - \omega + t = 0 \quad (3-26)$$

可得最优的销售量为：

$$q_2^* = \frac{(1+B) - \omega + t}{2} \tag{3-27}$$

将 q^* 代入 π 中可得：

$$\pi = \frac{[(1+B) - \omega + t]^2}{4} - \varphi \frac{B^2}{2} \tag{3-28}$$

另对 B 求偏导可得：

$$\frac{\partial \pi}{\partial B} = \frac{1}{2}[(1+B) - \omega + t] - B\varphi = 0 \tag{3-29}$$

$$B_2^* = \frac{1 - \omega + t}{2\varphi - 1} \tag{3-30}$$

$$q_2^* - q_1^* = \frac{(1+B) - \omega + t}{2} - \frac{(1+B) - \omega}{2} = \frac{t}{2} > 0 \tag{3-31}$$

$$B_2^* - B_1^* = \frac{1 - \omega + t}{2\varphi - 1} - \frac{1 - \omega}{2\varphi - 1} = \frac{t}{2\varphi - 1} > 0 \tag{3-32}$$

可见，通过纵向合作声誉转移，使得产品的需求量增加，同时成员企业向品牌所有者交纳声誉转移使用费，使得共享声誉得到更好的维护。

(3) 纵向合作声誉转移对生产商利润影响的经济学分析

不加入纵向合作时，生产环节企业利润函数为：

$$\pi_1 = (\omega - c) q_1^*$$

加入纵向合作时，生产环节企业利润函数为：

$$\pi_2 = (\omega - t - c) q_2^*$$

将 $q_1^* = \frac{(1+B) - \omega}{2}$、$B_1^* = \frac{1 - \omega}{2\varphi - 1}$ 代入 $\pi_1 = (\omega - c) q_1^*$ 得：

$$\pi_1 = (\omega - c)(1 - \omega) \frac{\varphi}{2\varphi - 1} \tag{3-33}$$

将 $q_2^* = \frac{(1+B) - \omega + t}{2}$、$B_2^* = \frac{1 - \omega + t}{2\varphi - 1}$ 代入得：

$$\pi_2 = (\omega - c - t)(1 - \omega + t) \frac{\varphi}{2\varphi - 1} \tag{3-34}$$

$$\pi_2 - \pi_1 = (\omega - c - t)(1 - \omega + t) \frac{\varphi}{2\varphi - 1} - (\omega - c)(1 - \omega) \frac{\varphi}{2\varphi - 1} \tag{3-35}$$

进一步化简得，

$$\pi_2 - \pi_1 = (2\omega - c - t - 1) t \frac{\varphi}{2\varphi - 1} \tag{3-36}$$

当 $t \leqslant 2\omega - c - 1$ 时，有 $\pi_2 \geqslant \pi_1$，在此种情况下纵向合作中，成员企业所获得的利润大于等于不进行纵向合作的单个同类企业，即适度地向成员企业收取声誉转移使用费用并不会减少成员企业利润，相反，还会增加其获得的收益。可能的原因是，成员企业获得了声誉转移，声誉价值高带来的销售有所增加，成员企业在需求量增加的同时分担了声誉维护成本，表面上成员企业因为交纳声誉转移使用费用会导致获利水平下降。但声誉使用费用使得声誉拥有者更有激励维护和提升声誉价值，成员企业产品获得更大的声誉转移，从而产品需求量增加或销售价格提升使得成员企业总利润反而增加了。

二、声誉转移的纵向合作剩余

上文已经证明了纵向合作确实存在声誉转移，那么纵向合作中成员企业如果能够获得声誉溢价，则会选择加入纵向合作获得声誉转移。企业满足理性的"经济人"假设，以利润最大化或成本最小化为目的。假定纵向合作中成员企业有两种策略可供选择：加入纵向合作关系或不参加纵向合作关系。选择的策略结果取决于加入纵向合作时该成员企业获得的利润 $\pi_{合作}$ 与不参加纵向合作时该企业的利润 $\pi_{非合作}$ 的比较。

$\pi_{合作} = R_{合作} - C_{合作}$，其中 $R_{合作}$、$C_{合作}$ 为加入纵向合作组织享受声誉转移时成员企业的收益与成本；$\pi_{非合作} = R_{非合作} - C_{非合作}$，其中 $R_{非合作}$、$C_{非合作}$ 为不加入纵向合作时该企业的收益与成本；设 $S = \pi_{合作} - \pi_{非合作}$，为单个企业加入纵向合作组织所获得的额外剩余，则

$$S = (R_{合作} - C_{合作}) - (R_{非合作} - C_{非合作})$$
$$= (R_{合作} - R_{非合作}) - (C_{合作} - C_{非合作})$$

成员企业根据下列条件选择策略：当 $\pi_{合作} < \pi_{非合作}$ 时，对应 $S<0$，此时成员企业不加入纵向合作；当 $\pi_{合作} = \pi_{非合作}$，对应 $S=0$，成员企业可以加入，也可以不加入，二者之间无差异；当 $S>0$，即 $\pi_{合作} > \pi_{非合作}$ 时，成员企业选择加入纵向合作。因此，成员企业加入纵向合作的前提条件是 $S \geqslant 0$ 或 $\pi_{合作} \geqslant \pi_{非合作}$。

纵向合作剩余，是指纵向合作内部所有企业加入时的利润与不加入时获得的利润差额的总和，即纵向合作成员企业加入纵向关系所获得的额外剩余的总和。假设纵向合作有 N 个成员企业，则纵向合作剩余可以表示为

$$S_{总} = \sum_{i=2}^{n} S_i = \sum_{i=2}^{n} \pi_{i合作} - \pi_{i非合作}$$

$$= \sum_{i=2}^{n} [(R_{i合作} - R_{i非合作}) - (C_{i合作} - C_{i非合作})]$$

因为 $S_i \geqslant 0$ 是企业加入纵向关系的前提条件，所以，$S_{总} = \sum_{i=2}^{n} S_i \geqslant 0$。

企业纵向合作关系作为一个分工协作的纵向组织，内部成员企业依赖于纵向合作声誉转移和资源的整合。因此，纵向合作的目的不是使单个成员企业获得的额外剩余最大，而是纵向合作整体的剩余最大化。

$SR = \sum_{i=2}^{n}(R_{i合作} - R_{i非合作})$ 为纵向合作声誉转移收益增加，$SC = \sum_{i=2}^{n}(C_{i合作} - C_{i非合作})$ 为纵向合作成本的节约。因此，获得纵向合作剩余要通过增加声誉转移收益和节约纵向合作成本两个方面来完成。

1. 纵向合作声誉转移收益剩余

收益 R 是由销售量 Q 和价格 P 决定的，前文证明了纵向合作存在声誉转移，因此，企业加入纵向合作能够获得声誉转移，其产品的销量或者价格有明显提高；甚至是量价齐升。可表示为

$$SR = \sum_{i=2}^{n}(R_{i合作} - R_{i非合作}) = \sum_{i=2}^{n}(Q_{i合作}P_{i合作} - Q_{i非合作}P_{i非合作})$$
$$= \sum_{i=2}^{n}(Q_{i合作}P_{i合作} - Q_{i非合作}P_{i非合作})$$
$$= \sum_{i=2}^{n}[(Q_{i非合作} + \Delta Q_i)(P_{i非合作} + \Delta P_i) - Q_{i非合作}P_{i非合作}]$$
$$= \sum_{i=2}^{n}(\Delta Q_i P_{i非合作} + Q_{i非合作}\Delta P_i - \Delta Q_i \Delta P_i)$$

以上分析表明，纵向合作剩余的实现有两条途径：市场的销量上升或者价格上升。由声誉转移实证结论可知，纵向合作关系中，通过声誉转移使得产品需求曲线向右平移，一定程度上影响市场均衡的变动，使得均衡数量和均衡价格得到提高，甚至在价格提高的条件下，需求数量也会增加。

2. 纵向合作成本剩余

纵向合作的成本剩余主要来源是节约了纵向合作内部之间的监督协调成本以及交易成本，即

$$SC = \sum_{i=2}^{n}(C_{i合作} - C_{i非合作})$$

纵向合作关系对不同环节的成员企业进行组织和协调以实现更有效

率的分工和合作。纵向合作中，成员企业之间通过上下游关系合约进行协助，实现信息资源共享、质量标准的控制等紧密协助，获得比纯粹的市场交易更高的效率，最终达到降低市场交易成本的目的。

如图3-9所示，对于纵向关系内部协调和监督成本，主要是通过对加入纵向合作成员企业的类型进行进入控制，使得高质量企业进入组织，并将低质量并存在违约风险的企业排除在组织外面，这在一定程度上减少了组织违约造成的集体声誉损失和监督成本。本书认为通过对进入纵向关系的企业收取合理的声誉使用费用在一定程度上能避免低质量企业混入组织造成过高的组织成本；同时通过合理的收益分配，减少纵向合作链条的违约概率。

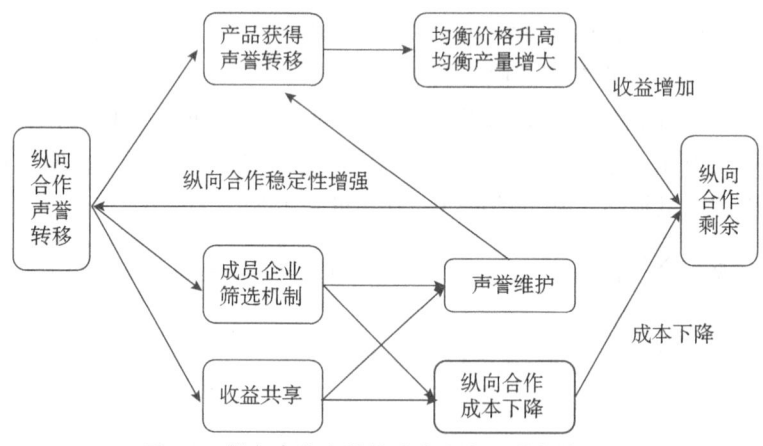

图 3-9 纵向合作声誉转移产生合作剩余的机理

本章探讨了纵向合作组织中的声誉转移机制。通过理论和经验研究，分析了声誉如何影响需求变动，探究了声誉转移对需求影响的机理，考察了影响声誉转移水平的各种因素，并评估了声誉转移对组织收益的影响。

本章得出以下结论：声誉转移在纵向合作组织中发挥着重要作用，它不仅影响着组织的选择成本和声誉溢价，而且对需求变动产生了显著影响。声誉转移的水平受到产品属性、技术进步和收入水平等因素的影响。此外，声誉转移对成员企业的收益产生了正面影响，增加了纵向合作的剩余价值。

本研究在理论和实证层面上对声誉转移机制进行了深入的探索，填补了现有研究的空白。首先，提出了声誉转移对需求变动影响的新理论框架，并通过实证数据支持了该框架。其次，识别了影响声誉转移水平的关键因素，并分析了这些因素如何影响组织的收益和合作剩余。这些贡献不仅丰富了声誉管理的理论,也为实际的纵向合作提供了有价值的指导。

基于研究结论,建议纵向合作组织应更加重视声誉管理。具体来说,组织应通过加强产品质量、采用先进技术和提升服务水平来提高声誉。同时,组织应积极探索有效的声誉传递机制,如品牌共建、合作营销等,以增强声誉转移的正面效果。此外,组织应定期评估声誉转移对需求的影响,以及时调整策略,优化合作关系。

虽然本研究取得了一定的成果,但仍存在不足之处。例如,研究可能受限于样本的代表性和数据的可获取性。此外,尽管尝试全面分析声誉转移的影响因素,但仍有可能遗漏某些潜在重要因素。

未来的研究应扩展样本范围,包括更多类型和规模的组织,以增强研究结论的普适性。同时,未来研究应探索更多可能影响声誉转移的因素,如组织文化、市场动态等。此外,未来研究还应考虑利用新兴技术(如大数据分析)来更准确地评估声誉转移的影响,为组织提供更为精确的声誉管理策略。

第四章 纵向合作组织中声誉转移经验研究

在经济学中,商品分为两大类:市场产品和非市场产品。市场产品的价值可以通过供给和需求决定的价格来反映。然而,对于非市场产品,由于缺乏正常的市场交易环境,它们的价值很难从市场价格中得到直接反映。事实上,对于这类产品,市场价格有时可能根本不存在,但产品价格的缺失,并不意味着这类产品无价值或价值很低。而声誉作为产品交易的一部分,其具体市场交易价格很难单独准确测量。因此,本章在进行纵向合作声誉转移的经验研究时,将采用国际上通行的意愿价值评估法。这种方法以假想的声誉转移为研究对象,旨在测量纵向合作中的声誉转移水平,以探讨是否存在声誉转移,以及影响声誉转移水平高低的各种因素。

第一节 声誉转移研究中CVM方法的理论基础

意愿价值评估法(又称CVM方法)建立在新古典经济学的效应最大化原理之上,旨在模拟真实市场环境。它通过问卷调查法对被试者进行声誉转移的支付意愿(WTP)或面对负向声誉转移产品时的受偿意愿(WTA)的调查。这种方法旨在测度产品声誉转移的经济价值,从而评估声誉转移的程度,是一种成熟和典型的评估方法。意愿价值评估法基于消费者效用经济理论,通过描述模拟构建产品交易的假想市场情形,使用消费者剩余或支付意愿来评估产品声誉转移变化对福利的影响。补偿意愿(WTA)和支付意愿(WTP)作为测度消费者剩余的指标,分别适用补偿变动(CV)指标和等值变动(EV)指标。

如图4-1所示,如果消费者在Y_0的收入水平以及R_0的声誉转移条件下,消费者此时获得U_0的效用,对应于图中的A点。点E_0对应的收入水平为Y_0,说明消费者在E_0点所获得的收入为Y_0,图中获得的声誉转移水平为R_0的产品,该点的总效用为U_0。在其他条件不变的条件下,假如消费者想要获得更高的声誉转移为R_1的产品,消费者拥有声誉转移产品和收入的组合由E_0点变为B点,此时的总效用水平提高为U_1。B点说明在相同的货币收入Y_0下,消费者可以获得更高的声誉转移水平为

R_1 的产品。此时,消费者想要获得的声誉转移水平为 R_1 的产品,需要为此多支付的货币为 Y_0-Y_1,在图 4-1 中可以表示为 BE_1。图中 E_1 点和 E_0 点在效用为 U_0 的同一条无差异曲线上,所以 E_1 点和 E_0 具有相同的效用水平。Y_0-Y_1 为声誉转移水平由 R_0-R_1 消费者的支付意愿(WTP),也可以表示为消费者对声誉转移水平变化的价值评价。

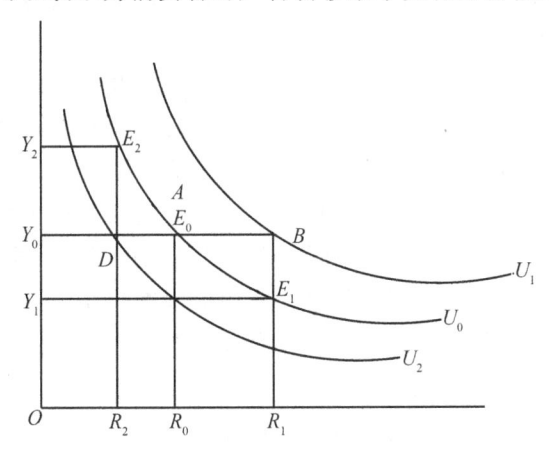

图 4-1 声誉价值的货币评估

假如产品得到的声誉转移水平下降,使得消费者获得单位产品的声誉转移水平由 R_0 降为 R_2,该情况下消费者的效用将从 E_0 下降到 D 点,与此对应的效用曲线由 U_0 变为 U_2。因为 E_0 和 E_2 这两点在效用为 U_0 的同一条无差异曲线上,这两点的效用水平相同。如果要保持消费者的效用水平不变,在声誉转移水平下降的情况下,其最低愿意接受的补偿为 Y_2-Y_0,在图中表示为 E_2-D,点 E_2 表示消费者拥有的货币收入为 Y_2,而获得的声誉转移水平下降为 R_2,Y_2-Y_0 为消费者愿意为声誉转移水平下降为 R_2 而获得的最小补偿(WTA)。从以上分析中可知,新古典经济理论为 CVM 理论奠定了坚实的理论基础。

支付意愿价值评估法的基本思想是:对于那些当前无法在市场上直接交易的特定种类的物品,研究者通过情景描述方法为被试者提供一个模拟的交易环境。在这一环境中,被调查物品通过详细的情景描述被介绍给被试者,以引导他们尽可能准确地表达对该物品的支付意愿(WTP),从而推断出商品的价值。意愿价值评估法(CVM)在应用之初,需要对参与者进行详尽的情景描述,通过假想环境或产品与现实市场中存在的环境或产品的对比,剔除其他影响因素,专注于考察声誉方面的差异。接下来,通过精心设计的调查问卷,使用精确的提问技巧和合适的计量手段,计算出被试者对假想环境或产品的支付意愿(WTP)。

CVM方法将两种产品的差别限定于声誉转移水平的不同，因此，通过计量方法得到的假想产品WTP的计算结果即反映了被试者对产品声誉转移水平的支付意愿。通过这种方式，可以有效测量声誉转移水平的高低。

第二节　意愿价值评估法的问卷引导

意愿价值评估法之所以能够取得长足的发展和广泛的应用，主要是因为市场上某一种假想产品并不存在真实交易，没有办法通过现实的市场进行交易来获得假想产品的价值。意愿价值评估法采用调查问卷的方式，通过描述、模拟现实交易市场建立一个可信的假设市场，在对被试者进行问卷调查的过程中要对该假设市场的特征进行尽可能详细的描述，使被试者最大程度地获得相关信息，并相信调查问卷中进行情景描述的假设市场在现实中是存在的。进而考察被试者在特定的假设市场环境下对假想产品的真实偏好或支付意愿，即产品的支付意愿（WTP）。意愿价值评估法必须通过问卷调查对特定产品价值进行评估，因此，对调查问卷的设计和对被试者的引导技术非常关键，决定了能否顺利通过模拟市场来获得被调查者真实的支付意愿。

国内外文献关于CVM的研究中，针对被调查者的支付意愿的引导技术主要有以下几种：重复投标博弈、开放式、支付卡式和两分式选择。其中，重复投标博弈、开放式和支付卡式可以归类为连续性调查问卷；而双边二分式调查问卷和单边二分式调查问卷都是封闭离散型的，且问卷采用的引导技术存在差异，所得到的支付意愿也会不同。

意愿价值评估法的问卷格式最早使用重复投标博弈方式，调查者在调查过程中不断提高或降低投标金额，最终获得被调查者对某一产品的最大支付意愿。重复投标博弈调查方式能够获得支付意愿的最大值，缺点是调查成本非常高并且存在初始值的设定偏差，初始值设定会给最终的支付意愿带来偏差。因此，随着意愿价值评估法研究的不断深入，重复投标博弈问卷格式逐渐被淘汰。

开放式问卷与重复投标博弈相比，可以方便地询问被调查者的最大支付意愿，排除了重复投标博弈中存在的初始值偏差或范围存在偏差的问题，且提问方便。有学者认为"开放式问卷方法在进行保守估计的研究中比较有效。"① 但是调查者面对陌生的产品或者不容易回答的问题时，很难准确表达其准确的支付意愿，造成很多被调查者放弃调查，导致被调查者对问题的回答无法体现其真实的最大支付意愿，甚至存在被访者出于某种目的故意夸大或缩小最大支付意愿。

支付卡调查问卷方式为被调查者在一定范围内提供一系列可供选择的金额，被调查者可以在各种金额中选出其倾向的最大支付意愿金额。与开放式调查问卷相比，支付卡调查问卷能够使被调查者在一定范围内选择最接近的最大支付意愿值，排除了被调查者对特定产品支付意愿的赋值难度，提高了调查问卷的回收率。但是支付卡调查问卷方式也存在一定的问题，比如支付意愿金额是由调查者提前设置的固定值，容易对被调查者产生暗示，造成调查结果的进入偏差和范围偏差。② 然而，怎样排除支付卡投标值对被调查者支付意愿的暗示作用，进一步提高调查结果的准确性，是目前支付卡调查方式亟须解决的问题。

鉴于以上方法存在的问题，Hanemann 将二分式调查问卷与支付意愿之间的函数关系相联系，使得二分式调查方法的应用性进一步得到增强。③ 二分式调查问卷并不需要被调查者直接给出支付意愿值，只须被调查者针对特定的问题回答"是"或"否"，并根据被调查者的回答结果进行计量分析，得到关于最大支付意愿的估计值。二分式调查问卷有单边界二分式、双边界二分式和多边界二分式等几种类型。单边界二分式调查问卷，由调查者直接向被调查者询问为了获取一单位特定非市场物品，是否愿意支付某一金额 b。这个初始投标值 b 为支付意愿提供了确定边界。而在双边界二分式调查问卷中，如果被调查者对第一阶段支付意愿 b 做出肯定回答，则进一步给出一个高于金额 b 的值 c 询问被调查者是否愿意支付；如果被调查者对第一阶段支付意愿 b 做出否定回答，则进一步给出一个低于金额 b 的值 a 询问被调查者是否愿意支付。可知被调查者的支付意愿呈现区间分布为 $(0, a)$、(a, b)、(b, c)、$(c, +\infty)$。二分式问卷只需要被调查者用"是"或者"否"来回答问题，无

---

① WALSH R G, LOOMIS J B, GILLMAN R A. Valuing option, existence, and bequest demands for wilderness [J]. Land Economics, 1984, 60 (1): 14-29.
② MITCHELL R C, CARSON R T. Using Surveys to Value Public Goods: the Contingent Valuation Method [M]. Washington DC: Resources for the Future, 1989.
③ HANEMANN W M. Theory Versus Data in the Contingent Valuation Debate In: Bjornstad D J, Kahn J R, eds. The Contingent Valuation of Environmental Resources: Methodological Issues and Research Needs [M]. Cheltenham, UK; Brookfield, US: Edward Elgar, 1996: 38-60.

须调查者直接给出具体金额,因此,可以在一定的程度上防止被调查者有意提高报价。但是二分式调查问卷只能获得被调查者支付意愿的区间并非特定的数值,需要通过特定的计量方法估计某一区间内被调查者做出肯定选择的概率。

第三节 研究方案的设计及样本选择

一、研究方案的设计

1. 调查问卷的情景描述

市场交易情景描述是意愿价值评估法的核心部分。它对被调查者所表达的支付意愿结果具有直接的影响。意愿价值评估法的前提假设为被调查者在问卷调查中做出的选择与现实市场中的结果一致。因此,在问卷调查过程中必须通过详细的描述提供一个具体的市场交易环境,以增强问卷的现实性和可信度。

CVM假设基础为,被访者在调查中所表述的行为与其在真实市场中的行为是一致的。情景描述的内容不仅应该阐明假想商品与常规商品的不同之处,还应为被访者描绘一个特定购买商品的市场环境。有学者提出:"完整的意愿价值评估调查问卷的情景描述要有消费者的选购情境、产品初始状态与变化,以及市场本身情况的相关描述。"[①] 在开展调查问卷情景描述之前,应通过信息强化使得被调查者对声誉转移产品有全面的认识和理解。调查的强化信息应明确,获得声誉转移的产品指的是由知名企业整合各生产环节形成特定供应链进行生产和销售的产品,该企业负责监督产品在生产、加工和流通过程中的质量,最终产品以知名企业的名义销售。当产品出现问题时,可以向知名企业追溯责任,同时企业的声誉亦将受到影响。本书在声誉转移调查问卷中将情景描述如下。

"您到您经常购买食品的市场选购猪肉,现在市场上有两种猪肉,一种为在大商超市销售的猪肉,它和普通农贸市场上销售的猪肉在外观、口感及营养成分等方面没有差别,大商超市销售的猪肉是由知名企业大商超市整合养殖环节、屠宰和加工环节及销售等环节的企业进行生产,并在大商超市进行销售。"为了增强可见性,还向被调查者展示在大商超

---

① FISCHHOFF B, FURBY L. Measuring Values: A Conceptual Framework for Interpreting Transactions with Special Reference to Contingent Valuation of Visibility [J]. Journal of Risk and Uncertainty, 1988: 147-184.

市和农贸市场销售的猪肉图片排除范围效应,减少被调查者的假想偏差,增强大商超市声誉转移猪肉真实存在的可信性。

考虑到品质和品牌的猪肉获得大商超市的声誉转移水平可能存在差异。本书分别设计了三套问卷。以无品牌的普通猪肉为调查对象的 A 卷、以无品牌的有机猪肉为调查对象的 B 卷、以双汇牌普通猪肉为调查对象的 C 卷。而在 A 和 B 两套调查问卷中,只对猪肉品质的情景描述存在差别,二者其他部分完全相同。而在 A 和 C 两套调查问卷中,只有在猪肉品牌的情景描述中存在差别,二者其他部分完全相同。

2. 调查问题形式的选择

对被调查者支付意愿的引导设问形式中,主要有重复投标博弈调查法、支付卡片调查法、开放式调查法和二分选择调查法。而二分选择调查法形式相对简单,结果比较准确。二分选择调查法为被调查者设置了相对熟悉的市场背景,通过问卷中设置的价格询问被调查者是否决定要购买该产品;被调查者只需要根据问题做出接受或拒绝的回答,因此该调查方法对被调查者来说不容易产生策略行为和起点偏差,同时因此简单易操作能够降低调查问卷的拒访率。鉴于此,本文拟采用二分选择法,以期获得较为准确的支付意愿调查结果。

二分选择法又分为单阶段二分选择法、两阶段二分选择法和多阶段二分选择法。二分选择法调查支付意愿的设计方法又分为以下几种:单向递减式,被调查者对初始值做出回答,如果愿意支付该价格则停止调查,否则以低于初始值的价格继续对被调查者进行询问;单向递增式,被调查者对初始值做出回答,如果愿意支付该价格则以更高的价格继续进行询问;双向式,是对愿意对初始值进行支付的被调查者以更高的价格进一步询问,而对初始值不愿进行支付的被调查者以更低的价格进一步询问。本书采用双向式二分选择法进行设计,其调查步骤如图 4-2 所示。

调查者对被调查者就获得大商超市声誉转移的猪肉和普通农贸市场销售的猪肉的具体情况做了描述后,以初始值 P_0 的价格询问被调查者是否愿意以此价格购买获得大商超市声誉转移的猪肉。如果被调查者愿意在初始价格 P_0 水平上购买,则以一个相对较高的价位 P_{H1} 继续询问,如果在 P_{H1} 价格水平调查者不愿意接受,则结束对该被调查者的询问,可以得到该被调查者的意愿支付在区间 $[P_0, P_{H1})$ 上;如果被调查者在 P_{H1} 价格水平上愿意接受,则以一个相对更高的价位 P_{H2} 继续询问,如果在 P_{H2} 价格水平调查者不愿意接受,则结束对该被调查者的询问,可以得到该被调查者的意愿支付在区间 $[P_{H1}, P_{H2})$ 上。如果被调查者不愿意接受初始价格 P_0，则降低价格至 P_{U1} 继续询问，如果在 P_{U1} 价格水平调查者愿意接受，则结束对该被调查者的询问，可以得到该被调查者的意愿支付在区间 $[P_{U1}, P_0)$ 上；如果被调查者在 P_{U1} 价格水平上不愿意接受，则以一个相对更低的价位 P_{U2} 继续询问。假如调查过程中被调查者做出零值回答，将会进一步询问原因，便于结果分析。多阶段二分选择式法不能获得意愿支付的确定值，而只能观察到被调查者支付意愿的区间数据。

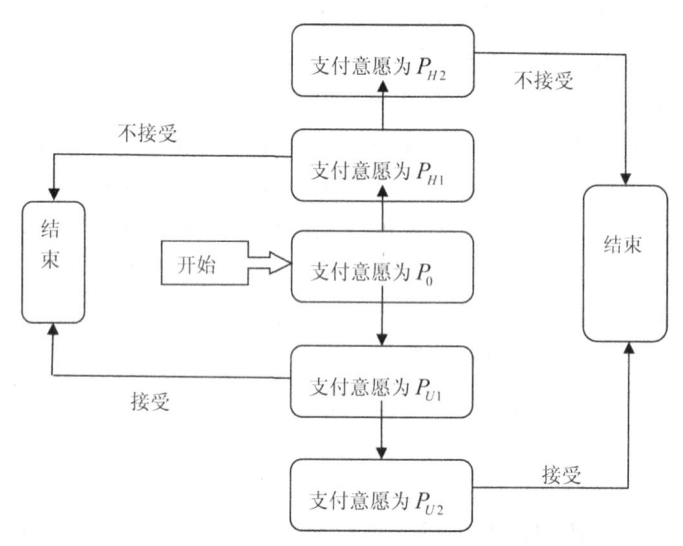

图 4-2　多阶二分选择式调查支付意愿

为了保证调查结果的准确性，本研究在开展正式调查前，先在小范围内进行了预调查。根据调查结果，对调查过程中存在的难以理解的问题进行了修改或删减，通过了解被调查者购买猪肉品种及对假想的大商超市猪肉的支付意愿分布情况，确定了正式调查的猪肉种类以及购买大商超市猪肉声誉转移多支付的初始价格 P_0 为 6 元/斤和其他后续询问价格 P_{H2}、P_{H1}、P_{U1}、P_{U2} 分别为 10 元/斤、8 元/斤、4 元/斤、2 元/斤。

3. 被调查者风险偏好程度的调查

由于被调查者的风险偏好程度会对支付意愿产生一定影响，因此，本书在调查问卷最后加入了风险偏好程度测量问题。用于排除风险偏好程度对支付意愿调查结果的影响。本问卷的创新点在于给予被调查者一定的现金报酬，并通过选择彩票的形式发放。提高了被调查者回答问题的认真程度和参与热情，同时通过彩票获得被调查者真实的风险偏好程度。问卷调查结果表明存在现金支付环节,所有被试者都在意其最终的收益,这基本符合史密斯(V. L. Smith)提出的凸显性条件,因此,综合来看,使用调查数据进行理论检验是合适的。[①] 具体步骤如下。

在调查结束后,为了答谢被调查者耐心真实地对本问卷作答,为被调查者提供一次抽奖机会。如表 4-1 所示,被调查者可以从下表的三只彩票中选择一只希望执行的彩票。只能在 3 只彩票中选择一只彩票(且只能选择一次)。每只彩票有两种可能结果出现(中奖和不中奖);每种结果出现的可能性各占 50%。调查者最终获得的收益取决于:选择了 3 只彩票中的哪一只;选择的彩票哪个事件(中奖和不中奖)发生。例如选择了彩票 2 而"不中奖"事件发生,那么被调查者只能获得 2 元的报酬,如果"中奖"事件发生,被调查者将得到 10 元的报酬。

表 4-1 彩票中奖概率及收益

彩票	事件	收益	发生概率
1	中奖	5	50%
	未中奖	5	50%
2	中奖	10	50%
	未中奖	2	50%
3	中奖	13	50%
	未中奖	0	50%

由于本书中对风险偏好的测量是与真实报酬相联系的,能够准确地考察被调查者的真实风险偏好。而普通调查问卷与报酬无关,调查过程中不可避免地会出现被调查者随意填写,掩饰真实类型造成的调查结果偏差问题。

本书调查研究的目的是考察消费者对大商超市声誉转移猪肉的支付意愿。问卷调查主要以辽宁省大连市消费者为研究对象。调查问卷主要来源于三部分,第一部分是对大学在校师生进行调研;第二部分由笔者带领调查团队分别于大连市大商超市(西口店)、友嘉超市、大商超市(共济街店)、文圣农贸市场、八三农贸市场采用面对面访谈方式对消费者进行调查;第三部分,在调查团队中挑选符合条件的调查成员组建电话和网络调查小组,调查小组成员分批次在特定的地点选择其周围人脉圈中的一到两位被调查者,通过电话或者网络进行问卷访谈。调查全程

---

① SMITH V L. Microeconomic Systems as an Experimental Science [J]. American Economic Review, 1982 (72): 923-955.

都在笔者的监督和指导下完成，保证了调查结果的准确性和真实性。

通过随机抽样的调查方式来保证调查结果的准确性，但是现场调查过程中，难以排除因天冷而使现场填答存在难度等因素的影响，可能会影响问卷调查的严谨性。本次调查发放调查问卷共计 378 份（其中在校学生 92 份；超市和农贸市场实地调查 189 份；电话和网络调查 97 份），但是在调查问卷整理过程中发现存在调查中止问卷、漏答问题的无效问卷 11 份，剔除无效问卷最终得到有效问卷 367 份，样本的有效率达到了 97%。问卷基本构成的详细情况见表 4-2。

表 4-2 调查问卷的基本构成

区间		在校学生调查			超市和农贸市场实地调查		
	支付意愿	A 卷	B 卷	C 卷	A 卷	B 卷	C 卷
1	0	3	2	4	4	1	5
2	0—2	4	4	6	7	5	10
3	2—4	7	6	9	13	7	17
4	4—6	7	4	6	12	8	9
5	6—8	4	5	4	14	19	13
6	8—10	3	4	1	9	18	4
7	10 以上	2	7	0	3	5	2
	合计	30	32	30	62	63	60
区间		电话和网络调查			合计		
	支付意愿	A 卷	B 卷	C 卷	A 卷	B 卷	C 卷
	0	3	1	4	10	4	13
	0—2	5	3	8	16	12	24
	2—4	4	4	8	24	17	34
	4—6	6	5	6	25	17	21
	6—8	5	6	3	23	30	20
	8—10	4	6	2	16	28	7
	10 以上	2	4	1	7	16	3
	合计	29	29	32	121	124	122

二、声誉转移支付意愿的样本分布

本调查采用平均每斤猪肉多支付费用（元/斤）作为计量单位，运用多阶段二分选择式询价调查法获取消费者对以大商超市名义销售的猪肉的意愿支付价格水平。在被调查者提供基本信息后,调查员将向其进行假想市场情景描述,并确保被调查者对情景描述理解无误。接着,首先询问被调查者是否愿意为大商超市销售的猪肉支付额外的价格。如果被调查者不愿意,则调查在此终止,并询问其不愿多支付价格的详细原因。

假如回答是"愿意",则询问其是否愿意为大商超市销售的猪肉多支付6元/斤的价格,如果回答"是",则继续以8元/斤的价格进行询问,如果回答为"否",终止询问,可以得到该被调查者的支付意愿处于区间[6,8];假如被调查者回答"是",则以10元/斤的价格继续询问,如果回答为"否",终止询问,可以得到该被调查者的支付意愿处于区间[8,10];假如本次回答为"是"也需要终止询问,可以得到该调查者的意愿支付在区间[10,+∞)。假如被调查者不愿意多支付6元/斤的价格,则降低标准以4元/斤的价格询问被调查者是否愿意支付,如果回答"是",终止询问,可以得到该被调查者的支付意愿处于区间[4,6];如果回答"否",则继续以2元/斤的价格进行询问,如果回答"是",终止询问,可以得到该被调查者的支付意愿处于区间[2,4];如果回答"否",也终止询问,可以得到该被调查者的意愿支付在区间[0,2)。如表4-3所示,被调查者的支付意愿总体分布如下。

表4-3 多阶段二分选择式调查支付意愿总体分布

区间	支付意愿(元/斤)	人数(人)	区间	支付意愿(元/斤)	人数(人)
1	0	27	5	6—8	73
2	0—2	52	6	8—10	51
3	2—4	75	7	10以上	26
4	4—6	63	合计		367

根据表4-3所示,大商超市对猪肉的声誉转移支付意愿主要分布于2—8元/斤区间,该区间内集中的被调查者人数占总样本的57.5%。分析不同类型的调查问卷下被调查者的意愿支付水平存在较大差异。如图4-3所示,A类型(无品牌的普通猪肉)的调查问卷支付意愿集中分布在2—8元/斤区间占该类型问卷总体样本的59%,零值占该类型问卷总体样本的8.3%;B类型(无品牌的有机猪肉)的调查问卷具有较高的支付意愿分布,集中分布在6—10元/斤区间,占该类型问卷总体样本的60%,零值占该类型问卷总体样本的3.2%;C类型(双汇品牌普通猪肉)的调查问卷具有较高

的支付意愿分布，集中分布在 0—6 元/斤区间，占该类型问卷总体样本的 64.7%，零值占该类型问卷总体样本的 10.6%。

如图 4-3 所示，B 卷（大商超市对有机猪肉的声誉转移）调查者的支付意愿水平高；C 卷（大商超市对双汇品牌猪肉的声誉转移）调查者的支付意愿水平低。被调查者愿意为有机猪肉声誉转移支付更高的价格主要原因可能是有机猪肉禁止使用转基因技术，且不允许通过人工合成物质如激素等对有机猪肉进行生产加工，需要建立一个全新完整的生产体系、监控体系和追溯体系。但是市场上印有"有机"字样的产品是否是真的有机产品、是否达到有机产品标准，消费者难以辨别。在对消费者的调查询问中，很多调查者坦言："所谓的有机猪肉是不是真的并不好确定。大商超市的有机猪肉虽然贵，但购买后更放心"。

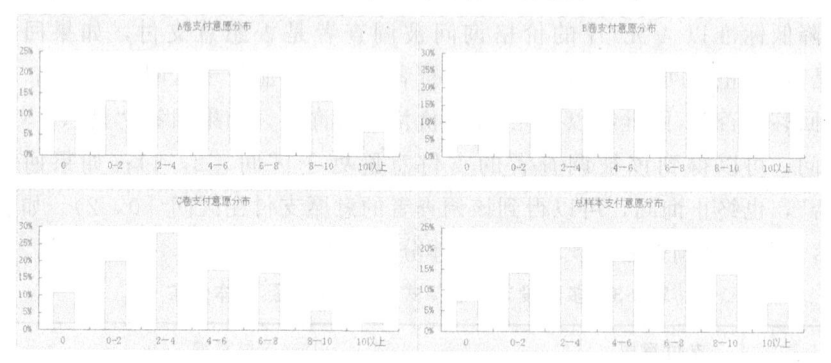

图 4-3 支付意愿分布图

被调查者对大商超市销售的双汇品牌猪肉的支付意愿水平较低，主要原因是双汇品牌已经赋予该品牌猪肉很高的声誉价值，不论是在超市销售还是在农贸市场销售，该产品需要符合双汇品牌的最低要求，产品质量与无品牌猪肉相比，有一定的保证。而大商超市对此产生的声誉转移只是在双汇品牌标准基础上产生的，与无品牌的猪肉相比，大商超市所产生的声誉转移相对有限，造成调查者不愿意为大商超市的声誉转移支付过多。

在问卷调查过程中，调查团队成员针对做出 0 值回答的被调查者，进一步详细了解拒绝多支付价格的原因。结果显示，被调查者拒绝多支付价格的原因有以下几点："大商超市的东西未必比农贸市场的好"，"家庭收入低，不愿意多花钱"，"产品的质量能够分辨出来，没有必要非要买超市的产品"，"现在市场上食品质量还可以，不合格的是少数"。

第四节 纵向合作是否存在声誉转移的检验

研究产品声誉转移带来的消费者支付意愿的提高水平,其经济学意义在于:在其他条件不发生改变的情况下,产品获得的声誉转移水平由 R_0 提高到 R_1,消费者在 R_1 处获得的效用也会相应提高,$U_1(R_1, I, X, \varepsilon_1) = U_0(R_0, I, X, \varepsilon_0)$,该公式中 $U(\cdot)$ 为效用函数;I 为收入变量;X 为除了声誉转移和收入之外对效用产生影响的其他因素;ε 为调查中的误差等随机因素,即随机扰动项。本书采用意愿价值评估法(CVM)问卷调查的方式,获取被调查者在购买不同声誉转移水平的产品时的等效用点,通过 $U_1(R_1, I-\text{WTP}, X, \varepsilon_1) = U_0(R_0, I, X, \varepsilon_0)$ 得到大商超市不同类型产品的声誉转移水平。

一、Logit 模型的选择

本书采用多阶段二分选择法进行问卷调查,用 Y 表示消费者的选择情况,若被调查者愿意为大商超市销售的猪肉多支付价格,用 $Y=1$ 来表示;若被调查者不愿意多支付价格,则用 $Y=0$ 来表示;price 为被调查者愿意为大商超市销售的产品多支付的价格;Z 为影响被调查者效用的其他变量;ε_0、ε_1 为两种情况下的随机扰动项。因此,假如被调查者选择大商超市销售的产品,其选择的效用可用公式表示如下:

$$U(Y=1) = \alpha_1 + \beta_1 Z + \lambda_1 \text{price} + \varepsilon_1 \quad (4\text{-}1)$$

假如被调查者不愿意多支付价格,则其效用公式表示如下:

$$U(Y=0) = \alpha_0 + \beta_0 Z + \varepsilon_0 \quad (4\text{-}2)$$

在调查过程中只能得到被调查者的选择结果作为观测值,因为效用是无法直接观测到的。如果通过多支付价格获得大商超市产品所带来的效用大于不多支付价格所带来的效用,即 $U(Y=1) > U(Y=0)$,则被调查者就会做出为大商超市销售的产品多支付一定价格的选择,因为被调查者选择大商超市产品的效用大于农贸市场的产品,则被调查者选择多支付价格购买大商超市产品;若 $U(Y=1) < U(Y=0)$,则被调查者选择不多支付价格。

由 (4-1) 和 (4-2) 式推导出公式:

$$U(Y=1) - U(Y=0) = (\alpha_1 - \alpha_0) + (\beta_1 - \beta_0)Z + \lambda_1 \text{price} + (\varepsilon_1 - \varepsilon_0) \quad (4\text{-}3)$$

该公式可变形为:

$$U^* = \alpha^* + \beta^* Z + \lambda^* \text{price} + \mu^* \quad (4-4)$$

由公式（4-4），可以得到被调查者选择多支付价格的公式：

$$P(Y=1) = P(U^* > 0) = P[\mu^* > -(\alpha^* + \beta^* Z + \lambda^* \text{price})] \quad (4-5)$$

Weibull 分布的两个随机变量之差为 logistic 分布，[①] 因此，（4-4）式中 $U^* = \varepsilon_1 - \varepsilon_0$ 服从 logistic 分布：

$$P(Y=1) = \Lambda(U^*) = [1 + \exp(-U^*)]^{-1} \quad (4-6)$$

可以得到 Logit 模型：

$$\ln\left[\frac{P(Y=1)}{1-P(Y=1)}\right] = \alpha^* + \beta^* Z + \lambda^* \text{price} \quad (4-7)$$

二、样本统计描述

调查结果显示，在 367 份调查样本中，有 340 份样本选择愿意为大商超市销售的产品多支付一定的价格；有 27 份样本选择不愿意为大商超市销售的产品多支付价格。

通过对不同选择样本分组进行变量均值对比分析，如表 4-4 所示，影响被调查者拒绝为大商超市的产品多支付价格的原因主要表现在消费者对购买的猪肉质量的现场确定程度、家庭月收入水平、对目前市场上产品质量的满意程度、被调查者的风险偏好等变量的差别。

表 4-4 样本分组均值比较

	性别	产品的确定程度	学历	家庭月收入	目前质量满意度	每月购买量
"否"组	0.63	1.33	1.63	2.52	1.37	2.11
"是"组	0.53	2.08	1.95	3.33	2.17	2.93
总样本	0.54	2.03	1.93	3.27	2.11	2.87
"否"组	3	1.96	2.48	2.11	1.96	1.56
"是"组	2.62	1.56	1.79	1.99	2	1.55
总样本	2.65	1.59	1.84	2	1.99	1.55

分组样本均值对比表 4-4 显示，用 1 表示消费者对购买的产品的质量有较强的识别能力，3 表示消费者不能识别购买产品的质量。"否"组

[①] DOMENRICH T A, MCFADDEN D. Urban Travel Demand: Behavioural Analysis [M]. Amsterdam: North Holland Publishing Company, 1975.

的被调查者对购买产品质量的确定性表现得更自信，其均值为 1.33，而另一组 340 个样本的均值为 2.08。家庭月收入水平也是影响被调查者选择的变量，用 1 表示家庭月收入为 2000 元以下；2 表示家庭月收入 2000—5000 元；3 表示家庭月收入在 5000—7000 元；4 表示家庭月收入 7000—10000 元；5 表示家庭月收入 10000 元以上。"否"组的被调查者的家庭平均月收入相对较低，其均值为 1.33，而另一组 340 个样本的均值为 3.33。对目前市场上产品的质量安全现状认识的调查中，用 1 表示满意；2 表示无所谓；3 不满意，"否"组的被调查者对目前市场上产品的质量安全现状相对满意度更高一些，其均值为 1.37，而另一组 340 个样本的均值为 2.17。对被调查者个人风险偏好的调查中，用 1 表示低风险偏好；2 表示中等风险偏好；3 高风险偏好，"否"组的被调查者的风险偏好程度相对更高，其均值为 2.48，而另一组 340 个样本的均值为 1.79。虽然被调查产品的类别在统计数据中的差别并不明显，但是该变量也可能对被调查者的选择有影响。为了验证以上相关结论，本书构建 Logit 二分变量选择模型来进行进一步验证。

三、估计结果

模型中因变量为 Y，表示被调查者是否愿意为大商超市销售的特定猪肉多支付价格，1 表示不愿意，0 表示愿意；自变量为样本分组均值比较表中的各个变量。通过模型分析，得到的计量结果如表 4-5 所示。

表 4-5 被调查者支付意愿的 Logit 模型回归分析结果

解释变量	系数	标准差	z 值	P 值
月平均购买量	-0.454*	0.245	-1.850	0.064
家庭月收入 2	-1.732**	0.742	-2.330	0.020
家庭月收入 3	-1.255*	0.697	-1.800	0.072
家庭月收入 4	-1.709**	0.842	-2.030	0.043
家庭月收入 5	-1.497	0.998	-1.500	0.134
质量认知	-1.226***	0.432	-2.840	0.005
购买产品的确定程度	-1.447***	0.442	-3.280	0.001
风险偏好	0.739**	0.370	1.990	0.046
问卷类型 2	-1.480**	0.725	-2.040	0.041

续表

解释变量	系数	标准差	z 值	P 值
问卷类型 3	0.310	0.526	0.590	0.555
截距	2.938	1.682	1.750	0.081

Number of obs=367　　　　LR chi2(10)=71.68
Prob>chi2=0.0000　　　　Pseudo R^2=0.3716
Log Likelihood=−59.4172

注：***、**、* 分别为在置信水平为 1%、5% 和 10% 上具有统计显著性。

本书将调查的所有的变量均引入模型当中，并逐步剔除不具有统计显著性的变量，最终保留表中的变量，其结果如表 4-5 所示。

Logit 模型统计结果显示，月平均猪肉购买量、家庭月平均收入、对目前市场产品质量的认知、购买产品的确定程度、被调查者风险偏好程度、问卷类型六个解释变量进入了 Logit 模型。似然比统计量为 −59.4172，Prob>chi2=0.0000，说明 χ^2 值在 1% 的水平上显著。尽管模型中准 R^2 只为 0.3716，但是就类似调查问卷的统计结果而言，该拟合效果较好。被调查者"家庭月均购买量"这个变量在 10% 的水平上显著不为零，该变量系数为负值。这说明被调查者家庭月均购买猪肉量越大，越愿意为大商超市销售的猪肉多支付价格，变量家庭月均购买猪肉量与因变量 Y=1 负相关。可能是由于消费者月均消费的猪肉越多，越注重购买猪肉的质量问题，为了产品质量更有保障，被调查者更愿意购买大商超市销售的猪肉产品。

被调查者"家庭月平均收入"以虚拟变量的形式引入模型中，其中家庭月均收入 1 表示家庭月均收入 2000 元以下；家庭月均收入 2 表示家庭月均收入 2000−5000 元；家庭月均收入 3 表示家庭月均收入 5000−7000 元；家庭月均收入 4 表示家庭月均收入 7000−10000 元；家庭月均收入 5 表示家庭月均收入 10000 元以上。结果显示，除了家庭月均收入 5 之外，其他虚拟变量在一定的水平上均显著（家庭月均收入 2 在 5% 的水平显著不为零；家庭月均收入 3 在 10% 的水平显著不为零；家庭月均收入 4 在 5% 的水平显著不为零），且虚拟变量系数均为负值。说明家庭月均收入水平与因变量 Y=1 负相关，家庭月均收入水平越高，被调查者越倾向于选择为大商超市销售的猪肉产品多支付价格。

"对目前市场产品质量认知"这个变量在 1% 的水平上显著不为零，该变量系数为负值。这说明被调查者对目前产品质量满意水平与因变量选择 Y=1 负相关，消费者对目前产品质量越不满意，越愿意为大商超市销售的猪肉多支付价格。可能是由于消费者出于对产品质量的担忧，愿意通过多支付价格来减少产品质量问题的发生。

"对购买产品质量可识别程度"这个变量中 1 为可以识别，2 为不能确定，3 为不能识别。该变量在 1% 的水平上显著不为零，该变量系数为负值。这说明被调查者对购买产品质量的可识别程度与因变量选择 Y=1 负相关，消费者对购买产品质量越不能够识别，越愿意为大商超市销售的猪肉多支付价格。可能是由于消费者出于对产品质量的担忧，愿意通过多支付价格来购买大品牌的产品，减少产品质量问题的发生。

被调查者"个人风险偏好程度"这个变量中，风险偏好程度由 1 至 3 逐步增强，在 5% 的水平上显著不为零，该变量系数为正值。这说明被调查者个人风险偏好程度与因变量选择 Y=1 的概率正相关，消费者越厌恶风险，越愿意为大商超市销售的猪肉多支付价格。可能是由于消费者出于对产品质量的担忧，愿意通过多支付价格来购买大品牌的产品规避产品质量问题的风险。

"问卷类型"这个变量中 1 为对无品牌普通猪肉的调查问卷，2 为无品牌有机猪肉的调查问卷，3 为双汇牌普通猪肉的调查问卷。问卷类型 2 在 5% 的水平上显著不为零，该变量系数为负值。这说明与问卷类型 1 相比，问卷类型 2 与因变量选择 Y=1 的概率负相关。可能是由于有机猪肉的质量和标准更难甄别，消费者出于对产品质量的担忧，愿意通过多支付价格来购买大商超市产品，减少产品质量问题的发生概率。

第五节 纵向合作声誉转移水平的影响因素检验

由于本书研究产品的声誉转移问题，主要考察消费者对获得大商超市声誉转移产品的 WTP，因此，下面分析各种变量对被调查者 WTP 水平的影响，来考察影响产品声誉转移水平的影响因素。

一、生存分析模型建立

本书采用多阶段二分选择询价调查法取得的支付意愿数据值是半开半闭区间，并不是确定的值。在调查过程中，询问的初始值 6 元/斤，询问的最大值是 10 元/斤，最低价格为 2 元/斤。假如被调查者在所有给定的询问价格上都不愿意为大商超市销售的产品多支付价格，该被调查者的支付意愿为 $(-\infty, 2)$，而被调查者的 WTP 水平最少是 0 值，考察

(−∞, 0) 没有实际意义，因此，区间（−∞, 2）可以用 [0, 2) 表达。当然，也存在被调查者支付意愿高于 10 的情况，在获得其支付意愿区间之前调查已经终止，只能得到该被调查者意愿支付区间 [10, +∞)，因此本书的数据存在右截尾样本，且所有的样本的 WTP 水平都是非负的数据。变量 WTP 存在数据删失和非负性，普通的线性回归或者 Logit 等概率模型没有做 WTP 是非负变量的假定，运用这些模型会造成结果存在偏差，并不适合用于本书的实证分析。由于被调查者的支付意愿的区间数据与生存分析中删截数据类似，本书尝试从声誉转移支付意愿这一全新的角度运用 COX 风险比例模型进行实证分析。

生存分析模型引入了被调查者之间的个体异质性，本书的调查中引入了人口统计相关变量作为模型的协变量，用于解释被调查者 WTP 的不同水平。由于调查的数据具有非常规数据分布的特征，运用生存分析模型不会受到非常规数据的限制。

陈勇兵等认为："事件史分析中通常使用生存函数（生存率）或危险函数（危险率）来描述观测个体生存时间的分布特征。"[①] 肖兴志等认为："生命表方法、乘积限（Kaplan-Meier，KM）估计法等生存函数、危险函数的非参数估计方法不需要依赖任何假设，特别适合探索性分析。"[②] 因此本章通过构建消费者对大商超市销售猪肉的支付意愿生产函数，估计支付意愿水平持续区间的分布特征。T 表示支付意愿水平的区间生存时间，根据区间分布 $t=1, 2, 3, 4, 5, 6, 7$；censor 为取值（0, 1）的随机变量，如果时间变量是以"失败"结束则 censor=1；若以"删截"结束则 censor=0。

意愿支付区间 [10, +∞) 为以"删截"结束，censor=0；其他区间以"失败"结束，即 censor=1。生存函数 $S_i(t)$ 为被调查者 i 愿意多支付价格水平区间超过 t 的概率，即 $S_i(t)=P(T \geq t)=p$，通过乘积限（KM）估计方法将调查询问价格从小到大排列 $p_1 < p_2 < p_3 < p_4 < p_5$。$G_l$ 为在询问价格 p_l 结束时的样本数量，$l=1, 2, 3, 4, 5$；Q_l 为区间 $[p_{l-1}, p_l]$ 结束的删截样本数量；N_l 为在询问价格 p_l 风险集中观测样本的数量。生存函数的非参数估计方法如下：

---

① 陈勇兵，李燕，周世民．中国企业出口持续时间及其决定因素 [J]．经济研究，2012，47（07）：48-61.

② 肖兴志，何文韬，郭晓丹．能力积累、扩张行为与企业持续生存时间——基于我国战略性新兴产业的企业生存研究 [J]．管理世界，2014（02）：77-89.

$$\dot{S}(t) = \prod\nolimits_{l_i \ p < t} \left(1 - \frac{G_l}{N_l}\right) \quad (4-8)$$

利用乘积限（KM）估计方法，对被调查者的支付意愿生存函数进行总体估计，结果如表 4-6 所示。

表 4-6 总体样本生存函数估计

区间序号	观察样本数	退出样本数	生存率	标准差	95%的置信区间	
1	367	75	0.7956	0.0210	0.7507	0.8334
2	288	75	0.5884	0.0258	0.5360	0.6370
3	213	63	0.4144	0.0259	0.3634	0.4645
4	150	73	0.2127	0.0215	0.1722	0.2562
5	77	51	0.0718	0.0136	0.0483	0.1015

表 4-6 显示，在观测期内全部被调查者支付意愿水平的生存函数估计结果。从结果中可以发现，随着支付意愿（WTP）水平的提高（对应生存分析的观测时间），被调查者支付意愿的生存率是逐步下降的。被调查者支付意愿超过价格区间 1 的数量为 79.56%，即有 20.44% 的被调查者超过了价格区间 1 退出了调查。而被调查者支付意愿超过价格区间 5 的数量仅为 7.18%，即有 92.82% 的被调查者退出了调查。

二、基于问卷类型分层的模型估计

不同问卷类型的被调查者支付意愿生存状况是否存在差异？本书以"问卷类型"（TYPE）为分层变量对生存函数进行估计，并比较不同问卷类型的估计结果存在的差异，如下表 4-7 所示。

表 4-7 按照"问卷类型"分层的样本生存函数估计

区间序号	观察样本数	退出样本数	生存率	标准差	95%的置信区间	
TYPE=1，大商超市声誉转移商品为无品牌普通猪肉						
1	121	26	0.7851	0.0373	0.7007	0.8483
2	95	24	0.5868	0.0448	0.4938	0.6685
3	71	25	0.3802	0.0441	0.2942	0.4656
4	46	23	0.1901	0.0357	0.1259	0.2644
5	23	26	0.0579	0.0212	0.0255	0.1092

续表

区间序号	观察样本数	退出样本数	生存率	标准差	95%的置信区间	
TYPE=2，大商超市声誉转移商品为无品牌有机猪肉						
1	124	12	0.9032	0.0266	0.8359	0.9438
2	108	17	0.7611	0.0388	0.6746	0.8274
3	91	17	0.6189	0.0443	0.5259	0.6989
4	74	30	0.368	0.0441	0.2825	0.4536
5	44	28	0.1338	0.0311	0.0802	0.2012
TYPE=3，大商超市声誉转移商品为双汇品牌普通猪肉						
1	122	37	0.6967	0.0416	0.6068	0.77
2	85	34	0.418	0.0447	0.3299	0.5036
3	51	21	0.2459	0.039	0.1737	0.3249
4	30	20	0.082	0.0248	0.0419	0.1391
5	10	7	0.0246	0.014	0.0067	0.0645

按照问卷类型分层对被调查者 WTP 的生存率进行估计，不同问卷类型的被调查者生存区间持续存在很大的差别。问卷类型 2 的被调查者生存状况明显优于类型 1 和类型 3。从生存率数据可以看出，问卷类型 2（大商超市声誉转移商品为无品牌有机猪肉）被调查者 WTP 价格区间超过 1 的概率为 90.32%，超过价格区间 5 的概率为 13.38%；问卷类型 1（大商超市声誉转移商品为无品牌普通猪肉）被调查者 WTP 价格区间超过 1 的概率为 78.51%，超过价格区间 5 的概率为 5.79%；问卷类型 3（大商超市声誉转移商品为双汇品牌普通猪肉）被调查者 WTP 价格区间超过 1 的概率为 69.67%，超过价格区间 5 的概率为 2.46%；三者存在明显的差异。说明问卷类型可能引起声誉转移水平存在差异，进而导致被调查者 WTP 区间生存状况的差别。

为了更为直观地观测三者存在的差别，笔者绘制了不同问卷类型下被调查者支付意愿 KM 生存曲线（图 4-4）和按"问卷类型"分层支付意愿 KM 累积风险函数（图 4-5）。从图中可以看出，三种问卷类型的被调查者生存曲线均呈现下降趋势，而风险累积函数图呈现上升趋势，且随着支付意愿价格区间的持续，生存率进一步下降，累积风险进一步上升。就问卷类型分层而言，问卷类型 2 的生存曲线高于问卷类型 1，而问卷类型 1 又高于问卷类型 3；问卷类型 2 的风险累积函数曲线低于问卷类型 1，而问卷类型 1 又低于问卷类型 3。这说明有机猪肉获得大商超市的声誉转移水平高，从而获得的支付意愿水平也高；双汇牌普通猪肉获得大商超市的声誉转移水平低，则获得的支付意愿水平也低。

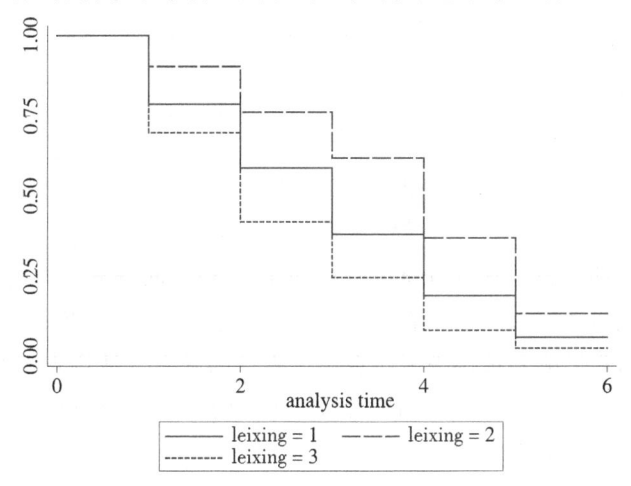

图 4-4 按"问卷类型"分层支付意愿 KM 生存曲线图

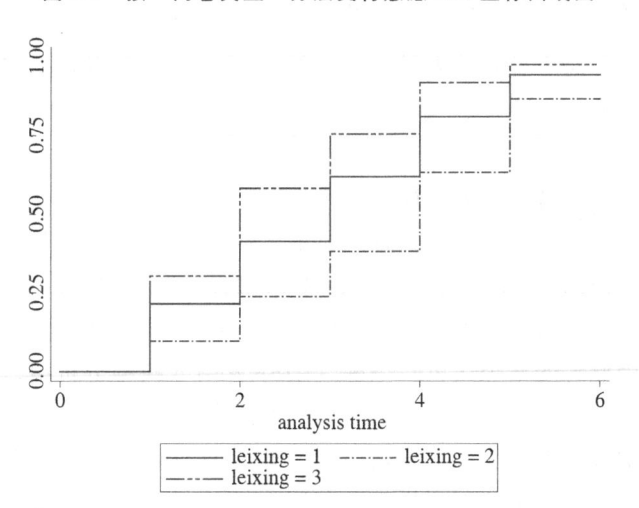

图 4-5 按"问卷类型"分层支付意愿 KM 累积风险函数图

本书利用 KM 估计的对数秩 Log-Rank 检验法，对不同问卷类型被调查者 WTP 的生存函数的差异性进行统计显著性检验，结果如表 4-8 所示。对数秩统计量的值 chi2（2）=37.35，其中 Pr＞chi2＝0.0000，拒绝不存在差异性的原假设，即不同问卷类型分组在价格区间生存持续方面存在显著差异。

表 4-8　KM 估计的对数秩检验结果

分层变量	观察到的事件	期望发生的事件
1	104	99.36
2	101	137.49
3	106	74.15
合计	311	311
chi2（2）＝37.35		
Pr＞chi2＝0.0000		

通过对被调查者支付意愿生存函数 KM 和区间分布的估计，初步对被调查者支付意愿水平的生存状况有了一定的了解。本书重点研究的问题是哪些因素影响到被调查者"退出"事件的发生。被调查者个人因素、对购买产品的认识以及对当前产品安全性的态度都会影响支付意愿，进而影响产品获得的声誉转移水平。

三、变量选择与预期作用分析

被调查者对声誉转移支付意愿（WTP）的影响因素有很多，主要包括被调查者的个人特征、风险感知、消费习惯、社会经济因素、问卷类型等因素。

（1）被调查者的个人特征

本书借鉴国内外 CVM 的研究成果，在被调查者的个人特征方面选取了性别（SEX）、受教育程度（EDUCATION）、年龄（AGE）3 个变量。笔者考虑到被调查者的个人风险偏好程度可能会对声誉转移程度产生影响，因此将变量个人风险偏好（RISK）引入模型分析中。在初始数据的基础上，将受教育程度（EDUCATION）以被调查者受教育年限为标准，将被调查者分成 3 个组别；将年龄（AGE）变量按一定的年龄层级，进一步分成 5 个组别；将风险偏好（RISK）以调查程度为标准，将该变量的数据分成了 3 个组别，组别越高风险偏好越强。

（2）被调查者风险感知程度

首先分析被调查者对产品质量安全方面的风险认知程度，然后再进行产品质量安全等方面的研究。所以，本书在调查问卷中设计风险认知方面的问题，获得被调查者对市场上猪肉质量的认知态度。通过调查消费者对当前产品质量安全现状整体评价（EVALUATION）、是否够识别猪肉的质量好坏并能够确定是否符合标准（SURE）获得其风险感知程度。其中变量"当前产品质量安全现状整体评价"(EVALUATION)分为三个等级：1 满意、2 无所谓、3 不满意，并以虚拟变量的形式引入模型当中；变量"是否能够识别猪肉的质量好坏并能够确定是否符合标准"(SURE)分为三个层级：1 能够识别、2 不确定、3 不能识别，并以虚拟变量的形式引入模型当中。预期被调查者对当前产品质量安全现状整体评价越满意，其对大商超市声誉转移的支付意愿越低；越不能够识别购买猪肉的质量好坏并确定是否符合标准，其对大商超市声誉转移的支付意愿越高。

(3) 被调查者的社会经济因素

被调查者的社会经济因素主要包括：被调查者"所在家庭的月平均收入"(INCOME)、"家庭月平均购买猪肉量"(QUANTITY)两个变量。在新古典经济学消费理论中，收入是影响消费者消费的重要变量。国内外相关研究文献显示，通常情况下，消费者的收入水平越高越倾向于以较高的价格购买相对安全的产品。对于猪肉的消费，家庭的平均收入对购买决策产生的影响更为直接，所以，将被调查者的家庭月平均收入引入模型更为合理。本书将被调查者的家庭月平均收入按照收入水平区间分为 5 个等级。初步预期家庭月平均收入水平等级越高，被调查者对大商超市声誉转移支付意愿水平越高。

"家庭月平均购买猪肉量"(QUANTITY)可能是影响被调查者对大商超市声誉转移支付意愿水平的因素。消费者所在家庭月平均购买量越大，说明该产品在家庭日常生活中越重要，其产品质量安全问题越容易受到关注。本书将变量"家庭月平均购买猪肉量"(QUANTITY)以购买量的范围为标准，将购买量分为 5 个等级，级别越高说明被调查者所在家庭月均消费量越大。初步预期家庭月均购买量等级越高，被调查者越愿意为大商超市声誉转移多支付价格。

(4) 被调查者的消费习惯

被调查者猪肉购买习惯主要包括变量"首先购买猪肉的场所"(PLACE)和"对大商超市的认识"(SUPERMARKET)。本书将变量"购买猪肉的场所"(PLACE)区分为大商超市、农贸市场和其他，通过采用虚拟变量方式引入计量模型。进入 21 世纪后，中国的超市发展迅速，并且农产品选择进驻超市进行销售的数量、品种规模不断增加。与此同时，农贸市场中个体摊贩经营模式逐渐替代了国营的猪肉市场，从而主导了农产品零售。鉴于我国超市的发展特征，预计经常在超市消费的被调查者比经常在农贸市场消费的被调查者更愿意为声誉转移多支付价格。对变量"对大商超市的认识"(SUPERMARKET)区分为大商超市产品质量更有保障、不确定、农贸市场产品质量更有保障。通过采用虚拟变量方式引入计量模型。并预期认为大商超市更有保障的被调查者更愿意为大商超市声誉转移多支付价格。

(5) 问卷类型

本书根据声誉转移的依附产品——猪肉的不同属性,将问卷类型(TYPE)区分为无品牌的普通猪肉、无品牌的有机猪肉、双汇牌的普通猪肉三种。无品牌的普通猪肉类型为1、无品牌的有机猪肉类型为2、双汇牌普通猪肉类型为3。并以虚拟变量的形式引入计量模型。

有机猪肉在生产加工过程中绝对禁止使用农药、激素等人工合成物质,并且不允许使用基因工程技术,需要建立一个全新完整的生产体系、监控体系和追溯体系。但是市场上印有"有机"字样的产品是否是真的有机产品、是否达到有机产品标准,消费者难以辨别。消费者对有机猪肉的品质判断更加困难,所谓的有机猪肉是不是真的符合标准并不好确定。初步预测大商超市的有机猪肉虽然贵,但购买后更放心,降低了消费者的搜寻成本。问卷类型2中,有机猪肉能够得到更多的声誉转移,被调查者更愿意为其多支付价格。

问卷类型3中,以双汇牌猪肉为声誉转移依附产品,不论是在超市销售还是在农贸市场销售,该产品需要符合双汇品牌的最低要求,产品质量与无品牌猪肉相比,品质相对有一定保障。初步预期双汇牌猪肉与无品牌的猪肉相比,大商超市所产生的声誉转移相对有限,造成调查者不愿意为大商超市的声誉转移支付过多。如表4-9所示,各解释变量的描述性统计、定义及其预期方向。

表4-9 变量的定义与描述性统计

变量名称	定义	均值	标准差	预期作用方向
性别 (SEX)	被调查者的性别,0=女性,1=男性	0.5395095	0.499117	—
年龄 (AGE)	被调查者的年龄,18~29岁=1, 30~39岁=2, 40~49岁=3, 50~59岁=4, 60岁以上=5	2.651226	1.329938	+
受教育程度 (EDUCATION)	被调查者受教育年限,高中及以下=1,专科或本科=2,研究生及以上=3	1.929155	0.6362416	+

续表

变量名称	定义	均值	标准差	预期作用方向
家庭月平均收入（INCOME）	被调查者所在家庭的月平均收入，2000元以下=1，2001～5000元=2，5001～7000元=3，7001～10000元=4，10000元以上=5	3.27248	1.092388	＋
家庭月消费猪肉量（QUANTITY）	被调查者所在家庭的月平均消费猪肉量，2千克以下=1，2.1～4千克=2，4千克以上=3	1.866485	0.748125	＋
购买猪肉的地点（PLACE）	被调查者通常购买猪肉的地点，超市=1，农贸市场=2，其他=3	1.553134	0.4978475	—
产品质量现状评价（EVALUATION）	被调查者对当期产品质量安全现状整体评价，EVALUATION1，满意=1，其他=0 EVALUATION2，无所谓=1，其他=0 EVALUATION3，不满意=1，其他=0	2.111717	0.7899983	＋
猪肉质量确定可识别程度（SURE）	被调查者购买猪肉时，是否能够识别猪肉的质量，SURE1，能够识别=1，其他=0 SURE2，不确定=1，其他=0 SURE3，不能识别=1，其他=0	2.027248	0.7712872	＋
对大商超市的认识（SUPERMARKET）	被调查者是否认为大商超市销售的商品比农贸市场在质量方面更有保障，SUPERMARKET1，大商超市更有保障=1，其他=0 SUPERMARKET2，不确定=1，其他=0 SUPERMARKET3，农贸市场更有保障=1，其他=0	1.588556	0.6670872	—

续表

变量名称	定义	均值	标准差	预期作用方向
风险偏好程度（RISK）	被调查者个人风险偏好程度，风险厌恶=1，中等风险偏好=2，高风险偏好=3	1.836512	0.7578203	—
问卷类型（TYPE）	调查问卷的类型，TYPE1，无品牌普通猪肉=1，其他=0 TYPE2，无品牌有机猪肉=1，其他=0 TYPE3，双汇牌普通猪肉=1，其他=0	2.002725	0.8148171	+

四、COX 风险比例模型的选择

由于 Cox 风险比例模型相对简单和稳健，对事件分布没有假定限制，本书运用 Cox 风险比例模型进行实证分析，模型基本形式为：

$$h(p, x) = h_0(p) e^{[\beta_1 x_1 + \beta_2 x_2 + \cdots \beta_m x_m]} = h_0(p) e^{\sum_{i=1}^{m} \beta_i x_i} \quad (4-9)$$

两边取对数为：

$$\ln h(p, x) = \ln h_0(p) + [\beta_1 x_1 + \beta_2 x_2 + \cdots \beta_m x_m] \quad (4-10)$$

其中 $X = (x_1, x_2, \cdots, x_p)$ 是协变量的集合，$h_0(p)$ 为基线风险函数，表示所有的影响因素取值为 0 时的风险函数；参数 β_i 为一单位 x_i 所引起的相对风险度变化倍数的自然对数值。

在 $[p - \Delta p, p)$ 区间内意愿支付的条件概率极限的一般表达式为：

$$h(p, x) = \lim_{\Delta p \to 0} \frac{\text{prob}(p - \Delta p \leq P < p \mid P < p)}{\Delta p} = \lim_{\Delta p \to 0} \frac{1}{\Delta p} p \quad (4-11)$$

被调查者不愿意接受价格 P，在区间 $[P - l, P)$ 却愿意接受的风险概率为 $h(p)$。其累计风险函数 $H(t)$，则生存函数 $S(t)$ 为 $S(t) = 1 - H(t)$。根据风险函数与生存函数之间的关系可知：

$$h_p = 1 - \exp[-\int_{p-1}^{p} h(p, x) dp] = 1 - \exp[-\exp(X'\beta) \int_{p-1}^{p} h_0(p) dp] \quad (4-12)$$

令 $\lambda_p = \text{Ln}[\int_{p-1}^{p} h_0(p) dp]$ 则 (4-12) 式可记为：

$$h_p = 1 - \exp[-\exp(X'\beta + \lambda_p)] \quad (4\text{-}13)$$

若被调查者支付意愿在区间 $[P-1, P)$ 之外的概率为 $1-h_p$，则第 i 个被调查者在区间 j 的相对风险度的似然函数可以表示为：

$$\begin{aligned} L &= h_p \prod_{\in j}(1-h_p) \\ &= [1-\exp(-\exp(X'\beta+\lambda_p))]\prod_{\in j}[\exp(-\exp(X'\beta+\lambda_p))] \end{aligned}$$
$$(4\text{-}14)$$

以 f_i 表示被调查者 i 意愿支付水平所处区间的特征，如果意愿支付水平位于一个完整的区间，如 $[6, 8)$，将 f_i 记为 $f_i=1$。如果是不完整区间，如 $[10, +\infty)$，将 f_i 记为 $f_i=0$，为删失数据。两边同时取对数可将总体样本的相对风险度的对数似然函数表示为：

$$\mathrm{Ln}L = \sum_{i=1}^{n} f_i \{\mathrm{Ln}[1-\exp(-\exp(X'\beta+\lambda_p))]\} - \prod_{\in j} \exp(X'\beta+\lambda_p)$$
$$(4\text{-}15)$$

对（4-15）式运用极大似然迭代法估计，即可得到各因素的回归系数 β。

由前述可知，被调查者支付意愿大于 10，即位于区间 $[10, +\infty)$ 共有 26 个样本，总样本为 367，删失数据不足样本总数的 10%，可以应用生存分析法。本书着重考察被调查者的个人特征、风险感知、消费习惯、社会经济因素、问卷类型等因素对支付意愿生存时间的影响。鉴于此，笔者将被调查者关于支付意愿影响因素的 Cox 风险比例模型设定如下：

$$\begin{aligned} \mathrm{Ln}h(p, x) = &\mathrm{Ln}h_0(p) + [\beta_1 \mathrm{SEX}_i + \beta_2 \mathrm{AGE}_i + \beta_3 \mathrm{EDUCATION}_i \\ &+ \beta_4 \mathrm{INCOME}_i + \beta_5 \mathrm{QUANTITY}_i + \beta_6 \mathrm{PLACE}_i \\ &+ \beta_7 \mathrm{EVALUATION}_i + \beta_8 \mathrm{SURE}_i + \beta_9 \mathrm{SUPERMARKET}_i \\ &+ \beta_{10} \mathrm{RISK}_i + \beta_{11} \mathrm{TYPE}_i] \end{aligned}$$
$$(4\text{-}16)$$

对该模型进行估计，逐步剔除不显著和影响模型整体拟合效果的变量，如 SEX、AGE、EDUCATION、PLACE、QUANTITY。保留较为显著的变量如 INCOME、EVALUATION、SURE、SUPERMARKET、RISK、TYPE。

利用偏最大似然估计法对 Cox 风险比例模型进行估计时，需要满足比例风险假设，同时还应该防止打结事件造成的估计偏差。现有国内大部分关于 Cox 风险比例模型的文献中没有考虑这些问题就直接使用 Cox 比例风险模型，导致模型的选择和模型的结果可能存在一定偏差。

国外研究认为精确离散法可以较好地处理打结事件,本书使用此方法来处理打结事件。该方法基于近似估计在时间 t_i 事件发生的概率,不考虑同时发生事件的顺序。使用 Schoenfeld 残差方法来检验模型变量是否符合比例风险假设。

如表 4-10 所示,比例风险假设检验结果表明在 10% 的显著性水平,变量 RISK 的 chi2 值为 9.09,P 值为 0.0026,在 1% 的显著水平上拒绝了原假设,因此,该变量不符合比例风险假设。

表 4-10 比例风险假设检验结果

变量	rho	chi2	df	Prob>chi2
INCOME	−0.04662	0.59	1	0.4435
EVALUATION2	0.03528	0.39	1	0.534
EVALUATION3	0.07574	1.71	1	0.1904
SURE2	−0.02517	0.2	1	0.656
SURE3	0.04286	0.56	1	0.4548
SUPERMARKET2	−0.00592	0.01	1	0.9164
SUPERMARKET3	0.01315	0.06	1	0.812
RISK	−0.16842	9.09	1	0.0026
TYPE2	0.04996	0.78	1	0.3785
TYPE3	−0.07989	2	1	0.1575
总体检验结果		17.39	10	0.0661

为了更直观地观察到结果,本书以变量 RISK 对数据分组,绘制分组调整后的 KM 曲线和 COX 生存曲线,如图 4-6 所示。RISK=2 和 RISK=3 的 COX 生存曲线和 KM 曲线比较接近,但是 RISK=1 的 COX 生存曲线和 KM 曲线相距较远。同样说明变量 RISK 不符合比例风险假设。

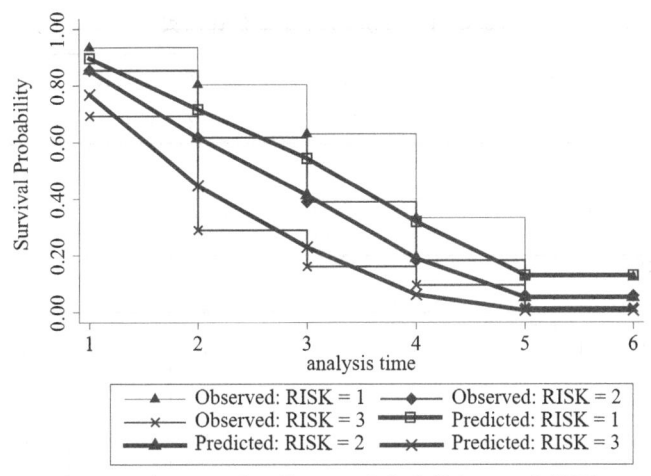

图 4-6　由 RISK 分层的 COX 生存曲线和 KM 曲线图

五、COX 模型分层修正

由于模型不符合比例风险假设，需要选择扩展的 Cox 模型进行修正。由 RISK 分层的 COX 生存曲线和 KM 曲线图可知，经过变量 RISK 分层的样本在生存时间方面的差异具有统计显著，因此，本书构建由变量 RISK 分层的 Cox 模型，它是 Cox 比例风险模型的扩展。分层的 Cox 模型对不满足比例风险的协变量 RISK 进行分层控制，将满足比例风险假设的协变量纳入 COX 模型中。对于不满足风险比例假设的分层协变量 RISK，不再纳入模型中。由 RISK 变量分层的修正 Cox 风险模型如下：

$$h_g(p, x) = h_{0g}(p) \cdot \exp[\beta_{1g} \text{INCOME} + \beta_{2g} \text{EDUCATION} + \beta_{3g} \text{SURE} + \beta_{4g} \text{SUPERMARKET} + \beta_{5g} \text{TYPE}]$$

其中，模型中符号 g 代表由变量 RISK 进行的分层，分别为 1，2，3。分层 COX 模型的估计结果如表 4-11 所示。

表 4-11 中模型的 LR chi2（9）=162.78，其 P 值为 Prob＞chi2=0.0000，拒绝模型无效的原假设，说明模型的整体拟合效果较好。表中系数一列，是分层 Cox 回归模型的参数估计，表示协变量变化一个单位对 $\ln\left(\dfrac{h_g(p, x)}{h_{0g}(p)}\right)$ 相对风险率的影响。而系数的指数形式 $e^{(\text{coefficient})}$ 为风险比率，说明协变量每单位的变化对风险 $h_g(p, x)$ 的影响。

表 4-11 分层 COX 模型估计结果

协变量	系数	标准差	Z 统计量	P 值	相对风险比率
INCOME	−0.2389749	0.05798	−4.12	0.0000	0.7874347
EVALUATION2	−0.4574419	0.1591217	−2.87	0.0040	0.6329006
EVALUATION3	−0.7919256	0.174113	−4.55	0.0000	0.4529717
SURE2	−0.2223648	0.1486131	−1.5	0.1350	0.8006233
SURE3	−0.5309066	0.1635096	−3.25	0.0010	0.5880716
SUPERMARKET2	0.0641876	0.1353455	0.47	0.6350	1.066292
SUPERMARKET3	0.4981247	0.225429	2.21	0.0270	1.645632
TYPE2	−0.4703238	0.1447146	−3.25	0.0010	0.6247999
TYPE3	0.5900529	0.146411	4.03	0.0000	1.804084
Number of obs=367			LR chi2（9）=162.78		
Prob>chi2=0.0000			Log likelihood=−1707.5602		

结果显示，在影响被调查者支付意愿的协变量中，家庭的月平均收入（INCOME）、产品质量现状评价（EVALUATION）、猪肉质量确定可识别程度（SURE）、对大商超市的认识（SUPERMARKET）、问卷类型（TYPE）等因素对被调查者的 WTP 生存持续水平有显著的影响，其对 WTP 水平的作用方向大部分与预期相同。

变量"家庭月平均收入"（INCOME）的系数为−0.2389749；相对风险比率为 0.7874347。说明被调查者家庭月平均收入（INCOME）与声誉转移 WTP 水平区间的退出风险负相关，INCOME 的提高会降低 21.26% 的退出风险。在其他条件不变的情况下，被调查者家庭月平均收入水平越高，为产品声誉转移的支付意愿水平也越高。

在风险感知方面，变量"产品质量现状评价"（EVALUATION）以虚拟变量的形式呈现估计结果。EVALUATION1 表示被调查者对当期产品质量安全现状整体感到满意；EVALUATION2 表示被调查者对当期产品质量安全现状整体感到无所谓、不太关注；EVALUATION3 表示被调查者对当期产品质量安全现状整体感到不满意。结果显示，EVALUATION2 的系数为−0.4574419，其相对风险比率为 0.6329006；EVALUATION3 的系数为−0.7919256，其相对风险比率为 0.4529717。EVALUATION2 会降低 36.71% 的退出风险；EVALUATION3 会降低 54.7% 的退出风险。说明被调查者对当期产品质量安全现状的满意程度与声誉转移 WTP 水平区间的退出风险负相关。在其他条件不变的情况下,被调查者对当期产品质量安全现状越满意,为产品声誉转移的支付意愿水平也越高。这与预期结果相同,原因是消费者对目前产品质量状况越担忧,为了能够获得高声誉、有一定质量保障的产品,更愿意多支付额外价格。

变量 SURE 用来描述被调查者购买猪肉时,是否能够识别猪肉的质量,该变量以虚拟变量的形式呈现估计结果。SURE1 表示被调查者能够识别购买猪肉的质量;SURE2 表示被调查者不确定是否能够识别购买猪肉的质量;SURE3 表示被调查者不能够识别购买猪肉的质量。协变量 SURE2 估计结果的 Z 统计量为 -1.5,对应的 P 值为 0.1350,说明该变量的影响并不显著。协变量 SURE3 估计结果的 Z 统计量为 -3.25,对应的 P 值为 0.0010,在 1% 的水平上具有统计显著性。同时 SURE3 的系数为 -0.5309066,其相对风险比率为 0.5880716,会降低 41.2% 的退出风险。在其他条件不变的情况下,被调查者购买猪肉时,越不能够识别猪肉的质量,为产品声誉转移的支付意愿水平也越高。这与预期结果相同,原因是消费者出于节省甄别和搜寻成本的目的,更愿意为声誉好、有一定质量保障的产品,支付额外价格。协变量 SURE2 由于不具有统计显著性,与预期的作用方向有所不同。

协变量"SUPERMARKET"表示被调查者是否认为大商超市销售的商品比农贸市场在质量方面更有保障。该变量以虚拟变量的形式呈现估计结果。SUPERMARKET1 表示被调查者认为大商超市销售的商品比农贸市场在质量方面更有保障;SUPERMARKET2 表示被调查者不能确定大商超市销售的商品是否比农贸市场在质量方面更有保障;SUPERMARKET3 表示被调查者并不认为大商超市销售的商品比农贸市场在质量方面更有保障。协变量 SUPERMARKET2 估计结果的 Z 统计量为 0.47,对应的 P 值为 0.6350,说明协变量不具有统计显著性。SUPERMARKET3 估计结果的 Z 统计量为 2.21,对应的 P 值为 0.0270,在 5% 的水平上具有统计显著性。同时 SUPERMARKET3 的系数为 0.4981247,其相对风险比率为 1.645632,会提高 64.56% 的退出风险。在其他条件不变的情况下,被调查者对农贸市场越认可,其产品声誉转移的支付意愿水平越低。但是协变量 SUPERMARKET2 由于不具有统计显著性,与预期的作用方向有出入。

问卷类型是本书实证分析的重点,前面的分析中已经通过 KM 曲线和 KM 风险累积函数曲线说明了三种问卷类型的被调查者的支付意愿水平存在显著差异。此处,引入了其他影响因素以后再考察三种问卷类型对产品声誉转移的影响。

变量"问卷类型"（TYPE）以虚拟变量的形式呈现估计结果。TYPE1表示声誉转移的依附产品为无品牌的普通猪肉；TYPE2表示声誉转移的依附产品为无品牌的有机猪肉；TYPE3表示声誉转移的依附产品为双汇牌的普通猪肉。结果显示，TYPE2的系数为－0.4703238，其相对风险比率为0.6247999，且在1%的水平上显著；TYPE3的系数为0.5900529，其相对风险比率为1.804084，且在1%的水平上显著。TYPE2会降低37.52%的退出风险；TYPE3会提高80.4%的退出风险。说明问卷类型2与声誉转移WTP水平区间的退出风险负相关。在其他条件不变的情况下，如果是问卷类型2，被调查者为产品声誉转移的支付意愿水平高；如果是问卷类型3，被调查者为产品声誉转移的支付意愿水平降低。究其原因是有机猪肉是否是真的有机产品、是否达到有机产品标准，消费者难以辨别。消费者对有机猪肉的品质判断更加困难，所谓的有机猪肉是不是真符合标准并不好确定。初步预测大商超市的有机猪肉虽然贵，但购买更放心，降低了消费者的搜寻成本。有机猪肉的甄别困难和不确定性使其能够得到更多的声誉转移。而以双汇牌猪肉为声誉转移依附产品，不论是在超市销售还是在农贸市场销售，该产品需要符合双汇品牌的最低要求，产品质量与无品牌猪肉相比，品质相对有一定保障，甄别难度和不确定性相对偏低。所获得的声誉转移相对有限，造成调查者不愿意为大商超市的声誉转移支付过多。

此外，研究结果还表明，协变量被调查者的"性别"（SEX）、"年龄"（AGE）、"受教育情况"（EDUCATION）、"家庭月平均消费猪肉量"（QUANTITY）、"购买猪肉的场所"（PLACE）这几个变量对声誉转移水平影响并不显著。

六、模型稳健性检验

以协变量"RISK"分层的COX模型取得了较好的拟合结果，然而模型存在受到不同观测期和不同样本影响的可能性，为了排除该因素对模型稳健性的影响，本书按照问卷调查方式的不同对总体样本重新进行分组，用来说明模型样本的选取不会影响模型计量结果的准确性。验证以"RISK"变量分层的Cox模型是否具有稳健性。

在对表4-12中分层Cox模型稳健性检验结果的分析中，我们发现模型在不同观测期和样本群体中展现出了较高的稳健性。关键指标如似然统计量和LR chi2值显示，模型对数据有良好的拟合效果，且添加的协变量显著提高了模型的拟合度。尤其值得注意的是，收入（INCOME）

作为一个协变量，在所有模型中都显示出对支付意愿持续时间的显著影响，其相对风险比率一致地低于1，说明收入越高，退出支付意愿的风险越低。其他协变量，如产品质量评价（EVALUATION）、质量确定性（SURE）、超市购物习惯（SUPERMARKET）和问卷类型（TYPE）在不同组别中表现出的显著性和影响方向不尽相同，反映了不同群体的消费行为的多样性。这些差异可能揭示了不同消费者群体的特定行为模式。总体而言，这些发现不仅提供了深入理解消费者支付意愿的重要经济学洞见，也证实了模型在不同条件下的有效性和稳健性。

表 4-12 分层 COX 模型稳健性检验结果

协变量	第一组被调查者		第二组被调查者		第三组被调查者	
	相对风险比率	Z统计量	相对风险比率	Z统计量	相对风险比率	Z统计量
INCOME	0.697127***	−2.73	0.810999***	−2.57	0.6657607***	−2.87
EVALUATION2	0.6374413	−1.33	0.5079372***	−3.23	0.9297744	−0.09
EVALUATION3	0.422114**	−2.51	0.3256622***	−4.43	0.5763657	−0.6
SURE2	0.7519211	−0.8	0.7940298	−1.18	0.9645754	−0.09
SURE3	0.6236746	−1.3	0.4875323**	−2.91	0.5636605	−1.54
SUPERMARKET2	1.276014	0.8	1.023518	0.12	1.007694	0.02
SUPERMARKET3	2.877283**	2.34	1.483639	1.32	1.639526	0.63
TYPE2	0.5489602**	−1.98	0.6819882	−1.9	0.512494**	−1.97
TYPE3	1.467767	1.24	2.135541***	3.51	1.769922*	1.89
模型总体检验结果	LR chi2 (9) =31.17 Prob>chi2=0.0003 Log likelihood=−192.7		LR chi2 (9) =72.05 Prob>chi2=0.0000 Log likelihood=−552.87		LR chi2 (9) =28.67 Prob>chi2=0.0007 Log likelihood=−191.79	

本章为纵向合作组织中声誉转移的经验研究。通过应用 CVM 方法，探索了声誉转移的理论基础，并运用意愿价值评估法对纵向合作中的声誉转移进行了定量分析。经过数据分析得出结论，纵向合作组织确实存在声誉转移现象，且其影响因素复杂多样。使用 Logit 模型和生存分析模型，本书证明了声誉转移在纵向合作中不仅存在，而且其水平受到多种因素的影响，包括组织结构、市场环境和个体行为等。

与现有研究相比，本章的研究在多个方面进行了创新和推进。首先，提供了声誉转移研究的新方法论——CVM方法和意愿价值评估法。其次，本章研究方案设计及样本选择为声誉转移的经验研究提供了新的视角。最后，本章研究通过使用计量模型深化了对纵向合作声誉转移影响因素的理解。

鉴于研究发现，建议纵向合作组织应重视声誉转移的管理。具体而言，组织应建立有效的声誉管理机制，加强内部沟通，确保声誉的积极传递。同时，组织应通过透明的信息共享和正面的品牌宣传策略，对外塑造良好的形象。对于负面声誉转移的风险，应制定相应的风险管理策略，减少其对组织声誉的潜在损害。

本章的研究虽然在理论和实证上取得了一定的成果，但仍存在一些局限性。例如，样本的范围和数量可能限制了研究结论的普适性。此外，本章的研究主要集中在特定的纵向合作环境中，可能无法全面反映其他类型或范围的合作模式。

针对研究中的不足，未来的研究应扩大样本范围，包括不同行业和不同规模的组织，以增强研究的普遍性和适用性。同时，应考虑将更多变量纳入研究框架中，如组织文化、技术创新等，以更全面地理解和解释声誉转移现象。最后，未来研究还应探索如何利用新兴技术（如人工智能和大数据分析）来优化声誉管理和评估方法。

第五章　组织中声誉转移的责任追索机制

虽然自我履约机制与司法手段的法院制裁相比，更节约成本、实用性更强。但是自我履约的惩罚力度有限，不能依靠自我履约机制解决所有的问题。因此，需要司法手段与自我履约两种机制相结合。纵向合作成员企业间的信任度越高，越没有动用正式合同的动机，法律惩罚的使用机会就减小。同时法律越完善，正式合同越能有效得到执行，自我履约的作用变小；法律健全、司法执行效率高，能增加自我履约的执行效力，这是二者之间的互补性。许多交易需要自我履约和法律同时执行，其中显性合同部分由法律惩罚，隐性合约部分依靠自我履约。二者缺一不可，任何机制缺乏，都会影响合约的执行效率。

现实中，纵向合作引发的相关责任纠纷如责任区分不明确、合作者之间推诿扯皮等现象在近些年来呈现上升的趋势。由此，对于纵向合作责任追索相关问题研究的重要性日渐凸显，受到了更多的关注。纵向合作引发的责任推诿现象产生的原因，与一定的社会因素和相关法律制度等因素有密切的关系。目前在我国，关于纵向合作责任的纠纷并没有直接的法律作出明确规定。而与之相关的法律规定如产品的标识与缺陷，以及生产者信息等方面也存在着相互矛盾的情况，不完善的法律导致在实施过程中效果不佳，很难达到法律的初衷。相对而言，美国和欧盟等众多发达国家则明确主张追究纵向合作生产中成员企业的连带责任。我国的纵向合作违约现象频发，亟须采取措施，正视成员企业的责任界定，进一步统一并完善相关法律，从法律的角度构建纵向合作责任追索制度。然而现实情况是，纵向合作责任的具体划分和界定具有一定争议，在法律方面，适用不同的法律或采用不同的标准对责任纠纷的解决会起到完全不同的效果。出现纵向合作违约情况后，相关当事人可能会由此深陷长达多年的法律诉讼，一些真正违规的企业可以通过法律的漏洞来逃避相关责任，甚至有些弱势成员反而接受了处罚，导致消费者权益不能得到维护、纵向合作成员企业的不公平问题。这些问题的存在严重阻碍了纵向合作的进一步发展和消费者权益的维护。因此，从经济理论的角度研究纵向合作责任的追索愈发显得重要和紧迫。

第一节 纵向合作的违约惩罚

一、违约惩罚的基本原理

为了保证合约或交易能够顺利进行,设立对违约行为的惩罚机制是必不可少的。违约惩罚的基本原理是通过惩罚手段和措施,改变违约者获得的违约收益和所需付出的违约成本,从而增加违约者长期收益和短期违约收益之间的差距。这样做旨在改变其在博弈过程中的收益支付矩阵,使得存在机会主义的潜在违约者认为违约得不偿失。如表 5-1 所示,这一概念可以通过囚徒困境中的违约惩罚机制支付矩阵来解释。

表 5-1 囚徒困境博弈

	B合作	B违约
A合作	a,a	L,h
A违约	h,L	b,b
	B合作	B违约
A合作	a,a	$L+F-c, h-F-R$
A违约	$h-F-R, L-F-c$	b,b

在表 5-1 中,纵向合作的两个成员企业 A 和 B 各有两种选择:一是 A 企业认为 B 企业是诚信的,从而选择信任 B 企业;二是 A 企业认为 B 企业不可信,从而选择不信任 B 企业。如果 A 企业不信任 B 企业,则双方交易无法达成,博弈结束。现在分析 A 企业和 B 企业都信任对方的情况。情形一:如果 A 企业和 B 企业都选择合作策略,那么二者均可获得 a 单位的收益;情形二:如果 A 企业和 B 企业都选择不合作,二者均获得 b 单位的收益,其中 $h>a>b>L$;情形三:如果 A、B 企业中任一方选择不合作,则不合作的一方将获得 h 单位的收益,而合作的一方只能获得 L 单位的收益。从以上描述可以看出,在该支付矩阵中,A 企业和 B 企业的占优策略是双方都选择不合作。为了实现纵向合作的更大收益,引入违约惩罚机制。A、B 企业事先签订协议,规定如果任一方采取不合作违约行为,则违约方须向合作方支付 F 单位的罚款,并承担声誉损失 R。同时,将监督成本表示为 C。当声誉损失 R 和惩罚力度 F 符合特定条件时,双方的纳什均衡可能从(不合作,不合作)转变为(合作,合作)。下面是一个算例:给定 $a=5, b=2, h=10, L=0, R=1$。为了

惩罚机制有效,惩罚力度 F 需要满足 $F>4$ 这一条件。假设此时的惩罚力度 F 为5,满足惩罚机制要求,此时 A、B 企业双方可以实现(合作,合作)这一纳什均衡。在该情况下,企业双方可以建立基于合作诚信的交易条件。

上面分析的是信息完全的情况,下面考虑不完全信息博弈的情况,假设 A 企业选择合作策略的概率为 P,选择不合作策略的概率为 $1-P$;而 B 成员企业采取合作策略的可能性为 q,因此 B 成员企业采取违约策略的概率是 $1-q$。

现在假设 $a=5$,$b=2$,$h=10$,$L=0$,$R=1$,则在 $F>4$ 的情况下,惩罚能够起作用,假设惩罚力度满足 $F=5$ 此时能够实现交易双方的合作结果。要实现合作诚信的经济交易环境,这种惩罚机制是必不可少的。现实交易过程中信息是不完全的,假设参与企业 A 选择合作策略的概率为 P,选择不合作策略的概率为 $1-P$,参与企业 B 选择合作策略的概率为 q,选择不合作策略概率为 $1-q$。则企业 A、B 之间的混合策略纳什均衡为:

对于参与者企业 A:
$$qa+(1-q)^*(L+F-c)=q^*(h-F-R)+(1-q)^*b \quad (5\text{-}1)$$
对于参与者企业 B:
$$pa+(1-p)^*(L+F-c)=p^*(h-F-R)+(1-p)^*b \quad (5\text{-}2)$$
可得:
$$p=q=-(b-F+c-L)/(a-L+c-h+R+b) \quad (5\text{-}3)$$
现将 $a=5$,$b=2$,$h=10$,$L=0$,$R=1$ 代入,则上式变为:
$$p=q=(F-c-2)/(3-c) \quad (5\text{-}4)$$
$\frac{\partial p}{\partial F}=\frac{\partial q}{\partial F}=1$,可知 p、q 分别和 F 成正相关关系,说明对违约行为的惩罚力度越大,参与企业保持合作的概率就越大。
$$\frac{\partial p}{\partial c}=\frac{\partial q}{\partial c}=(2c-1-F)/(3-c)^2 \quad (5\text{-}5)$$
当 $F>1+2c$ 时,
$$\frac{\partial p}{\partial c}=\frac{\partial q}{\partial c}<0 \quad (5\text{-}6)$$
说明在其他条件不变的情况下,对违约行为的惩罚成本越高,博弈双方达到(合作,合作)纳什均衡的概率就越小。

二、纵向合约主体博弈分析

该部分以对社区责任制度（CRS）的分析为理论基础[①②]，借鉴吴德胜、李维安的分析方法，通过扩展、修正，用于声誉导向的纵向合作机制分析[③]。本书进行纵向合作机制的分析方法的最大区别是，商盟侧重卖家横向合作。而本书侧重纵向环节企业之间的合作机制。

假设在市场上存在某产品生产的各环节企业。

假设一，市场上对该种产品的总需求量为 Q。某单一企业产品的市场需求量与其声誉 r 相关，其需求量为 rQ，说明单一企业的声誉越高，市场需求量越大，反之则越小。

假设二，将博弈局限于单边的囚徒困境博弈中，即假设市场上只有产品供给者才会存在欺诈等道德风险的机会主义行为，而购买者没有机会发生道德风险行为。

假设三，假如产品供给者选择机会主义行为——进行欺骗，即以较低成本 $\underline{C}$ 销售产品，该供给者能够获得 H 的收益；如果供给者选择合作行为——诚实守信，即以较高成本 $\overline{C}$ 销售产品，则可以获得 L 的收益。同时假设贴现因子为 δ。

假设四，假设市场上存在信息传播机制，如果单一的供给者以低质量产品进行欺骗，则有 ρ 的概率被发现，且消费者会将该供给者的欺骗信息传递给周围的相关消费者，造成该供给者的声誉下降 Δr，声誉下降使得产品的市场需求量下降 ΔrQ。欺骗行为引起的需求量下降程度为 $\Delta r\rho Q$。Δr 衡量了信息的传播速度和传递范围，速度越快、传递范围越广，则声誉下降程度 Δr 越大。

1. 不存在纵向合作声誉转移情况下企业与消费者之间的博弈

如果单个企业不加入纵向合作关系，则该企业只为自己的个人声誉负责。单个企业对消费者实现欺诈能够获得短期的收益为 $H-L$，但是受骗的消费者将会把该信息传递给周围相关消费者，获得该企业欺骗信

---

① GRIEF A. Cultural Beliefs and Organization of Society: A Historical and Theoretical Reflection on Collectivist and Individual [J]. Journal of Political Economy, 1994 (102): 912-950.

② GRIEF A. Impersonal exchange without impartial law, the community responsibility system [J]. Chicago Journal of International Law, 2004 (5): 107-136.

③ 吴德胜, 李维安. 集体声誉、可置信承诺与契约执行——以网上拍卖中的卖家商盟为例 [J]. 经济研究, 2009, 44 (6): 142-154.

息的相关消费者将对其实施集体惩罚。消费者对其实施集体惩罚使得其产品市场需求量下降为 $\Delta r\rho Q$。因此，单个企业选择欺骗会导致其损失 $\Delta r\rho Q \dfrac{\delta}{1-\delta} L$ 的长期收益。

当 $H-L \leqslant \Delta r\rho Q \dfrac{\delta}{1-\delta} L$，即 $\dfrac{H-L}{L} \leqslant \Delta r\rho Q \dfrac{\delta}{1-\delta}$ 时，供给者选择保持诚信行为，不欺骗。

其中，$\dfrac{H-L}{L}$ 为单个企业采取欺骗行为获得的短期收益率。在违约行为不易被发现和违约信息传播速度慢、范围小的情况下，不等式的右边 $\Delta r\rho Q \dfrac{\delta}{1-\delta}$ 相对较小。要想单个企业保证采取诚信行为，只能采取措施使得企业获得的短期欺骗收益足够低，以至低于不等式右边。

2. 消费者与纵向合作组织之间的博弈

假设纵向合作组织以集体声誉进行产品销售，且纵向合作组织中有 n 个成员企业。假定品牌所有者注重对集体声誉利益进行维护。在某一成员企业存在违约行为时，如果纵向合作组织能够及时处罚该成员企业，并争取消费者的原谅就不会对集体声誉造成影响，消费者不会对纵向组织实施惩罚。如果纵向合作组织不能够处罚欺骗的成员，整个纵向合作组织可以得到 $H-L$ 暂时收益，但其集体声誉遭到损害，随后将有相关消费者对整个纵向合作集体声誉实施联合抵制，使整个纵向合作组织的声誉下降 Δr，导致纵向合作市场需求量下降 $\Delta rn\rho Q$，纵向合作长期收益损失 $\Delta rn\rho Q \dfrac{\delta}{1-\delta} L$ 的长期收益。只要 $\dfrac{H-L}{L} \leqslant \Delta rn\rho Q \dfrac{\delta}{1-\delta}$，纵向合作组织将会对有欺骗行为的成员企业实施处罚。

此时，不等式右边是前一不等式右边的 n 倍，也就是说纵向合作以其集体声誉做担保大大增强了其可置信承诺。该结论与格雷夫（A. Greif）等的研究比较类似。[①]

从不等式 $\dfrac{H-L}{L} \leqslant \Delta rn\rho Q \dfrac{\delta}{1-\delta}$ 中可以看出，在贴现因子 δ、违约行为发现概率 ρ 和信息传播 Δr 一定的情况下，随着纵向合作成员企业数目的增加，需求下降得也越快，且惩罚力度也变大。极端情况下，产品

---

① GRIEF A. Cultural Beliefs and Organization of Society: A Historical and Theoretical Reflection on Collectivist and Individual [J]. Journal of Political Economy, 1994 (102): 912-950.

市场上所有的企业参与到一个纵向合作关系中时，惩罚力度达到最大。

3. 品牌拥有者与成员企业之间的惩罚

当纵向合作组织成员企业选择欺诈策略时，纵向合作组织需要通过惩罚措施对违约成员企业进行惩罚。只有实行惩罚措施才能使得消费者相信纵向合作中的集体声誉，避免纵向合作中其他成员企业遭受集体声誉损害带来的损失。纵向合作以品牌拥有者抵押其所在组织的集体声誉增强对消费者承诺的可置信性。

假设企业加入纵向合作关系后可以得到的集体声誉收益为 $f(n)$，n 为纵向合作关系成员企业的数目。但是由于条件限制，纵向合作成员企业数目不可能无限地增加。首先，成员企业比较分散，随着成员企业数目不断增加，纵向合作内部的协调成本就会上升。其次，纵向合作关系成员企业数目增加，使得成员企业可能更容易"搭便车"。最后，成员企业的数量增多会提高监督成本。因此，$f(n)$ 先递增后递减，即纵向合作中存在成员数目最优值，使得纵向合作净收益最大化。成员企业从加入纵向合作中得到的长期收益大于违约处罚得到的短期收益时，即 $H-L \leqslant \dfrac{\delta f(n)}{1-\delta}$ 时，成员企业才会遵守纵向合作的规章制度。

三、默认合约

格雷夫认为在多次重复博弈过程中，交易参与者之间建立长期合作关系有利于维护双方的信任关系。[①] 如果长期合作带来的收益高于违约所获得的短期收益，则理性的参与者会倾向于选择合作，有利于双方建立持久的合作关系。双边惩罚机制需要可信赖的惩罚手段和足够的威慑力作为支撑。在纵向合作中，如果合约事前明确规定了违约的惩罚措施，一旦交易者违约，即可对其实施相应惩罚。最严重的私人惩罚是断绝与违约者的合作，剥夺其长期收益的机会。有学者认为终止合作关系是最有效的惩罚机制。[②]

在纵向合作中，品牌拥有者与成员企业通过采用默认合约建立合约履行的保护性机制，确保合约的有效性。这类合约主要应对合约中未明

---

① GRIEF A. Cultural Beliefs and Organization of Society: A Historical and Theoretical Reflection on Collectivist and Individual [J]. Journal of Political Economy, 1994 (102): 912-950.

② TELSER L G. A theory of self-enforcing agreements [J]. Journal of Business, 1980: 27-44.

确约定的承诺,通过抵押金、市场份额分配等激励或惩罚手段来保障合约的顺利执行。品牌拥有者可在无须第三方干预的情况下通过终止合约来处罚违约方,确保违约者的收益总是小于合作带来的长期收益。意识到违约可能导致合作关系终止和巨大代价,成员企业更倾向于遵守合约,从而加强合约的强制性。王姚瑶指出,通过提高违约成本和增加惩罚力度,默认合约可有效抑制违约者的机会主义行为,避免严重损失。[1]

在纵向合作关系合约中,成员企业违约获得的短期收益为 π_1,由于违约被驱逐出纵向合作关系而损失长期收益的贴现值为 π_2。π_2 为纵向合作成员企业的私人履约资本,即对违约企业进行私人惩罚的基础。它由被驱逐出纵向合作关系中的直接损失和声誉损失两部分组成。违约者被驱逐出纵向合作关系带来的直接损失主要是由专用性投资造成的沉没成本损失和默认合约保护措施为其带来的损失。沉没成本损失由 $\sum_{t=0}^{n} \frac{k_t}{(1+r)^t}$ 表示。默认合约保护性措施带来的损失主要包括声誉使用费用抵押、保证金、交易中权利的相互渗透,用 $\sum_{t=0}^{n} \frac{p_{1t}}{(1+r)^t} + \sum_{t=0}^{n} \frac{p_{2t}}{(1+r)^t} + \cdots + \sum_{t=0}^{n} \frac{p_{it}}{(1+r)^t}$ 表示,其中 i 为给违约者带来损失的不同默认合约措施类型。还有一种损失为违约者个人声誉遭到破坏带来的损失,主要是增加其他交易者对他的不信任,获得交易的机会减小。声誉贬值的损失由 $\sum_{t=0}^{n} \frac{R_t}{(1+r)^t}$ 来表示。纵向合作关系中成员企业违约所面临的损失可以综合成如下公式:

$$\pi_2 = \sum_{t=0}^{n} \frac{k_t}{(1+r)^t} + \sum_{t=0}^{n} \frac{p_{1t}}{(1+r)^t} + \sum_{t=0}^{n} \frac{p_{2t}}{(1+r)^t} + \cdots \\ + \sum_{t=0}^{n} \frac{p_{it}}{(1+r)^t} + \sum_{t=0}^{n} \frac{R_t}{(1+r)^t}$$

(5-7)

当 $\pi_1 < \pi_2$ 时,成员企业违约得不偿失,因此选择保持合作,纵向合作能够顺利进行。为了能够满足这一条件,需要采取措施扩大自我履约范围,即增加 π_2。纵向合作组织者可以通过采取奖惩措施激励成员企业遵守合约。如果加入纵向合作成员企业选择诚信策略确保合约能够顺利执行,则转移一部分租金给他作为奖励;如果纵向合作成员企业发生违约,则不会给违约者租金转移。通过租金转移增加了成员企业的违约成本。通过与履约情况相关的奖赏、惩罚,使得私人履约资本在不平衡

---

[1] 王姚瑶. 关系专用性投资中的准租金挤占与治理研究——以4S特许汽车经营合约为例[D]. 东北财经大学, 2013: 24-60.

纵向合作成员企业之间进行转移。确保纵向合作处于 $\pi_1 < \pi_2$ 的条件下。在该条件下，纵向合作中所有成员企业违约的短期收益低于惩罚带来的损失，抑制了纵向合作成员企业潜在的机会主义行为，确保合约的顺利履行。

四、利益共享

利益共享机制可以有效减少纵向合作成员企业的违约倾向，并促进纵向合作供应链的协调与稳定。它通过合理分配纵向合作供应链中的租金（包括声誉租金在内），成为维持纵向合作的保护性措施。在纵向合作关系合约中，租金让渡并不总是优势地位方对弱势方的挤占，更多情况下是通过利益共享实现共同获益，促进纵向合作关系的稳定，并确保合约的有效履行。据国内外学者的研究案例和调查显示，在非一体化的纵向关系合约中，事后准租金协商分配才是常态的分配方式，而非准租金挤占，这也是这类合约长期存在的原因。

在特许经营案例，如麦当劳案例中，利益共享的作用得到了实践检验。经营良好的纵向合作关系中存在着大量的声誉租金。纵向合作关系中的品牌拥有者和成员企业都希望获得尽可能多的租金。尽管品牌所有者作为合作的组织者拥有优势地位，可以抽取所有租金，但在利益共享机制下，他们通常会选择留下一部分租金给成员企业，从而确保纵向合作关系中有充足的租金供成员企业分享。这样做不仅减少了成员企业违约的可能性，还促进了纵向合作关系的稳定性和协调性。

当纵向合作成员企业出现违约，该成员企业将会失去能够共享的利益，丧失的利益可能是未来的签约机会、市场份额或者更大比例分成。如果成员企业的违约情况特别严重就有可能被驱逐出纵向合作，将会彻底失去纵向合作共享利益。只有当品牌拥有者有驱逐纵向合作违约成员企业的权力时，这种机制才能有效发挥作用。共享利益机制起作用主要通过自我执行实现，并不需要使用法律或法庭裁决。

纵向合作中如果发现任何一个成员企业违约，其他企业随之可以提出终止合约，品牌所有者作为纵向合作组织者可以更方便地提出终止要求。因此，对于成员企业而言，如果选择诚信合作策略，其能够获得利益分享；如果选择违约被驱逐出纵向合作，该企业不但不能获得利益分享，同时声誉也会受到损害。解除合约关系的威胁给违约者带来的损失足够大，促使成员企业努力履行合约、诚信合作。

为保证纵向合作的效率，使纵向合作能够获取更多的租金，品牌所有者在组建纵向合作时会对成员进行严格的考查。期望通过信号显示机制让高品质、诚信的企业进入纵向供应链中，减少违约发生的概率，为纵向合作链条获得更多的租金。纵向合作中品牌使用者通过合理的品牌使用费、让渡部分声誉转移租金，对申请加入成员企业进行筛选，确保能够将低品质的成员企业排斥在纵向合作之外，保证真正合格的企业能够加入纵向合作关系，实现对成员企业更好的控制。

纵向合作中未来的签约机会也能起到维护合约执行的目的，纵向合作到期后，声誉所有者只和表现良好的成员企业继续签约，激励企业努力履约，以期获得下一个签约期的合作权。

可见，利益共享机制通过让渡事前和事后租金抑制了成员企业的违约行为，确保了纵向合作的稳定性。在利益共享机制下，纵向关系品牌拥有者为成员企业提供租金分享，企业违约不仅会影响当前收益，还可能会被驱逐出纵向合作关系。所以，只有在获得事前租金的前提下，事后租金才能为成员企业提供激励，使纵向合作成员企业在合同关系中随时都对自己的违约行为负责。

五、自我履约

在纵向合作中，成员企业之间相互监督、制衡和集体声誉的约束，确保了合作的稳定性。纵向合作共享的集体声誉，对于内部成员企业而言是一种公共物品。如果纵向合作拥有良好的集体声誉，内部每个成员企业都能获得声誉转移带来的好处。然而，良好的集体声誉是内部所有成员企业集体维护建立的，如果集体声誉比较高，则纵向合作中的所有成员企业能获得收益。然而只有纵向合作中的所有企业都选择诚信策略时，才能够维护集体声誉，这种情况与公共品博弈非常相似。对于纵向合作关系总体而言，纵向合作成员企业的经营策略有两种：诚信的合作策略和不诚信的非合作策略。假如每个成员企业都选择诚信的合作策略，则集体声誉得到维护，每个企业都会从中受益；如果成员企业只注重个人私利，选择不诚信非合作策略，对集体声誉"搭便车"，即使只有个别成员企业存在这样的行为，都会损害集体声誉，给其他成员企业造成损失。对集体声誉的维护只依靠成员企业自愿供给行为是难以实现的，需要引入制衡机制。纵向合作中的制衡机制其实就是运用惩罚机制对违约成员企业进行惩罚，甚至从纵向合作中清除该违约企业，或者减少违约企业享受的共享利益。此时，纵向合作关系声誉转移与维护问题就变成了机制设计问题。纵向合作只依靠成员企业的自愿行为去维护集体声誉是不现实的。由于纵向合作具有连续的合作关系。成员企业之间的博弈大部分靠私人秩序进行解决，极少情况由法院来执行，主要是法院执行需要可观察的结果和执行条款。因此，纵向合作更多是采用非法律形式对企业违约行为进行制裁。仅在很少情况下运用法律手段解决。

纵向合作中自我执行机制主要用来解决合约中未明确写明条款的违约行为，通过终止合作等惩罚措施，使得成员企业违约所获得的短期收益 π_1 小于违约造成的未来长期收益的现值 π_2，只有满足 $\pi_1 < \pi_2$，才能保证自我执行机制的有效性。π_2 表示纵向合作对违约企业采取的驱逐策略，给违约企业造成的资本成本损失，那么纵向合作共享声誉的资本 π_2 的大小对自我执行机制的有效性具有重要影响。

可以通过提高长期收益现值 π_2 和降低违约所获得的短期收益 π_1 两方面来实现纵向合作自我履约的目标。通常纵向合作的合约中，对相关问题进行了详细规定和说明，主要目的即降低违约所获得的短期收益 π_1，使得合约满足 $\pi_1 < \pi_2$ 的条件。还可以通过收益共享使得纵向合作租金在不同成员企业间转移，以达到提高 π_2 的目的。所以，当纵向合作中声誉价值大带来的声誉溢价较多时，成员企业之间选择自我履约来解决违约，节省了对合同进行具体详细说明的签约成本，而不是通过法律的制度和法院的强制力来解决违约。因为法院在调查和确认违约行为的过程中要花费大量的调查时间，以确定交易双方是否存在违约，并针对调查情况进行长时间的司法解释程序和量罚。而且司法对于合约中未明确记载的默许部分难以有效解决。而在纵向合作自我履约机制下，只要发现成员企业存在机会主义行为进行违约，可以随时将其驱逐、终止合作来进行惩罚和制裁。

虽然自我履约机制与司法手段的法院制裁相比，更节约成本、实用性更强。但是自我履约的惩罚力度有限，不能依靠自我履约机制解决所有的问题。由于长期收益现值 π_2 的高低，限制了私人执行力度，因此，需要司法手段与自我履约两种机制相结合。二者既有替代性，又有互补性。当一种机制的成本高时，选择另一种机制解决的数量就会多，这是二者之间的替代性。纵向合作成员企业间的信任度越高，越没有动用正式合同的动机，法律惩罚的使用机会就减小。同时法律越完善，正式合同越能有效执行，自我履约的作用变小；法律健全、司法执行效率高，增加自我履约的执行效力，这是二者之间的互补性。许多交易需要自我履约和法律同时执行，其中显性合同部分由法律惩罚，隐性合约部分依靠自我履约。二者缺一不可，任何机制缺乏，都会影响合约的执行效率。

六、法律惩罚

法律制裁主要是指法院依照法律进行的强制性惩罚,在纵向合作中,法律制裁主要是针对成员企业的违约行为作出的裁决和惩罚。法律越健全、司法制度越完善、法庭的诉讼成本越低,越有利于法律解决的成本节约,经济主体越有激励利用法律惩罚进行违约惩罚。可见,司法制度的健全和完善是纵向合作声誉转移顺利执行的基础。

1. 法律惩罚的实施条件

在纵向合作中,法律惩罚的实施是一个复杂而细致的过程,其主要目的在于打破成员企业之间囚徒困境所导致的非合作均衡,以保证合约的顺利实施。为了使法律惩罚有效,必须满足一些关键条件。

首先,合约内容需要具有详细明确的条款。这包括产品的具体规格、参与各方的责任与权利,以及违约时的惩罚措施。当合约中的这些细节被明确规定时,一旦发生违约行为,法院就能根据这些清晰的条款对违约方进行处罚。在这种情况下,法律惩罚不仅是有效的,而且具有强大的威慑力,能够促使潜在的机会主义者选择诚信的策略,从而维护合约的顺利执行。

然而,如果合约中存在一些默认部分,即某些条款并未在合同中被详尽规定,法律对这些不完备部分的执行和验证就会变得困难。在这种情况下,法律惩罚的效力受到限制,因为法院在没有具体、明确的合约条款可依据的情况下,很难判定违约行为的性质和后果。因此,为了确保法律惩罚的有效性,合约的完备性和明确性是至关重要的。法律惩罚作为维持纵向合作顺利进行的一种手段,其有效性取决于合约条款的明确性和完整性。当合约中的规定详尽且明确时,法律惩罚能够有效地促使成员企业遵守规定,保障合作的稳定性和效率。反之,合约内容的不完备和模糊则会削弱法律惩罚的作用,使得合约执行面临更多的不确定性和风险。

2. 法律惩罚的局限性

法律惩罚虽然惩罚力度强、具有较强威慑力,但是法律惩罚存在一定的条件限制,并不是所有情况下都有效。其主要的局限表现在以下几方面。首先,法律惩罚的成本较高。成本既包括物质成本也包括非物质成本,主要体现在时间长、程序复杂、诉讼费用高,且结果具有不确定性。很多情况下,付出了大量成本还可能败诉。张维迎发现对违约者的法律惩罚成本越高,当事人越容易失去惩罚的激励;其次,法律不健全,有时存在相互矛盾的情况,导致责任界定困难,增加了执行成本;最后,由于合约双方有限理性和交易不确定假设,纵向合作契约无法将所有情况都写入合约,造成合约不完备性,针对合约中没有详细规定的条款,发生违约时,法院难以界定违约行为,不利于法律惩罚的执行。[①]

虽然自我履约机制与司法手段的法院制裁相比,更节约成本、实用性更强。但是自我履约的惩罚力度有限,不能依靠自我履约机制解决所有的问题。因此,需要司法手段与自我履约两种机制相结合。纵向合作成员企业间的信任度越高,越没有动用正式合同的动机,法律惩罚的使用机会越小。同时法律越完善,正式合同越能有效得到执行,自我履约的作用变小,这是二者之间的替代性;法律健全、司法执行效率高,能够增加自我履约的执行效力,这是二者之间的互补性。许多交易需要自我履约和法律同时执行,其中显性合同部分由法律惩罚,隐性合约部分依靠自我履约。二者缺一不可,任何机制缺乏,都会影响合约的执行效率。

现实中,纵向合作引发的相关责任纠纷,如责任区分不明确、合作者之间推诿扯皮等现象在近些年来呈现上升的趋势。由此,对于纵向合作责任追索相关问题研究的重要性日渐凸显,受到了更多的关注。纵向合作引发的责任推诿现象产生的原因,与社会和法律制度因素紧密相关。目前在我国,关于纵向合作责任的纠纷并没有直接的法律作出明确规定。而与之相关的法律规定如产品的标识与缺陷,以及生产者信息等方面也存在着相互矛盾的情况,不完善的法律导致在实施过程中效果不佳,很难达到法律的初衷。相对而言,美国和欧盟等众多发达国家则明确主张追究纵向合作生产中成员企业的连带责任。我国的纵向合作违约现象频发,亟须采取措施,正视成员企业的责任界定,进一步统一并完善相关法律,从法律的角度构建纵向合作责任追索制度。然而现实情况是,纵向合作责任的具体划分和界定具有一定争议,在法律方面,适用不同的法律或采用不同的标准对责任纠纷的解决会起到完全不同的效果。出现纵向合作违约情况后,相关当事人可能会由此深陷长达多年的法律诉讼,一些真正违规的企业可以通过法律的漏洞来逃避相关责任,甚至有些弱势成员反而接受了处罚,导致消费者权益不能得到维护,造成纵向合作成员企业间的不公平问题。这些问题的存在严重阻碍了纵向合作的进一步发展和消费者权益的维护。因此,从经济理论的角度研究纵向合作责

---

① 张维迎,邓峰.信息、激励与连带责任[J].中国社会科学,2003(3):99-112.

任的追索问题愈发显得重要和紧迫。

第二节 法律界对纵向合作声誉转移的责任追索观点

由于我国法律目前并没有明确界定纵向合作的责任归属，学界的专家希望能够探索出适宜的解决措施，为解决现实的纵向合作违约责任纠纷提供相应的理论支持。具体来说，其观点主要有以下几种。

一、由品牌所有者承担

在纵向合作的背景下，将责任归属于品牌所有者是一个引起激烈讨论的话题。这一观点的核心在于，消费者购买的商品不仅基于其物理特性，而是更多地受到品牌声誉的影响。品牌的魅力，包括对其产品质量、售后服务的信任和认可，是吸引消费者的关键因素。在这种情况下，消费者往往不关心产品的具体生产商或生产地点。

当产品出现质量问题时，消费者通常会将责任归咎于品牌所有者，因为他们是消费者认知中的主要代表。从消费者的角度来看，他们与品牌建立了信任关系，而不是与具体的生产商。因此，品牌所有者应当对产品质量承担相应的责任，并且有义务向消费者如实告知产品的生产者、生产地等信息。这种由品牌所有者承担责任的做法，在司法实践中有利于明确诉讼主体，为消费者权益的保护提供一个清晰的追索路径。然而，这种做法也有其不足之处。在许多情况下，产品质量问题实际上是由纵向合作中的其他成员企业引起的。如果仅仅追究品牌所有者的责任，而忽略了其他违约成员企业的责任，可能导致违约成员企业获得不当的好处，从而鼓励其进一步的违约行为。这不仅损害了品牌的信誉，还增加了品牌运营的风险和成本，长期来看可能对纵向合作的稳定和发展产生负面影响。

因此，虽然将责任归于品牌所有者对消费者来说是一个方便的选择，但在处理纵向合作中的责任问题时，也需要考虑责任分配的公正性和合理性，以及对整个合作生态的长期影响。

二、由生产商承担

在纵向合作中，责任完全由生产商承担的观点同样引起了广泛的讨论。这种观点强调，由于产品是由生产商制造的，因此任何出现的质量问题都与生产商的行为直接相关。根据这一逻辑，生产商应成为纵向合作违约责任追索的首要责任主体。此观点的支持者认为，只有当生产商对其生产的产品承担完整的责任时，才能真正实现对产品质量的严格控制。这种责任感会促使生产商对产品的生产过程进行更有效的管理和监督，从而保证产品的质量。此外，这也有助于保护消费者的权益，确保消费者购买的产品符合预期的质量标准。

然而，这种观点也存在一定的局限性。它可能忽视了纵向合作中其他成员企业的相关责任。在实际的商业运作中，产品的最终质量往往不仅仅取决于生产商，还可能受到品牌所有者的要求、物流环节的影响等多方面因素的共同作用。因此，仅仅追究生产商的责任可能会忽略这些复杂的相互作用，导致责任划分不公正。此外，在司法实践中，如果只追究生产商的责任，可能会增加诉讼案件调查的难度。在一些情况下，确定质量问题的根源可能需要对整个生产和供应链进行深入的调查。这不仅增加了法律诉讼的复杂性和成本，也可能导致对消费者权益的保护不够充分。

虽然生产商作为产品质量的直接负责方，在纵向合作中承担重要责任是合理的，但在责任追究时也需要考虑整个合作链条中各方的责任和作用。这种全面的责任认定方式更有利于实现责任的公平分配，同时也更符合纵向合作中责任共担的原则。

三、考虑相关因素，区别对待

在纵向合作的责任追究问题上，考虑相关因素并区别对待的观点提供了一个灵活且细致的处理方式。这一观点的核心在于，每个纵向合作案件都具有其独特性，因此责任的追究应根据案件的具体情况进行，如合作的性质、违约的形式等。这种方法提倡在判断责任时考虑各方的具体权利和义务，以及他们在合作中的实际角色和影响。

从理论上看，这种方法似乎能够实现最为公正和精确的责任分配。它不是简单地将责任归咎于某一方，而是通过综合考虑各方的贡献和过错来确定责任。这种方法在处理复杂和多变的商业合作时似乎更为合理，因为它允许法院在考虑所有相关因素后作出更加精确的判决。然而，这种方法在实际应用中也存在挑战。首先，它可能会大幅增加司法实践中的难度。在每个案件中都进行全面的、个别化的分析，需要大量的时间和资源来收集和评估信息。这不仅增加了诉讼的复杂性，也可能导致诉讼成本的增加。其次，当责任划分变得过于复杂时，可能会导致责任追究的不确定性，使得最终的判决难以执行。

尽管考虑相关因素并区别对待的方法在理论上看似合理，但在实际的司法实践中可能面临可行性和效率上的挑战。因此，虽然这种方法可能在某些特定案件中适用，但在广泛的商业环境中可能需要更加高效和标准化的处理方式。

四、由产品上标注的"生产者"承担

在纵向合作中，将责任归属于产品包装上标注的"生产者"是一个具有实际操作意义的观点。这种观点基于我国相关法律法规的规定，即在产品包装上明确标注商标、名称或具有代表性的、标志的经济主体（包括个人、企业或组织），被视为该产品的生产者。因此，当产品出现质量问题时，消费者可以直接根据产品上的标识来确定责任方，并据此追究其责任。从消费者保护的角度来看，这种做法有其明显的优势。它为消费者提供了一个清晰的追责途径，使得消费者能够轻松地识别出应对产品质量问题负责的生产者。在某种程度上，这有利于加强对消费者权益的保护，减少消费者在追索权利时的困难和不确定性。然而，这种方法在实际应用中也面临一些挑战。首先，很多产品可能缺乏统一和标准的标识，尤其是在纵向合作中，品牌所有者和实际生产者可能不是同一方。在这种情况下，确定直接责任人可能变得复杂，尤其是在品牌所有者和生产者之间存在分歧时。此外，由于市场上存在众多不同类型的产品和包装，统一的标识要求可能难以实现，从而影响这种方法的可操作性。

总之，虽然将责任归咎于产品上标注的"生产者"在理论上看似简单明确，但在实际的法律实践和商业操作中可能面临多方面的挑战。因此，在处理纵向合作中的责任问题时，需要考虑到这种方法的局限性，并寻求更全面、有效的解决方案。

五、连带责任

在纵向合作中，连带责任的概念提供了一种全面而公正的责任分配机制。根据这一理论，所有参与纵向合作的侵权主体，无论其在违约中的具体角色或程度大小，都须承担一定程度的赔偿责任。这种连带责任的核心在于，不分各方的份额或责任顺序，所有涉及的方均须根据受害人的要求共同承担赔偿。此连带责任原则强调，所有纵向合作中的法律主体，无论是直接还是间接参与违约行为，都应共同对受害消费者的权益损失负责。这种责任划分方式的优势在于，它确保了受害方能够获得

足够的赔偿，而不必担心单一责任方无力承担全部赔偿。然而，连带责任也可能带来一些复杂的问题。首先，这要求受害者能够识别并追究所有可能的责任方，这在某些情况下可能非常困难，尤其是在涉及多个层次和环节的复杂纵向合作关系中。其次，对于合作中的每个成员而言，这种责任划分可能不公平，特别是对于那些只承担了较小部分责任或几乎无责任的成员。

总体来说，连带责任的概念在法律实践中是一种有效的工具，可以确保受害者得到适当的补偿，同时促使纵向合作中的所有成员更加重视自己的责任和义务。然而，在实际应用时，需要考虑到其操作上的挑战和潜在的公平性问题。

第三节 责任追索困难的法律原因

一、相关法律规范中存在矛盾

目前，我国还不存在针对纵向合作责任追索的专门法律，而对于纵向合作中相关责任追索问题的法律规定零散地分布于其他法律法规中，如《中华人民共和国消费者权益保护法》《产品标识标注规定》《中华人民共和国产品质量法》《中华人民共和国民法通则》和《中华人民共和国商标法》等。这些零散分布在众多法律法规中的规定不但笼统较为概括，甚至有些法规之间还存在相互矛盾、不一致的情况。

从相关法律对责任追索的规定中可以发现，由于有些法律、法规之间还存在相互矛盾、不一致的情况，根据不同的法律条款最终确定的相关责任人也存在差异。以外包方式的纵向合作关系为例，在《产品标识标注规定》中，第十八条规定外包形式生产的产品，需要标注上产品的加工或组装地以及最终的生产制造地。因此，依据该规定需要在产品上标注制造该产品的制造商的名称和地址。而《中华人民共和国产品质量法》的第二十七条中第二项对标注方式做了另行规定，外包形式生产的产品要依法标注产品生产商的厂址和名称。由上述情况可知，《产品标识标注规定》中第十八条规定和《中华人民共和国产品质量法》的第二十七条中第二项对标注方式的规定具有一致性，都强调要对产品生产商的厂址和名称进行标注。但是，在《产品标识标注规定》第九条第四项却又规定了外包方式生产的产品如果不用于对外销售，需要注明委托商的地址和名称，而不是其他条款规定的产品生产商的名称和地址。这种规定中需要注明委托商的地址和名称的要求和《产品标识标注规定》中第十八条、《中华人民共和国产品质量法》的第二十七条中第二项产生了矛盾，违反了法律一致性原则。

管中窥豹，可见一斑，法律规定中如《产品标识标注规定》中的条款与《中华人民共和国产品质量法》的条款存在冲突或者矛盾的问题对责任的有效追索非常不利。由于法律中相关责任的具体规定并不明确，使得追索责任时，可能造成委托方和代理方同时受到惩罚，也可能造成双方相互扯皮推卸责任，无法公正有效地确定责任承担者并及时解决问题。在一些纵向合作外包中，相关的执法部门没有一致性的产品标准原则进行衡量，无法对具体的责任人进行惩罚，根据存在冲突的法律规定处罚外包产品上标注的委托商或者生产商，容易造成双重惩罚或者不合理的惩罚。

二、责任主体的认定缺少理论基础

在纵向合作的责任追索问题中，责任主体的认定缺乏明确的理论基础是一个引人关注的法律问题。在现有的法律框架下，尽管连带责任制度的设计旨在确保受害方能够获得适当的赔偿，但在实际的操作过程中，由于缺乏坚实的理论支持和明确的规范，责任主体的确定往往显得随意且缺乏统一性。

在一些案例中，可以观察到，纵向合作违约的成员企业通常被一概而论地认定为承担连带责任。这种做法忽略了每个成员企业在违约行为中的具体角色和责任程度的不同，从而使责任的划分缺乏针对性和公平性。缺乏明确标准和依据的责任认定不仅不能有效地追诉责任主体，而且不能充分发挥连带责任制度的优势和价值。此外，这种缺乏理论支持的责任认定方式可能间接促使违约行为的发生。当成员企业意识到责任可能被不公平地分配时，他们可能会降低对遵守合同和维护质量的重视程度，因为他们认为责任可能会被其他成员企业共同承担。这种情况最终损害了消费者的权益，因为消费者面临的是质量不佳的产品和服务，以及追索责任时的复杂性和不确定性。

因此，为了真正实现责任追诉的有效性和规范性，确保所有参与方公平承担自己的责任部分，法律界需要构建更加明确和坚实的理论基础，以指导责任主体的合理认定。这不仅有助于提高法律的执行效率，还能在更大程度上保护消费者和合法经营者的权益。

第四节 纵向合作责任追索的经济效率分析

关于纵向合作责任的追索，法学层面更多强调法律责任的归属，本节则是在微观经济学相关理论的基础上，结合信息经济学、博弈论等理论对其进行研究，相对而言更加注重纵向合作责任追索的经济效率。

一、连带责任追索方式的经济效率分析

罪责自负是我国法律的基本原则之一，即惩罚只适用于犯罪者个人。在经济领域，现代社会的法律制裁也注重个人责任的承担，然而，连带责任这种需要为他人的行为负责的情况也广泛存在。

经济社会，通过法律来准确地追究、制裁责任人，需要对相关信息进行调查研究，个体信息的获取能力极为重要。而在经济学中，通常具有团队生产特征，即产品是由多个行为个体共同作用产生的，每个个体的行为对企业产品的产出都具有影响，这种影响与团队其他个体的行为息息相关。具体说来，一个品牌企业的声誉与该企业所有个体的努力都有关，团队生产使得由该企业品牌声誉无法判断相关个体的行为信息。一旦个体不须承担违约行为的责任，那么该团队个体将不会严格遵循约定而产生偷懒的行为，不能够达到帕累托最优。阿尔钦和德姆塞茨在"生产、信息费用和经济组织"一文中给出了解决团队卸责问题的解决方案，即将一个监督者引入团队中，并赋予该监督者剩余索取权，使其承担团队产出的最终责任。而霍姆斯特姆在"团队的道德风险"一文中提出了解决团队卸责问题的另外一种方案，他认为并不需要通过监督者对个体行为的逐一监督来进行团队激励和监管，可以根据团队的集体产出来决定是否对整个团队成员实施全体惩罚，这种方式的优势是便于观察、有利于节约信息成本。举例来说，如果 L^* 是团队中各个成员最优化的努力水平向量，$y(L^*)$ 是团队最优化努力水平向量 L^* 下的团队集体产出水平，当且仅当团队的集体产生水平大于等于 $y(L^*)$ 值条件下，该团队的所有成员才会分享到 $y(L^*)$ 带来的收益，反之，团队集体产生水平小于 $y(L^*)$，团队中全体成员将会受到一定的惩罚，由此可见，即使不对团队实施个体成员行为监督，也能够实现成员努力最优化向量 L^*。

因此，信息的获取对于法律层面而言至关重要，在经济社会里罪责自负是不可能广泛存在的，连带责任的出现具有一定的必要性。假设在司法实践中没有连带责任，一旦受害的消费者无法准确认定损害发生的

具体行为原因,那么该团队生产的个体都会免负责任,真正违约的个体也就避免了惩罚,消费者的权益得不到保障。甚至由此可以得出,相比个体违约,共同违约更有利于摆脱法律约束。

在法律实践中,连带责任是一种关键的责任分配机制,特别适用于多方当事人共同造成损害的情形。此概念允许受害者向任一或所有造成损害的当事人提出全额索赔,而不局限于各当事人具体的责任比例。这意味着,即使某一被告的过错在整个事件中所占比重较小,其仍可能被要求承担全部的赔偿责任。这种责任安排的核心目的在于确保受害者能够获得完整的赔偿,同时也促使被告之间根据各自的责任比例进行内部责任的调整和分担。连带责任在现代社会主要是基于现代契约关系,而契约的签订都会有一定的疏漏,纵向合作内部连带责任的确定离不开监督与责任落实。一方面,品牌所有者需要对成员企业的行为负责任,另一方面,成员企业也要对契约的内容承担相应责任,同时,纵向合作品牌所有者要通过内部的相应规章制度落实企业成员的责任,并监督成员企业行为。从信息经济学的角度来说,这种连带责任的方式节约了交易的信息成本,让纵向合作个体企业的行为得到有效的监督,现代市场经济在这种连带责任存在的前提下得到了有效发展。可以说现代市场经济是可以对企业个体行为有效地进行监督和制约的,这都受益于基于现代契约关系的连带责任制。这种连带责任制的优势在于个体在进行签约决策时需要对其付出成本和获得收益进行对比,也就是说连带责任制要符合效率原则,这样才能得到广泛应用。举例来说,现代流行的连锁商店这种组织形式,它的价值正是由于这种连带责任制的应用。即同一品牌的连锁集团的店铺之间有着连带责任,消费者认可连锁商店给予的质量承诺。这种组织形式比传统的单独的商店更具有竞争优势,这也是众多国际连锁商店、品牌在我国经营获取巨大成功的重要原因之一。纵向合作责任追索由于连带责任的存在,使得纵向合作可以将对消费者造成的伤害成本内部化。当出现某种违约现象时,由纵向合作来补偿消费者的权益损失,而其所耗费成本由纵向合作内部来消化承担,以此促进了纵向合作更有效率地投资经营,从外部来看这样所耗费的成本是最低的。

在法学领域,过错责任制与严格责任制是判定责任归属的两种基本法律框架。这两种制度在处理民事责任时采取不同的标准和原则,反映了法律对于责任和风险分配的不同理念。

过错责任制,即基于过错原则的责任归责机制,要求在判定责任时考虑行为人是否有过错。过错通常是指疏忽、不当行为或违反法律规定等行为。这种制度的核心在于确保只有那些行为不当的个人或实体才会承担责任。因此,在这种责任制下,受害方须承担证明责任方过错的举证责任。这通常涉及证明行为人未采取合理的预防措施或违反了行业标准。过错责任制在民事责任领域,特别是在侵权行为案件中有着广泛的适用。这种制度的优势在于其强调行为的合理性和非理性,鼓励个人或实体采取措施避免过失。然而,这也带来了相对较高的举证负担和案件的复杂性。

严格责任制则是一种不考虑过错的责任归责机制。在这种制度下,责任的划分不依赖于行为人是否存在过错,即使行为人采取了所有可能的预防措施,仍须对造成的损害承担责任。这种制度通常适用于那些自然具有高风险性质的活动,如使用危险物质、高风险工业活动等。在严格责任制下,受害方的举证责任相对较轻,只须证明损害的发生和行为人的行为之间存在因果关系。因此,严格责任制度大大降低了消费者起诉的时间成本、信息成本及物质成本,也降低了消费者举证的难度。尤其在产品责任法中,这种责任归责机制有利于保护消费者免受有缺陷产品的伤害。然而,严格责任制可能导致责任方承担超出其控制范围的风险,可能会导致过度防范或成本的不合理增加。过错责任制和严格责任制各自具有不同的优势和局限性。选择哪种制度往往取决于特定案件的性质、涉及的活动类型以及法律规定的目的。在实际的法律实践中,这两种制度可能被灵活运用,以适应不同的法律需要和社会政策考量。

二、链主企业承担连带责任的经济效率分析

在考虑链主企业承担连带责任的经济效率时,首先要认识到链主企业在供应链中的核心和领导作用。作为供应链的主导者,链主企业对整个供应链的运作模式、质量控制,以及品牌声誉有着决定性的影响。在这种背景下,链主企业承担连带责任具有其内在的合理性和必要性。

首先,在供应链管理的领域内,链主企业承担连带责任的做法具有深远的意义,特别是在质量控制和整个供应链的监督方面。首先,当链主企业被赋予连带责任时,它们对供应链的质量控制和监督变得更为严格。这种变化的原因在于,连带责任的概念本身就是一种激励机制,促使链主企业更加积极地参与供应链的每个环节,从原材料采购到最终产品的生产和分销。这种加强的控制对于提高产品质量至关重要。链主企业会更倾向于与那些能够满足高标准质量要求的供应商合作,同时也会在生产过程中实施更严格的质量检查。此外,为了减少潜在的风险和责

任，链主企业可能会采取更先进的技术和管理方法来监控整个供应链。此外，当消费者知道链主企业承担连带责任时，他们对品牌的信任也会相应增加。在消费者眼中，连带责任的承担意味着品牌对其产品的质量有更高的保障，从而增加了消费者对产品的信心。这种增强的品牌信任不仅有助于提升品牌形象，还可能促进销售，并提高客户忠诚度。从长远的角度来看，链主企业承担连带责任对于确保供应链的质量和可靠性，以及维护品牌声誉和增强消费者信任都是极为有益的。虽然这可能会给链主企业带来额外的成本和责任，但从整个供应链的稳定性和长期利益来看，这是一种值得采纳的做法。

其次，从消费者维权的视角来看，链主企业承担连带责任的策略具有显著的优势。在传统的供应链责任模式中，消费者面临的挑战在于，当产品出现问题时，他们往往需要对整个供应链进行深入的调查，以确定责任归属。这不仅是一个耗时且复杂的过程，而且往往需要专业知识和额外的资源。对于普通消费者来说，这种调查几乎是不可行的，且往往会导致他们在维护自己权利的过程中感到无助和沮丧。然而，当链主企业承担连带责任时，情况大为不同。消费者在遇到产品问题时，可以直接向链主企业提出索赔要求。由于链主企业在供应链中的显著地位和知名度，消费者能够轻松地识别并联系他们，而不必费劲去追踪和分析整个生产和分销过程中的每一个环节。这大大简化了责任追究的过程，降低了消费者的维权成本和时间。此外，这种策略对消费者是有益的，因为它提供了一个明确且易于识别的责任主体。消费者能够明确知道在遇到问题时应该联系谁，这种明确性对于提高消费者信心和维护他们的权益至关重要。当消费者知道他们可以直接向链主企业提出赔偿要求时，他们在购买产品时会感到更加安心。链主企业承担连带责任不仅有助于提升供应链的整体质量控制，而且在保护消费者权益方面发挥着关键作用。这种做法通过简化责任追究过程，降低了消费者维权的难度和成本，从而在维护消费者权益和提升品牌信任方面起到了积极作用。

再次，对于链主企业而言，承担连带责任确实可能会在短期内增加其运营成本。这主要是因为链主企业需要投入更多的资源和精力来确保整个供应链中的每个环节都能达到既定的质量标准。这可能包括增加质量监控点、实施更严格的供应商审核程序，以及在技术和人员培训上的额外投入。这些措施虽然会增加成本，但它们是确保产品质量和合规性的关键因素，对于避免潜在的违约和产品质量问题至关重要。然而，从长期的角度来看，这些成本的增加可以通过减少违约和质量问题来得到有效弥补。当供应链中的质量管理得到加强，产品质量问题和违约行为自然会减少，从而减少由此产生的赔偿和法律诉讼费用。此外，通过维护高质量标准，链主企业能够进一步巩固其品牌声誉和市场地位。在竞争激烈的市场环境中，品牌声誉和消费者信任是无形的资产，对于吸引和保持客户至关重要。因此，虽然承担连带责任可能在短期内给链主企业带来额外的运营成本，但从长期的商业发展和品牌维护的角度来看，这种投资是值得的。通过提高供应链的整体质量和可靠性，链主企业不仅能减少潜在的风险和成本，还能在市场上建立更强大的品牌形象，最终实现持续的商业成功。

最后，在供应链管理中，链主企业的角色至关重要，尤其是当它们承担连带责任时。这种责任感促使链主企业对其合作伙伴提出更高的标准，从而确保整个供应链提供更高质量的产品和服务。这种做法不仅提升了整个供应链的质量水平，而且对保护消费者利益起到了重要作用。承担连带责任的链主企业通常会在选择供应商和合作伙伴时更加谨慎。它们会倾向于与那些能够满足更高质量标准的企业合作。这可能涉及对供应商进行更严格的审查，包括其生产过程、质量控制体系以及以往的合规记录等。这种严格的筛选过程有助于确保供应链中的每个环节都能达到高标准，减少最终产品出现质量问题的可能性。链主企业可能会要求其合作伙伴实施更为先进的生产技术和质量控制措施。这些要求不仅有助于提升产品的质量，还能有效防止低标准的产品流入市场。这种做法最终造福于消费者，因为消费者能够购买到更为可靠和高质量的产品。此外，链主企业承担连带责任还可能促使其合作伙伴改善自身的运营管理。合作伙伴为了符合链主企业的高标准，可能会投资于更好的生产设备、员工培训以及研发活动。这些改进不仅提高了自身的生产效率和质量水平，也对整个供应链的稳定性和可持续性产生了正面影响。

总而言之，虽然链主企业承担连带责任可能会带来初期的成本增加，但从长远来看，这有利于提高整个供应链的质量控制，减少消费者维权成本，并维护品牌的整体声誉，从而在经济效率上具有积极的影响。

在纵向合作关系的法律框架内，采取严格责任制进行责任追索的做法有其独特的合理性和必要性。纵向合作通常涉及多个层次和环节的复杂关系，包括供应商、制造商、分销商以及最终消费者。在这种结构中，确定责任归属往往较为困难，尤其是当涉及产品质量或安全问题时。因此，引入严格责任制对于简化责任追索过程、保护消费者权益和提升整个供应链的质量具有重要意义。首先，严格责任制通过简化责任归属的确定，降低了责任追索的复杂性。在严格责任制下，受损害的消费者无须证明供应链中某一环节的过错，而只须证明其损害与产品本身有关。这一简化显著减轻了消费者的举证负担，特别是在面对多层次供应链结构时。消费者只须针对产品的缺陷或损害提出索赔，而无须深入了解整个生产和分销过程。其次，严格责任制激励着链主企业或品牌所有者对供应链的质量控制加以更严格的监督。知晓将对最终产品质量承担严格责任，链主企业更有动力确保供应链中的每一环节都符合高标准。这种从源头到终端的全面质量控制有助于预防产品缺陷和降低潜在的风险，从而提升整个供应链的质量和安全性。最后，严格责任制在供应链管理中的实施，也符合公平和效率的原则。它为消费者提供了一种有效的法律救济途径，确保了他们在面对质量问题时的权益保护。同时，这种制度也有助于保持供应链的市场纪律，确保各成员企业承担相应的责任，促使它们在生产和分销过程中保持高度的责任感和警觉性。严格责任制在纵向合作中的应用不仅有利于保护消费者权益，简化责任追索过程，而且对于提高整个供应链的运作效率和质量控制水平具有重要的推动作用。尽管它可能带来某些运营成本的增加，但从长远看，这是一种对供应链健康和消费者权益双重有益的做法。

三、纵向合作关系实行严格责任归责的经济效率分析

分析纵向合作关系中的损害责任归属，关键在于认识到损害的预防通常是由纵向合作组织单方面进行的。这意味着，对于防止损害的发生，关键在于这些组织能够有效地制定并实施预防措施，从而减少损害的概率。在纵向合作中，成员企业往往依赖于链主企业或品牌所有者的指导和标准来制定自己的生产流程和质量控制措施。因此，损害的预防通常集中在这些核心企业手中，它们通过设定严格的标准和审查流程来确保整个供应链的质量和安全性。这种单方面的预防策略在很大程度上决定了整个纵向合作体系的效率和效果。因此，在这种情况下采取严格责任归责的方式是最合理的。这意味着，当产品质量问题或其他类型的损害发生时，责任主要由纵向合作组织的核心成员承担。这种做法的合理性在于，这些组织在制定和执行预防措施方面具有主导地位，因而也应该对其效果负责。严格责任制度的实施，一方面鼓励了纵向合作中的核心企业更加重视预防措施的制定和执行；另一方面，这种做法也为保护消费者利益提供了更强的保障，因为它强调了核心企业对整个产品质量和安全的终极责任。总之，纵向合作中的损害预防和责任归责应该集中在

那些具有决定性影响和控制力的组织上。这不仅提高了整个供应链的运作效率，还增强了对最终消费者的质量保证。

从消费者的角度来看，实施严格责任归责制度在纵向合作关系中具有显著的优势，尤其是在降低起诉成本和简化法律程序方面。在严格责任制度下，受损害的消费者在起诉过程中的责任主要集中在证明所购商品是被告企业生产的，并且商品存在缺陷导致了损害。这种制度的核心在于，消费者无须深入调查整个纵向合作链条，确定每个环节的具体责任，而只须聚焦于产品本身及其生产者。

与此相比，如果需要对纵向合作中的每个成员根据不同的责任归属进行个体责任追索，消费者就必须承担更高的举证负担。在这种情况下，消费者面临信息不对称的问题，加之专业知识的限制，使得维权过程变得复杂和困难。因此，严格责任归责制度能够显著减少消费者在起诉过程中的时间成本、信息成本及物质成本，同时降低举证的难度。对法院来说，处理基于严格责任制度的案件通常更为简单和高效。这种制度减少了案件的复杂性，使得法院能够更快地作出判决，从而节约了大量的社会资源和成本。在纵向合作关系中，成员企业之间由于长期的合作和相互了解，通常拥有丰富的信息资源。这种信息优势使得链主企业或品牌所有者能以较低的成本对违约情况进行清晰的认定和裁决。基于品牌所有者的声誉转移，纵向合作关系内部的责任追索变得更为有效，进一步提高了责任追索的成功率，并有效约束了成员企业的违约行为。

如图5-1所示，严格责任归责制度在纵向合作关系中的应用，不仅有利于保护消费者权益，简化法律诉讼过程，还有助于提高整个合作体系的透明度和责任感，从而促进整个行业的健康发展。

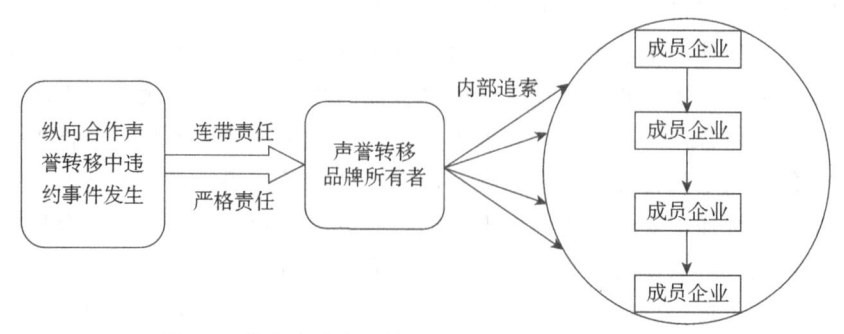

图 5-1 纵向合作声誉转移过程中违约责任追索路径

本章探讨了纵向合作中声誉转移责任追索机制的核心问题。研究的焦点主要集中于纵向合作中违约行为的惩罚机制，法律界对责任追索的不同观点,以及责任追索中存在的法律挑战。此外,还深入分析了不同责任追索方式的经济效率,以及链主企业承担连带责任的经济效益。研究得出以下结论。

(1) 连带责任追索机制的有效性。在纵向合作中实施连带责任追索机制,在维护合作稳定性和组织声誉方面显得更加有效。这种机制通过明确责任分配,减少了合作中的不确定性和潜在冲突,从而有利于维护长期稳定的合作关系。

(2) 责任追索的法律挑战。研究揭示了责任追索过程中存在的法律挑战,包括责任主体的认定问题和相关法律规范中的矛盾。这些挑战对于实施有效的责任追索机制构成了障碍。

(3) 经济效率分析。本章的研究强调了链主企业承担连带责任的经济效益。这种责任分配方式不仅有助于提高责任追索的效率,还能够降低法律诉讼的成本和复杂性。

相较于现有文献,本章在理论与方法上作出了显著贡献。通过分析明确了不同责任追索机制的经济效率,并为纵向合作责任追索机制的理论框架提供了新的视角。本章的研究还考虑了责任追索过程中的法律和经济因素,为责任追索机制的优化提供了坚实的理论基础。

根据研究,建议在纵向合作中实施更加严格和明确的连带责任追索机制。这种机制不仅能提高纵向合作的经济效率,还有助于降低由于责任不明确引发的法律争议。同时,建议立法机构在制定责任追索相关法律时,应考虑经济效率与公平性的平衡,确保责任追索机制的合理性和有效性。

本章研究的局限性主要体现在数据和资源方面,这可能限制了研究结论的普遍适用性。此外,责任追索机制的法律和经济分析需要更深入研究,以提升结论的普适性和深入性。

未来研究应更广泛地探索不同行业和文化背景下的责任追索机制。随着技术的发展,利用新技术如区块链提高责任追索的透明度和效率成为未来研究的重要方向。同时,对责任追索过程中的伦理和法律问题进行更深入的研究,有助于全面理解责任追索机制的复杂性和多维性。

第六章　组织中声誉转移的责任追索实验研究

第一节　实验设计

一、实验目的和思路

在纵向合作声誉维护实验中，探讨了不同责任追索方式对纵向合作声誉转移维护的影响，以及这些方式之间是否存在显著区别。

1. 研究纵向合作关系中个人责任追索对声誉转移的维护效果。
2. 分析纵向合作关系中连带责任追索对声誉转移的维护效果。
3. 通过实验对比，探讨个人责任追索与连带责任追索在纵向合作声誉转移维护方面的效力差异。

其中，基准实验"纵向合作各成员自愿维护机制"是在艾萨克（R. M. Issac）和沃克（J. Walker）的公共物品资源供给实验基础上[①]，加入纵向合作关系因素进行的改进。它对纵向合作关系中被试者自愿维护组织声誉的行为进行了研究。作为对照组，基准实验为其他两个实验组提供了对照参考。

二、实验研究方法

本章采用经济学实验的方法研究声誉主导的纵向合作中责任追索的问题。在借鉴公共物品实验设计的基础模式的同时，加入纵向合作关系因素，以期寻找维护纵向合作关系更为有效率的责任追索机制。

首先，将介绍实验设计的原则、被试者的选择问题、实验方法的选择、实验软件工具的选择以及实验数据分析方法的选择，为后续纵向合作维护机制实验的实施及实验结果分析奠定方法论基础。

1. 实证方法的选择

[①] ISSAC R M, WALKER J. Communication and free riding behavior: the voluntary contributions mechanism [J]. Economic Inquiry, 1988, 26 (2): 585-608.

本章的研究主题"纵向合作中的责任追索"是目前行为和实验经济学中的热点问题之一。因此，采用实验经济学的方法进行实证检验是合适的。董志勇将实验经济学定义为：在招募被试者参与条件下，按照实验预先设定的规则给予物质报酬作为激励，通过实验室模拟与实际经济情况相类似的环境，并通过调整实验中的某个或某些参数，从而获取不同条件下的实验数据。[1] 通过对这些数据进行加工处理来检验经济理论，或发现新问题、提出新理论，为经济决策提供理论指导。

关于实验经济学，目前有两种观点。一部分人认为它是一门独立的学科，而另一些人则认为它更像是博弈论、计量经济学等研究方法的一种工具。起初，人们认为经济学无法进行实验，因为经济现象复杂，难以控制研究对象的其他重要变量以观察某一变量。因此，无法像化学等学科那样在特定环境下进行实验，一般只能通过观察进行经济研究。[2] 但随着1948年经济学家张伯伦进行的首个市场实验，以及后来弗农·史密斯（V. L. Smith）、泽尔腾（Reinhard Selten）等经济学家的努力，经济学实验的可信度和有效性逐渐得到认可，规范的经济学实验方法迅速普及并在经济学界占据重要位置。

实验室实验可以严格控制实验室微观系统的设置向量，最大限度地排除不相关因素的干扰。其最为突出的两大特点是具有可复制性和可控制性。所谓可控制性，是指在实验中控制某些因素和条件，以观察被试者的行为决策，并获得实验数据来对经济理论进行检验，以及为现实经济决策提供指导。可复制性的重要特点是实验可以被其他人复制，并能够对实验结果进行验证。实验的可控制性和可复制性要求对实验进行严格规范，使之标准化，例如程序的标准化和物质激励的显著性等。更为重要的是，经济学实验通常会给予被试者一定的现金奖励，以控制其决策行为，使得最终获得的经济学实验数据能更好地反映被试者作为理性经济人的假设基础。

2. 价值诱导理论原则

经济学实验与物理、化学等自然科学实验存在本质差别。在经济学实验中，被试者是在实验室控制的环境下进行实验的真实人员。为了实现经济学实验的可复制性和可控性，需要规范实验程序，并对被试者进行一定的物质奖励，以实现其作为理性人的假设。

---

[1] 董志勇. 实验经济学 [M]. 北京：北京大学出版社，2008.

[2] SAMUELSON P A, NORDHAUS W D. Economics [M]. 12th Edition. New York: McGraw-Hill Book Co., 1985: 763.

价值诱导理论认为可以通过适当的报酬手段诱发被试者的特定行为，而这些行为与被试者本身的特征无关。该方法已成为经济学实验的一个重要方法。价值诱导方法包括在实验室中模拟真实市场环境，并给予参加实验的被试者真实的现金奖励，在模拟的环境中观察被试者在真实报酬奖励下的决策，同时尽力排除非经济干扰因素对实验的影响。价值诱导法使得经济学实验与其他学科的实验形成了本质区别。为了使经济学实验更加规范和科学，还必须满足隐私性、并行性、显著性等原则，这些原则构成了本章实验设计的基础。

根据价值诱导理论，通过向被试者提供报酬奖励的方式降低非经济因素对实验结果的影响，从而便于观察到受到现金激励的理性经济决策。货币报酬是最适宜的实验报酬奖励方式，不仅便于分割，还能满足被试者的非饱和性。高鸿祯提出，利用报酬手段诱发被试者需要满足单调性、突显性和有限性三个条件。[①] 货币作为报酬奖励更好地满足了以上条件，因此本章也采用现金报酬奖励的方式。

3. 被试者选择

由于预算和实验室设备的限制，本章的经济学实验共招募了36名被试者，进行了3场实验，每次实验12名被试者（实验室能容纳24人，但为了便于控制和保证计算机实验的效果，每场实验只招募12名被试者）。12名被试者通过z-tree软件随机分成四组，每组3人。每个被试者只参加一场实验，每场实验持续约90分钟。

4. 实验工具软件的选择

当前，国内外经济学实验主要采用纸笔实验和计算机实验两种形式。其中，大多数经济学实验采用计算机实验，以保证实验的可复制性。计算机终端在局域网下模拟实验环境，增强了实验的可控制性和标准化。对于多人参与或多阶段博弈的经济学实验，通常纸笔实验难以进行，而计算机实验则能有效完成，并保证被试者的隐私性。计算机实验减少了纸笔实验中用于记录和传递信息的工作量，使实验者能在一场实验中获得更全面的观察值。然而，开展计算机实验首先需要有适当的实验软件支撑，实验程序的设计和运行都须在相应软件上进行。

本章实验应用的软件是由德国苏黎世大学开发的z-tree（Zurich Toolbox for Readymade Economic Experiments），它是目前在经济学实

---

① 高鸿祯. 实验经济学的理论与方法 [J]. 厦门大学学报（哲学社会科学版），2003 (1): 5-15.

验中应用最为普遍的软件之一。该软件包括两部分：一部分是 z-Tree，即"苏黎世现成的经济实验工具箱"，主要功能是为实验者提供实验程序的编写与设计；另一部分是 z-Leaf，即"被试者使用的程序"，也就是安装在被试者计算机上的客户端。这些客户端与实验程序相连接并进行交互。进行实验程序编写时，须运用 z-tree 编程语言，这是专门针对经济学实验设计的一套计算机编程语言，可用于设计、编写和运行大部分经济学实验。z-tree 软件的两个主要优点是：其编程语言的模块化设计和提供的众多编程模板。这些都简化了实验编程的复杂性，便于有一定 C 语言基础的非编程专业人士使用。同时，该软件能够自动更新并保存实验中的数据于相关数据表中，方便实验数据的获取与分析。实验程序通过计算机局域网实验平台运行，其运行机制如图 6-1 所示。

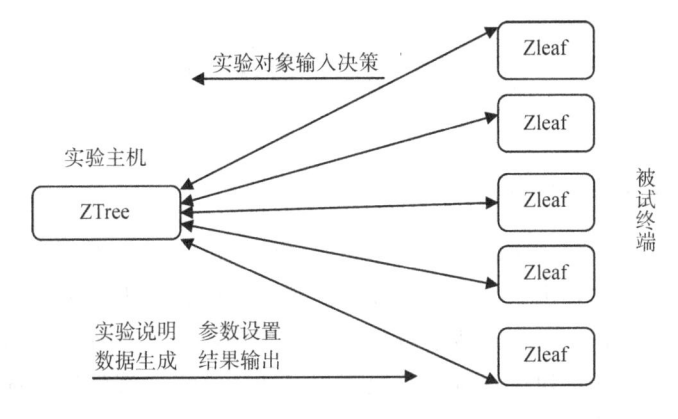

图 6-1　Z-tree 实验软件工作原理

注：图片来源 Z-Tree 说明书。

第一步，通过主机上的 z-tree 软件与被试者客户端，将实验主机与被试机连接；第二步，被试者在客户端进行决策，并将相关数据传送到实验主机上的 z-tree 软件服务程序；第三步，主机通过 z-tree 软件处理并保存实验过程中的相关数据，同时向被试者终端下达实验说明、参数设置等指令；第四步，在实验结束后，主机将参与者的实验结果（包括所获得的点数或报酬）反馈给被试者终端。

本章实验的软件程序在计算机专业人员的协助下由笔者完成编写。程序严格按照实验流程进行，有效控制了实验的进程，防止了被试者之间的交流，并最大限度地保证了实验数据的准确性和可靠性。

5. 实验数据分析方法选择

实验完成后，选择适当的实验数据分析方法对本章实验结论的准确性至关重要。实验经济学数据的被试对象数量有限，且获取相关数据需要支付一定的现金，换取理性经济人的决策数据。每个数据点都涉及资金支出，导致样本数量有限。数据分析的对象往往是不服从正态分布假设的小样本。考虑到数据的特殊性，传统的分析方法并不适用。本章采用非参数检验方法分析实验数据。非参数检验方法对总体的假设要求较少，对数据的分布情况不作具体要求，也不需要对样本的总体参数进行统计推断，只是检验数据是否来自同一总体的假设。因此，在实验经济学中，非参数检验方法的适用范围非常广。

传统的参数检验方法主要是对原始数据进行检验，而非参数检验方法大多基于数据的秩进行检验。本章处理实验数据时使用的非参数检验方法及其在 Stata 软件中的命令形式，主要参考了陈叶烽在实验处理中提出的几种非参数检验方法。[1]

第二节 实验的具体步骤

一、实验的被试者选择

由于实验经济学中的被试者存在个体性质的差异，为确保实验结果的科学性，须选择个人性质差异较小的被试者群体。大学生或硕士生之间的差异相对较小，其生活学习环境较为简单，且具有较强的学习能力和理解能力，便于快速理解实验规则。因此，本章经济学实验选择大学生作为被试对象。本次招募采用自愿参加的形式，并向招募者说明实验的主要目的和具体要求，以便被试者理解参与实验的成本和收益。

二、实验的准备阶段

本实验的指导语是笔者在借鉴国内外实验说明的基础上，结合本实验的目的和注意事项进行修改的，具体内容如下。

> 您现在参加的是一个经济学实验，该实验设有真实报酬。您在指定时间出席，已获得 10 元的出场费。如果您认真阅读并严格按照实验说明的要求作出决策，您将能获得更多的现金收入。您在每一期所得到的货币，取决于您的决策

---

[1] 陈叶烽. 社会偏好的检验：一个超越经纪人的实验研究 [D]. 浙江大学博士学位论文，2010：54-76.

以及与您随机组成一组的其他实验者在实验中所作的决策。实验结束后，我们会将每个实验者所有期数所获得的虚拟货币点数累加，并按照100虚拟货币点数＝1元人民币的比率，当场支付给您现金。

参与者将根据抽签随机分组，您将无法得知组内其他成员的身份。该实验在计算机终端上完成，请单独并认真作出决策。实验期间，请将手机关机、不接听电话；不得以任何方式与其他人交流。

以下内容是对实验步骤及决策的描述，请仔细阅读并认真听取实验主持人的讲解。如有问题，请举手示意主持人，参与者之间不得交流。实验要求您严格遵守规定，违反者将被排除出实验，且不会获得任何资金报酬。感谢您的合作。

笔者在宣读导语时，特别强调了被试者的决策与最终报酬的关系，并尽量使用中性语言讲解实验，避免将个人意图传递给被试者或产生期望暗示。最后，特别强调了仔细阅读实验说明的重要性。只有彻底理解实验说明并答对最后三个检测题目，被试者才有资格开始实验。这样做的目的是使被试者更好地掌握实验要求，便于在实验中快速、准确地作出决策。

三、实验的实施阶段

本次经济学实验包括3个独立的实验局，分别称为实验局1、实验局2、实验局3。每个实验局包括20个轮次的实验。每个实验局开始时，12名被试者被计算机随机匿名分成4组，每组3人。在每一轮中，每位被试者都须与所在组的其他2名被试者进行决策互动。整个实验过程保持匿名性，即同一组的被试者之间不知道彼此的身份。

1. 实验一

本实验包含20个轮次，每个轮次的决策环境相同。实验的最终收益取决于参与者在20轮中累计赚得的点数。

12名参与者通过电脑软件随机平均分成4组，每组3人。一旦分组确定，在整个实验中不再更换。每位实验者只知道自己的身份，不知道同组其他成员的身份。为保证双向匿名，连实验主持人也不知道组内成员的具体身份。四个组分别为Group A、Group B、Group C、Group D。每组成员分别为参与者类型1、参与者类型2、参与者类型3。

实验进行20期,每期开始时每位参与者都会获得50点的初始资金。假设第i个人在第1期账户的初始点数为Y点,在第一期中他将X_i点投资到本组的公共账户,本组内三个人投入公共账户的总额为$X_1+X_2+X_3$,然后按照组内公共账户的总额的平均值$(X_1+X_2+X_3)/3$在三个人之间按比例进行分配。参与者投入公共账户的金额多少不影响收益,收益仅与公共账户的总额相关。

即,每一期,本组中参与者类型1得到的公共账户收益为
$$1.7\times(X_1+X_2+X_3)/3$$
本组中参与者类型2得到的公共账户收益为
$$1.5\times(X_1+X_2+X_3)/3$$
本组中参与者类型3得到的公共账户收益为
$$1.3\times(X_1+X_2+X_3)/3$$
该组中3个参与人在每一期获得的点数分别为:
$$(X_1+X_2+X_3)/3$$
本组中参与者类型1的得到的总收益为:
$$Y-X_1+1.7\times(X_1+X_2+X_3)/3$$

Y为每期期初账户的50点金额;X_1为参与者类型1投入公共账户的金额;$1.7\times(X_1+X_2+X_3)/3$为参与者1获得来自本组公共账户的收益。

本组中参与者类型2得到的总收益为:
$$Y-X_2+1.5\times(X_1+X_2+X_3)/3$$
本组中参与者类型3的得到的总收益为:
$$Y-X_3+1.3\times(X_1+X_2+X_3)/3$$

被试者的类型和相应的收益计算公式都会在电脑屏幕上显示。每个人最终的获得点数等于各期获得点数之和,实验结束,系统自动会告知其最后获得的点数。

2. 实验二

如果本组三人投入公共账户的总额$X_1+X_2+X_3$小于60。则本组投入最少的成员有70%的概率被发现违约,不能从产品生产中获得收益,即$0\times(X_1+X_2+X_3)/3$。

3. 实验三

如果本组三人投入公共账户的总额$X_1+X_2+X_3$小于60。则本组获得产品收益最高的A类型成员负有责任查明原因,A成员花费$60-(X_1+X_2+X_3)$的费用进行责任追索,能够追索到相关责任人的概率为

80%，如果能够追索到投资最少的成员，则该成员不能从产品生产中获得收益，即 $0 \times (X_1 + X_2 + X_3)/3$。如果 A 不能追索到相关责任人，则 A 将承担损失，其他成员正常获利。每个实验局结束时，将进入被试者风险厌恶程度测量阶段，具体内容如下所示。

4. 彩票环节

在此实验中，被试者需要从下表的六只彩票中选择一只进行执行。

请注意：您必须在这六只彩票中选择一只（且只能选择一只），并在电脑屏幕上相应位置输入您希望执行的彩票号码。

每只彩票有两种可能的结果（中奖和不中奖），每种结果出现的概率均为 50%。您的收益取决于您选择的彩票以及所发生的事件（中奖或不中奖）。例如，如果您选择了彩票 4，且发生了不中奖事件，您将损失 10 点收益；如果发生中奖事件，您将获得 170 点收益。

请注意，每种彩票事件发生的概率均为 50%。在电脑上做出选择并点击确认按钮后，您将不能更改选择。选择确认后，电脑软件将以 50% 的概率随机决定中奖和不中奖事件中的哪一个发生。请从下表的六只彩票中选择一只，并在实验开始后将其输入电脑中。（如表 6-1 所示）

表 6-1 彩票的中奖概率及收益

彩票	事件	收益	发生概率
1	中奖	50	50%
	未中奖	50	50%
2	中奖	80	50%
	未中奖	30	50%
3	中奖	130	50%
	未中奖	10	50%
4	中奖	170	50%
	未中奖	−10	50%

续表

彩票	事件	收益	发生概率
5	中奖	210	50%
	未中奖	−30	50%
6	中奖	220	50%
	未中奖	−40	50%

当你获得一个正的收益,该收益点数会增加到你的总收益中;当你得到一个负的收益,该收益点数将会从你的总收入中扣除。每个人最终的获得点数等于各期获得点数之和,实验结束,系统自动会告知你最后获得的点数。

完成正式实验后,被试者须参与一份问卷调查。问卷中的信息将被严格保密,其他人无法获知这些信息及其对应的人名。

四、实验的开展情况

本章实验于 2014 年 11 月 22 日和 2014 年 11 月 27 日进行,分别在大连某高校招募了共 36 名在校生,分为 3 批参加实验。这些被试者来自不同专业,均为自愿参加。整个实验过程使用 Z-tree 软件,在计算机局域网客户端上操作完成。每场实验持续约 90 分钟,平均每位被试者的收益为 25.2 元,包括 10 元的出场费(如表 6-2 所示)。

表 6-2 实验开展情况说明表

实验场次	时间	实验地点	被试者人数	实验内容
实验场次一	2014 年 11 月 22 日 9 点—10 点 30 分	大连某高校	12	实验 1
实验场次二	2014 年 11 月 22 日 14 点—15 点 30 分	大连某高校	12	实验 2
实验场次三	2014 年 11 月 27 日 18 点—19 点 30 分	大连某高校	12	实验 3

第三节 实验数据分析

首先,实验中设置了彩票选择环节,以调查被试者的风险偏好。所有被试者对实验中获得的收益表现出高度重视,这说明彩票结果符合史密斯提出的凸显性条件。[①] 其次,整个实验过程顺利进行,没有发生意外情况影响实验结果,且在非常严格的受控条件下进行。根据以上情况,可以认为本章的经济学实验数据较为合理,可以用于理论检验。

本章关于纵向合作关系中责任追索机制的实验共分为三场实验局。以实验一为基准实验,作为其他实验局的对照实验组,其过程已在前文进行了详细说明。除了责任追索机制条件的相应变化外,其他实验组的条件与基准实验保持一致。这增强了实验的可控性,使得实验结果存在的差异可以明确归因于实验组中对应的制度不同。如表6-3所示,详细列出了实验内容的基本情况。

表6-3 实验基本情况说明表

实验组	被试者数量	参与组数量	实验机制	其他说明
实验一	12	4	基准实验	对照组
实验二	12	4	个人责任追索	
实验三	12	4	连带责任追索	

三场经济学实验中被试者对纵向合作关系中贡献水平的统计描述如表6-4所示。

表6-4 被试者纵向合作关系中贡献水平情况表

	实验一	实验二	实验三
有效样本量	240	240	240
遗漏样本量	0	0	0
均值	11.75417	24.14167	38.475
标准差	10.41041	13.10326	10.79746
偏度	1.250812	0.4792289	−1.107165

[①] SMITH V L. Microeconomic Systems as an Experimental Science [J]. American Economic Review, 1982, 72: 923-955.

续表

	实验一	实验二	实验三
峰度	5.08294	2.776657	4.193217
变异系数	0.8856779	0.5427652	0.2806357
取值范围	50	50	45
最大值	50	50	50
最小值	0	0	5
总和	2821	5794	9234
25 百分位	5	15	33
50 百分位	10	25	40
75 百分位	20	30	50

表 6-4 展示了被试者在纵向合作关系中的贡献水平情况，清晰地描述了三场经济学实验数据的描述性统计特征。鉴于每场实验都包括 12 名被试者，并进行了 20 轮实验，因此每场实验的观察值样本数量均为 240 个。由于实验控制得当，未出现数据缺失情况，因此总体数据是完整的。

从被试者纵向合作关系贡献水平的角度分析，实验一（基准实验）的平均贡献水平为 11.75；实验二（引入个人责任追索的纵向合作关系维护机制）的平均贡献水平为 21.74；实验三（引入连带责任追索的纵向合作关系维护机制）的平均贡献水平为 38.48。

三场实验中，具有责任追索机制的纵向合作关系的贡献水平显著高于基准实验对照组。此外，引入连带责任追索的实验在平均贡献水平上高于仅有个人责任追索的实验。从实验数据结构中可以直观地看出，纵向合作关系中责任追索的制度差异对贡献水平有显著影响。三场实验贡献水平的均值差异充分反映了责任追索制度对实验结果的影响。在后续的实证分析中，将进一步探讨这些现象背后的经济理论。

一、不同责任追索机制的比较分析

对三个经济学实验分别进行分析之后，将对不同责任追索制度对纵向合作关系的贡献水平进行对比和计量分析。

如图 6-2 "不同责任追索机制的实验贡献水平"所示，三项经济学实验中被试者在 20 个回合对纵向合作关系的总体贡献均值，即各个实验的总体贡献均值存在显著的"期数效应"，且总体贡献情况表现出极大的差异性。这说明三个实验贡献水平的总体趋势与利加德（J. D. Ledyard）和周业安、宋紫峰的研究结论有相似之处。[①][②] 图 6-2 可以直观地观察到，在实验三中，具有连带责任纵向合作关系的贡献水平数据显著高于其他机制，且波动相对较小、更为平缓。实验二采用了个人责任追索制度，其贡献水平显著低于实验三，但显著高于实验一。基准实验一的贡献水平数据则显著低于其他两种实验类型。这表明在现实经济活动中，对于纵向合作关系的多个决策主体而言，不同的违约责任追索制度的效力存在显著差异。

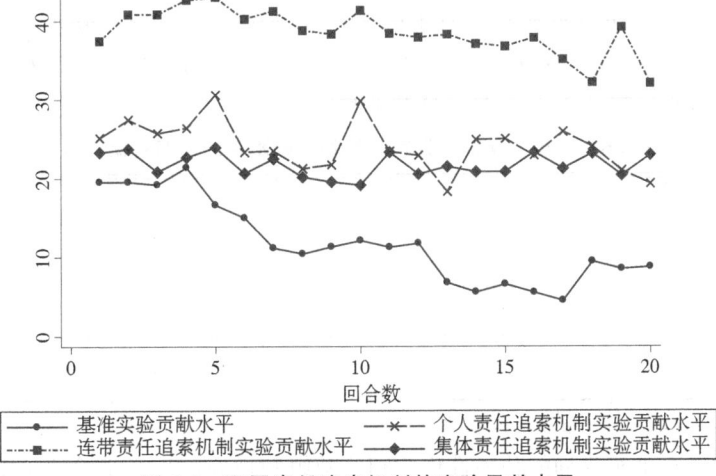

图 6-2 不同责任追索机制的实验贡献水平

结论 1：采取不同的纵向合作违约责任追索机制对实验中被试者的贡献水平决策具有显著影响，合理的责任追索机制有利于提高总体的努力水平，从而维护纵向合作关系的稳定性。

为了更精确地研究不同实验机制对贡献水平的影响，本章运用计量方法对实验数据进行分析。如表 6-5 所示，对三项实验中不同责任追索机制下的被试者贡献水平数据进行了 Kruskal-Wallis 检验。通过对检验结果的分析可以发现，卡方统计量为 806.98，p 值为 0.0001，这说明在三项经济学实验的不同制度条件下，被试者的贡献水平数据在 1% 的显著性水平上存在差异。这一结论与之前通过观察不同实验贡献水平图表

---

① LEDYARD J O. Experimental Research [J]. The Handbook of Experimental Economics，2020 (111)：303-305.
② 周业安，宋紫峰. 公共品的自愿供给机制：一项实验研究 [J]. 经济研究，2008，43 (7)：90-104.

直观得出的结论是一致的。

表 6-5　各实验机制贡献水平的 Kruskal-Wallis 检验

组别	样本观察值	秩和值
实验一	240	32232
实验二	240	129720
实验三	240	201720
检验统计量	chi-squared＝806.975　　d.f.＝2 probability＝0.0001	

为了进一步进行比较,对不同实验局被试者的各期贡献水平进行了 Mann-Whitney 符号秩检验,结果如表 6-6 所示。各组间的两两检验结果均在 1% 的显著性水平上存在显著差异。

表 6-6　三个实验局各期声誉维护贡献水平的两两对比检验

	实验一	实验二
实验二	$Z=18.108^{***}$ $P=0.0000$	
实验三	$Z=-18.962^{***}$ $P=0.0000$	$Z=-18.962^{***}$ $P=0.0000$

注:*、** 和 *** 分布表示该系数在 10%、5% 和 1% 的水平上显著。

通过三个实验局的整体性检验和两两组别检验,进一步验证了结论 1:"采取不同的纵向合作关系违约责任追索机制对实验中被试者的贡献水平决策具有显著影响,合理的责任追索机制有利于提高被试者的贡献水平。"下一步将对不同的纵向合作责任追索制度进行分类研究,通过变化责任追索制度深入分析不同责任追索制度对纵向合作关系贡献的净影响。

二、连带责任追索机制

本部分研究纵向合作关系中违约连带责任追索制度与贡献水平之间的关系。在纵向合作关系中,由于上下游环节的固有属性,成员间从纵向组织声誉转移获得的收益存在差异。本实验通过不平等的 MPCR 来体现这种差异。实验中不同类型的被试者虽有相同的初始禀赋,但声誉维护收益存在差异,这反映了纵向合作关系中不同环节成员间的差异。然而，安德森（L. R. Anderson）等人认为这种方式可能会改变纳什均衡。① 因此，本章研究的实验设计特别避免了纳什均衡的发生，以确保实验数据的准确性。

表6-7 "实验一和实验三贡献的均值水平"展示了品牌所有者在违约行为下承担连带责任情况下的贡献水平均值，以及基准实验的贡献水平均值。基准实验的贡献水平均值为 11.75416667；具有连带责任追索机制的实验贡献水平均值为 38.475。对比两个实验的数据平均值可以初步判断，具有连带责任机制的贡献水平显著高于无责任追索机制的实验组，表明连带责任追索制度有利于声誉的维护。为了验证这一初步结论，如表6-8所示，采用 Mann-Whitney 检验方法对实验一与实验三的总体贡献水平差异进行检验。由于 Z 统计量为 16.791，$Prob>|z|=0.0000$，显著表明两者存在差异。

表6-7 实验一和实验三对声誉维护贡献的均值水平

实验场次	实验内容	平均值
实验一（$N=240$）	基准实验	11.75416667
实验三（$N=240$）	具有连带责任追索机制	38.475

表6-8 实验一、三贡献水平的 Mann-Whitney 检验

组别	样本观察值	秩和值
实验一	240	32308.5
实验三	240	83131.5
总计	480	115440
检验统计量	Mann-Whitney $U=2290465.55$ $Z=16.791$　$Prob>|z|=0.0000$	

结论2：在纵向合作关系中，连带责任追索制度有利于提高成员的努力水平，从而更好地维护纵向合作组织的声誉。

如图6-3所示，两种机制实验的贡献水平轨迹与结论2相符。所有回合中，具有连带责任追索机制的实验的贡献水平明显高于基准实验。此外，两个实验局均表现出期数效应，即随着实验期数的增加，声誉维护的贡献水平会显著下降，逐渐趋近于零。

---

① ANDERSON L R, MELLOR J M, MILYO J. Inequality and public good provision: An experimental analysis [J]. The Journal of Socio-Economics, 2008, 37 (3): 1010-1028.

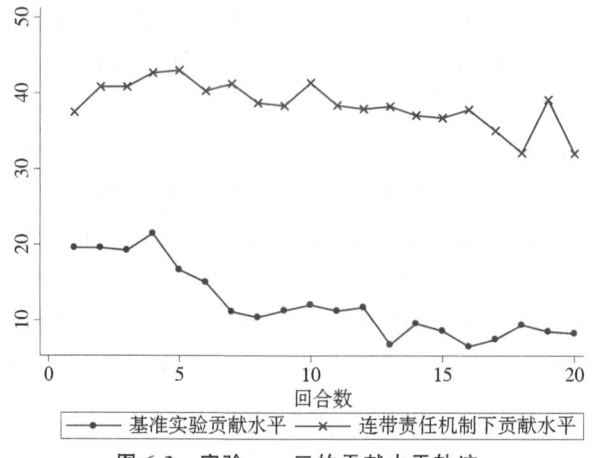

图 6-3 实验一、三的贡献水平轨迹

由实验的具体内容可知，实验一与实验三的唯一区别在于实验三中引入了连带责任追索机制。为了便于比较，表 6-9 中分别详细列出了实验一和实验三中不同类型的被试者在各回合的贡献水平。

表 6-9　实验一不同类型被试者各个回合声誉维护贡献水平

类型数	1回合	2回合	3回合	4回合	5回合	6回合	7回合	8回合	9回合	10回合
类型1	27.5	20	24	32.25	20	21.25	11.25	11.25	12.5	23.75
类型2	16.25	20	21.25	14.5	15	10	9.5	13.75	9	5
类型3	15	18.75	12.5	17.5	15	13.75	12.75	6.25	12.5	7.5
11回合	12回合	13回合	14回合	15回合	16回合	17回合	18回合	19回合	20回合	全部20回合
17.5	21.25	6.25	6.25	12.5	7.25	6	15	13.75	11.25	16.0375 (7.3765)
5	6.25	5	7.5	4.25	5.75	4.25	9.25	4.25	7.75	9.675 (5.2398)
11.25	7.75	9	3	3	3.625	3.125	4	7.5	7.25	9.55 (4.9121)

如表 6-9 结果所示，在实验一中，不同类型的被试者的声誉维护贡献水平由低到高依次为类型 3、类型 2 和类型 1。其中，类型 1 在除第 7、8、14 回合之外的其他回合中，其贡献水平显著高于其他类型。且三种类型的被试者均表现出明显的期数效应。具体的检验结果如表 6-11 所示，实验一中不同类型被试者的 3 次两两比较 Wilcoxon 符号秩检验中，有 2 次比较显示高 MPCR 类型被试者的声誉维护水平显著高于低 MPCR 类型。

如表 6-10 所示，在实验三中，不同类型的被试者的声誉维护贡献水平由低到高排列的顺序依次为类型 3、类型 1 和类型 2。其中，类型 2 在除第 3、18 回合之外的其他回合贡献水平显著高于其他类型。类型 3 的贡献水平始终低于其他两种类型的被试者。此外，三种类型的被试者均表现出明显的期数效应。

表 6-10 实验三不同类型被试者各个回合声誉维护贡献水平

类型数	1回合	2回合	3回合	4回合	5回合	6回合	7回合	8回合	9回合	10回合
类型1	38.75	41.25	45	43.75	46.25	43.75	46.25	42	42.5	43.75
类型2	38.75	42.5	43.75	45	45	46.25	46.25	46.25	45	46.25
类型3	35	38.75	33.75	39.25	37.75	30.75	31.25	28	27.5	34
41.25	40	42.5	41.25	43	40.75	39.25	39.5	40	37.5	41.91 (2.38)
46.25	46.25	46.25	45	46.25	46.25	46.25	37.5	48.75	37.5	44.56 (3.06)
27.75	27.5	26	25	21	26.5	19.75	19.5	28.75	21.25	28.95 (5.98)

为了对不同类型被试者各回合的数据进行统计检验，由于所进行的检验是两两匹配型的，因此采用了 Wilcoxon 符号秩检验。如表 6-11 所示，在实验三中，不同类型被试者进行的 3 次两两比较 Wilcoxon 符号秩检验均显示，低 MPCR 类型被试者的贡献水平低于其他类型的被试者。

表 6-11 实验一、三不同类型被试者贡献水平两两比较 Wilcoxon 检验

实验一	类型 1	类型 2
类型 2	$z=3.548^{***}$，$p=0.0004$	
类型 3	$z=3.641^{***}$，$p=0.0003$	$z=0.168$，$p=0.8665$
实验三	类型 1	类型 2
类型 2	$z=-6.103^{***}$，$p=0.0000$	
类型 3	$z=10.657^{***}$，$p=0.0000$	$z=10.603^{***}$，$p=0.0000$

注：*、** 和 *** 分布表示该系数在 10%、5% 和 1% 的水平上显著。

为了检验上述表格中的相关假设，接下来将分别对实验一和实验三中的类型 1 与类型 3 的被试者进行对比检验。如图 6-4 所示，实验一和实验三中类型 3 被试者的声誉维护贡献水平对比显示，在实验一中类型 3 被试者的 20 回合贡献水平普遍低于实验三。

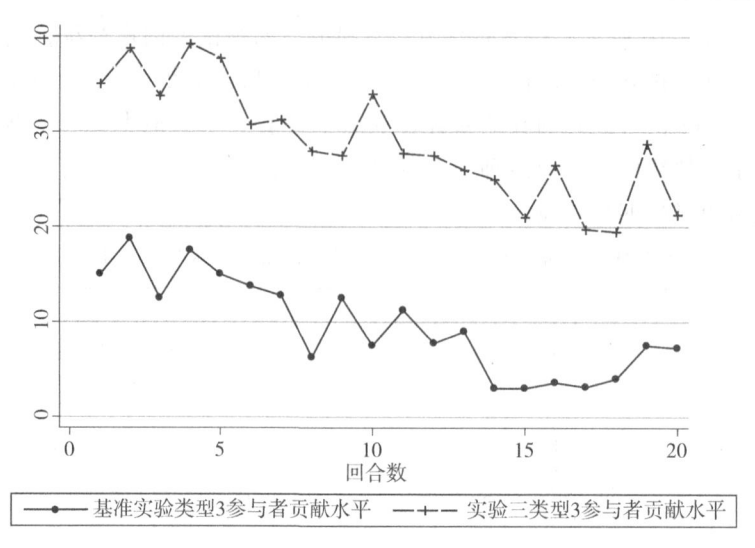

图 6-4 实验一和实验三中类型 3 被试者声誉维护贡献水平

进一步对实验一与实验三中的类型 3 声誉维护贡献水平进行了 Mann-Whitney 检验。如表 6-12 所示，Z 统计量为 10.926，且 P 值为 0.0000，这表明在两个实验局中，类型 3 的参与者在 1% 的显著性水平上表现出显著的贡献差异。

表 6-12 实验一、三中类型 3 贡献的 Mann-Whitney 检验

组别	样本观察值	秩和值	期望值
实验一	80	3240	6440
实验三	80	9640	6440
总计	160	12880	12880
检验统计量	Mann-Whitney $U=85776.10$ $Z=10.926$　Prob$>\|z\|=0.0000$		

注：*、** 和 *** 分布表示该系数在 10%、5% 和 1% 的水平上显著。

在实验一和实验三中，类型 1 的被试者是品牌拥有者。接下来将对这两个实验局中的类型 1 被试者进行对比检验。如图 6-5 所示，是实验一和实验三中类型 1 被试者的声誉维护贡献水平对比。通过直观观察可以发现，在两个实验局中，类型 1 被试者的贡献水平存在明显的差异。

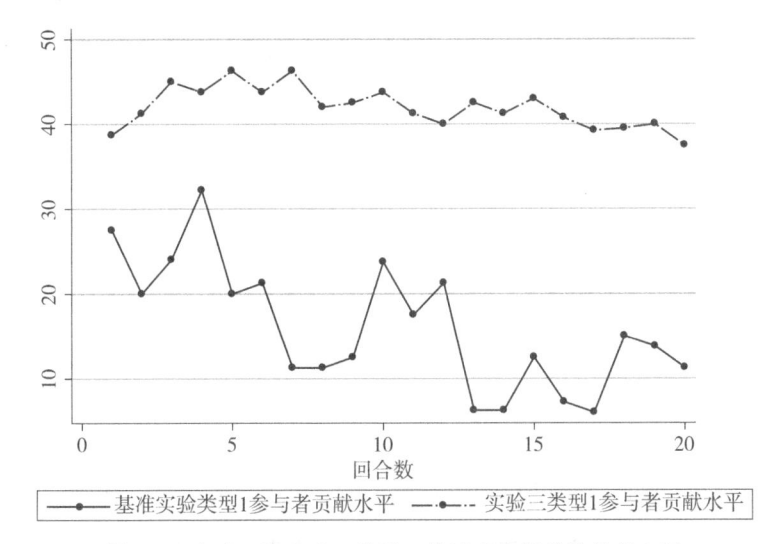

图 6-5　实验一和实验三类型 1 被试者声誉维护贡献水平

进一步对实验一与实验三中类型 1 的声誉维护贡献水平进行了 Mann-Whitney 检验。如表 6-13 所示，Z 统计量为 10.933，且 P 值为 0.0000，这说明在两个实验局中，类型 1 参与者的贡献存在显著差异。这一结果与列瓦蒂（M. V. Levati）等对公共物品实验的研究结果相似。[①]

表 6-13　实验一、三类型 1 贡献水平的 Mann-Whitney 检验

组别	样本观察值	秩和值	期望值
实验一	80	3240	6440
实验三	80	9640	6440
总计	160	12880	12880
检验统计量	Mann-Whitney $U=85663.40$		
	$Z=10.933\quad \text{Prob}>|z|=0.000$		

注：*、** 和 *** 分布表示该系数在 10%、5% 和 1% 的水平上显著。

如图 6-6 所示，是实验一和实验三中类型 2 被试者声誉维护贡献水平的对比。通过直观观察可以发现，在实验一的所有 20 回合中，类型 2 被试者的贡献水平均低于实验三。

---

① LEVATI M V, PLONER M, TRAUB S. Are cooperators efficiency or fair-minded? Evidence from a public goods experiment [J]. Jena Economic Research Papers, 2007: 067.

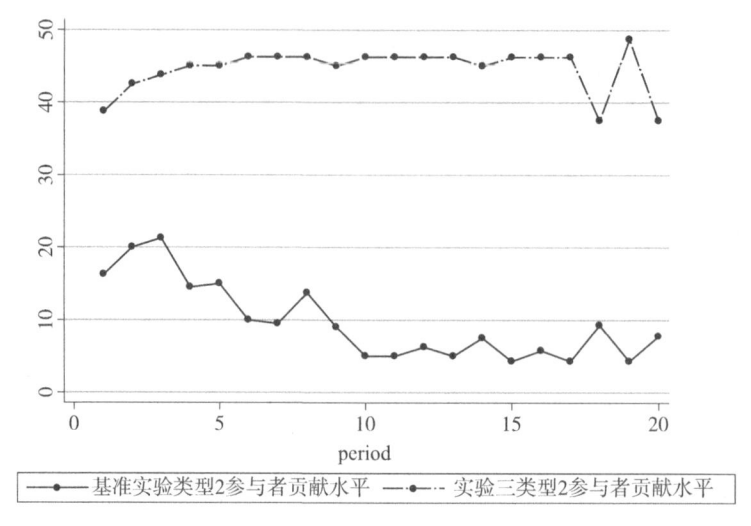

图 6-6 实验一和实验三中类型 2 被试者声誉维护贡献水平

进一步对实验一与实验三中的类型 2 声誉维护贡献水平进行了 Mann-Whitney 检验。如表 6-14 所示，Z 统计量为 11.019，且 P 值为 0.0000，这说明在两个实验局中，类型 2 参与者的贡献在 1% 的显著性水平上存在显著差异。

表 6-14 实验一、三中类型 2 声誉维护贡献水平的 MANN-WHITNEY 检验

组别	样本观察值	秩和值	期望值
实验一	80	3240	6440
实验三	80	9640	6440
总　计	160	12880	12880
检验统计量	Mann-Whitney U=84335.09		
	Z=11.019　Prob>$\|z\|$=0.0000		

注：*、** 和 *** 分布表示该系数在 10%、5% 和 1% 的水平上显著。

三、个人责任追索机制

本章中，实验二的纵向合作关系中所有成员的贡献总水平存在一个临界值。如果高于此临界值，所有成员都能按照 MPCR 获得声誉收益；若低于临界值，则相应成员将承担损失，即存在个人责任追索机制。相较之下，作为参照的实验一则不存在此类临界值要求。本部分旨在对实验一与实验三两个实验局进行对比分析，以探究个人责任追索机制对纵向合作关系贡献的影响。

表 6-15 展示了没有个人责任追索机制的纵向合作维护实验与具有个人责任追索机制的纵向合作维护实验的贡献水平均值。没有个人责任追索机制的纵向合作的贡献水平均值为 11.75；拥有个人责任追索机制的纵向合作的贡献水平均值为 24.142。从两个实验局数据的平均值对比可以初步判断，拥有个人责任追索机制的纵向合作贡献水平明显高于没有个人责任追索机制的实验组，即"个人责任追索机制有利于纵向关系的维护"。

表 6-15 实验一和实验二对声誉维护贡献的均值水平

实验场次	实验内容	平均值
实验二（$N=240$）	具有个人责任追索机制	24.14166666
实验一（$N=240$）	基准实验	11.75416667

为了验证这一初步结论，本研究采用了 Mann-Whitney 检验方法对实验一与实验二的总体贡献水平差异进行了检验。如表 6-16 所示，由于 Z 统计量为 10.713，且 $Prob>|z|=0.0000$，这说明在两个实验局中，贡献水平在 1% 的显著性水平上存在显著差异。

结论 3：在纵向合作关系中，存在个人责任追索制度时，整体的贡献水平相对较高，这有利于纵向合作关系的维护。

表 6-16 实验一、二声誉维护贡献水平的 Mann-Whitney 检验

组别	样本观察值	秩和值	期望值
实验二	240	73873	57720
实验一	240	41567	57720
总计	480	115440	115440
检验统计量	Mann-Whitney $U=2308800.00$ $Z=10.713$ $Prob>|z|=0.0000$		

图 6-7 展示了纵向合作关系中具有个人责任追索机制实验与不具有个人责任追索机制实验的贡献水平数值轨迹图。图中显示的结果与结论一致，即在所有 20 个回合中，具有个人责任追索机制的实验贡献水平明显高于不具有该机制的实验。此外，两个实验局均表现出期数效应，也就是随着实验期数的增加，声誉维护的贡献水平会显著下降，最终逐渐向零趋近。

[图表：实验一、二声誉维护总体贡献水平随回合数变化曲线]

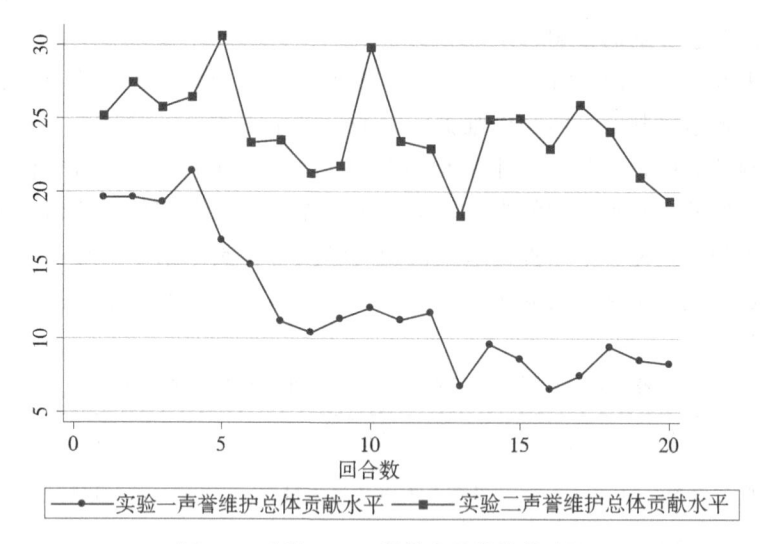

图 6-7　实验一、二贡献水平数值轨迹图

进一步对实验二中获得不同声誉收益 MPCR 的被试者各回合的数据进行统计检验，此处采用 Mann-Whitney 秩检验方法。如表 6-17 所示，对不同类型被试者的贡献水平进行了两两比较 Mann-Whitney 检验。在实验二中，不同类型被试者进行的三次两两比较 Mann-Whitney 秩检验结果显示，三者在 1% 的显著性水平上存在显著差异，表明高 MPCR 类型被试者的声誉维护水平显著高于低 MPCR 类型。这说明即使存在声誉门槛要求，声誉收益 MPCR 的差异仍然对参与者的声誉维护贡献水平产生显著影响。

表 6-17　实验二不同类型被试者贡献水平两两比较

实验二	类型 1	类型 2
类型 2	$z=7.099^{***}$，$p=0.0000$	
类型 3	$z=10.946^{***}$，$p=0.0000$	$z=9.618^{***}$ $p=0.0000$

注：*、** 和 *** 分布表示该系数在 10%、5% 和 1% 的水平上显著。

为了进一步验证结论，接下来将考察个人责任追索制度对纵向合作关系中不同类型参与者贡献的影响。将分别对实验一和实验二中声誉收益 MPCR 最高的类型一被试者、声誉收益 MPCR 最低的类型三被试者，以及声誉收益 MPCR 中等的类型二被试者的贡献水平进行对比检验。

如图 6-8 所示，通过比较实验一和实验二中类型三被试者的贡献水平，可以直观观察到，在实验一中，类型三被试者在除了第 11 回合外，其贡献水平在其他回合均低于实验二。此外，在实验二中，一旦实验组集体贡献低于临界值导致某成员受到惩罚后,下一轮的集体贡献会显著上升,以避免再次有成员受到惩罚。

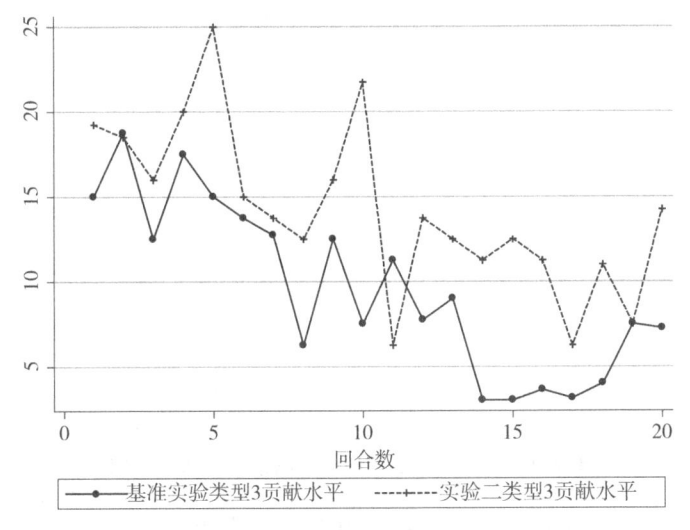

图 6-8　实验一、二类型 3 贡献水平数值轨迹图

进一步对实验一与实验二中类型 3 声誉维护贡献水平的差异进行 Mann-Whitney 检验。如表 6-8 所示,Z 统计量为 4.980,且 P 值为 0.0000,这说明在两个实验局中类型 3 参与者的贡献在 1% 的显著性水平上存在显著差异。此外,在具有临界值要求的实验中,存在个人责任追索制度的被试类型 3 的贡献水平显著提高,进一步验证了此结论。

表 6-18　实验一、二类型 3 声誉维护贡献水平的 Mann-Whitney 检验

组别	样本观察值	秩和值	期望值
实验二	80	7896	6440
实验一	80	4984	6440
总计	160	12880	12880
检验统计量	Mann-Whitney U=85866.67 Z=4.980 Prob>$\|z\|$=0.0000		

在实验一和实验二中,类型 1 的被试者是品牌拥有者。接下来,将对这两个实验局中的类型 1 被试者进行对比检验。从实验一和实验二中类型 1 被试者的贡献水平对比图 6-9 可以直观观察到,在两个实验局中类型 1 被试者的贡献水平差异非常明显。除了第 4 回合外,在其他所有回合中,实验二的类型 1 被试者的贡献水平均显著高于实验一。

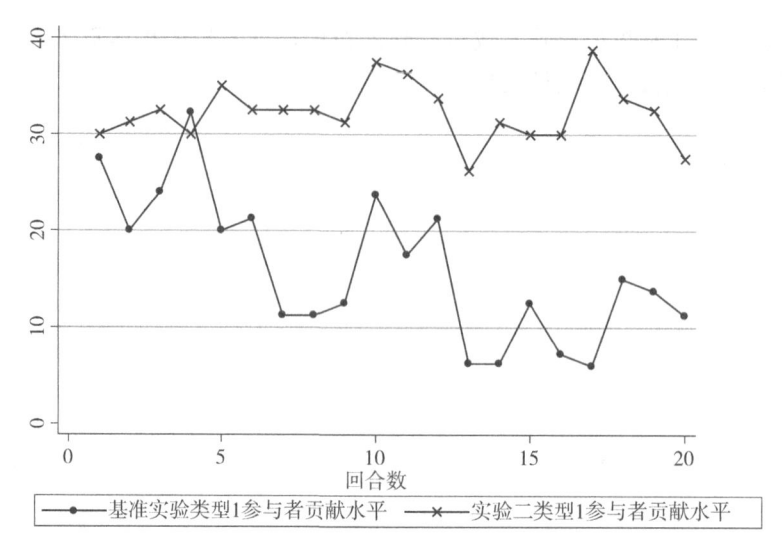

图 6-9　实验一、二类型 1 贡献水平数值轨迹图

为了深入分析实验一与实验二中类型 1 声誉维护贡献水平的差异，进行了 Mann-Whitney 检验。如表 6-19 所示，Z 统计量为 10.372，且 P 值为 0.0000，这表明在两个实验局中类型 1 参与者的贡献在 1% 的显著性水平上存在显著差异。此外，在具有个人责任追索机制的实验中，高 MPCR 的被试类型 1 的贡献水平显著提高，这与结论 3 是一致的。

表 6-19　实验一、二类型 1 声誉维护贡献水平的 Mann-Whitney 检验

组别	样本观察值	秩和值	期望值
实验二	80	9472	6440
实验一	80	3408	6440
总计	160	12880	12880
检验统计量	Mann-Whitney $U=85866.67$		
	$Z=10.372\quad \mathrm{Prob}>|z|=0.0000$		

对实验一和实验二中类型 2 被试者的贡献水平进行了对比检验。从实验一和实验二中类型 2 被试者的贡献水平对比图 6-10 可以直观观察到，在两个实验局中类型 2 被试者的贡献水平差异非常明显。除了第 4 回合外，在其他所有回合中，实验二的类型 2 被试者的声誉维护贡献水平均显著高于实验一。

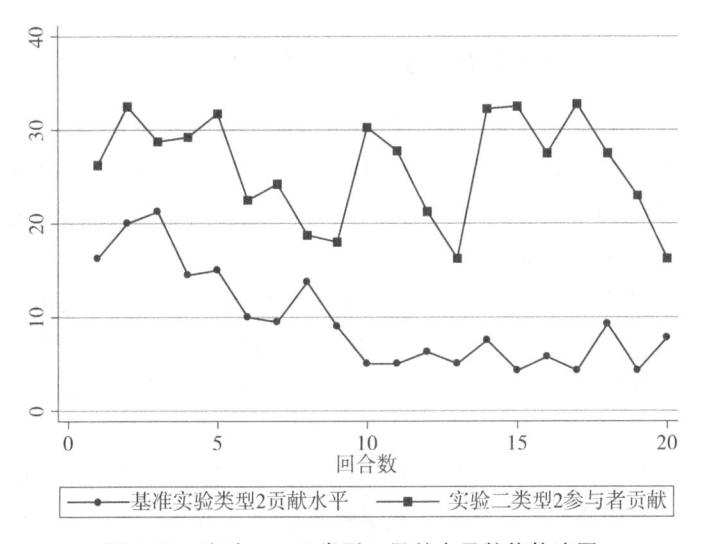

图 6-10　实验一、二类型 2 贡献水平数值轨迹图

对实验一与实验二中类型 2 声誉维护贡献水平的差异进行了 Mann-Whitney 检验。如表 6-20 所示，Z 统计量为 11.019，且 P 值为 0.0000，这表明在两个实验局中，类型 2 参与者的贡献在 1% 的显著性水平上存在显著差异。此外，在具有个人责任追索机制的实验中，被试类型 2 的贡献水平显著提高，这与结论 3 是一致的。

表 6-20　实验一、二类型 2 声誉维护贡献水平的 Mann-Whitney 检验

组别	样本观察值	秩和值	期望值
实验二	80	9640	6440
实验一	80	3240	6440
总计	160	12880	12880
检验统计量	Mann-Whitney $U=84335.09$		
	$Z=11.019$　Prob$>\lvert z \rvert=0.0000$		

通过组内总体和组内不同类型成员两个维度的论证，本部分完成了证明个人责任追索机制对声誉维护贡献提升的结论。这一结果表明，个人责任追索机制确实起到了促进纵向合作水平的效果，与宋紫峰和周业安所得到的研究结论相一致。[①]

[①] 宋紫峰，周业安，何其新. 不平等厌恶和公共品自愿供给——基于实验经济学的初步研究[J]. 管理世界，2011 (12)：32-39.

四、个人责任和连带责任追索机制比较

实验三为具有连带责任追索机制的纵向合作关系维护实验。相对地，实验二是品牌拥有者承担连带责任的纵向合作维护实验。本部分将对实验二与实验三两个实验局进行对比分析，以探究不同责任追索机制对纵向合作关系贡献的影响。

表 6-21 "实验二和实验三对声誉维护贡献的均值水平"展示了具有连带责任追索机制和个人责任追索机制的纵向合作关系维护实验的贡献水平均值。具有连带责任追索机制的纵向合作关系维护实验的贡献水平均值为 38.48，而拥有个人责任追索机制的纵向合作关系维护实验的贡献水平均值为 24.14。从两个实验局数据的平均值对比可以初步判断，具有连带责任追索机制的纵向合作关系维护实验贡献水平明显高于具有个人责任追索机制的实验组，即"连带责任追索机制更有利于纵向关系的维护"。

表 6-21 实验二和实验三对声誉维护贡献的均值水平

实验场次	实验内容	平均值
实验三（N=240）	具有个人责任追索机制	24.14166666
实验二（N=240）	具有连带责任追索机制	38.475

为了验证这一初步结论，本部分采用了 Mann-Whitney 检验方法对实验二与实验三的总体贡献水平差异进行了检验。如表 6-22 所示，由于 Z 统计量为 -11.522，且 $\text{Prob}>|z|=0.0000$，这表明在两个实验局中声誉维护贡献水平在 1% 的显著性水平上存在显著差异。

结论 4：在纵向合作关系中，相比于个人责任追索制度，连带责任追索制度的整体贡献水平相对较高，从而更有利于纵向合作关系的维护。

表 6-22 实验二、三贡献水平的 Mann-Whitney 检验

组别	样本观察值	秩和值	期望值
实验三	240	75114.5	57720
实验二	240	40325.5	57720
总计	480	115440	115440
检验统计量	Mann-Whitney $U=2308800.00$		
	$Z=-11.522$　$\text{Prob}>|z|=0.0000$		

图 6-11 "实验二、三贡献水平数值轨迹图"展示了纵向合作关系中

具有个人责任追索机制实验与具有连带责任追索机制实验的贡献水平数值轨迹。图中显示的结果与结论一致：在所有20个回合中，具有连带责任追索机制的实验贡献水平明显高于具有个人责任追索机制的实验。此外，两个实验局均表现出期数效应，即随着实验期数的增加，声誉维护的贡献水平会显著下降，最终逐渐趋近于零。

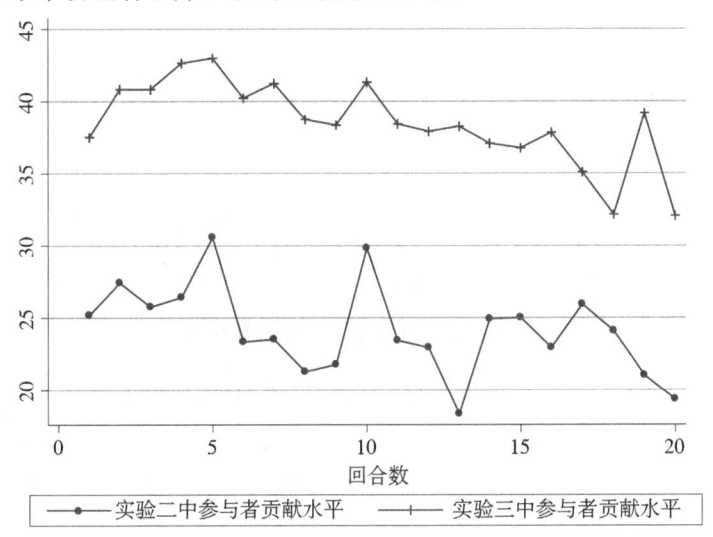

图 6-11　实验二、三贡献水平数值轨迹图

为了进一步验证结论，本部分将考察个人责任追索制度和连带责任追索制度对纵向合作关系中不同类型参与者贡献的影响。这包括对实验二和实验三中不同类型被试者的贡献水平进行对比检验。

如图 6-12 所示，实验二和实验三中类型 3 被试者的声誉维护贡献水平对比可以直观观察到，在实验二中类型 3 被试者的 20 回合贡献水平普遍低于实验三。此外，在实验二和实验三中，一旦实验组的集体贡献低于临界值导致某成员受到惩罚，随后的一轮集体贡献会显著上升，以避免再次有成员受到惩罚。

进一步对实验二与实验三中类型 3 的声誉维护贡献水平差异进行了 Mann-Whitney 检验。如表 6-23 所示，Z 统计量为 -10.634，且 P 值为 0.0000，这表明在两个实验局中，类型 3 参与者的贡献在 1% 的显著性水平上存在显著差异。此外，在具有门槛要求的实验中，存在连带责任追索制度的被试类型 3 的贡献水平显著提高，这进一步验证了结论 4。

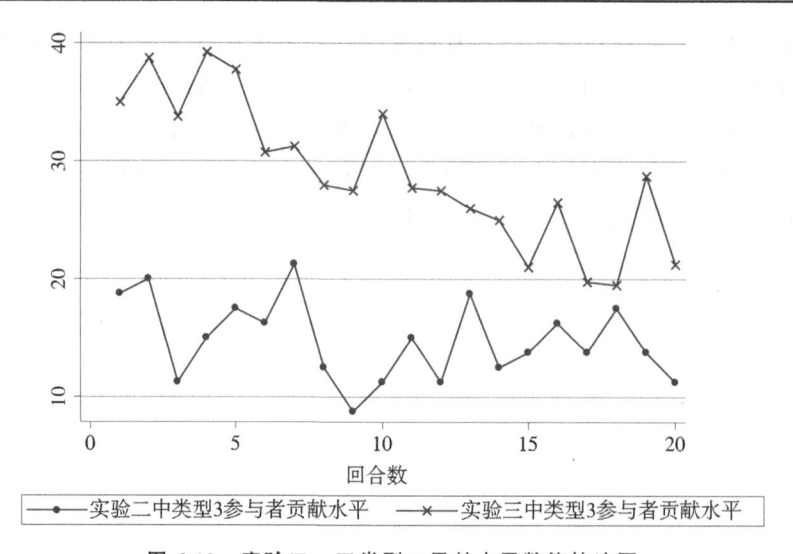

图 6-12 实验二、三类型 3 贡献水平数值轨迹图

表 6-23 实验二、三类型 3 贡献水平的 Mann-Whitney 检验

组别	样本观察值	秩和值	期望值
实验二	80	3328	6440
实验三	80	9552	6440
总计	160	12880	12880
检验统计量	Mann-Whitney $U=85647.30$		
	$Z=-10.634$ $Prob>\|z\|=0.0000$		

在实验二和实验三中，类型 1 被试者是品牌拥有参与者，下面将对两个实验局中类型 1 被试者进行对比检验。如图 6-13 所示，通过类型 1 被试者贡献水平对比，可以直观观察到两个实验局中类型 1 被试者贡献水平差别非常明显。除了第 20 回合之外，其他 19 个回合中，实验三的类型 1 被试者声誉维护贡献水平均远高于实验二。

为了深入分析实验二与实验三中类型 1 声誉维护贡献水平的差异，进行了 Mann-Whitney 检验。如表 6-24 所示，Z 统计量为 -10.924，且 P 值为 0.0000，这表明在两个实验局中，类型 1 参与者的贡献在 1% 的显著性水平上存在显著差异。相比于个人责任追索制度，具有连带责任追索机制的实验中，高 MPCR 的类型 1 被试者的贡献水平显著提高，这与结论 4 是一致的。

第六章　组织中声誉转移的责任追索实验研究

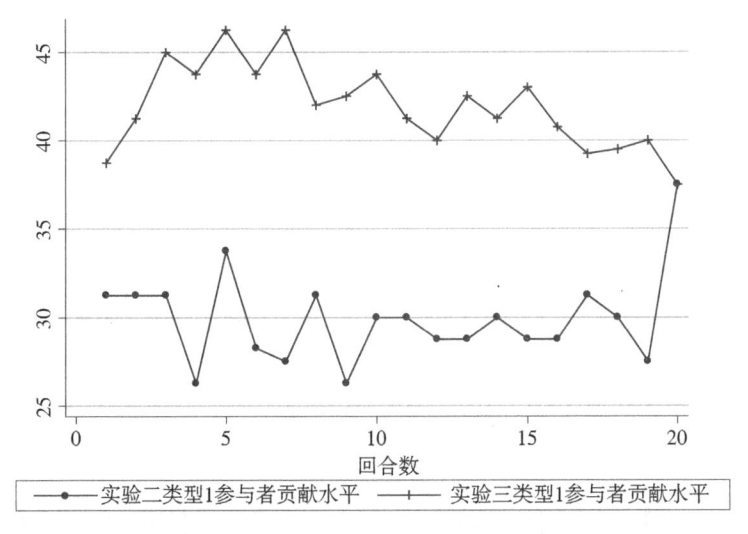

图 6-13　实验二、三类型一参与者贡献水平数值轨迹图

表 6-24　实验二、三类型一贡献水平的 Mann-Whitney 检验

组别	样本观察值	秩和值	期望值
实验二	80	3248	6440
实验三	80	9632	6440
总　计	160	12880	12880
检验统计量	Mann-Whitney $U=85381.64$		
	$Z=-10.924\ \text{Prob}>|z|=0.0000$		

对实验二和实验三中类型 2 被试者的贡献水平进行对比检验。如图 6-14 所示，实验二和实验三中类型 2 被试者的贡献水平对比可以直观观察到，在两个实验局中类型 2 被试者的贡献水平存在非常明显的差异。实验三中类型 2 被试者的贡献水平显著高于实验二。

对实验二与实验三中类型 2 的贡献水平差异进行 Mann-Whitney 检验。如表 6-25 所示，Z 统计量为 -11.034，且 P 值为 0.0000，这表明在两个实验局中类型 2 参与者的贡献在 1% 的显著性水平上存在显著差异。此外，在具有连带责任追索机制的实验中，类型 2 被试者的贡献水平显著提高，这与结论 4 是一致的。

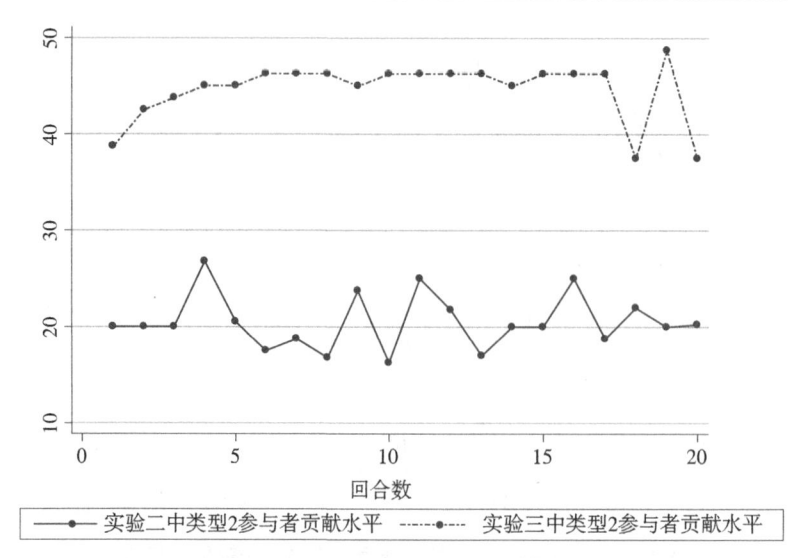

图 6-14　实验二、三类型 2 参与者贡献水平数值轨迹图

表 6-25　实验二、三类型 2 贡献水平的 Mann-Whitney 检验

组别	样本观察值	秩和值	期望值
实验三	80	9640	6440
实验二	80	3240	6440
总计	160	12880	12880
检验统计量	Mann-Whitney $U=84101.64$		
	$Z=-11.034$　$Prob>\|z\|=0.0000$		

本部分从组内总体和组内不同类型成员两个维度进行论证，完成了证明连带责任追索和个人责任追索对声誉维护贡献影响的结论。这一结果表明，连带责任追索机制在促进纵向合作方面更为有效。

表 6-26 是本章实验内容及相应实验假设检验结论的汇总表。如表所示，本章包含三个实验局，通过不断变化纵向合作关系中的责任追索机制，并通过控制其他变量及进行对比检验，得出了以下四个结论。这些结论有助于我们理解纵向合作关系中责任追索方式的具体影响和效力。

表 6-26 实验的假设检验结论

实验局	被试者数量	实验机制	实验结论
实验 1	12	基准实验	结论 2：纵向合作关系中，连带责任追索制度有利于提高成员的努力水平，从而更好地维护纵向合作组织的声誉。
实验 2	12	具有个人责任追索制度条件下纵向合作关系维护机制	结论 3：纵向合作关系中存在个人责任追索制度，则整体的贡献水平相对较高，有利于纵向合作关系的维护。
实验 3	12	具有连带责任条件下纵向合作关系维护机制	结论 4：纵向合作关系中，相比于个人责任追索制度，连带责任追索制度整体的贡献水平相对较高，更有利于纵向合作关系的维护。
三个实验总体结论			结论 1：采取不同的纵向合作关系违约责任追索机制对实验中被试者的贡献水平决策具有显著的影响，合理的责任追索机制有利于提高总体的努力水平，从而维护纵向合作关系的稳定性。

五、不同责任追索机制的回归分析

为了进一步检验以上结论，本部分在借鉴巴克利（E. Buckley）和克罗生（R. Croson）的方法基础上[①]，构建了一个计量模型对实验结论进行检验。

（1）变量的定义

将不同机制下纵向合作被试者的贡献水平作为被解释变量；回合数、个人责任追索机制、连带责任追索机制作为解释变量。同时，考虑到可能的其他影响因素，将被试者组别、被试者类型、风险偏好程度、前一回合收益作为控制变量引入模型。如表 6-27 所示，对模型中引入的各变

---

① BUCKLEY E, CROSON R. Income and wealth heterogeneity in the voluntary provision of linear public goods [J]. Journal of Public Economics, 2006, 90 (4-5): 935-955.

量进行了定义。

表 6-27 变量定义

变量类型	变量名称	变量符号	变量定义
被解释变量	纵向合作贡献水平	contribution	纵向合作关系中被试者的贡献水平
控制变量	被试者组别	group	被试者在实验过程中所在的被试组，分布为 1、2、3
	被试者类型	type	被试者在小组中所扮演的类型，分布为 1、2、3
	风险偏好程度	risk	被试者的个人风险偏好程度，该变量为等级变量从低到高依次为 1、2、3、4、5、6
	前一回合收益	fprofit	被试者上一回合中所获得的收益
	回合数	period	某场实验中第多少回合数，取值范围从 1 至 20
解释变量	个人责任追索机制	individual	是否采用个人责任追索机制，是=1；否=0
	连带责任追索机制	collective	是否采用连带责任追索机制，是=1；否=0

（2）变量的描述性统计

模型中被解释变量为被试者对纵向合作的贡献水平；控制变量为被试者组别、被试者类型、风险偏好程度、回合数；解释变量为个人责任追索机制、连带责任追索机制。如表 6-28 所示，对各个变量进行均值、标准差、中位数、取值范围、最大值和最小值方面的描述性统计。

表 6-28 变量的描述性统计

变量	观察值	均值	标准差	中位数	取值范围	最小值	最大值
贡献水平	720	24.79	15.85	25	50	0	50
被试者组别	720	2.5	1.12	2.5	3	1	4

续表

变量	观察值	均值	标准差	中位数	取值范围	最小值	最大值
被试者类型	720	2	0.82	2	2	1	3
风险偏好程度	720	3.97	1.21	4	5	1	6
回合数	720	10.5	5.77	10.5	19	1	20
个人责任追索	720	0.33	0.47	0	1	0	1
连带责任追索	720	0.33	0.47	0	1	0	1

（3）模型的构建

在参考巴克利和克罗生的方法基础上，我们构建三个计量模型对本章的结论进行计量检验，计量模型如下：

模型1：
$$\text{contribution} = \beta_0 + \alpha Z + \beta_3 \text{period} + \varepsilon \quad (6-1)$$

模型2：
$$\text{contribution} = \beta_0 + \alpha Z + \beta_4 \text{period} + \beta_5 \text{collective} + \varepsilon \quad (6-2)$$

模型3：
$$\text{contribution} = \beta_0 + \alpha Z + \beta_4 \text{period} + \beta_5 \text{collective} + \beta_6 \text{individual} + \varepsilon \quad (6-3)$$

其中Z为控制变量，包括group、type等变量。

（4）模型的估计结果

上述三个计量模型的回归结果，在控制变量的基础上逐渐加入解释变量后得出。这些结果已整理成表格形式展示，如表6-29所示，为模型的回归结果。

表6-29 估计结果

解释变量	被解释变量：纵向合作关系中被试者贡献水平		
	模型1	模型2	模型3
被试者组别	−0.121	−0.121	−0.121
	(−0.27)	(−0.34)	(−0.37)
被试者类型2	−3.333**	−3.333***	−3.333***
	(−2.27)	(−3.00)	(−3.54)

续表

解释变量	被解释变量：纵向合作关系中被试者贡献水平		
	模型1	模型2	模型3
被试者类型3	−12.50*** (−10.28)	−12.50*** (−12.95)	−12.50*** (−14.11)
回合数	−0.459*** (−4.99)	−0.459*** (−6.43)	−0.459*** (−7.02)
连带责任追索机制		20.53*** (26.06)	26.72*** (31.55)
个人责任追索机制			12.39*** (13)
截距项	35.18*** (20.02)	28.34*** (19.08)	22.15*** (14.41)
R平方	0.139	0.512	0.614
F统计量	38.99	281.5	279.4
（P值）	0.0000	0.0000	0.0000
观察值	720	720	720

注：*、**和***分别表示该系数在10%、5%和1%的水平上显著，括号内为稳健性估计的标准差。

从模型1至模型3，随着解释变量"连带责任追索机制"和"个人责任追索机制"的加入，模型的拟合优度逐渐增加，最终达到0.61。对于实验数据而言，这一拟合效果较好，且三个模型的F检验均在1%的水平上显著。就三个模型的控制变量而言，被试者组别、被试者类型、实验回合数在三个模型中的系数差别不大，且显著性水平较为一致，表明模型较为稳健。

变量"被试者组别（group）"在三个模型中的系数均为−0.12，但不具有统计显著性。这说明在纵向合作关系实验中，被试者随机分组对贡献水平并没有显著影响，表明实验控制良好，不同组之间不会因为分组的差异对实验结果产生影响。

变量"被试者类型（type）"以虚拟变量形式引入模型，在三个模型中，参与者类型 2 和参与者类型 3 的系数分别为 －3.33 和 －12.50，并且均在 1% 的水平上显著不为零，表明该变量对实验结果有稳健的影响。实验中，被试者类型 1 从纵向合作声誉转移中获得最多收益，类型 2 次之，类型 3 最少。收益差异导致他们在纵向合作中的努力程度不同，获得的收益越多，参与者提高对纵向合作贡献的积极性越高。

"回合数"变量在三个模型中的系数为 －0.46，且在 1% 的水平上显著不为零，说明实验回合数对实验结果有明显且稳健的影响。实验显示出显著的"期数效应"，即随着实验的进行，参与者对纵向合作的贡献逐渐下降。这与连洪泉等的研究结果相一致。[①]

解释变量"连带责任追索机制（collective）"在两个模型中对实验结果的影响均在 1% 的水平上显著；模型 2 和模型 3 中其系数分别为 20.53 和 26.72。这说明集体责任追索机制对纵向合作的维护作用非常显著且稳健。在实验中，采用集体责任追索制度进行纵向合作责任追索可以提高合作成员 20% 的贡献水平，表明集体责任追索制度的效力明显。

解释变量"个人责任追索机制（individual）"的系数为 12.39，且在 1% 的水平上显著不为零。这说明个人责任追索机制有助于纵向合作的维护。在实验中，采用个人责任追索制度进行纵向合作责任追索可以提高合作成员 12.39% 的贡献水平，显示出个人责任追索制度的效力明显，但相较于连带责任追索制度，其效果较小。

在加入控制变量被试者组别、被试者类型、实验回合数后，排除相关变量的干扰，研究发现"个人责任追索机制（individual）"和"连带责任追索机制（collective）"两种责任追索机制均对纵向合作有显著作用，但个人责任追索机制的效力低于连带责任追索机制，进一步证实了本章结论。

本章主要研究了纵向合作声誉转移中责任追索机制的效力问题。从纵向合作责任追索效率的角度考察纵向合作声誉转移责任追偿问题。根据经济理论，确定了在纵向合作中品牌所有者承担连带责任的合理性，并对纵向合作违约情况承担严格责任。在纵向合作责任追索中采用严格责任，有利于维护受害人利益，减少了受害方的信息成本，并避免了由于产品技术复杂性导致的取证难题。同时，法院处理此类案件时，判决难度减小，提高了诉讼效率，节约了法律判定成本。

---

① 连洪泉，周业安，左聪颖，等. 惩罚机制真能解决搭便车问题吗？：基于动态公共品实验的证据[J]. 管理世界，2013（4）：69-81.

本章通过经济学实验验证了纵向合作声誉转移中违约行为的个人责任追索机制和连带责任追索机制的效率。经济学实验设有三个实验局：基准实验（对照组）、纵向合作个人责任追索制度实验和纵向合作连带责任追索制度实验。共招募了 36 名被试者，分别进行了 20 轮实验，获得 720 组数据。通过对三组实验数据进行 Kruskal-Wallis 检验，发现三个实验局中由于责任追索制度的不同，其效力存在显著差异；通过 Mann-Whitney 检验比较，发现纵向合作中的个人责任追索制度和连带责任追索制度均有助于提高成员企业的努力程度，从而有利于维护纵向合作稳定性和声誉。相较于个人责任追索制度，连带责任追索制度的效力更为明显。为保证结论的稳健性，引入了实验回合数、被试者组别、被试者类型、风险偏好程度等变量作为控制变量，考察两种责任追索制度的效力差别，结果显示在引入控制变量的情况下，两种制度的效力在 1% 水平上显著不为零，且连带责任追索制度的效力远高于个人责任追索制度。

实验结果表明：采取不同的纵向合作关系违约责任追索机制对实验中被试者的贡献水平决策具有显著影响，合理的责任追索机制有利于提高总体努力水平，维护纵向合作关系的稳定性；纵向合作关系中连带责任追索制度有助于提高成员努力水平，更好地维护纵向合作组织声誉；纵向合作关系中存在个人责任追索制度时，整体贡献水平相对较高，有利于纵向合作关系的维护；相比个人责任追索制度，连带责任追索制度在纵向合作关系中的整体贡献水平相对较高，更有利于维护纵向合作关系。

第七章　数字经济下组织中的
声誉转移与责任追索

第一节　数字经济背景下的纵向合作组织变革

在数字化浪潮的推动下，全球产业结构和商业模式正经历着深刻的转变。传统的纵向合作组织，如供应链，依赖于人为的、线下的沟通和协调机制来实现各环节间的协同。然而，现代数字技术，尤其是大数据、人工智能、区块链等，对这一传统模式产生了重大冲击，也在不断重塑供应链的运作方式。这些技术的运用不仅提升了供应链的效率，也为供应链的参与者提供了更为便捷的协作平台。

一、数字技术对传统纵向合作组织的冲击

传统的纵向合作组织，如供应链等，主要依靠牢固的合作伙伴关系和长期稳定的合同关系，为企业营造了一个相对固定和可预测的生产与分销体系。然而，随着区块链等先进数字技术的崛起，这一传统的供应链架构正面临着深刻的变革。

数字技术不仅提升了交易和合作的透明度，还突破了传统合同的局限性，为合作关系带来了前所未有的灵活性和动态性。同时，大数据、云计算和高级数据分析的技术进步正在重新塑造供应链的信息流动机制。这些技术解决了传统信息传递的瓶颈问题，为企业提供了实时、透明且精确的决策支持，从而使得企业能够迅速响应外部环境的变化。

此外，物联网和现代通信技术正在将供应链的参与者紧密连接在一起，打破了时间和空间的限制，实现了真正的全球化协同工作。在此背景下，供应链已经从单一的线性模式转变为复杂的网络结构。在这一网络化模式中，供应链的各个环节不再是孤立的生产和消费节点，而是构成了一个高度互联的系统。这种结构的转变大大提升了供应链的响应速度和适应性，数字平台经济的兴起进一步加速了这种模式的普及，为供应链开辟了新的商业领域。

然而，技术的进步虽然带来了机遇，却也伴随着一系列的挑战。在

这种高度数字化的供应链环境中,数据的安全和声誉问题成为首要关注点。每次的数据交换都潜藏着潜在的风险,每一个信息节点都可能成为违约的薄弱环节。因此,在追求供应链的高效与透明度的同时,如何确保数据的完整性和参与者之间的信守契约问题,成为供应链管理者和研究者需要深入探讨的核心议题。平台经济的兴起为传统纵向合作组织带来了创新的机遇,同时也伴随着新的挑战和考验。

二、平台经济:双边市场与商业模式

随着全球经济逐渐向数字化转型,平台经济应运而生,逐渐在各行各业中取得主导地位。该经济形态的核心特征在于其独特的结构和运作机制,尤其是其对平台化、双边市场及新兴商业模式的强化,能够有效地管理和展示声誉,为用户提供重要的决策信息。[1] 本节将系统性地阐述这些关键概念及其在当前经济体系中的重要地位。

1. 平台经济的定义与核心特点

平台经济已成为当今全球经济发展的关键议题之一。为了深入理解其内涵,首先需要明确其定义:平台经济不仅仅是数字技术的产物,它代表了一种基于技术的经济交易、互动和创新的组织方式。[2] 其核心在于利用中介平台连接多个利益相关者,如生产者、消费者和服务提供者,使他们能够在一个统一的平台上进行交易。以阿里巴巴为例,它并不拥有所有的货物,但它通过其电商平台连接了卖家和买家;同样,滴滴出行并不拥有所有的车辆,但它连接了司机和乘客。与传统的垂直整合模式相比,平台经济具有以下核心特点。

(1) 功能分离与价值整合。与追求对生产链条的完整控制的垂直整合企业不同,平台经济强调连接和整合不同的资源和服务提供者来创造价值。阿里巴巴作为一个商业平台,汇集了无数的商家,提供了一个商业生态,但它并不自行生产每一件商品。

(2) 强调网络效应。在垂直整合模式中,规模经济是核心优势,即生产的规模越大,单位成本越低。然而,在平台经济中,网络效应占据了主导地位。每增加一个用户,对其他用户的价值都会有所提升,形成正反馈循环。例如,字节跳动的抖音平台,一个用户上传的内容能吸引

---

[1] 冯振华,刘涛雄,王勇.平台经济的可竞争性——用户注意力的视角[J].经济研究,2023,58(09):116-132.

[2] 尹振涛,陈媛先,徐建军.平台经济的典型特征、垄断分析与反垄断监管[J].南开管理评论,2022,25(03):213-226.

更多的观众,而这些观众又可能成为新的内容创作者。

(3) 数据驱动。在传统的垂直整合模式中,数据往往作为运营的辅助工具。但在平台经济中,数据已经上升为核心资产。它提供了关于用户行为、需求和偏好的宝贵信息,使得平台能够提供更为精准和个性化的服务。例如,京东作为中国领先的电商平台,便是数据驱动应用的佼佼者。通过分析用户的购物历史、浏览记录和搜索习惯,京东能为用户推荐最可能感兴趣的商品,这不仅提高了用户的购物体验,也显著提升了交易的转化率。更进一步,结合物流数据,京东能确保商品快速且准时地送达用户手中,从而在电商竞争中占据优势。

(4) 包含纵向合作的元素。尽管平台经济的本质并不完全是纵向合作组织,但它可以包含纵向合作的元素。纵向合作组织通常指的是供应链中不同阶段的企业或实体之间的合作,例如原材料供应商、制造商、分销商和零售商之间的"上下游"关系。纵向合作组织的目的在于更有效地协调生产和分销活动,减少成本,提高效率,并更好地满足市场需求。相比之下,平台经济指的是数字技术使得各种资源、产品、服务和参与者能够相互连接、交互的商业模式。在这种经济中,平台作为一个中介,连接供应方和需求方,从而创造价值。这通常不局限于单一的供应链,而是涉及多方的交互合作。平台经济的一个关键特点是它的"双边"或"多边"市场特性,其中平台为多个用户群(如买家和卖家、房东和租客等)提供服务,并使它们能够进行交互。例如,Airbnb 为房东和租客提供了一个交互的平台,而 Uber 则连接司机和乘客。

因此,尽管平台经济和纵向合作组织都涉及多个参与者之间的合作,但它们的合作方式、目的和结构存在明显的差异。平台经济更多地强调的是连接和交互的网络效应,而纵向合作组织则侧重供应链中不同环节的协同合作。

2. 平台经济商业模式

在数字经济的时代,平台化不仅是一个技术概念,更是现代商业的核心。通过整合各类业务流程,构建中心化的交互平台,企业能够在高效匹配资源、最大化价值的同时,深化与消费者的关系,形成稳固的生态链。然而,随着平台经济的不断发展,平台成员企业的行为,尤其是违约或不当行为,可能对整个平台的声誉造成严重损害。这就要求平台在追求经济利益的同时,还须建立健全的责任追索机制。平台化对商业模式的影响,主要体现在以下几方面。

(1) 价值创造方式的转变。传统企业通常通过线性的供应链模式创造价值，而平台企业则转向价值网络模式。例如，Airbnb 并不拥有任何房产，但却通过平台连接了全球的房东和旅客，共同创造了巨大的价值①；同样，中国摩拜单车通过平台连接了城市的骑行者，改变了人们的出行方式②。

（2）客户关系的重塑。平台化使得企业与客户的关系更为紧密和动态。传统的供应商与客户之间的关系逐渐向一种生态关系转变，其中每一方都是平台价值的共同创造者。例如，Spotify 通过算法为用户提供个性化的音乐推荐③，而阿里云则为其用户提供量身定制的云计算服务④。

（3）新的收益模型的出现。除了传统的商品和服务销售外，数据、广告以及第三方应用都为平台化的企业带来了新的盈利方式。例如，Facebook 作为一个全球性的社交平台，通过广告和数据分析为广告商提供高度精准的广告定向服务；同样，微信支付通过提供第三方支付服务为商家和用户创造了便利，同时也带来了巨大的收益。

（4）责任追索机制的重要性。随着平台化的深入发展，平台的信誉和用户信任成为其成功的关键因素。因此，平台必须对成员企业的行为进行监管，确保其遵循平台规则和法律法规。⑤ 例如，当 Amazon 发现其平台上的卖家销售假冒商品时，会迅速移除这些产品并对卖家采取制裁措施。淘宝网的商家涉及虚假广告或销售假冒伪劣商品时，淘宝网也会启动其内部的追责机制，确保消费者权益不受侵犯。

总之，平台化正在重新定义全球商业运作的方式。这种变革既带来了巨大的商业机会，也带来了前所未有的挑战，尤其是在如何平衡利益、维护信誉和确保规则被遵循等方面。

---

① GUTTENTAG D. Airbnb：disruptive innovation and the rise of an informal tourism accommodation sector [J]. Current Issues in Tourism，2015，18 (12)：1192-1217.
② 秦铮，王钦. 分享经济演绎的三方和谐机制：例证共享单车 [J]. 改革，2017 (05)：124-134.
③ SONG Y，DIXON S，PEARCE M. A survey of music recommendation systems and future perspectives [C]. In 9th International Symposium on Computer Music Modeling and Retrieval，2012，Vol. 4：395-410.
④ 国旭，贺俊，陶思宇. 多平台企业和谐效应的作用及作用——阿里巴巴多平台体系的案例研究 [J]. 经济管理，2022，44 (10)：92-110.
⑤ 唐要家. 数字平台的经济属性与监管政策体系研究 [J]. 经济纵横，2021 (04)：43-51＋2.

第二节　平台型电商组织的兴起

随着国家政策的支持和市场对数字转型的需求增长，平台经济在全社会范围内得到了广泛推广和深化应用。平台经济是一种基于数字技术的商业模式，它以平台作为中介，连接不同的市场参与者（如买家、卖家、服务提供商等）。在这种模式下，平台不仅作为交易的中介，还提供数据分析、市场预测、用户行为洞察等增值服务。平台经济的核心是利用技术优势和网络效应，创造一个互动、共生的商业环境。平台经济模式通过网络效应，优化资源配置，提高了资源利用的效率与效果。涌现出一系列的平台经济组织模式，如平台型电商生态系统、平台型电商供应链以及平台型电商企业之间存在着紧密且复杂的逻辑关系。在平台经济理论的框架下，这些概念相互影响并共同塑造现代电商环境的动态和特性。

平台型电商生态系统（Platform-based E-commerce Ecosystem）是一个涉及多方参与者（如卖家、买家、服务提供商等）的网络系统，它包括供应链各方、消费者、平台运营商、物流服务提供商、支付系统和其他服务提供商等。在这个生态系统中，各方通过技术和服务的融合共同创造价值，促进整个系统的健康发展和创新。[1][2]

平台型电商供应链（Platform-based E-commerce Supply Chain）是指在电子商务环境中，通过数字平台连接的供应链管理模式。[3] 在这种模式下，供应链的各个环节（如生产、分销、零售等）通过一个共享的电商平台进行协调和管理。这种供应链模式利用数字技术来优化流程，提高效率，减少成本，并提升客户体验。它涵盖从生产、存储、销售到物流配送等环节。在电商供应链中，信息流、物流和资金流的高效协同是关键，供应链的优化可以提高市场响应速度，降低成本，提高消费者满意度。

平台型电商企业（Platform-based E-commerce Business）是指利用

---

[1] HEIN A，SCHREIECK M，RIASAROW T，et al. Digital platform ecosystems [J]. Electronic Markets，2019，30（1）：1-12.

[2] WANG C，ZHANG J，XIA C，et al. Analysis on the Practical Logic of Agricultural Product E-commerce Platform Ecosystem under the Framework of Reconstruction and Regeneration [J]. Frontiers in Business，Economics and Management，2022.

[3] KAWA A，MARYNIAK A. Lean and agile supply chains of e-commerce：empirical research [J]. Journal of Information and Telecommunication，2019，3（2）：235-247.

数字平台连接卖家和买家，提供交易的平台服务。平台型电商企业不仅提供交易的场所，还提供数据分析、客户关系管理、市场营销等服务。这些企业的成功很大程度上依赖于其声誉管理能力，通过有效的声誉机制来增强用户信任和平台吸引力，成为其核心竞争力之一。

如图 7-1 所示，平台经济中各主体相互关联，共同构成了一个复杂且动态的系统。平台经济提供了商业模式的框架，电商生态系统是这一模式运作的宏观环境，电商供应链是其中的关键组成部分，而平台型电商企业则是连接所有元素的关键节点。

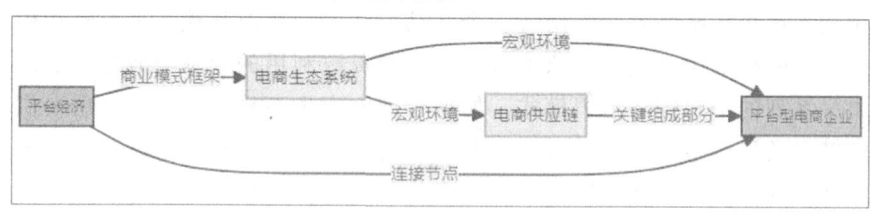

图 7-1 平台型经济组织

一、平台型电商生态系统

平台型电商生态系统是一个复杂的网络系统，以电商平台为核心。这个生态系统由多种主体组成，包括平台自身、供应商、客户等。每个主体都扮演着不同的角色，共同构建了这个复杂的网络结构。如图 7-2 所示，在这个生态圈中，存在各种资源流动，如物流、资金流、数据流等，这些资源在不同主体之间的相互作用对生态圈的稳定和发展至关重要。这些主体通过数字化的手段进行交互，其目的是提升供应链的整体效率和效能。这样的结构不仅仅带来了协同发展的可能性，更带来了不同要素间交互作用的复杂性。研究电商生态系统时，考虑的不仅是单一的交易过程，而是整个网络如何通过多方面的协同合作实现共同发展。如何通过技术和数据驱动，促进这个生态系统内部的互联互通，以及如何利用这些连接来提高效率，创造价值，同时促进可持续性，这种深入的研究和理解对于推动电商平台的发展至关重要，因为它有助于识别新的增长机会，优化操作模式，以及更好地服务于消费者和其他商业伙伴。电商生态系统的健康发展，将直接影响整个行业的未来。

平台企业作为枢纽，不仅提供交易平台服务，设立规则与架构，还负责整合生态系统资源，确保交易的安全性与便利性。产品和服务供应商则是商品与信息的提供方，他们利用平台完成对消费者的商品展示与销售。最终的平台买家——消费者，则通过电子商务平台完成购物活动，他们的需求与反馈是供应链持续优化与创新的重要驱动力。从资源流动的角度审视，电商生态系统的运作不仅仅是商品交易那么简单。它融合了物流、资金流、数据流、知识流等多种资源要素，这些资源在平台卖家、平台企业和平台买家之间不断流动与交互，构成了一种复杂的生态系统。这个生态圈内，信息流的高速循环与声誉的深度积累，为电商供应链提供了强大的动力，同时也带来了灵活性与开放性，使其能够跨越地域限制，实现全球资源的整合与分配。

商业生态理论提供了一个有益的视角，以理解不同参与主体在电商平台型企业供应链中的多元化生态定位。这些参与主体扮演着不同的生态角色，被划分为领导种群、关键种群、支持种群和缝隙种群，每种群体根据其功能和对生态系统的贡献被区分。[1][2]

领导种群（平台型电商企业）。领导种群在生态系统中发挥着决定性的影响。对于平台型电商企业而言，它们是这一生态系统的架构师和管理者。随着供应链参与者的增加和多样化，领导种群必须强化其核心作用，整合多方资源和利益诉求，建立协同合作的框架和有效的治理机制。这需要平台不断创新，制定策略以引导供应链中的各种群体进行协作，以实现共生和共创的目标。

关键种群（交易型产品和服务供应商、企业客户和消费者）。关键种群是供应链上供需关系的直接参与者。产品和服务供应商确保平台的供应水平，而企业客户和消费者决定平台的需求水平。这些种群的多样性和数量直接影响平台的吸引力。供应商的产品种类、质量、数量以及企业客户的需求多样化程度，共同决定了平台的市场竞争力。

支持种群（产品和服务供应商）。支持种群为平台提供运营基础。它们包括物流商、金融投资者、信息技术提供商等，这些都是支撑平台基本运营的关键服务提供者。这类供应商通过提供高质量的配套服务来提高平台的效率和竞争力，是供应链增值能力的关键推手。

缝隙种群（一般性产品和服务供应商）。缝隙种群通常提供非关键性的产品和服务。虽然它们对于平台的运营并非至关重要，但它们通过提供附加服务来提高平台的多样性和整体竞争力。这类供应商通常依赖平台获取流量，但与平台的业务联系不如其他种群紧密。

---

[1] 吴群，朱嘉懿. 平台型电商企业供应链生态圈数智化安好研究[J]. 供应链理，2023，4（08）：39-49.
[2] 王辛辛，程郁琨，田晓明，等. 电商生态系统四方建立博弈研究[J]. 运筹学学报，2022，26（01）：23-42.

理解这些不同种群的作用对于平台运营至关重要。领导种群需要确保良好的声誉管理策略来维护平台的公信力；关键种群和支持种群的信誉管理则直接影响供应链的效率和客户满意度；而缝隙种群需要通过声誉建设来提升其在平台上的立足点。

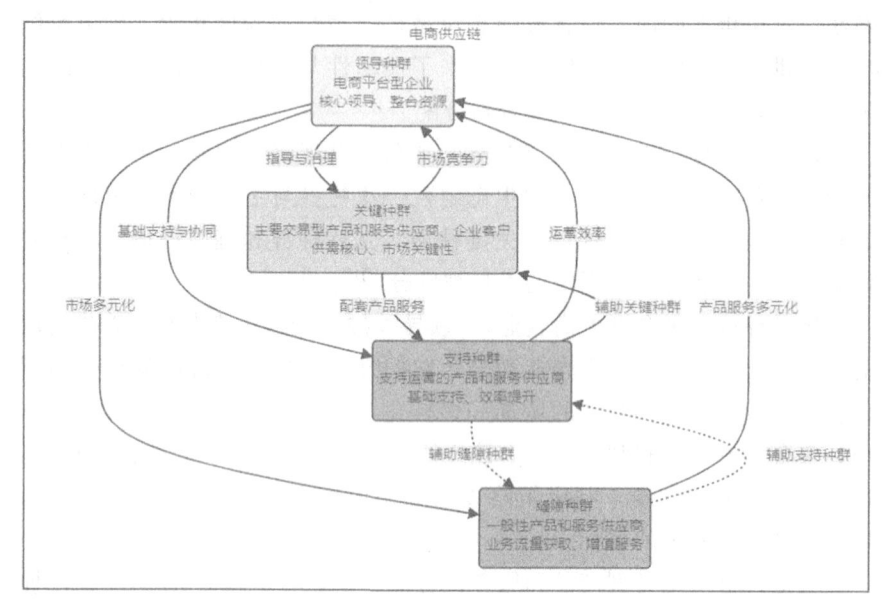

图 7-2 平台型电商生态系统

二、平台型电商供应链

平台型电商依托强大的网络平台，通过整合上游供应商与下游客户的资源，不仅提升了自身的竞争力，同时也推动了整个供应链的优化和升级。传统的供应链模式已经逐渐演变为以平台为核心的电商供应链模式。平台型电商供应链利用互联网技术将供应链的各个环节紧密相连，通过平台实现资源共享、协同合作，以提高供应链的整体效率和效益。如图 7-3 所示，电商供应链涉及多方主体，包括制造商、供应商、物流服务提供商、电商平台、最终消费者等。这些主体在供应链中扮演着不同的角色，他们之间的相互作用和协调对整个供应链的高效运作至关重要。例如，电商平台不仅是商品销售的场所，还通过数据分析等手段，优化供应链管理，提高效率。平台型电商供应链的特性主要体现在以下几个方面。

（1）数字化。电商供应链充分利用了互联网和信息技术，实现了供应链各环节的数字化连接和协同，提高了供应链的透明度和效率。

（2）灵活性。电商供应链能够快速适应市场的变化，灵活调整供应链的结构和运作方式，以满足市场的需求。

（3）开放性。电商供应链打破了地域的限制，实现了全球范围内的资源整合和商品流通，为商家和消费者提供了更多的选择。

（4）用户驱动。电商供应链更加注重用户的需求和体验，通过数据分析和个性化服务，满足用户的个性化需求。

（5）平台企业的核心作用。平台企业通过提供包括安全保障、支付结算、数据信息等服务，为参与者之间的交易创造了一个安全、便捷的环境。此外，平台企业还通过整合供应链上下游的资源，优化供应链的整体运作，从而提高供应链的效率和效益。

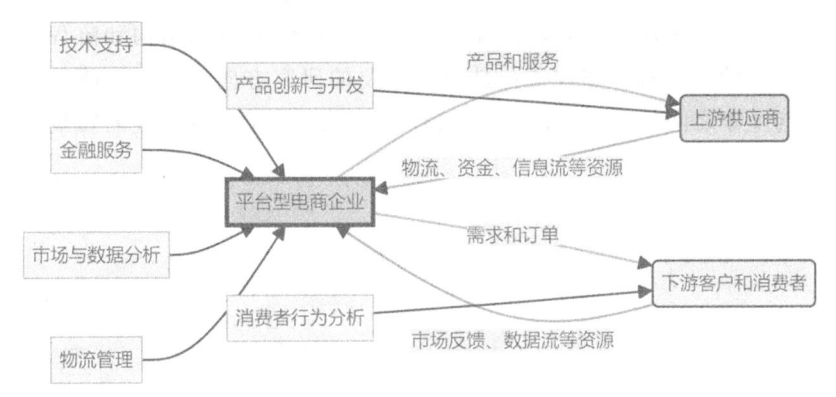

图 7-3　平台型电商供应链

然而，平台型电商供应链也存在违约破坏声誉问题，主要因为平台企业与平台卖家之间的关系较为复杂，以及供应链上的信息流、物流和资金流变得越来越复杂等。这些问题需要我们在发展电商供应链的同时，推进多元主体和资源要素的有序流动与交互，以保障电商供应链的稳定和安全运作。

三、平台型电商企业

如图 7-4 所示，在电商供应链的研究中，平台型电商作为一个独特的组织形式，是供应链的重要组成部分。平台型电商由提供平台服务、商品和信息的卖家群体，提供平台中介、规则与架构的平台企业，以及将电子商务平台作为购物渠道的消费者（买家）组成。这些主体共同构成了电商供应链的核心，通过各自的角色分工，实现商品从生产到消费的流通过程。

平台企业在电商供应链中起到了关键的作用，它不仅是实现规模经济的关键，也是连接供应链上下游的重要中介。① 通过平台企业的协调，买家可以在电商平台上找到所需的商品，卖家也可以将商品销售给潜在的消费者，实现供需的匹配。平台企业通过向卖家收取费用，实现自身的盈利，从而支持平台的运营和发展。②

在电商供应链的研究中，我们可以关注平台企业与卖家、买家之间的关系，以及它们在供应链中的作用和影响。平台企业与卖家、买家之间并不是传统的资产租赁或委托代理关系，而是一种包含交易与行为监管的合作关系。这种关系的特点在于为参与者之间的交易提供包括安全保障、支付结算、数据信息等服务。③

如图 7-4 所示，平台型电商供应链涉及"供给侧""需求侧"与"连接侧"的价值传递，因此，研究如何优化电商供应链的结构和流程，提高供应链的整体效率和效益，是一个重要的研究方向。此外，研究平台企业与卖家之间的关系，以及平台企业的管理模式对供应链的影响，也是值得关注的领域。

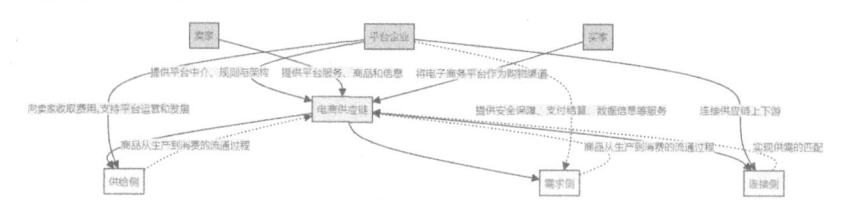

图 7-4 平台企业在电商供应链中的位置

1. 电商平台具有的特征

（1）价值共创的制度保障。电商平台、供应商和客户共同构成了价值共创的生态系统。正如新制度经济学所强调的那样，制度是维系这种共创关系的基石。因此，电商平台应当通过建立完善的制度和规范，保障共创过程的公平性和透明性。

（2）双元结构的制度建构。声誉的双元结构体现了电商供应链声誉的复杂性。新制度经济学告诉我们，不同的制度安排会产生不同的激励和约束效应。如图 7-5 所示，电商平台需要根据平台自身的声誉和成员

---

① 沈蕾，何佳婧.平台品牌价值共创：概念框架与研究展望[J].经济管理，2018，40（07）：193-208.

② 汪旭晖，张其林.平台型电商声誉的构建：平台企业和平台卖家价值共创视角[J].中国工业经济，2017（11）：174-192.

③ 李小玲，任星耀，郑煦.电子商务平台企业的卖家竞争管理与平台绩效——基于VAR模型的动态分析[J].南开管理评论，2014，17（05）：73-82＋111.

企业群体的声誉，制定相应的制度安排，以实现双方的利益最大化。

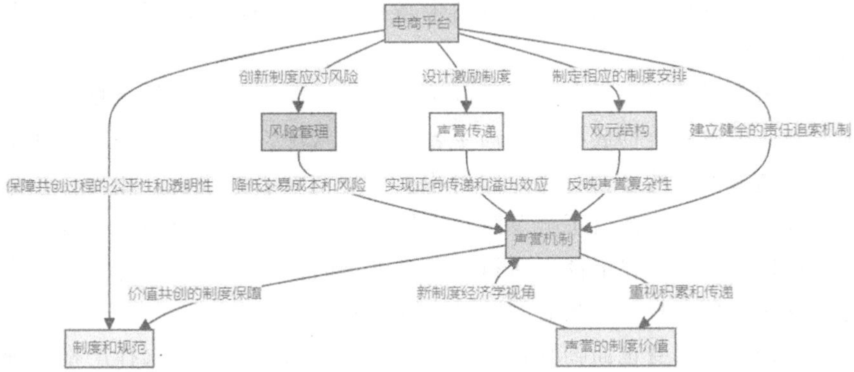

图 7-5　电商平台的组织模式

（3）声誉传递的制度设计。声誉的传递和溢出效应是电商供应链声誉的一个重要特征。为了实现声誉的正向传递和最大化溢出效应，电商平台需要设计一套能够激励供应商提升产品和服务质量的制度。

（4）风险管理的制度创新。新制度经济学认为，制度的创新是降低交易成本和风险的有效途径。因此，电商平台需要不断创新制度，以应对声誉危机和其可能产生的传染效应。

2. 对平台型电商组织的界定

在电子商务领域，存在自营电商、平台电商、复合型电商三种电商类型。平台型电商生态系统、平台型电商供应链以及平台型电商企业这些术语并没有一个普遍认可的定义。根据本章研究的主题，我们将平台型电商组织复杂的网络结构具体化为涉及政府、电商平台、商家和消费者四个主要的参与者的系统，并定义为电商供应链，后面的分析都在这一范畴下进行。

如图 7-6 所示，在这个组织结构中，政府负责制定并执行监管策略，以保障整个系统的稳定运行和公平竞争。电商平台则扮演了连接商家和消费者的枢纽角色，它们不仅提供一个交易的市场场所，还须在政府的监管框架下对商家和产品进行管理。商家在平台上进行商品或服务的销售，同时需要遵守平台的规则和政府的法规。最终，消费者在平台上进行购买决策，他们的行为和反馈将对商家和平台产生直接影响。

这些参与者之间的互动关系是多层次的，每个层面上的行为都会对其他层面产生影响。例如，政府的监管政策会影响电商平台的管理规则，这些规则又会影响商家的经营策略，而商家的策略会影响消费者的购买行为。同样，消费者的反馈和投诉也会逆向影响平台的政策和政府的监管措施。这种相互作用构成了电商生态系统的核心，它决定了平台型电商供应链的健康与效率。

政府在管理电商平台方面可以选择严格或非严格的监管策略。严格监管意味着政府会彻底检查电商平台的运营状况，惩罚其宽松的管理做法，并监督商家的经营行为，同时积极处理消费者的投诉。相反，在非严格监管模式下，政府不会及时介入解决电商平台、商家和消费者之间出现的问题。尤其在电商平台执行严格管理时，因为平台能有效监控商家并保护消费者权益，政府的干预就相对减少。

电商平台自身也面临管理策略的选择：严格或宽松。选择严格管理意味着平台将密切监控商家的行为，对不诚信的商家进行惩罚，同时保护诚信商家不受恶意投诉的影响。在这种情况下，平台还将要求不诚信商家对合理的消费者投诉进行赔偿，同时拒绝对诚信商家的恶意投诉。

商家在平台上则有诚信经营和不诚信经营两种选择。当政府实行严格监管或电商平台采用严格管理策略时，商家的行为会受到严格监督，诚信商家的声誉会因此提升，而不诚信的商家则面临声誉受损和罚款的风险。反之，在政府的非严格监管和电商平台的宽松管理下，由于监督不力，公众难以判断商家是否诚信，商家一旦被投诉，就可能被视为不诚信，从而损害其声誉。

消费者的选择则是投诉或不投诉。我们将消费者的投诉行为分为两类：恶意投诉和正常投诉。正常投诉是针对不诚信商家的，而恶意投诉则是针对诚信商家的。在缺乏监管的电商生态系统中，即政府和电商平台均采取非严格监管和宽松管理策略时，消费者的恶意投诉行为可能成功地损害诚信商家的声誉，从而获得不当利益。在处理投诉路径方面，消费者通常首先向电商平台投诉。如果平台采取严格管理，它会认真处理这些投诉。如果平台不予理睬，消费者会转而向政府投诉，在政府实行严格监管的情况下，这些投诉会得到处理。电商平台或政府是否能及时有效处理消费者投诉，是其执行力的体现。因此，及时有效地解决消费者投诉可以提升电商平台或政府的正面形象和公信力；反之，则可能导致声誉下降。

总的来说，电商生态系统中的每个参与者都通过其策略选择相互影响。政府的监管策略直接影响电商平台和商家的行为，而电商平台的管理策略则直接影响商家和消费者的行为。消费者的投诉行为也会反过来影响电商平台和政府的策略选择。这些相互作用形成了一个复杂的动态平衡，每个参与者的决策都在塑造整个电子商务生态系统的运作方式。

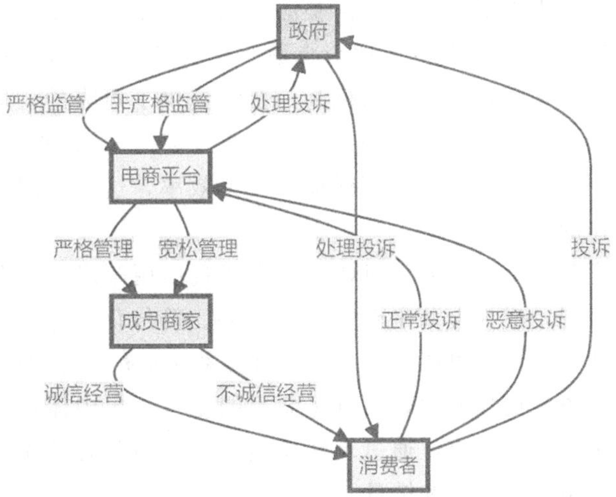

图 7-6　对平台型电商组织的界定

在数字经济时代，电商供应链逐渐成为电子商务领域的重要运营模式。这种模式依托互联网技术，通过整合上下游资源，构建中心化的交互平台，实现资源的高效匹配和价值最大化。然而，随着电商经济的深入发展，供应链上的成员企业行为，特别是违约或不当行为，可能会对整个供应链的声誉造成严重损害。因此，电商供应链不仅需要考虑如何最大化经济利益，还需要建立健全的责任追索机制。在电商供应链运营模式中，声誉机制发挥着至关重要的作用。新制度经济学认为，制度是为了降低交易成本而存在的，而声誉作为一种非正式制度，可以弥补正式制度的不足，从而降低交易的不确定性。在构建和优化电商供应链声誉的基本运营模式时，我们不仅要重视声誉的积累和传递，还要从新制度经济学的视角，充分认识到声誉转移的制度价值。总之，电商供应链运营模式是电子商务发展的重要成果，其在优化资源配置、提升交易效率等方面发挥着重要作用。然而，随着电商经济的不断发展，电商供应链也面临着诸多挑战，如何建立健全的声誉机制和责任追索机制，将是电商供应链未来发展的重要课题。

第三节　电商供应链中的声誉转移

在现代电子商务环境下，声誉已成为支持网络交易并影响消费者行为的重要因素。电商供应链中声誉的作用如下。

网络交易效率的保障。随着交易活动的去地理化，即从线下的熟人交易向线上的陌生人交易转移，声誉的作用变得至关重要。网络购物平台的消费者决策依据现在更多地来自数字化的信誉指标，如卖家评分、商品评论以及销售数据。这些指标为消费者提供了可靠的、基于群体智慧的信号，帮助他们快速做出购买决定。声誉高的卖家能够以较少的沟通成本获得消费者的信任，从而保证了交易效率，这正是网络交易平台能够成功运作的核心。

声誉的竞争价值。在数字时代，声誉通过信用等级和消费者评价这样的符号化表现，成为电商平台竞争的核心。符号化的声誉，即使是简单的图标和几句评语，也能够迅速传达出卖家的业务能力和产品的品质，这不仅使消费决策更加便捷，而且将商家的竞争力集中体现在了这些符号上。电商平台，如淘宝，通过算法排名来强调声誉好的卖家，这直接影响了卖家的市场可见性和销量。

溢价效应的实现。良好的声誉不仅可以增加销量，还能够提升产品和服务的价格。例如，在淘宝网中，淘宝商城（天猫）作为平台的高声誉部分，通过保障正品和提供更加完善的售后服务来获得更高的单价，实现了溢价。这种溢价效应意味着消费者愿意为声誉支付额外的费用，将声誉转化为实际的经济价值。

电商供应链管理致力于建立和维护声誉，这不仅是为了提升市场竞争力和实现价格溢价，更是为了保持交易效率和消费者信任。而供应链管理的关键挑战之一是如何在一个基于虚拟信号和消费者反馈的市场环境中，制定有效的策略来建设和保护声誉。

在数字经济时代，电商供应链已经成为重要的商业模式，其基于互联网技术的特性，通过整合上下游的资源，构建中心化的交互平台，实现了资源的高效匹配和价值最大化。然而，随着电商平台的不断发展，声誉转移成为一个不容忽视的问题，它不仅影响平台本身的声誉，还会影响整个供应链上的其他参与者。

一、电商供应链声誉界定

在电商供应链领域，声誉机制的应用和发展成为关键因素。在传统交易模式中，商家的声誉主要依赖于基于小社区或特定地域的"口碑"，这种形式的声誉传播受限于时间和空间因素，因而它的影响范围和强度相对较小。然而，在网络交易中，传统的基于口口相传的声誉机制由于脱离了地域和时间的束缚，变得不再适用。网络交易的匿名性和广泛性要求一种更为复杂且全面的声誉机制。

电商平台环境下，声誉分为企业声誉与市场声誉。其中，企业声誉是消费者对电商平台作为独立市场个体的认知，而市场声誉则涵盖了对平台的综合评价，包括中介服务、商品/服务质量以及平台内其他参与者的行为。

电商平台作为声誉的塑造者和受益者，享有声誉的剩余索取权。强势品牌的平台卖家因而能分享更多的声誉所带来的利益。①② 但这种不均等的声誉分配可能激发部分平台卖家的"搭便车"行为，引发投机风险，威胁整个平台的声誉，最终可能导致"柠檬市场"效应③。

电商供应链的基本运营模式是，平台企业提供平台架构、规则和中介服务，而成员企业提供商品、服务和信息。通过资源整合和经营互动，平台企业和成员企业共同向买家提供完整的购物体验。④ 在这种模式下，平台企业的个体声誉由买家对平台架构的合理性、平台规则的公平性和平台中介的公正性等方面的认知以及对平台企业的喜爱程度共同构成。与此同时，成员企业的集体声誉由买家对商品质量、服务完善度和信息完整度等方面的认知以及对成员企业的喜爱程度共同构成。由于平台企业和成员企业共同为买家提供服务，因此他们的声誉是相互依赖、相互影响的，这种依赖和影响体现了电商供应链声誉的耦合特性。

在平台型电商的环境下，电商供应链声誉的构成具有双重性，包括平台企业的个体声誉和入驻平台的多个成员企业形成的集体声誉。⑤ 这两者共同决定了消费者对电商供应链的整体信任度。⑥

平台买家可能会根据单次交易的结果形成对成员企业群体的整体认知。消费者会根据特定产品的质量和店铺的服务质量形成对特定国家或

---

① CHEN Y，XIE J. Cross-market network effect with asymmetric customer loyalty：Implications for competitive advantage [J]. Marketing Science，2007，26（1）：52-66.
② HO-DAC N N，CARSON S J，MOORE W L. The effects of positive and negative online customer reviews：do brand strength and category maturity matter？ [J]. Journal of Marketing，2013，77（6）：37-53.
③ 汪旭晖，卢星彤，林晶. 平台型电商责任追索策略对平台型电商集合的影响研究 [J]. 商业经济与管理，2021（05）：5-17.
④ 汪旭晖，张其林. 平台型电商企业温室管理模式研究——基于阿里巴巴集团提出的平台型网络市场的案例 [J]. 中国工业经济，2016（11）：108-125.
⑤ GREWAL R，CHAKRAVARTY A，SAINI A. Governance mechanisms in business-to-business electronic markets [J]. Journal of Marketing，2010，74（4）：45-62.
⑥ 李小玲，任星耀，郑煦. 电子商务平台企业的卖家竞争管理与平台绩效——基于VAR模型的动态分析 [J]. 南开管理评论，2014，17（5）：73-82+111.

购物中心的整体认知。因此，我们有理由相信，平台买家会根据某些成员企业的特征形成对平台上所有成员企业的整体认知，即成员企业的集体声誉。社会认知理论和社会分类理论也为成员企业的集体声誉提供了理论支持。在电商供应链中，由于成员企业的数量庞大，平台买家不可能与所有成员企业进行交易，也很难掌握所有成员企业的详细信息。因此，受到晕轮效应和刻板印象的影响，平台买家往往会基于部分成员企业的特征对整个成员企业群体作出评价，形成成员企业的集体声誉。①

因此，在电商供应链环境下，平台企业的个体声誉和成员企业的集体声誉共同构成了供应链的整体声誉。二者相辅相成，共同影响消费者的购买决策。因此，电商平台不仅需要关注自身的声誉建设，还需要有效管理成员企业的声誉，以维护整个供应链的声誉水平，进而提升市场竞争力和消费者满意度。

1. 声誉在电商供应链中的核心地位

平台经济的繁荣不仅仅基于技术的发展和创新模式，更因为它能够有效解决传统经济中的信任问题。在传统的商业模式中，信任的构建常常依赖于长期的合作、严格的合同和第三方中介的参与。然而，在电商供应链中，由于交易的高频率和参与方的多样性，传统的信任机制变得不再适用。在这种背景下，声誉成为弥补信任缺口的关键因素。

（1）声誉作为信任的替代机制。在所有交易活动中，信任始终扮演着核心的角色。然而，对于电商供应链这种新型结构，由于涉及的交易主体众多，且交易频繁，传统的信任建立机制（如长期合作关系、合同等）难以完全适用。在这种背景下，声誉逐渐成为信任构建的新型催化剂。通过公开展示参与者的历史行为、交易评价等信息，声誉为交易双方提供了一种快速、有效的决策手段。声誉机制利用数字技术的优势，允许用户在每次交易后留下反馈，为其他用户提供参考。这种机制不仅加速了信任的建立，也使其更加客观和透明。例如，一家连续获得好评的供应商通常会被视为更可靠的合作伙伴，而不良的评价则可能迅速传播，提醒其他用户提高警惕。

（2）声誉的深度价值超越单次交易。在电商供应链中，声誉不仅仅是一种短期的、交易性的工具，它还具有深远的价值，可以为供应链中的参与者带来长期的、持续的收益。高评价的供应商通常会更容易吸引

---

① 汪旭晖，张其林．平台型电商框架的构建：平台企业与平台卖家价值共创视角［J］．中国工业经济，2017（11）：174-192．

采购商，从而获得更多的订单。相反，一旦声誉受损，可能会导致严重的经济损失，甚至被平台封禁。高声誉的供应商通常能吸引更多的客户，这不仅意味着更多的交易机会，还可能带来更长期、更稳定的合作关系。其次，良好的声誉不仅能增加交易量，还能提高供应商的议价能力，例如获得更高的价格或更优的付款条款。对于采购商来说，选择声誉良好的供应商可以降低交易风险，例如减少交货延迟或质量问题的可能性。声誉的深度价值也意味着更高的风险。一旦声誉受损，其负面影响可能不仅仅是减少的交易量，还可能包括丧失合作机会、增加交易成本以及法律风险。因此，对于电商平台和其参与者来说，维护声誉不仅是一种策略，更是一种生存的必要条件。总之，声誉在电商供应链中的角色不仅仅是信任的替代机制，它还决定了参与者在市场中的地位、商业机会以及风险水平。

（3）声誉与电商平台的双赢机制。电商供应链的成功不仅依赖于其内部参与者的声誉，电商平台本身的声誉也至关重要。这种互动性构成了一种声誉的双赢机制：一方面，电商平台需要提供一个公平、透明的环境，确保所有参与者能够在此基础上构建和维护自己的声誉；另一方面，电商平台也需要对其内部的参与者进行有效管理，确保他们的行为与平台的标准和规范相符，从而维护电商平台自身的声誉。

电商平台为声誉的塑造与维护者。从制度经济学的视角看，电商平台可以被视为一种制度安排，其主要功能是为市场参与者提供一个交易成本较低的环境。为实现这一目标，电商平台需要确保其制度框架的公平性、透明性和稳定性。声誉机制在这一框架中起到关键作用，为参与者提供了一个信号系统，反映其历史行为和可靠性。电商平台的声誉机制不仅有助于降低信息不对称，还可以作为一种激励手段，促使参与者遵循平台规定，维护整体交易环境的健康。

参与企业为声誉的受益者与贡献者。电商平台的参与者通过提供优质的产品和服务，积极响应客户需求，自然能够在平台上积累良好的声誉。这不仅增强了他们自身在市场中的竞争地位，也间接地为电商平台带来了正面的口碑。特别是那些在电商平台上获得了高声誉的参与者，他们的表现往往被视为电商平台质量和信誉的体现，成为吸引更多用户和参与者的重要驱动力。当参与者的声誉受损时，电商平台须及时进行干预和管理，防止其负面影响扩散到整个平台，这也反过来体现了电商平台对整体环境质量的维护，是对其他参与者及用户的一种保护。

在这种双赢机制中，电商平台和参与者之间形成了一种共生关系。

电商平台为参与者提供了一个构建和展示声誉的场所,而参与者的优质表现则反过来增强了电商平台的吸引力和信誉。这一机制的运行依赖于电商平台和参与者之间不断的相互监督与激励,以及电商平台在管理、规则制定和技术支持等方面的专业性和可靠性。

2. 声誉的放大效应

在现代数字技术和全球信息网络的驱动下,信息的传播速度达到了前所未有的高度,使得企业、个体以及平台的声誉信息能够迅速传播,并对其商业活动和市场地位产生重要影响。这种由数字化和网络化环境引发的声誉信息放大现象,被我们称为"声誉的放大效应"。[①]

在电商供应链中,无论是平台、供应商还是其他参与者的声誉信息,无论正面还是负面,都能在数字化环境中迅速传播,并产生显著的影响。这种影响可以是积极的,比如吸引更多的用户和合作伙伴,也可以是消极的,比如导致市场份额的损失或合作关系的破裂。

核心驱动力是数字化和网络化。社交媒体、在线评价系统和即时通讯工具大大降低了信息传播的成本,使得关于主体的评价或新闻能够在短时间内被广大用户看到。网络效应则意味着,当一个主体获得了良好的声誉,这种声誉会吸引更多的用户和参与者,从而形成一个正面的反馈循环。

然而,声誉的放大效应也带来了风险。一次不良的用户体验、一条负面的评论,甚至一个小小的传言,都可能在网络中迅速传播,对主体的声誉造成严重伤害。在高度依赖网络和数字技术的平台型产业链中,这种伤害可能是致命的。

在数字化和网络化的商业环境中,良好的声誉不仅可以为平台或参与者建立品牌资产,提升其在市场中的地位,还能增加目标受众的关注和信任,从而吸引更多的用户和客户。良好的声誉通常意味着更高的信任度,有助于降低交易成本,增强合作关系的稳固性。声誉的积累也与网络效应密切相关,良好的评价和声誉能够吸引更多的用户,形成正向的反馈循环。但是,声誉的正面效应并不是一个静态的状态,需要平台和参与者持续努力和维护。任何轻微的失误或疏忽都可能导致声誉的损失,因此平台和参与者都需要高度重视声誉的建设和维护。

在数字经济中,声誉的放大效应使其不稳定性和对负面信息的敏感

---

① JIANG P, FUKUDA S, FENG Y, et al. A hierarchical model for e-supply chain coordination and optimisation [J]. Journal of Manufacturing Technology Management, 2007, 18 (1): 7-24.

性显得尤为突出。这种现象不仅由单一事件引发，而且经常受到一系列连锁反应的推动。例如，当供应链中的某个环节出现问题时，这种问题可能迅速影响整个生态系统。消费者的购买决策通常会受到先前的经验和外部评论的影响，一则负面评论可以在短时间内被数百万人查看，进而对一个企业的声誉造成巨大损失。此外，媒体和社交网络的角色在这一过程中不容忽视。负面新闻和丑闻往往更易引发公众的关注。一旦某个事件被放大，不仅直接涉及的企业会受到影响，与之相关的所有企业，尤其是在同一供应链中的企业，都可能遭受声誉损害。

因此，声誉在数字经济合作组织中具有双刃剑的特性。它既能为企业带来巨大的价值，也可能在短时间内造成严重损失。这就要求平台及其参与者深入了解声誉放大效应的机制，并采取措施发挥其积极作用，同时防范潜在风险，高度重视声誉的建设和维护，确保其正面效应得到持续放大和扩展。

二、电商供应链的声誉特性

在电商供应链中，声誉作为一种无形资产，是平台和卖家成功的关键因素之一，它综合体现了平台的品牌形象、服务质量、规则公平性，以及卖家的商品质量、服务态度、信息真实性等方面的特性。声誉具有多维性，不仅包括平台的个体声誉，也包括卖家的集体声誉，二者相互影响，共同构成了电商供应链的整体声誉。此外，声誉还具有动态性，随着市场环境的变化和消费者需求的变化，电商平台和卖家需要不断调整自己的经营策略，以维护和提升自己的声誉。同时，声誉具有传递性，电商平台的声誉可以通过卖家的表现传递给消费者，反之亦然。在激烈的市场竞争中，声誉还具有竞争性，能够为电商平台和卖家提供竞争优势，帮助他们在市场上获得更好的地位。因此，电商供应链的声誉是多维性、动态性、传递性、互动性和竞争性的综合体现，是平台和卖家共同努力的结果。电商供应链声誉具有以下特点。

1. 声誉构成的双重性

在电商供应链中，声誉构成尤为复杂，呈现出双重性。这主要包括电商平台本身所持有的个体声誉和整个供应链中入驻的卖家集合所形成的集体声誉。消费者对电商供应链的信任度是由这两部分声誉共同决定的。

（1）平台本身的个体声誉。在电商供应链环境下，平台的个体声誉由其自身的服务质量、企业文化，以及对社会责任的履行等因素共同塑造。这种声誉不仅在很大程度上影响了消费者对电商平台的整体评价，也直接关系到平台在市场中的竞争力和份额。电商供应链由平台企业和成员企业共同构成，其中平台企业的服务质量包括对消费者的服务，以及对供应链上下游成员企业的协调和管理。优质的服务质量能够提升消费者的满意度和忠诚度，同时也有助于平台与供应链上的成员企业建立稳固的合作关系。企业文化的积极性和正面性有助于树立电商平台的品牌形象，而对社会责任的充分履行则能获得公众的认可。因此，电商平台的个体声誉可以被视为一种重要的战略资本，有助于平台在激烈的市场竞争中占据优势地位，扩大市场份额。同时，良好的声誉也有助于平台吸引更多的目标消费群体，留住老客户，并吸引更多的优质成员企业入驻。通过有效的声誉管理，电商平台可以在复杂的供应链环境中脱颖而出，实现商业价值的最大化。

（2）成员企业的集体声誉。在电商供应链环境下，成员企业的集体声誉是电商平台对入驻商户的质量管理和服务监控能力的体现。这种声誉不仅深刻影响着消费者对平台所提供的商品和服务的总体评价，也是电商平台保持市场竞争地位的关键因素。当电商平台能够有效管理入驻的成员企业，确保他们提供的商品和服务符合标准时，消费者对平台的信任度会提升，这也有助于平台吸引更多的消费者。因此，成员企业的集体声誉是电商平台不可忽视的重要资产。通过建立严格的准入机制，制定明确的服务标准，以及实施有效的监控和评价体系，电商平台可以保证成员企业的服务质量，从而提升整个供应链的声誉水平。这种积极的声誉不仅能够吸引更多的消费者，也能够吸引更多优质的成员企业加入，共同为消费者提供优质的商品和服务，实现供应链的共赢。电商供应链的声誉不仅仅是简单的两部分声誉的叠加，而是两者相互影响、相辅相成的结果。电商平台需要全面地管理和维护这两部分声誉。这不仅需要关注平台本身的声誉建设，还要对入驻的卖家群体进行有效的声誉管理，确保供应链整体的声誉稳健，以此提升其在市场中的竞争力和赢得消费者的信任。

（3）声誉的分享者和规制者的分离。在电商供应链环境下，声誉是一个共享资源，电商平台的声誉不仅是其自身形象的体现，同时也代表了平台上入驻卖家的集体声誉。在这个环境中，电商平台扮演着分享者和规制者的双重角色。电商平台作为分享者，通过其品牌影响力和市场地位，将平台声誉共享给入驻的卖家。这种共享的声誉不仅使入驻卖家在市场上获得了更多的认可和信任，也有助于平台吸引更多优质卖家，从而形成一个良好的生态系统,实现互利共赢。同时,电商平台还是一名规制者,其需要通过制定一系列规章制度来对入驻的卖家进行规范管理,以维护平台的声誉,包括制定明确的准入标准、监管卖家商品和服务质量、对违规卖家实施惩罚等。这些规制措施既保护了平台自身的声誉,也维护了平台上所有卖家的共同利益。因此,电商平台在声誉管理的过程中,既是声誉的分享者,也是声誉的规制者。平台需要通过合理的共享和严格的规制,最大化地利用声誉资源,以推动电商供应链的健康发展。

2. 个体与集体的混合特征

在电商供应链中,平台的声誉由其个体声誉和成员企业的集体声誉共同构成,这两者相互影响,共同塑造了电商平台的声誉特征。

(1) 平台的个体声誉对集体声誉有着指导和框定的作用。以亚马逊为例,亚马逊通过制定严格的商品质量标准、提供优质的客户服务以及建立完善的物流系统,为成员企业的运营提供了坚实的基础,从而影响成员企业的行为和表现。在这个过程中,亚马逊的个体声誉成为评价成员企业集体声誉的一个重要参考指标。当亚马逊的个体声誉较高时,消费者通常会对成员企业的集体声誉抱有较高的期望,反之亦然。

(2) 成员企业的集体声誉也会反过来对平台的个体声誉产生影响。以天猫为例,成员企业通过其提供的商品和服务质量、信息的完整性等方面,直接影响消费者对天猫的整体评价。因此,成员企业的集体声誉是塑造天猫个体声誉的一个重要因素。当成员企业的集体声誉较高时,天猫的个体声誉也会随之提升,反之亦然。

电商供应链中的平台个体声誉和成员企业的集体声誉是相互依赖、相互影响的,它们共同构成了电商供应链声誉的独特结构。平台的个体声誉为成员企业的集体声誉提供了框架和基础,而成员企业的集体声誉也会对平台的个体声誉产生影响,两者相辅相成,共同作用于消费者的购买决策和平台的市场竞争力。

3. 声誉的约束效应和脆弱性

(1) 在电商供应链的复杂网络中,声誉的脆弱性显得尤为明显。任何一个环节出现的问题,无论其规模大小,都可能通过供应链的连锁作用迅速放大,进而影响整个供应链的稳定性和可靠性。声誉事件,特别是那些涉及伦理、安全和质量的问题,往往在短时间内引发广泛的社会关注和讨论。例如,某一卖家的产品产生质量问题,即便其规模相对较小,也可能迅速被放大,导致消费者对整个电商平台的信任度下降。这种声誉损害不仅会影响平台的业务和盈利,还可能对其他入驻卖家产生连锁效应,使其声誉和销售受到冲击。此外,由于电商供应链中的信息传递速度极快,任何的负面信息都可能在短时间内被大量传播,从而导致的影响远远超出预期。因此,电商平台和入驻卖家都需要高度重视声誉管理,确保在应对声誉事件时迅速、透明且恰当。为了减轻声誉脆弱性的风险,电商供应链各方应建立健全的风险管理和应对机制,包括定期的风险评估、声誉监控系统和应急预案。通过这些措施,电商供应链可以更好地预防和应对声誉风险,确保其长期的稳定和发展。

(2)声誉在电商供应链中发挥着重要的约束作用,这种约束效应对于平台和入驻的卖家呈现出不同的特点。对于入驻的卖家来说,平台的声誉提供了一种外部的评价标准,卖家需要通过不断提升商品和服务的质量,以符合平台的声誉水平,从而在市场上获得更多的认可。然而,由于卖家可以选择入驻多个平台,平台声誉对卖家的约束效应相对较弱。卖家可以通过在其他平台的表现来弥补在某一平台上的不足。相比之下,平台的声誉对于电商平台自身具有较强的约束效应。平台的声誉是其吸引卖家和消费者的重要因素,一旦平台的声誉受损,将直接影响平台的市场地位和盈利能力。因此,电商平台有强烈的动机维护自身的声誉,通过制定严格的准入标准、监管卖家的行为、提升服务质量等措施,保证平台的声誉不受损害。声誉在电商供应链中发挥着重要的约束作用,平台声誉对卖家的约束效应相对较弱,而对电商平台的约束效应较强。电商平台需要通过不断的努力,维护和提升自身的声誉,从而在激烈的市场竞争中脱颖而出。

(3)在电商供应链中,声誉是一种共享的资源,它不仅关系到电商平台自身的市场竞争力,也关系到入驻平台的成员企业的生存与发展。然而,由于声誉资源的共享性和竞争性,它容易陷入"公地悲剧"的困境。公地悲剧是指共享资源因过度使用和消耗而导致资源的枯竭,最终损害所有使用该资源的人的利益。在电商供应链中,公地悲剧的表现主要有以下几点。

一是过度竞争。为了追求最大的私利,平台和入驻的成员企业可能过度使用声誉资源,比如通过不正当的手段提升自己的声誉,从而损害整个平台的声誉。

二是缺乏有效的监管和管理。如果电商平台缺乏有效的规制和管理机制,那么市场主体就可能为了自己的利益而损害声誉资源,最终导致声誉资源的枯竭。

三是实现公地繁荣的途径。为了防止公地悲剧的发生,需要通过建立有效的规制和制度来引导和约束市场主体的行为,实现声誉资源的可持续利用,从而推动电商供应链的公地繁荣。电商平台需要制定一套严格的准入标准,对入驻的成员企业进行全面的评估,确保只有符合条件的企业才能成为平台的一员。

四是完善惩罚和奖励机制。在电商平台上,应建立一套完善的惩罚和奖励机制,对那些违反规则、损害声誉资源的行为进行严厉的惩罚,同时对那些有助于提升声誉资源的行为给予奖励,激励市场主体维护和增强声誉资源。

4. 声誉的可转移性

在电商供应链中,声誉的转移是一种复杂的社会现象,尤其是在电商平台中,卖家的声誉不仅受自身行为的影响,同时也与平台的声誉息息相关。因此,电商平台在声誉管理的过程中扮演着重要的角色。

首先,卖家可以通过两种主要路径获得电商平台的声誉:声誉传递和声誉溢出[1]。声誉传递是指卖家通过平台的认证和评价系统获得好的声誉,并将这种声誉转化为自身的竞争优势;声誉溢出则是指卖家通过与平台的合作关系,分享平台的整体资源,从而提升自身在市场上的地位。

然而,电商平台控制着进入声誉转移的门槛,卖家需要满足平台的要求,才能分享平台的声誉。这包括遵守平台的规章制度、提供高质量的商品和服务,以及积极参与平台的各项活动等。只有满足这些条件,卖家才能享受到平台声誉带来的好处,从而在市场竞争中占据有利地位。声誉在电商供应链中的转移是一个多方面的过程,涉及平台、卖家和消费者的多重关系。电商平台在这个过程中扮演着重要的角色,其对声誉的管理和控制,将直接影响卖家和消费者的行为,进而影响整个供应链的运行效率和市场竞争力。

三、电商供应链的声誉维护

在电商供应链的运作中,平台企业作为核心组织者和协调者,负有建立规范合作规则、明确各参与方权利义务的重要职责。首先,需要制定公平合理的准入机制,通过对供应商、制造商、分销商等各环节的资

---

[1] 汪旭晖,张其林. 平台型电商框架的构建:平台企业与平台卖家价值共创视角[J]. 中国工业经济,2017(11):174-192.

质进行严格审查，设定适当的门槛，确保参与方具备一定的规模、实力和信誉度。其次，应建立完善的业务流程规范，规定各方在日常运营中的经营行为，包括产品标准、服务承诺、交付时间等，确保符合诚信合规的要求。此外，还要明确各方权利分配，如知识产权归属、数据使用权限等，以平衡利益，同时设立违规责任和惩戒措施。最后，上述规则应以书面形式明确，并由各方签订协议，接受约束。在制定这些规则的过程中，平台企业还应广泛听取各方意见，达成共识，促进供应链的健康稳定发展（如图 7-7 电商供应链的运作机制所示）。

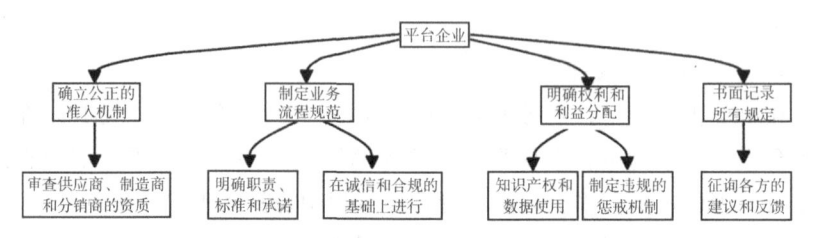

图 7-7　电商供应链的运作机制

1. 建立成员企业准入机制

在电商供应链中，平台企业作为核心的组织和协调者，需要建立严格的供应商准入机制，确保每一个进入供应链体系的供应商都符合平台的质量标准，从而保障整个供应链的质量和效率。

平台企业需要根据电商供应链的特点和要求，预先设定一系列供应商的资质条件，包括但不限于生产能力、质量控制水平、研发实力等。这些条件应当根据供应链的不同环节和供应商的特点，进行差异化的设置，以满足供应链对各个环节的具体要求。在供应商的准入程序上，平台企业应当采用多种评估方法，全面了解供应商的实际情况，包括现场考察、样品检测、用户满意度调查等。此外，平台企业还可以要求供应商提供相关的产品检测报告、质量管理体系证书等资料，进一步验证其资质。同时，平台企业还应当考虑供应商的社会责任履行情况，选择那些具有强烈社会责任感的供应商，以降低供应链的运营风险，同时体现平台企业的社会责任担当。

电商供应链的特点决定了平台企业在建立供应链时需要采取严格的供应商准入机制，以确保整个供应链的质量和效率。通过对供应商的全面评估和筛选，平台企业可以从源头上控制产品和服务的质量，保障整个供应链的质量可靠性，同时也能够维护整个供应链的良好声誉，体现平台企业的社会责任担当。

2. 成员企业动态评估和淘汰机制

在电商供应链中,平台企业作为组织和协调的中心,负有特殊的责任,特别是在确保供应链内部稳定性、效率和质量方面。除了对新入驻的供应商进行严格的准入审查外,平台企业还需要对现有的成员企业实施持续的动态评估,以确保供应链的整体声誉。

动态评估机制的实施是平台企业为维护和提升整体供应链声誉的重要手段。动态评估不仅关注每个成员企业的实际业务表现,还关注其对整体供应链声誉的潜在影响。因此,平台企业需要建立公平、公正和透明的评估机制,广泛征求各成员企业的意见,确保评估标准和方法得到广泛认可。对于持续表现不佳的成员企业,平台企业需要实施淘汰机制,以维护供应链的整体质量和声誉。但淘汰的决策需要谨慎,避免引起市场和其他成员企业的担忧,对平台企业的管理能力产生质疑。因此,淘汰决策应该综合考虑声誉管理的视角,确保对整体供应链声誉的正面影响。实施动态评估和淘汰机制是电商供应链管理的重要环节,是维护和提升整体供应链声誉的有效手段。平台企业应该确保这一机制的合理性、公正性和透明性,以保障供应链的高效运作,同时维护和提升整体供应链的声誉。

3. 利用数字技术快速定位违约环节

在当今的平台经济时代,平台型产业链日益成熟,平台企业在产业链中承担着组织和联结的关键作用。然而,在产业链的运转过程中,难免会出现参与方违约的情况,这种违约行为将严重影响整个产业链的效率和稳定性。因此,平台企业急须利用数字技术,实现对违约环节的快速定位和处理。

从微观角度来看,平台企业可以通过多种技术手段提升其定位违约环节的能力。首先,平台可以构建行为数据模型,并与标准行为进行实时对比,一旦发现异常行为,即时触发预警机制。其次,平台可以设置行为评分机制,综合计算参与方的信用分,当信用分低于预设的阈值时,系统会自动发出预警。此外,平台还可以建立违规样本库,通过特征提取和匹配,快速识别新出现的违规行为。除此之外,平台还可以利用区块链等可追溯技术锁定责任主体,并开发辅助决策系统,为处理违约事件提供规范化的解决方案。

在宏观层面,平台企业可以构建自动监测和预警系统,利用人工智能和大数据技术对参与方的行为进行全方位的监测,一旦发现违规行为,系统会自动触发预警,并快速定位问题的所在。同时,平台还可以设置智能审核机制，对参与方进行实时评分，当分数低于预设阈值时，系统会自动启动核查程序，并采取相应的措施。

平台企业应当充分发挥数字化技术的优势，构建完善的监管体系，实时监控和快速定位产业链中的违约环节，从而保障整个产业链的顺畅运转和高效运作。需要强调的是，技术手段和机制创新需要相辅相成，共同推动产业链的可持续发展。

四、电商供应链的声誉转移路径

在"消费红利"向"数智创新"经济的转型过程中，平台型电商企业秉承数据驱动的理念，借助大数据、云计算以及人工智能等尖端技术，建立了数智化的核心竞争力，并累积了良好的声誉。这使得平台型电商从单一的交易组织者转变为利用数智化解决方案赋能合作伙伴的综合性平台，实现对供应链成员企业的声誉转移。

声誉转移通过数据场景的应用、技术的创新及方法的运用，极大地提升了供应链成员企业的数据获取、分析以及运用的能力，激发其积极参与平台生态系统的建设。例如，京东运用其丰富的数据资源，为联想提供全方位的市场分析以及供应链优化服务，协助联想精准锁定市场定位，优化产品线，从而显著提升了联想的市场竞争力和盈利能力。这种合作模式不仅为联想带来了销售额和市场份额的显著增长，也为京东在声誉转移方面积累了宝贵的经验。随着声誉转移在电商供应链中的逐渐推广，愈发多的平台型电商企业开始对零售商实行声誉转移。除了京东外，苏宁云商依托其全场景资源和数据优势，为品牌商进行声誉转移，实现了消费端和生产端的无缝对接，为消费者提供了量身定制的商品和服务。

1. 电商供应链声誉转移的条件

声誉转移在电商供应链中的应用存在一些弊端。首先，不是所有的成员企业都愿意接受平台型电商企业的声誉转移，因此，我们需要探究成员企业接受平台声誉转移的条件。其次，声誉转移需要投入成本，尽管目前阿里、京东等电商平台未向零售商直接收取声誉转移的费用，但其可能会通过收取使用费或提高营销费用的方式向成员企业收费。同时声誉也具有易损性，一旦有成员企业出现违约，将会波及整个电商供应链。

其次，在电商供应链中，声誉的转移是一个复杂的过程，涉及平台企业和成员企业之间的互动和协作。平台企业的声誉不仅影响其自身的竞争力，还会影响整个供应链的运作效率和品牌形象。因此，平台企业和成员企业在共同创建电商供应链声誉的同时，也应当共享这一声誉。在电商供应链中，平台企业通常处于主导地位，享有平台型电商供应链品牌的产权，因此在分享电商供应链声誉时主要遵循传统的个体声誉分享路径，如品牌声誉授权、品牌声誉租金等。而成员企业的加入则在一定程度上增加了这一路径的不确定性。成员企业处于从属地位，因此它们主要参与分享电商供应链声誉。

成员企业分享电商供应链声誉的过程颠覆了传统集体声誉的分享路径。这一颠覆不仅缘于平台企业的组织化建设改变了声誉形成的机制，也体现在成员企业群体的松散型联盟改变了资源分配的机制。特别是成员企业在创造电商供应链声誉的过程中，也在分享这一声誉，这两种过程的互动融合在很大程度上增加了路径的复杂性。

2. 电商供应链声誉转移的微观机理

电商供应链中，供应链的集体声誉起着关键性作用，影响着整个供应链的效率和性能。这种影响主要通过社会信号和社会网络效应两个维度体现。[①]

在电商供应链中，供应链与其成员企业之间的关系通过社会信号效应和补充信号的双重作用进行声誉转移，对成员企业的商业行为和市场表现产生显著影响。社会信号效应在电商供应链中体现为整个供应链的整体声誉对成员企业的品牌形象和信誉的"声誉担保"作用。供应链的良好声誉可以提升成员企业在市场中的可信度。当一个供应链享有高声誉时，成员企业通过与其合作，能够利用这一声誉优势吸引顾客，从而提升自身的市场竞争力。这对于吸引多平台购物行为的顾客尤为重要，因为这些顾客倾向于选择声誉高的供应链，以确保购买到质量可靠的商品或服务。作为补充信号，供应链的声誉为顾客构建对成员企业的声誉感知提供了重要参考。当成员企业加入具有良好声誉的供应链时，这种行为本身就暗示了这些企业符合供应链的高标准和质量要求，能够提供符合顾客期望的产品和服务。这种补充信号有助于顾客在众多选择中作出更为明智的决策。因此，在电商供应链声誉转移的路径中，整个供应链的声誉通过社会信号效应和补充信号的作用，对成员企业的市场定位和顾客信任产生了深远的影响。这不仅加强了顾客对成员企业的信任，

[①] 陈虹，张其林. 平台型电商对卖家绩效的影响研究——基于锁定效应和信号效应的影响 [J]. 营销科学学报，2021，1（02）：21-38.

也增强了成员企业的市场竞争力和品牌价值，从而对整个电商供应链的稳定性和盈利能力产生积极影响。

在电商供应链环境中，供应链及其成员企业之间的声誉转移通过社会网络效应及其相关的"锁定效应"实现，对成员企业的市场表现和盈利能力产生显著影响。社会网络效应在电商供应链中的作用体现在其能为成员企业提供广泛的客户群体，从而吸引买家。一家具有良好声誉的电商供应链平台，能通过"锁定效应"聚集大量忠诚买家。这些买家通常倾向于在信誉良好的平台上消费，以保证高质量的购物体验。因此，当成员企业加入这样的供应链平台时，它们能够借助平台的声誉吸引这些忠诚买家，从而增加销量和利润。此外，电商供应链平台的良好声誉还有助于加强消费者之间的联系，促进社群的形成和忠诚度的提升。良好声誉不仅为供应链平台带来稳定的业务量，还通过口碑传播方式吸引新顾客。对于成员企业来说，这种稳定的消费者社群意味着一个稳定且可持续的市场环境。电商供应链平台的声誉通过吸引大量买家来实现"锁定效应"。加入这些平台的成员企业能够分享这些买家资源，无须额外投入即可获得流量支持和声誉溢价。这种机制不仅增强了成员企业的市场竞争力，还实现了更高的销售额和利润。

总之，平台型电商声誉在电商供应链中扮演着至关重要的角色。它不仅可以作为一种"补充信号"帮助买家建构卖家声誉感知，还可以通过"锁定效应"为卖家提供流量支持和声誉溢价。因此，卖家需要重视平台型电商声誉的转移路径，充分利用这些转移路径来提升自己的市场竞争力。

五、电商供应链声誉的转移程度

在电商供应链中，声誉的转移受到多个因素的影响，包括企业间的合作关系、产品或服务的质量，以及市场的认知度等。我们可以将声誉的转移程度分为以下几个层次。

1. 电商供应链声誉的低水平转移

在电商供应链中，当平台企业与入驻卖家之间的合作关系较为松散时，声誉的转移程度通常较低。如果入驻卖家提供的商品或服务质量不一，也会限制声誉在供应链中的传递。

电商供应链与成员企业之间的声誉转移较为有限，因为声誉主要依赖于各成员企业的独立品牌建设。在这样的供应链结构中，内部协同效应不够明显，导致声誉难以产生有效的正向转移和溢出效应。即便供应链平台具有良好的声誉，也不一定能为其成员企业带来显著的增值效应；同样，成员企业的负面形象也不会严重影响整个供应链平台的声誉。

在这种低度声誉转移的情况下，供应链内部的声誉体系耦合度较低。由于声誉的转移受到限制，故难以在整个供应链中实现有效的声誉配置。这意味着，即便是某些成员企业进行了积极的品牌建设和声誉提升，其正面效果也不易扩散至整个供应链，限制了供应链声誉的整体提升。因此，当电商供应链内的合作关系较为松散，且成员企业的商品或服务质量参差不齐时，声誉的转移过程主要依赖于单个企业的独立努力。这种情况下，整个供应链缺乏明显的协同效应，从而制约了供应链声誉的有效配置和整体提升。

2. 电商供应链声誉的高水平转移

当电商平台与其成员企业建立了高度稳固的战略合作关系，且成员企业提供的商品或服务质量处于行业领先水平时，供应链内部的声誉转移程度可以达到较高水平。在这种情况下，电商平台与其成员企业之间形成了高度的协作、利益共享和文化融合，共同构建了综合性的战略合作关系。同时，成员企业不断追求卓越，提供具有差异化优势的高品质商品或服务，以满足消费者的需求。

通过这种稳固的战略合作和卓越的产品，能够实现供应链内部声誉的高水平转移，形成声誉的正向溢出效应。这种正向溢出不仅能够为成员企业带来显著的价值提升，而且还会反过来增强电商平台的声誉，从而实现共赢的局面。在供应链内部，实现高度的声誉耦合和协同效应，形成一个紧密相连的声誉网络，每一个环节都是不可或缺的一部分。这种高度的转移可以大幅提升整个供应链的竞争优势和市场地位，使其在激烈的市场竞争中脱颖而出。当供应链关系稳固且商品或服务质量卓越时，通过战略合作和优质的产品，可以实现声誉的高度正向转移，从而显著提升整个供应链的竞争力和市场影响力。

六、电商供应链声誉转移的影响因素

在电商供应链中，声誉的分享程度是指由于合作关系产生的声誉转移对整个供应链中各主体的影响程度，它不仅反映了供应链中各主体间的合作关系，也是评价供应链整体效能的重要指标。声誉的分享程度受以下方面影响。

1. 成员企业声誉对平台的影响

在电商供应链中，成员企业的声誉是平台企业整体声誉的重要组成部分，直接影响平台企业的市场竞争力。高声誉的成员企业通过提供高质量的商品或服务，能够为平台企业带来正向的声誉效应，吸引更多的买家，提高成交转化率，并获得更高的价格溢价。这种正面影响不仅提升了平台企业的市场地位，也增强了其吸引力。相反，低声誉的成员企业由于无法自发为买家提供可靠的信号，需要依靠平台企业的声誉来"佐证"其可信度。这种依赖性使得低声誉成员企业获得的声誉转移效应较大。然而，低声誉成员企业的存在也可能导致平台企业的整体声誉受损，影响其在市场上的竞争力。因此，平台企业需要通过制定严格的准入标准和质量监控机制，引导成员企业提升其声誉，从而提升平台企业的整体声誉。同时，平台企业也需要通过各种手段，如品牌建设、市场推广等，提升自身的声誉，从而为成员企业提供更多的增值服务，吸引更多的高声誉成员企业入驻，形成良性循环。

2. 平台声誉对成员企业的影响

平台企业的声誉在电商供应链中扮演着至关重要的角色，不仅影响自身的市场竞争力，还在很大程度上决定了成员企业的市场表现。高声誉的平台企业通常能够提供强大的流量支持和市场推广资源，为成员企业创造良好的市场环境，从而提升其竞争力和市场份额。在这种情况下，成员企业能够借助平台企业的良好声誉，更容易赢得消费者的信任，实现更高的成交转化率，从而提升销售业绩。相反，低声誉的平台企业往往无法为成员企业提供足够的流量支持和市场推广资源，这将导致成员企业的声誉受损，影响其在市场上的竞争地位，最终影响销售业绩。因此，成员企业在选择合作的平台企业时，需要充分考虑平台企业的声誉，以更好地利用平台资源，提升自身的市场竞争力和市场份额。同时，平台企业也需要通过不断提升自身的声誉，吸引更多的优质成员企业入驻，从而提升平台的整体市场竞争力。

3. 成员企业数量对声誉转移的影响

成员企业获得的声誉转移效应在很大程度上受到其数量的影响。当成员企业数量增加时，由于交叉网络效应的正向影响，成员企业获得的声誉转移效应呈正相关关系。平台上成员企业的集聚产生了"鸡蛋相生"的效应，使得单个成员企业能够获得更多的流量。然而，成员企业数量的增加也会产生竞争效应，可能导致资源的争夺，从而降低平台型电商声誉的平均分享份额，导致单个成员企业获得的声誉溢出效应减少。这种竞争效应随着成员企业数量的增加而逐渐加剧。因此，成员企业获得的声誉转移效应与其数量呈正相关关系，而声誉溢出效应与成员企业数量之间存在倒 U 型关系。这种关系的形成，不仅在于成员企业数量的增加改变了市场竞争结构，也在于消费者数量的有限性导致买家数量的增长存在"天花板"。

4. 成员企业结构对声誉转移的影响

成员企业结构在电商供应链声誉的转移和分享过程中扮演着重要的角色。同类型的成员企业之间的声誉转移路径存在互补关系，这意味着当同类型企业数量增多时，每个企业获得的声誉转移效应将更为显著，呈现"抱团取暖"的效果。然而，同类型企业之间也存在竞争关系，过多的同类型企业将导致竞争加剧，从而降低单个企业获得的声誉溢出效应，呈现"同行是冤家"的情形。与此相反，异类型的成员企业之间的声誉转移路径通常也是互补的。这意味着当电商平台上的成员企业种类更为多元时，每个企业获得的声誉分享效应将更为显著，呈现"规模效应"。这是因为异类型的企业之间通常不存在直接的竞争关系，每个企业都可以通过与其他类型的企业合作，共享声誉资源，从而实现共同的增长。成员企业的结构直接影响声誉的转移和分享效应。同类型企业之间的声誉转移路径通常存在互补性，但也可能因竞争关系导致声誉溢出效应降低。异类型企业之间的声誉转移路径通常也是互补的，有助于提升每个企业的声誉分享效应。综上所述，电商供应链的声誉分享程度是多个因素共同作用的结果，包括成员企业的声誉、平台的声誉、成员企业的数量和结构等。为了优化声誉的分享效果，平台企业和成员企业需要加强合作，提高产品或服务质量，实现声誉的有效转移，从而提升供应链的整体竞争力。

七、电商供应链声誉转移的范围

在电商供应链中，声誉转移的范围是由市场准入权限和声誉使用权限来界定的。[①] 市场准入权限是指只有加入电商供应链的成员企业才有资格分享电商供应链的声誉，而声誉使用权限则是指只有符合供应链规范的成员企业才能分享电商供应链的声誉。由于供应链主导企业在价值共创过程中处于主导地位，因此市场准入权限和声誉使用权限也主要由供应链主导企业来掌握，使其成为确定声誉转移边界的关键一方。电商供应链主导企业作为唯一的管理主体，在制定市场准入标准、审核成员

---

① 汪旭晖，张其林. 平台型电商框架的构建：平台企业与平台卖家价值共创视角 [J]. 中国工业经济，2017 (11)：174-192.

企业资质、驱逐违规企业等方面具有独特的优势，这些都有助于供应链主导企业节约交易成本，规避集体行动的困境。同时，作为产权所有者，供应链主导企业也能更有效地维护电商供应链的声誉，防止其陷入"公地悲剧"，避免引发的"柠檬问题"导致整个供应链声誉受损。然而，供应链主导企业作为唯一的管理主体和产权所有者，也容易滥用权力，利用其地位进行权力寻租，向其他参与主体索取垄断高价，这可能导致整个电商供应链的竞争失衡。因此，为了防止这种问题的发生，政府机构需要采取垄断性规制和公共性管理，而供应链主导企业也需要自觉遵守电商声誉分享的边界，避免过度利用电商供应链声誉，以实现电商供应链的公平竞争和可持续发展。在平台型产业链中，声誉转移的边界主要受到以下几个因素的影响。

1. 市场准入权限的影响

在电商供应链产业链中，市场准入权限的设立意味着只有满足一定条件和标准的成员企业才能加入供应链，从而分享电商供应链的声誉。这一准入标准通常由供应链主导企业根据市场环境和自身发展需要制定，其目的是保障供应链内的交易安全，提升整个供应链的声誉和竞争力。市场准入权限的设立，不仅有助于规范供应链内的经营行为，还能够防范和减少不合规的企业加入供应链，从而保护消费者的利益，提升整个供应链的市场竞争力和声誉。总之，市场准入权限是电商供应链产业链中声誉转移的重要边界之一，它通过对加入供应链的企业进行规范和限制，有助于保障供应链内的交易安全，提升整个供应链的声誉和竞争力，从而实现供应链和成员企业的共赢。

2. 声誉使用权限的影响

在电商供应链中，声誉使用权限是影响声誉转移的重要因素之一。声誉使用权限是指企业在符合一定规范的前提下，才能够享受并利用电商供应链的声誉。通过规定声誉使用权限，电商供应链能够更好地管理和维护其声誉资源，确保声誉的有效转移。声誉使用权限的设立有助于保障电商供应链的声誉不被滥用。只有符合使用规范的成员企业才能够分享供应链的声誉，从而防止不符合标准的企业利用供应链的声誉获取不正当的利益。通过明确声誉使用权限，电商供应链能够更好地管理和维护其声誉资源，确保声誉的有效转移。这有助于提升电商供应链的整体形象，吸引更多优质企业加入，从而提升整个供应链的竞争力。

3. 管理主体的作用和责任

在电商供应链中，供应链主导企业作为产权所有者在维护和利用供应链声誉方面具有独特的优势。作为产权所有者，供应链主导企业有权决定声誉转移的边界，从而更好地维护和利用电商供应链的声誉资源。供应链主导企业作为产权所有者，有责任和义务维护电商供应链的声誉。通过制定明确的市场准入标准和声誉使用规范，供应链主导企业可以有效地管理和保护其声誉资源，防止声誉的滥用和贬损。作为产权所有者，供应链主导企业可以通过适度开发和整合资源，使电商供应链的声誉产生更大的价值。例如，供应链主导企业可以通过品牌推广、市场营销等方式提升供应链的声誉，吸引更多优质企业加入，从而提升整个供应链的竞争力。

在电商供应链中，供应链主导企业作为管理主体，承担着维护供应链秩序和保障交易安全的责任。供应链主导企业在审核成员企业资质的过程中，需要对企业的信誉、质量、服务等方面进行全面评估，确保其符合供应链的标准，这样才能为消费者提供优质的产品和服务。供应链主导企业需要及时处理违规企业，包括但不限于对违规企业进行警告、罚款、驱逐等处理方式，以此来保护消费者的权益，维护供应链的声誉。在整个过程中，供应链主导企业通过有效的管理和控制，实现交易的安全和供应链的健康发展，从而节约交易成本，提升供应链的整体竞争力。

然而，这种边界确定方式也存在一定的劣势。在电商供应链的环境下，平台企业担当着重要的管理和协调角色，负责整合供应链上下游的资源和信息，以便更高效地进行商业活动。然而，这种边界的确定也带来了一些劣势，其中之一便是权力寻租的问题。在电商供应链的生态系统中，平台企业不仅起着连接上下游的桥梁作用，还拥有对整个供应链进行管理和协调的权力。由于平台企业处于供应链的中心位置，其通常能够对其他参与主体施加影响，这也为其可能滥用权力、向其他参与主体索取垄断高价提供了条件。

所谓垄断高价，是指平台企业利用其在市场中的主导地位，强行向供应链中的其他参与主体收取高于正常市场价格的费用。这种行为不仅损害了其他参与主体的利益，也可能导致平台型产业链的声誉受损。声誉在电商供应链中具有重要的价值，它能够影响用户和合作伙伴的选择，从而影响平台的市场份额和竞争力。因此，平台企业在追求利润最大化的同时，也应当遵循市场规则，防止滥用市场主导地位，以维护平台型产业链的良好声誉。这不仅有助于保护其他参与主体的权益，也有助于平台企业自身的长远发展。

第四节　电商供应链声誉转移危机与责任追索

一、电商供应链纠纷与声誉机制失灵

1. 电商供应链纠纷

在电商供应链中，平台型电商市场由于其特性，面临着一系列治理上的挑战。其特性包括交易的虚拟性、体验环节的缺失、信息与实物的分离、付款与交接的分离，以及法律追索的难度。这些因素共同造成了线上市场在管理和监督方面的困难，与传统线下市场相比，这些挑战更为复杂和多样，具体表现在以下方面。

（1）电商供应链存在较高的市场不确定性。在电商供应链模式下，由于其虚拟性质，参与者之间无法直接接触实物商品，也难以与对方进行面对面的沟通与互动。这种缺乏物理接触和直接交流的环境，使得市场中存在较高的不确定性。消费者在购买商品时，无法亲自检查商品的质量和特性，也难以直接向卖家询问有关商品的详细信息，因此需要承担更高的信息不对称风险。同样，卖家也面临着无法直接了解消费者需求和偏好的困境，这增加了市场交易的复杂性。因此，电商供应链模式下的高市场不确定性，不仅给参与者带来了更大的风险，也对整个电商供应链的健康发展提出了挑战。这种模式下的交易参与者需要采取有效的措施，例如加强信息的透明度、提升商品质量和服务水平、优化客户体验等，以减少市场不确定性，保障各方的利益。

（2）银货分离的交易方式。在电商供应链中，交易通常采用银货分离的方式进行，即支付和商品的交割是分开进行的。这种交易方式的优势在于能够提高交易效率，节省交易成本，因为买卖双方不需要在同一时间同一地点进行交易，可以突破地域的限制，实现远距离交易。然而，这种交易方式也带来了一定的问题。银货分离的交易方式拉长了付款与收货的时间距离，使得买卖双方在交易过程中存在时间差。在这个时间差内，买家需要承担未收到货物的风险，而卖家则需要承担未收到款项的风险。这种风险会增加交易的不确定性，使得交易双方在交易过程中产生疑虑，对交易的成功完成产生影响。其次，银货分离的交易方式增加了信息不对称性。由于买卖双方无法直接接触商品，买家难以判断商品的质量和特性，只能依赖卖家提供的信息，而这些信息可能是不准确或不完整的。这种信息不对称性使得买家在交易过程中处于劣势地位，

容易受到欺诈或虚假宣传的侵害。银货分离的交易方式虽然有利于提高交易效率，降低交易成本，但也带来了一定的问题和风险。为了防范这些风险，保障交易双方的利益，需要采取一系列的措施，例如完善法律法规，加强对电商平台的监管，提高交易透明度等。这些措施能够有效减少信息不对称性，降低交易风险，促进电商供应链的健康发展。

（3）信息不对称。在电商供应链中，信息不对称是一种常见的问题，这种情况下，交易双方拥有的信息不平等，可能导致逆向选择和道德风险的发生。逆向选择主要发生在交易合约签订之前，由于买卖双方对商品或服务的了解不同，导致其中一方可能会利用信息的优势，选择对自己有利的交易条件。例如，卖家可能会故意隐瞒商品的缺陷，以获得更高的价格，而买家则无法准确判断商品的真实质量。这种情况下，优质商品可能被低估，劣质商品可能被高估，导致市场的失灵。道德风险则是指在交易合约签订之后，由于一方的行为不可观察，另一方可能采取违背合约的行为，从而造成对方的损失。例如，买家可能在收到商品后拒不支付货款，或者卖家可能在收到货款后不按约定交付商品。在这种情况下，受损的一方往往难以采取法律途径维权，因为法律诉讼的成本往往远远超过交易的价值。

（4）电商供应链成员企业的机会主义行为。电商供应链的运行依赖于供应商、平台和消费者之间的相互信任。然而，投机行为或机会主义行为，其本质上是不正当的自利行为，可能会削弱这种信任，从而对整个供应链的稳定性和声誉造成负面影响。由于参与者的激烈竞争，部分成员可能采取投机主义行为，追求自我利益的最大化，而忽视整个供应链的集体利益，这会导致纠纷的发生。机会主义行为是指在交易过程中，一方为了追求自身利益最大化，采取损害其他交易方利益的行为。这种行为通常基于社会交换理论和交易成本理论。社会交换理论强调在交易过程中双方应遵循互利共赢的原则，而交易成本理论则强调降低交易过程中的不必要成本。然而，机会主义行为恰恰违背了这些原则，导致交易成本增加，破坏了互利共赢的交易环境。

在电商供应链中，成员企业的机会主义行为主要包括销售假冒伪劣商品、价格欺诈（例如先提价后降价）等违反合同或道德规范的行为。这些行为不仅损害了消费者的权益，还会对整个电商平台的声誉造成负面影响。机会主义行为可以划分为"弱形式"和"强形式"两类。弱形式机会主义行为主要是违反关系规范或非正式规定的行为，涉及企业间的诚信和信用问题。例如，企业可能会故意隐瞒商品的缺陷或不利信息，以提高商品的销售价值，从而获取更多的利润。这种行为虽然没有直接违反合同，但却违反了诚实信用的原则，损害了消费者的权益。强形式机会主义行为则主要是违反合同规范的行为，涉及企业与消费者之间的法律责任。例如，企业可能会销售假冒伪劣的商品，或者以虚假的广告宣传来吸引消费者购买商品。这种行为不仅违反了合同，还可能涉及违法行为，对消费者的权益造成严重损害。机会主义行为对电商供应链声誉的影响如下。

一是消费者信任度降低。在电商平台上，消费者的购物体验直接影响他们对平台的信任度。当消费者经常遭遇不诚实的商家和劣质商品时，他们的信任度会显著降低。这种失去信任的感觉可能导致消费者转向竞争对手的电商平台，或者选择传统的线下购物渠道。信任度的降低不仅影响电商平台的用户黏性，还会降低平台的市场份额和竞争力。因此，维护消费者的信任度是电商平台成功运营的关键因素之一。

二是供应链合作关系破裂。投机行为不仅损害消费者的利益，也可能破坏供应链中的合作伙伴关系。供应链是一个相互依赖的网络系统，每个环节都需要相互信任和合作，以实现整个链条的顺畅运作。然而，当其中一个合作伙伴采取不诚实的行为（如虚假宣传、销售劣质产品等）时，就可能导致其他合作伙伴的利益受损。在这种情况下，受损的合作伙伴可能会选择终止与不诚实商家的合作关系，转而寻找其他更可靠的合作伙伴。这不仅破坏了供应链的稳定性，也会损害不诚实商家的市场声誉，从长远来看，不利于其市场竞争和发展。

三是增加监管风险。随着机会主义行为在电商平台上的增加，政府和监管机构可能会采取更严格的措施来加强对电商平台的监管。这种加强监管的目的是保护消费者的权益，打击不诚实的商家行为，确保电商市场的健康发展。然而，这也意味着电商平台和商家需要面临更多的法律诉讼和罚款的风险。这不仅会增加电商平台和商家的运营成本，还可能对其市场声誉造成损害。因此，电商平台和商家应积极采取措施，加强自身的规范管理，防止机会主义行为的发生，以降低监管风险。

四是品牌声誉受损。机会主义行为，如虚假宣传和不真实的评论，会对品牌的声誉造成严重损害。消费者在选择购买商品时，通常会通过品牌的声誉来判断商品的质量和可靠性。因此，当品牌声誉受损时，消费者会对该品牌失去信心，从而减少对该品牌商品的购买意愿。这不仅影响企业的销售业绩，还可能导致企业市场份额的下降，甚至可能导致企业破产。因此，企业应积极采取措施，规范自身的行为，防止机会主义行为的发生，以维护其品牌的良好声誉。在电商供应链中，商家的投机行为不仅会损害他们自己的声誉，还会对整个供应链的声誉产生负面影响。

2. 电商供应链声誉机制失灵

在数字化的商业环境中，特别是在电子商务平台，声誉机制长期被认为是治理所谓的"柠檬市场"问题的有效手段。这一理论基础可追溯至阿克洛夫（Akerlof）的经典"柠檬市场"模型，其中声誉被用作质量保证的代理。[1] 声誉机制在 KMRW 模型中进一步得到精细化，夏皮罗的研究表明，声誉机制能够形成溢价，足以激励企业持续提高其产品和服务的质量，以免损失来自消费者信任的长期益处。[2]

但这一机制的有效性也遭到质疑，有学者通过分析 eBay 网站在线拍卖的数据，实证考察了商品声誉对价格、销量和质量的影响。[3][4] 尽管这些研究表明声誉对市场表现有积极作用，但它们常常忽略了卖家隐性特征可能导致的内生性问题。李维安等人借鉴了这些研究方法，使用"淘宝"的数据证实了声誉机制在实际应用中的有效性，缓解了逆向选择问题。[5]

尽管如此，声誉机制并非万无一失。雷尼克斯（P. Resnick）和泽克豪瑟（R. Zeckhauser）发现，在 eBay 上，大多数交易者不参与评价，且主动评价的交易者倾向于给予好评，这引发了关于声誉系统诚实性的质疑。[6] Jin 和 Kato 提出了对 eBay 排序机制和匿名性的担忧，指出这可能让不诚实的卖家通过更换账号"清洗"其不佳声誉。[7] 张仙锋和周宏山则进一步指出，淘宝网的声誉评分系统简单地累加好评和差评的数目，

---

[1] AKERLOF, GEORGE A. The Market for "Lemons": Quality Uncertainty and the Market Mechanism [J]. The Quarterly Journal of Economics, 1970, 84 (3): 488-500.

[2] SHAPIRO C. Premiums for High Quality Products as Returns to Reputations [J]. The Quarterly Journal of Economics, 1983, 98 (4): 659-680.

[3] MELNIK M I, ALM J. Does a Seller's Ecommerce Reputation Matter? Evidence from eBay Auctions [J]. Journal of Industrial Economics, 2002, 50 (3): 337-349.

[4] HOUSER D, WOODERS J. Reputation in Auctions: Theory and Evidence from eBay [J]. Journal of Economics & Management Strategy, 2006, 15 (2): 353-369.

[5] 李维安, 吴德胜, 徐皓. 网上交易中的声誉机制——来自淘宝网的证据 [J]. 南开管理评论, 2007 (05): 36-46.

[6] RESNICK P, ZECKHAUSER R. Trust among Strangers in Internet Transactions: Empirical Analysis of eBay's Reputation System [J]. Advances in Applied Microeconomics: A Research Annual, 2002 (11): 127-157.

[7] JIN G Z, KATO A. Price, Quality and Reputation: Evidence from an Online Field Experiment [J]. The RAND Journal of Economics, 2006, 37 (4): 983-1004.

可能会让高销量、低质量的卖家声誉值错误地高于低销量、高质量的卖家。① 鲍立江等通过实证研究发现声誉对价格的影响可能含有"噪声",消费者的默认好评和卖家的"刷单炒信"行为都可能削弱声誉信号的准确性和有效性。②

二、电商供应链声誉转移危机

电商供应链因其固有的网络化特点,呈现出与传统供应链截然不同的风险与挑战,尤其在声誉管理方面。在这一环境中,供应链声誉危机可能由多方面因素引起,包括但不限于服务质量、产品质量、信息安全以及企业社会责任等方面的问题。这些问题若处理不当,都有可能引发声誉危机,危机主要体现在以下几个方面。

1. 共享用户风险

在电商供应链的环境中,各参与方包括供应商、分销商、物流服务商以及最终零售商均在用户体验方面扮演着共同的角色。用户的满意度和忠诚度不仅受到直接交互的平台卖家的影响,同样也受到供应链上游行为的影响。任何一方的失误或不当行为都有可能导致整个供应链声誉的损害。因此,一旦发生声誉危机,不仅损害单一实体的商誉,而且可能对整个供应链造成连锁反应。这种共享风险特别在电子商务环境中得到凸显,因为消费者通常无法区分供应链中不同实体的角色和责任。例如,如果物流延迟导致顾客满意度下降,即使零售商提供了优质服务,整个供应链的声誉也可能受损。同样,如果供应商提供的商品存在质量问题,消费者往往会将这一负面体验归咎于零售平台,而不仅仅是制造商。

要有效管理这种共享的声誉风险,电商供应链中的所有参与者需要采取一系列的合作措施。这些措施包括实施质量控制标准、加强供应链透明度,以及建立快速响应机制来解决问题和消费者投诉。此外,通过构建和维护强大的品牌和声誉保护策略,供应链上的每个实体都可以帮助减少潜在的声誉风险,并在发生危机时迅速恢复信誉。

2. 刻板印象风险

在电商供应链中,声誉管理是一个至关重要且复杂的议题。供应链

---

① 张仙锋,周宏山. 基于声誉机制的网上交易柠檬问题解决体系 [J]. 经济问题,2009 (02):20-23.
② 鲍立江,仲伟俊,梅姝娥. 电子商务平台中刷单行为对商家间竞争的影响 [J]. 系统工程理论与实践,2021,41 (11):2876-2886.

的每个参与者，从制造商到分销商，再到零售商，共同构成了电商供应链声誉的集体框架。消费者对于供应链的信任和评价往往是基于对网络中所有参与者的集体认知。这种认知往往通过心理学中的"刻板印象"机制来形成，意味着单个实体的行为无论正面还是负面都可能被归因于整个供应链。

刻板印象，作为一种对特定群体成员过度简化和一般化的看法，通常是基于预设的信念而非个人的实际经验。[①] 在电商供应链的背景下，这种现象可能导致消费者将单个供应商的失误视为整个供应链的问题。例如，如果供应链中的某个环节出现产品质量问题，消费者可能会将这一单独事件的不满转化为对整个品牌或供应链的负面刻板印象。为了有效地管理电商供应链中基于共同属性的声誉问题，供应链中的每个企业必须采取一致且协调的行动。这不仅包括确保每个环节都满足既定的质量和服务标准，还包括在面临潜在的声誉威胁时，迅速采取联合措施来缓解消费者的疑虑，并修复可能的声誉损伤。

供应链声誉管理是所有参与成员的集体责任。每个成员不仅需要负责自己的声誉，同时也必须承担起对整个供应链声誉的责任。通过提升透明度、确保产品和服务质量，以及与消费者进行积极沟通，供应链中的企业可以共同努力，减少由单一事件引发的整体声誉风险，从而在消费者心目中构建并维护一个更准确和全面的品牌形象。电商供应链中刻板印象的管理是声誉管理的关键部分，要求供应链中的每个环节都认识到自己的行为如何影响整体的声誉，并采取协同一致的措施来共同塑造和保护整个供应链的品牌形象。

3. 信息缺乏风险

在电商供应链中，信息的不对称性和匮乏对于声誉管理构成了显著挑战。特别是在涉及多个层级和参与者的复杂供应链体系中，单一买家往往难以有效地归因交易结果，尤其是难以区分平台企业和个别卖家的动机与能力因素。这种信息的不足可能导致消费者无法准确识别问题的来源，从而将个别参与者的声誉问题泛化为整个供应链的问题。在电商供应链中，单个参与者的声誉破坏行为不论是由于动机的不纯还是能力的缺失，都可能对整个供应链的声誉产生不成比例的影响。这种影响在电子商务环境下尤为凸显，因为信息的传播迅速且广泛，而且消费者的

---

① BRAUER M, JUDD C, JACQUELIN V. The communication of social stereotypes: the effects of group discussion and information distribution on stereotypic appraisals [J]. Journal of Personality and Social Psychology, 2001, 81 (3): 463-475.

选择和反馈可以即时影响供应链的其他环节。为了应对这一挑战，电商供应链的参与者需要致力于提升信息的可获取性和透明度。这包括明确交易流程、加强对供应商行为的监督，以及积极沟通产品和服务的质量保障措施。通过这些努力，供应链各方可以更有效地管理声誉风险，减少由于信息不足导致的误解和负面归因。

在处理电商供应链中的声誉危机时，研究表明存在一种倾向性，即消费者和利益相关者往往会使用属性归因来解释供应链中某一环节的不良行为，而倾向于使用情境归因来合理化正面行为。[1] 这种归因倾向性可以显著影响电商供应链的整体声誉。

具体来说，当消费者遇到不满意的服务或产品问题时，他们很可能将这些问题归咎于供应链中某一环节的能力不足或者意图不良，而不是将其看作一次偶然事件或外部环境的影响。这种归因方式对该环节的声誉造成重大损害，并可能迅速波及整个电商供应链，尤其是在社交媒体和在线评论平台上的负面信息迅速传播的环境下。因此，供应链中的各个实体需要高度重视自己的声誉管理，并且采取积极措施来减轻和防止这种归因倾向对整个供应链造成的潜在负面影响。一方面，需要通过质量控制和优质客户服务来减少不良行为的发生；另一方面，需要建立有效的沟通机制，当问题出现时能够及时响应和解释，从而引导消费者形成更为合理的归因判断。此外，电商供应链的整体声誉管理策略应包括建立透明的信息披露机制，使消费者能够容易地获取供应链各环节的相关信息，从而促进基于事实的归因。此举不仅有助于消费者对于问题的合理解读，还能够增强消费者对于电商供应链整体的信任感。电商供应链的声誉管理要求供应链中的每个成员都认识到自己行为对整体声誉的影响，并共同采取行动来管理和优化这种归因倾向带来的风险。通过这种集体努力，可以有效维护电商供应链的声誉，保障其长期的可持续发展。

4. 产权界定风险

电商供应链的组织结构和产权分配对声誉管理至关重要。供应链不仅是物流和信息流的集合体，也是责任、信任和声誉流动的网络。当涉及平台型电商供应链时，这个网络变得更加复杂，因为它包括平台运营商、供应商、卖家和消费者等多个参与者。

---

[1] YBARRA O, STEPHAN W. Attributional orientations and the prediction of behavior: The attribution-prediction bias [J]. Journal of Personality and Social Psychology, 1999, 76 (5): 718-727.

平台企业与平台卖家之间的关系往往是基于委托代理模型构建的。在这种模型下，平台企业（作为代理人）为卖家（作为委托人）提供销售渠道和客户服务。然而，这种关系可能导致责任的模糊和信任的侵蚀，尤其是在责任归属和利益分享机制不明确时。当发生声誉危机，如产品质量问题或服务失败时，如何界定责任和分配损失成为挑战。在声誉利益分享和责任追索方面，供应链内部的清晰机制至关重要。如果供应链中的某一方认为平台的规则和监管是"不可置信承诺"，那么它们可能不会有足够的动力来维护供应链的整体声誉。这种态度可能缘于他们对平台承诺的不信任，或是因为监管执行不力，使得规则失去了约束力。为了防止声誉危机的发生和加剧，电商供应链需要建立和维护一个稳固的信任基础。这意味着平台需要实施有效的监管政策，并确保这些政策得到适当的执行。同时，需要建立一个透明的机制，以便当声誉危机发生时，可以快速且公正地追溯责任，合理分配损失。

三、电商供应链声誉转移危机的来源

电商供应链中的声誉具备独特的公共物品属性。它不仅涵盖供应链各环节的集体形象，还反映各参与主体的合作与协同作用。在这一网络化的供应结构中，声誉的构建和损害都不是孤立发生的，而是多方互动的结果。在电商供应链中，声誉危机的来源主要可以从平台企业和成员企业两方面进行划分。

1. 平台企业方面

（1）声誉的层级结构。在电商供应链中，平台企业的声誉对整个网络的稳定性和可信度起着至关重要的作用。由于其在供应链中的中心地位，平台企业的声誉健康直接关系到下游合作伙伴及其服务的终端用户。声誉的层级结构表明，平台企业的任何声誉波动都能通过供应链传递，影响各个节点，由此可见，一个单一的负面事件可能迅速演变成整条供应链的危机，展现了声誉的脆弱性及其可能引发的连锁反应。正因为声誉具有如此的传递性和脆弱性，电商供应链的声誉管理策略必须是全面而协同的。供应链中的每个企业不仅要对自身行为负责，还要共同参与整个供应链的声誉稳定性中。这要求平台企业不只在自身层面上采取声誉建设措施，而且要与上下游的合作伙伴共同形成一种声誉风险的防控合力，以确保供应链整体的声誉得到有效的维护与促进。电商供应链的声誉管理不是孤立的企业行为，而是一个包含所有供应链成员的集体行动，要求在战略上有所协调，实现共同的利益目标。通过这样的集体努力，电商供应链能够在竞争激烈的市场环境中建立并维护一个强大的信任资本。

（2）声誉的产权结构。电商供应链的声誉构成了其核心竞争力的一部分，而声誉的产权结构则是其管理的关键要素。通常情况下，平台企业拥有并控制着整个供应链声誉的产权，这种结构可能会在成员企业中引发一系列动机上的问题。特别是当成员企业认为自己对于声誉贡献的努力不能得到相应的认可或回报时，他们可能就缺乏持续维护或提升供应链声誉的动机。在电商供应链中，声誉的产权问题需要通过细致的机制设计来解决。例如，可以通过建立声誉共享机制，确保每个成员企业的声誉投入与收益相匹配。此外，供应链中的成员企业也应被赋予一定程度的声誉自治权，以激励它们在维护整体供应链声誉方面发挥更积极的作用。因此，平台企业在设计供应链管理策略时，不仅要考虑如何集中有效资源来维护声誉，还要确保声誉管理的权责分明，以及利益分配的公平性。只有当所有成员企业都认为维护供应链声誉符合自身的长远利益时，整个供应链体系的声誉才能得到有效的保护和提升，从而避免声誉危机的发生。

（3）电商供应链组织关系。平台企业与成员企业之间的组织关系也可能导致声誉危机。如果平台企业无法有效地监管成员企业的行为，将可能导致声誉危机。在电商供应链中，组织关系的构建和管理对于声誉风险的控制至关重要。当平台企业与成员企业之间的关系缺乏明确的监管和责任划分时，不仅可能导致成员企业的不规范行为，也可能使得整个供应链面临声誉危机。平台企业应当扮演有效的监管者角色，确立透明和执行力强的制度来管理和控制成员企业的行为。这包括但不限于建立标准化的操作流程、强化质量控制、实施风险评估机制以及监督合规性。这样的组织关系不仅能够防止声誉危机的发生，还能够在危机出现时迅速进行应对，有效地限制声誉损害的扩散。进一步地，组织关系管理还应当涵盖激励和约束机制，以确保成员企业在追求自身经济利益的同时，也能够体现对整个供应链声誉的维护责任。例如，通过声誉绩效与奖励挂钩的方式来鼓励成员企业的积极参与，同时，对违反规定的行为进行明确的惩处。因此，平台企业与成员企业之间的组织关系管理是维护电商供应链声誉的关键。只有通过建立和维护一套有效的组织关系管理机制，才能够促进整个供应链的稳健运作，并在竞争激烈的市场环境中赢得持久的信任和声誉。

2. 成员企业方面

（1）个体理性与集体理性的冲突。电商供应链中成员企业之间的动机和行为可能会展现出个体理性与集体理性的紧张关系。这种冲突表现在成员企业为了追求即刻的个体经济利益而采取的短期行为，可能与长期的供应链整体利益相抵触。当这种追求个体利益最大化的行为超越了合作共赢的原则，不仅可能破坏成员企业自身的声誉，还可能对整个电商供应链的声誉带来不利影响。这种个体与集体之间的理性冲突要求供应链管理者采取战略性的方法来缓和潜在的声誉风险。例如，通过建立奖励机制来促进成员企业的合作行为，以及通过实施共同的声誉管理标准和监督措施来确保所有成员企业的行为与供应链的整体声誉目标一致。此外，建立有效的沟通和协调机制能够帮助成员企业理解其行为对于整体供应链声誉的长期影响，并促进他们在追求个体利益的同时兼顾集体利益。电商供应链声誉管理的成功在很大程度上依赖于能够平衡个体成员企业与整个供应链的利益，并确保所有行动都支持着共同的声誉目标。这种集体努力不仅有助于防范声誉危机的发生，还能够在竞争激烈的市场中为供应链建立起强有力的声誉资本。

（2）供应商空间分布。在电商供应链中，成员企业的分布格局对于声誉的维护至关重要。这些企业遍布在不同的地理位置，各自承担着供应链不同环节的功能，它们之间的信息透明度和沟通效率直接影响整个供应链的声誉健康。信息的不对称或不完全性，尤其是在质量控制、供应标准和客户服务等关键领域的信息缺失，容易导致误解和不一致的行为，从而加剧声誉危机的风险。为了缓解这种由信息不完全引起的声誉危机风险，电商供应链管理者需要构建一个高效的信息共享平台，确保各成员企业能够实时获取关键的供应链信息。这种平台可以促进成员企业之间的协作，使得任何潜在的问题都能够迅速被识别和解决，防止其演变为声誉风险。此外，供应链的声誉管理还需要在成员企业之间建立一套标准化的操作流程和质量控制体系。通过制定统一的标准和监管措施，可以确保供应链的每个节点都能维持一致的服务水平和产品质量，从而减少由于分布不均和信息不对称导致的声誉问题。

在电子商务供应链的声誉管理中，核心策略的制定与执行对于预防和缓解声誉危机至关重要。为了维持整个供应链的良好声誉，必须建立一个全面而健全的监管框架，确保所有平台企业和成员企业的行为都符合既定的标准和规范。这包括实施透明度政策，以便消费者能够清楚地了解产品的来源、质量控制措施以及供应链的社会责任实践，从而增强其对供应链的信任。电商供应链可以设计和实施一套声誉分享机制，通过经济和社会激励来引导企业的行为。这种机制应鼓励企业以自我约束的方式来维护整个供应链的声誉，同时也要考虑到个体企业的利益和贡献。确保每个成员企业都有清晰的激励与其声誉管理努力相对应，供应链作为一个整体将更加稳固，能够抵御潜在的声誉风险。

四、电商供应链声誉转移危机的管理策略

1. 电商供应链声誉危机的管理主体

在电商供应链领域，平台型电商企业面临着复杂的管理挑战。尽管理论上存在"平台—政府"双元管理模式，实际上平台型电商企业在供应链管理方面起着更为关键的作用。[1] 这一现象的背后是政府机构依赖的法律制度在网络市场上的适用性问题，导致平台型电商企业成为管理的主要执行者。作为构建平台的主体，必须实施综合管理策略，以确保声誉资产的保护和增值。它们不仅通过制定细致的程序和规则来引导平台用户的行为，还通过构建技术和制度框架来支持用户参与声誉管理。[2] 从制度经济学角度来看，电商平台作为声誉危机的管理主体有以下优势。

（1）声誉管理的结构优势。平台型电商通过整合个体声誉和群体声誉，形成了具有强大影响力的声誉资本。平台企业控制着声誉产权，并利用这一权力来投资和维护声誉。它们的声誉管理模式优于传统模式，因为它们能够更有效地识别和减少声誉风险，同时增强平台所有参与者的信任和忠诚度。[3]

（2）信息对称性与实时反馈。平台型电商的声誉管理依赖于高度透明的信息流和实时反馈。平台企业通过持续监测交易数据来评估卖家行为，从而能够快速发现并解决可能的声誉问题。这种实时共享的信息和反馈机制提高了响应速度，增强了声誉管理的前瞻性和有效性。

（3）平台规制与交易成本节约。相较于传统社会治理，平台型电商通过集中的规制机制更有效地降低了交易和协调成本。作为唯一的规制主体，平台企业能够设立统一的标准和政策，提供稳定和可预测的商业环境。这种集中治理的模式不仅成本效益高，而且为声誉维护提供了强

---

[1] 汪旭晖，张其林. 平台型电商企业的温室管理模式研究——基于阿里巴巴集团旗下平台型网络市场的案例[J]. 中国工业经济，2016（11）：108-125.
[2] 尹钰锋. 网络交易平台声誉价值效应及其差异化研究[D]. 浙江财经大学，2021.
[3] 王俊豪，单芬霞，张宇力. 电商平台声誉机制的有效性与信用监管研究——来自"淘宝"和"京东"的证据[J]. 财经论丛，2021（02）：103-112.

大的工具。

2. 电商供应链声誉租金的管理手段

平台企业作为电商供应链中的关键枢纽，对声誉管理采取了细致的策略，包括声誉租金的征收和行为监管的实施。通过这些手段，平台企业不仅提供了技术支持和制度保障，而且通过信誉评价体系等工具，维护了整个平台的声誉健康。从声誉所有者的角度来看，平台企业采取了两种主要的管理手段：声誉租金和行为监管。在电商供应链环境中，声誉系统不仅塑造了消费者的购买行为，而且成为平台企业监管卖家行为、确保交易质量的基石。声誉租金的概念源于对这种监管机制的经济化运用，其核心在于将卖家通过平台获得的声誉转化为对应的经济收益，并据此调整其行为模式。本部分旨在探讨平台企业如何通过征收声誉租金这一策略来优化供应链管理。声誉租金征收的核心逻辑在于：平台卖家获得的声誉与其经济收益之间存在直接关联。声誉转移效应使得卖家能够因平台整体声誉的提升而享受到额外的经济利益，而声誉溢出效应则关注个体卖家声誉提升对其销售和客户忠诚度的正面影响。不平衡的声誉转移效应可能使得声誉较差的卖家借助平台声誉，无须通过个人努力便获得信任度的提升。这种现象降低了卖家自我改进的动力。相对地，非平衡的声誉溢出效应则可能导致声誉较好的卖家感到自己的努力未能获得足够的经济回报。

鉴于此，平台企业在制定声誉租金策略时，应充分考虑声誉转移效应的非平衡性。对那些依赖平台声誉获益较多的低声誉卖家征收更高的声誉租金，旨在激励他们提升服务质量和改进行为。这一策略直接推动低声誉卖家减少对平台声誉的依赖，以个人努力提升声誉。与此同时，对于高声誉卖家，平台通过降低声誉租金，奖励其维护良好的商业行为和高服务标准，反映出平台对高质量服务的认可和支持。这种差异化的激励机制，体现在诸如阿里巴巴、京东等电商巨头对知名品牌商家的补贴政策上，旨在借助其高声誉增强消费者信任，同时促进平台声誉的积极循环。声誉租金的征收策略应细致设计，以实现其双重目的：一方面，通过经济激励调整卖家行为，促进他们主动提升声誉和服务质量；另一方面，确保这一策略能够维持供应链各方的利益平衡，进而促进平台长期稳定与繁荣发展。

3. 电商供应链行为监督管理手段

行为监管的实施是为确保卖家行为与平台规则相一致。监管水平的适当性对于声誉管理至关重要，过于严苛的监管可能会压迫卖家，甚至导致他们退出市场,而过于宽松的监管可能会让买家承担过高的风险。因此,平台企业必须找到一个平衡点,以确保既不会抑制市场的活力,也不会导致市场的混乱。在制定监管策略时,平台企业通常倾向于选择一个适度宽松的水平,这是因为多元的行为策略、信誉评价体系的存在,以及卖家数量的众多都导致了高度的竞争环境和监管挑战。通过适度的监管,平台企业能够最大化整体利益,同时维持一个健康、可持续发展的电子商务生态系统。为了确保平台型电商企业的健康发展,需要采取一系列的管理策略来预防和解决声誉危机,确保平台上的交易安全和消费者权益得到保障。

(1) 事前控制

在电子商务环境中,供应链管理的效率和可靠性至关重要,尤其是在构建和维护商家声誉方面。事前控制策略在此过程中扮演了基础性的角色,其核心目标是通过筛选入驻商家,提前预防潜在的风险和违规行为,进而提升消费者信任和平台整体声誉。在具体实施层面包括三个环节。

一是市场准入。市场准入条件的设定是事前控制的首要步骤。电商平台要求商家满足特定的注册资本标准,实际上是在筛选那些具备足够经济基础和潜在运营稳定性的商家。此外,保证金的缴纳制度同样能有效地防患不诚信的行为,因为它为消费者权益提供了一定的保障,同时也让商家在违反平台规则时承担经济上的代价。

二是第三方认证。第三方认证是一种将事前控制内化为商家操作标准的策略。电商平台引入独立的第三方机构对商家的产品或服务进行审核和认证,借此确保其符合一定的质量和安全标准。这样的认证不仅增加了消费者对产品品质的信心,也增强了平台的行业权威性和品牌形象。这种机制还能促使商家主动维护和提升自身的质量标准,以获得或保持认证资格。

三是交易监督,它确保了平台上的交易活动的正当性和透明度。电商平台不仅需要确保交易符合规定,还要防范欺诈等不道德行为,以保护消费者的利益。有效的交易监督能够建立起消费者的信任,并在长期内形成良好的市场声誉。监督机制的有效运行,需要一套完善的规则和标准,以及对违规行为的明确惩罚措施。在此过程中,实时监控和数据分析工具常被用于识别和预防可能的欺诈行为。

通过这三个环节的有机结合与协调实施,事前控制策略为电商平台的供应链管理提供了一道坚实的防线,保障了商家的质量与信誉,同时也维护了平台的市场竞争力。在这个基础上,平台能够更好地管理和利用其声誉资源,为消费者和商家创造一个更加健康、稳定和可信的交易环境。

在数字化时代背景下,电商供应链的声誉管理已经逐步从传统的响应式策略转变为预防性和前瞻性的策略。通过整合和应用数据分析、区块链、人工智能等先进技术,企业能够更有效地管理声誉风险,加强消费者信任,从而在激烈的市场竞争中脱颖而出。数据驱动的声誉管理是电商供应链中不可或缺的一环。现代企业通过实时数据分析,如 Takeaway.com 的实践所示,可以及时识别服务质量下滑的趋势,并采取措施减少声誉风险事件的发生。这种数据的实时性和分析的深度,为企业提供了宝贵的"时间窗口",以便在声誉风险显现之前进行干预。此外,区块链技术在提升供应链透明度方面发挥了重要作用。如 De Beers 和 Starbucks 的案例所示,企业通过区块链技术确保产品来源的可追踪性和透明性,增强了消费者的信任。这不仅是对供应链完整性的保证,也是声誉管理的一种积极策略。人工智能技术在声誉管理中的应用,特别是在情感分析工具的辅助下,为企业提供了对市场情绪的实时洞察。AI 系统能够监测互联网上的情感变化,并为企业提供反馈,助力企业更快速地响应市场的负面情绪,避免潜在的声誉风险。同时,深度学习算法的应用,使企业能够利用大数据和历史信息预测潜在的声誉风险,从而在风险发生前制定更加精确的策略。这种预测能力是传统声誉管理无法比拟的,它允许企业预先布局,避免声誉风险的潜在影响。

在中国,随着数字技术的广泛应用,定制化的声誉度量和监测工具如百度统计和微博舆情监控等成为企业声誉管理的重要辅助工具。这些工具不仅具有深度的数据分析能力,还具备实时警报功能,使企业能够快速识别并应对声誉风险。总体而言,数字技术为电商供应链的声誉管理带来了全新的维度和可能性。通过这些技术,企业可以实现对声誉风险的实时监控、快速响应和预防干预,从而保护和提升自身的品牌价值。未来,随着技术的不断进步和应用的深入,我们可以预见声誉管理将成为电商供应链管理中更加智能化、精细化的一环。

(2)事后责任追索

在电子商务供应链中,平台卖家的违规行为确实对其个人声誉有直接影响,但其影响远不止于此。这种行为的副作用通过声誉共享机制被放大,并有可能侵蚀整个电商平台的集体声誉。集体声誉是构建在平台所有成员行为之上的共同资产,因此,单个卖家的不当行为可能对整个电商集体的信誉造成负面影响。平台型电商对违规卖家的责任追索是正常市场管理职责的一部分,不仅仅是为了惩罚违规行为,更重要的是提升市场管理的水平。这样的措施可以看作一种结构性保障策略,旨在确保平台市场的安全性、合法性和公平性,从而对平台的集体声誉产生积极的影响。

责任追索策略作为一项声誉管理措施,对于平台企业而言,不仅可以作为一种保护和提升其声誉的手段,还可以通过减少违规行为的发生来提高整个平台的信任度。对于平台卖家来说,这种策略既是一种潜在的惩罚机制,也是一种激励机制,鼓励卖家维护个人及平台的诚信声誉。而对于消费者,即平台买家来说,责任追索策略是电商平台提供的一个重要保障,它确保了交易的安全性和优质的购物体验,增强了消费者对平台的信任。

因此,责任追索策略在电子商务供应链声誉管理中起着至关重要的作用。通过有效的责任追索,平台型电商不仅能够修复和维护自身的集体声誉,还能够在竞争激烈的市场中保持可持续的竞争优势。

五、电商供应链声誉转移危机的责任追索

电子商务供应链的声誉管理对于企业的市场地位至关重要,同时深刻地影响着消费者的购买决策。这一领域的探讨触及了包括但不限于法律规制、监管机构的效能、电商平台的监管政策,以及消费者权益保护等多个层面。如图7-8所示,供应链中每一环节的声誉,从原材料供应商到电商平台,最终都会影响到消费者端的商品和服务品质。在这一过程中,电商平台扮演着至关重要的角色,它们是联系供应链参与者与消费者的重要纽带。然而,平台型电商供应链面临的监管挑战是多层次的,且亟须解决。法律规制在某些情况下未能与电商活动的全球化及匿名性特征同步更新,导致监管存在灰色地带。这种不匹配使得监管机构难以追踪责任链,法律法规的更新滞后又妨碍了它们及时有效地应对新出现的问题,这些都直接损害了声誉机制的建立和维护。

电商平台的入驻门槛和监管政策的宽松为市场中的低质量商品和服务的泛滥提供了温床。在当前体系下,违规商家由于面临的成本相对较低,可以轻易地通过刷单、虚假评论等手段建立不实声誉,误导消费者。针对消费者权益的保护问题,现行的机制似乎还不足以为消费者提供有效的救济。尽管电商平台可能会提供一些保证措施,如"无理由退货",但这些政策的执行往往存在障碍,不足以保护消费者免受劣质商品和服

务的侵害。针对这些问题，需要采取综合措施，包括但不限于加强法律法规的制定和更新、提升监管机构的效能、电商平台的准入标准和监管政策，以及加强消费者权益保护机制。

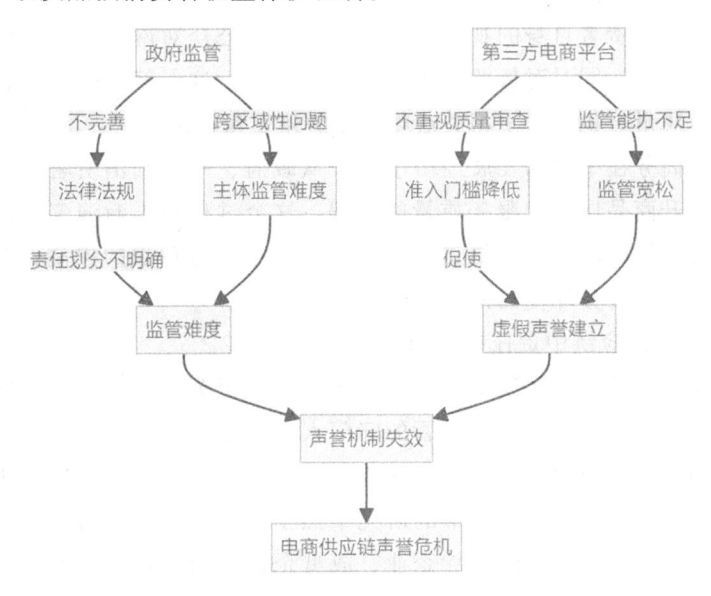

图 7-8　电商供应链声誉危机追责体系

1. 现行电商供应链责任追索体系

首先，政府对于电子商务商品质量的管理日益严格，显示了它对保障网购安全的重视。例如，2015 年出台的规范性文件明确了网购商品质量抽查的具体职责，体现了对现有监管机制的完善。这表明政府在电商环境中扮演着越来越重要的监管者角色。2016 年国家工商行政管理总局（现为国家市场监督管理总局）建立的全国网络交易平台监管服务系统，为网络交易平台提供了一个监管的具体工具，提高了监管的针对性和实效性。到了 2020 年，国家市场监督管理总局与中国国家标准化管理委员会联合发布的《电子商务质量信息共享规范》，进一步提升了质量信息管理的标准化水平，是对电商质量监管细节的进一步规定。欧盟近年来也针对平台监管问题发布了《P2B 条例》《P2C 条例》以及《数字市场法》。这些法规不仅强调了平台与商家（P2B）、平台与消费者（P2C）之间的公平交易关系，还涉及数字市场的竞争规则和透明度要求。这些条例和法律在提升平台的信誉和透明度方面起到了积极作用，增强了供应链的整体健康和可持续性。

其次，电子商务平台在提高商品质量和打击假冒伪劣产品方面扮演了积极角色。以淘宝网的"神秘买家"制度和阿里巴巴的打假联盟（ACCA）为例，反映了电商平台在自律方面的进展，以及与政府共同推进质量管理和消费者权益保护工作的合作态度。

最后，消费者自身的观念也在发生变化。公众对网购商品的质量有了更高的期望，同时对售假行为的容忍度下降，这促使了电商平台不断提升服务质量，也促进了相关法律法规的建立和完善。

电子商务在中国的发展经历了一个从政府、平台到消费者多方面共同努力提升商品质量和服务质量的过程。这个过程中不断演变的法律法规和监管措施、电商平台的自我革新和消费者权益意识的提高，共同推动了中国电子商务环境的持续改进。

2. 电商供应链中责任追索的主体

电商供应链在商品质量保证体系中扮演着至关重要的角色，既是质量审查的执行者，也是信用监管的守门人。现有的研究文献大多侧重供应链管理的整体视角，鲜有研究深入探讨电商供应链在违约监管中的独特作用和机制。鉴于此，本章的研究聚焦于电商供应链，搭建了一个包括政府监管机构、供应链主导企业、成员企业及消费者在内的供应链声誉管理模型（如图7-9所示）。该模型旨在映射和分析这些主体在确保商品质量和促进信用体系建设中的相互作用和责任分担。

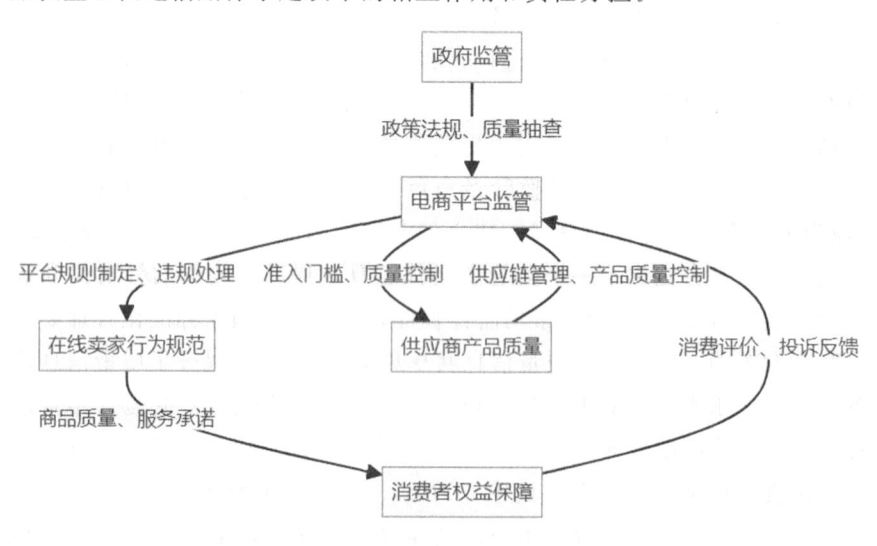

图 7-9 电商供应链中责任追索的主体

在这一框架下，政府监管部门负责制定相关法规和监督标准，为整个电子商务环境提供规则基础和合规指导。供应链主导企业须在此框架内执行质量审查，通过技术和服务创新，加强对成员企业的质量控制和信用监管。成员企业作为商品的直接提供者，承担着保障产品质量和诚信经营的首要责任。消费者的角色转变为积极的参与者，他们的选择、评价和反馈机制对于整个电商生态系统的声誉管理至关重要。

3. 电商供应链中责任追索的数字化技术

（1）智能合同、"代码即法律"可实现自动化责任确定。传统经济中，责任界定主要依据相关法律法规和合同条款。数字经济中，智能合同、代码即法可实现自动化责任确定。在传统经济体系中，供应链各方的责任主要通过法律法规和合同条款来界定。这些合同以书面形式确立，详细列明了权利与义务。当出现违规或违约行为时，通常依靠法律程序来判定责任方，这一过程往往涉及复杂的取证、诉讼和裁决步骤，效率较低，且责任界定常常伴随争议。然而，在数字经济的浪潮下，电商供应链中责任确定方式正经历着一场深刻转变。特别是在平台化的运作模式中，智能合同的引入预示着责任确定机制的自动化。区块链技术赋予了智能合同以不可篡改且高度可信的性质。如图7-10所示，这些合同不再是传统的纸质文档，而是以程序代码存在，其履行条件与条款被编码，当合同设定的条件被触发时能自动执行。这样的机制实质上将责任的确认与追索嵌入代码之中，使得责任的判断和追责过程得以实时且自动化地发生。以电商供应链为例，假设有一个涉及农产品的供应链，平台与农户之间签订的智能合同将交易的条件、标准和流程编程化。如果农户提供的产品未满足合同中编定的质量标准，智能合同便可自动启动违约条款，责任判断与相应的赔偿程序无须人工干预即可执行。数字经济下的智能合同带来的责任自动化确定与追责机制，显著提高了电商供应链中责任判定的速度和公正性。自动化责任确认减少了因人为延迟或误判导致的声誉损害风险，增强了供应链的整体效率和信任度，对电商平台的集体声誉形成积极影响。智能合同在技术层面上优化了交易流程，同时在声誉管理层面为电商平台提供了结构性保障，确保了供应链的安全性、合法性及公平性，进一步树立和维护了平台及其参与者的良好声誉。

图 7-10　智能合同实现自动化责任确定的流程

（2）区块链、智能标签等技术可以快速锁定责任方。在电商供应链领域，责任追溯与取证是确保交易公正性和供应链透明度的重要组成部分。在传统经济环境下，供应链的责任追溯通常依赖于物理文件和人工流程，这不仅效率低下，而且易被篡改和伪造。而数字经济时代带来了革命性的技术进步，对责任追溯机制产生了深远的影响。首先，区块链技术的引入，改变了传统的记录和追溯方式。作为一种分布式账本，区块链保证数据一旦记录就不可被篡改，为交易和协议的可靠性提供了保证。这一特性不仅增强了供应链中每个节点的透明度，而且提升了整个系统的公信力和安全性。通过智能合约，责任追溯不再需要复杂的手工操作，合同条件的满足可以触发自动执行机制，从而减少人为错误并加快处理速度。其次，智能标签技术如 RFID（无线射频识别）和 NFC（近场通信）的应用，进一步优化了供应链管理。这些技术为物品提供了独特且可追踪的标识，通过实时数据交换，增强了货物追踪的准确性和实时性。在产品召回、质量控制和责任认定等关键环节，智能标签减少了时间成本和经济成本，简化了流程。因此，数字经济中的技术进步为电商供应链中责任追溯与取证的难题提供了有效的解决方案。区块链的不可篡改性和智能合约的自动执行力，以及智能标签的高度追踪能力，这些都极大提高了追踪效率和准确性，确保了交易的安全性和透明度，为电商供应链的健康发展和声誉管理提供了强有力的技术支持。在数字经济的大潮中，这些技术的应用为电商供应链带来了质的飞跃，为企业之间建立起更加稳固的信任基础。

（3）在线调解平台、智能裁判系统实现纠纷快速解决。在探讨电商供应链声誉理论的框架中，纠纷解决机制尤其关键，因为它直接影响到供应链各方的信任和合作效率。在传统经济中，纠纷解决主要依赖线下的诉讼和仲裁，这一过程不仅费时费力，还充满不确定性，经常使供应链效率受损。在诉讼或仲裁中，除了法律程序本身所需的时间之外，还须考虑法律费用、行政成本、往返差旅等诸多因素。此外，不同司法管辖区之间的法律差异、裁决执行难度以及可能的文化冲突都可能对纠纷解决过程产生不利影响，进而影响整个供应链的声誉。相比之下，数字经济的兴起为解决这些问题提供了新的可能性。在线调解平台以及智能裁判系统的出现，为供应链中的纠纷解决提供更快、更经济、更公平的新路径。在线调解平台通过简化程序和减少物理距离的限制，降低了解决纠纷的成本和时间。这种平台可以跨越地理界限，使得全球各地的供应链参与者都能快速进入调解流程，促进各方对证据和意见的共享。人工智能技术的集成进一步增强了这些平台的能力，通过对大数据的分析，可以预测和提供最可能的和解方案。智能裁判系统则代表了技术介入司法决策领域的另一进步。尽管目前这些系统还不能完全替代法官的综合判断，但它们在处理标准化的争议时显示出巨大的潜力，特别是在普适性法律原则和数据分析方面。智能系统能够快速地从庞大的法律数据库中抽取信息，提供客观和一致的判决，这对于在电子商务环境中进行交易的企业来说尤其有价值。这些新型的纠纷解决工具和机制不仅能够提升电商供应链中的效率和效能，还能够通过增加可预测性和透明度来提高各参与方的声誉。通过这种方式，电商供应链能够维持一个稳定和可靠的商业环境，这是所有参与方共同繁荣的基础。

（4）大数据、人工智能实时计算各方信誉。电商供应链声誉转移理论框架内，社会信用体系的发展显得尤为关键，尤其是在当前数字化的经济环境下。在传统经济中，社会信用体系的构建往往表现为一个漫长而缓慢的过程，依托于历史数据和过往交易行为的累积。这一过程通常存在时间滞后，反映信息的即时性和灵活性不足。此外，一旦信誉受损，恢复其正面评价可能需要耗费大量时间和资源。与此相反，数字经济时代，特别是在电商供应链领域，要求社会信用体系能够更加动态地反映实体的信誉状态。这一要求得益于大数据和人工智能技术的发展，它们使信誉评估能够实时更新，反映出实体的当前行为及潜在的信用风险。大数据使我们能够捕捉到各种线上行为和交易数据，为社会信用体系的建立提供了更广泛和更深入的视角。从用户的搜索历史到购买习惯，再到社交媒体上的互动，所有这些行为都能被实时监测和分析，形成一个全面的、动态更新的信用画像。人工智能技术进一步强化了这种实时监测和分析的能力。通过机器学习算法，可以从大量的数据中识别模式，预测未来行为，并据此给出信誉评分。这种评分的实时性不仅对于消费者个人信誉管理至关重要，对于电商供应链中的企业而言更是如此。在电商供应链中，参与方的信誉评分直接关系其业务机会和交易成本。一个高信誉评分的供应商可以获得更多的订单，享有更低的贷款利率，或者被优先选为合作伙伴。而实时信誉评分系统能够快速地识别出不良行为，并通过实施相应的措施，如降低排名或提高监控等级，维护整个供应链的稳定性和信誉。从声誉理论的角度看，数字信誉已成为供应链中企业竞争的一个重要维度。良好的声誉能够为企业带来信任资本，减少交易成本，加强与合作伙伴之间的稳定关系。因此，企业不仅要关注自身的产品和服务质量，还须积极参与社会信用体系的建设，优化自身在这个体系中的表现。

（5）数字技术使各企业之间信息高度透明化。在传统经济中，供应链管理因信息可得性的局限性而面临众多挑战。企业间的信息壁垒、交易的不透明性，以及因地理分散导致的协调难度，共同作用下使得对供应链的动态了解和管理变得异常困难。这种困难不仅体现在供应链运作的不可见性上，还表现在对供应链风险的预测与缓解上。传统供应链的这种"黑盒子"状态，不仅影响了决策的时效性和准确性，也加剧了潜在的操作风险，限制了整个供应链效率的提升及其创新能力的发挥。进入数字化时代，信息技术特别是物联网（LOT）、大数据分析、区块链和云计算等新兴技术的运用，为这一问题提供了创新性的解决方案。物联网通过传感器和嵌入式系统，实时监控并收集供应链各个环节的数据。这些数据一旦被收集，大数据分析工具便能够对其进行深入挖掘和分析，从而揭示供应链的运行模式、瓶颈和优化潜力。区块链技术以其独特的去中心化和不可篡改的数据记录特性，提高了交易过程的透明度和信任度。云计算则为海量数据的存储和处理提供了强有力的支撑。通过这些技术的结合使用，供应链的每个环节都变得透明化，供应链管理从反应式向预测性和主动性转变。数字技术的应用不仅提高了操作效率，还改变了供应链中各个实体管理声誉的方式。在一个高度透明的供应链中，企业的每一次交易、每一笔记录、每一个客户反馈都有可能被记录和评估。这样，企业的声誉变得更加透明，任何参与者的表现都对其声誉有着直接的影响。在这种环境下，保持高质量的服务和产品、确保及时交付、维持良好的客户关系，不仅仅是一种业务实践，更是一种声誉资本的积累。高度透明的供应链环境促使企业更加重视自身的声誉管理。在这种环境下，声誉不再是一个抽象的概念，而是一个可以量化、可以管理、可以优化的资产。企业可以利用透明化的数据来展示其责任感、可靠性和创新能力，这些都成为其竞争优势的一部分。同时，声誉的好坏直接影响到企业在市场中的立足点，强化了其在供应链中的议价能力和合作伙伴选择。数字化技术的应用不仅推动了供应链透明化的进程，而且提供了一个促进企业声誉管理的平台。企业可以通过积极利用这些技术，来构建和维护积极的供应链形象，增强自身的市场竞争力。如此，数字经济为供应链管理的革新打开了大门，促进了从效率至创新的全面提升。

（6）数字经济通过网络营销、网络舆论等可以进行声誉修复。传统经济下，企业声誉一旦遭受打击，通常会面临漫长而艰难的恢复过程。由于传播媒介的有限性、信息扩散渠道的局限性以及公众舆论场的滞后性，声誉重建往往是一个缓慢的积累过程，需要长期的正面行为和企业形象的不断积极构建。然而，数字经济的兴起彻底改变了声誉管理的格局。互联网和社交媒体的迅猛发展，使得信息传播几乎瞬时全球化。在这种环境下，一方面，企业声誉的损害可以在瞬间放大，另一方面，声誉修复的手段和路径也因此而多样化和即时化。网络营销和网络舆论为企业提供了动态且互动的平台，企业能够利用这些工具快速反应，有效地进行声誉管理和修复。社交媒体为企业提供了及时与消费者沟通的途径，企业可以利用社交媒体平台迅速对公众的担忧进行回应，纠正不实信息，并积极展示其解决问题的决心和能力。内容营销、影响者合作等策略则能帮助企业在网络空间积极塑造品牌形象，减少负面消息的扩散。同时，数字经济中的网络舆论监控工具，如社交媒体监听工具、搜索引擎优化（SEO）策略等，为企业提供了实时监控公众舆论的能力。这种实时监测机制可以让企业在声誉受损的第一时间采取措施，快速制定和实施有效的危机应对策略，从而及时止损。大数据和人工智能技术的应用使得企业能够在声誉管理上进行精准定位和有针对性的修复行动。通过分析大量数据，企业不仅可以精确地了解公众情绪和消费者需求，还能够预测潜在的声誉风险，并在问题发生前进行预防。

（7）数字技术将成员企业失信行为高效曝光惩戒。在传统经济体系中，惩戒手段对于维护市场秩序和商业诚信具有重要作用，但其执行往往面临局限。诸如法律诉讼和监管罚款等手段，其实施效力受限于诉讼程序的复杂性与信息披露的不充分，难以形成对失信行为的即时和有效制裁。因此，这一体制很难对企业和个体的失信行为实施全面监管。然而，在数字经济的框架下，技术手段提供了对失信行为更为直接且迅速的惩戒可能性。网络环境的即时性与信息技术的应用，使得曝光失信行为变得更为高效。以下是数字经济中责任界定和追责的关键技术应用及其对企业管理的深远影响。

一是即时曝光与舆论监督。数字媒介的即时性与覆盖面广，一旦企业发生失信行为，如供应链中断、虚假宣传等，其信息可以迅速被公众所知晓，舆论的力量对企业声誉和业务造成即时且深远的影响。因此，企业必须持续监控线上舆论，并对可能的声誉风险进行实时管理。

二是数据共享与联合惩戒。在电子商务生态系统中，数据的共享与整合可以跨平台识别失信行为。例如，信用评分系统可以集成多个电商平台的用户评价与交易记录，对不良行为进行惩戒，这样的系统设计强化了诚信的商业环境。

三是智能监测。应用人工智能与大数据分析可以对企业行为进行实时监控，包括供应链的稳定性和透明性，从而有效预测和识别失信风险，为企业提供前瞻性的决策支持。

四是公开透明的失信记录。利用区块链技术，可以构建一个透明且不可篡改的失信记录数据库，为消费者和合作伙伴提供准确的信用评估依据。这提高了失信的社会成本，并促使企业在决策中更加重视信誉风险。

五是技术驱动的行为干预。通过智能合约等技术，可以在交易行为一开始就嵌入自动执行的合规和惩戒机制，从而减少人为干预，增加违规成本。

数字经济的发展通过技术手段，为电商供应链责任界定和追责提供了更为高效的路径。这不仅增强了市场主体间的信任，也促进了整个商业环境的公正和透明。对于企业管理来说，这意味着必须内化诚信和合规为其战略和运营的核心，同时也须利用技术手段强化自身的声誉和风险管理体系。这种转变是数字经济环境下企业可持续发展的必要条件。

第五节 声誉转移机制与责任追索策略协同匹配

电商供应链管理的核心之一是确保产品质量和消费者信任。本节将深入探讨产品责任制和市场声誉机制这两个关键因素如何在电商供应链中共同作用以提升产品质量和安全性。通过分析它们的运作机制、互补性以及现实应用中的挑战，我们可以更好地理解它们在提高供应链管理效率方面的潜在作用。

一、产品责任制的理论基础与挑战

布朗（J. P. Brown）对产品责任制的定义，旨在规制那些生产可能对消费者人身或财产安全构成潜在危害的产品或服务的厂商，并在发生产品引起伤害时提供补偿。[①] 根据库特（Cooter）和尤伦（Ulen）以及汪晓辉和史晋川的观点，责任制透过引入侵权责任，鼓励企业内部化合约的负外部性，通过计入可能因产品缺陷导致的损害成本来避免高交易费用引发的不完全合约问题。[②③]

尽管产品责任制的原意在于保障消费者权益和激励厂商提高产品质量，但其运行效率却受到了法律经济学界的质疑。波林斯基（Polinsky）和夏瓦尔（Shavell）通过对产品责任制成本与收益的比较，认为市场机制可能在某些情况下作为产品责任制的有效替代手段。[④] 他们指出，市场声誉机制本身就能促进厂商提高产品质量和安全，即便在缺少产品责任制的情况下。

二、电商供应链声誉租金

在电商供应链中，声誉作为一种重要的市场信号，对于确保网络交易的有效性和可持续发展至关重要。声誉机制的建立和完善，能够显著降低网络市场中的信息不对称问题，帮助买家作出更明智的购买决策。声誉代表着买家对供应链成员企业过去行为的综合评价，涵盖成员企业的服务质量、商品的真实性和可靠性等多个方面。在一个健康的电商供应链平台中，成员企业通过提供优质的商品和服务来建立和维护其良好声誉。这种声誉积累对成员企业而言是一种重要的无形资产，它不仅能吸引更多的顾客，还能获得更高的销售价格和市场份额。例如，像亚马逊、阿里巴巴等主要的电商平台，通过提供用户评价和反馈系统，使得

[①] BROWN J P. Towards an Economic Theory of Liability [J]. Journal of Legal Studies，1973，2（2）：323-349.

[②] COOTER R, ULEN T. Law and Economics [M]. 6th Edition. Prentice Hall，2011.

[③] 史晋川，汪晓辉，吴晓露. 产品侵权下的法律制度与声誉成本权衡——一个微观模型补充 [J]. 经济研究，2015，50（09）：156-169.

[④] POLINSKY A M, STEVEN S. The Uneasy Case for Product Liability [J]. Harvard Law Review，2010（123）：1437-1493.

买家可以直接了解成员企业过去的交易表现和商品质量。这种透明的评价机制鼓励成员企业提供高质量的产品和服务，因为正面的用户反馈直接影响他们的声誉评分和销售业绩。同时，电商供应链平台也会根据成员企业的声誉评分来调整其在搜索结果中的排名。成员企业的声誉越高，其商品在搜索结果中的显示位置越靠前，从而获得更高的曝光率和销售机会。这种机制激励成员企业不断优化其产品和服务，以维持和提升自己的声誉评分。高声誉的成员企业通常会获得更多的特权，如优先参加促销活动、获得更多广告资源等，这些都能进一步增强其市场竞争力。而对于低声誉的成员企业，平台会采取一定的惩罚措施，如限制其销售权限或增加其交易成本，以保护消费者的权益。

声誉机制在电商供应链中的作用不容忽视。它不仅是成员企业获取市场优势的重要手段，也是电商供应链平台企业维护市场秩序、提高交易效率和保证消费者权益的关键机制。通过不断优化声誉机制，电商供应链平台企业能够促进健康竞争，防止"柠檬市场"的形成，从而确保供应链的长期稳定和发展。在探讨电商供应链中声誉转移机制与责任追索策略的协同作用时，必须深入分析声誉租金如何被供应链平台企业及其成员企业所利用和增值。这一分析不仅关注单次交易的利润，更深层次地涉及长期的声誉管理和品牌建设。在电商供应链平台上，声誉租金可以被视为成员企业因其良好声誉所获得的额外收益或优惠。这种收益可能体现为更高的产品曝光率、更优惠的交易费率、优先的客户服务等。举例来说，亚马逊的"A＋内容"功能允许具有良好声誉的成员企业提供更丰富的产品描述和更高质量的图片，从而增加其商品的吸引力，提升销售额。电商供应链的声誉可以转移到其成员企业身上，特别是对于新进入市场的成员企业而言。例如，在eBay或淘宝，新成员企业可以借助供应链平台的整体声誉来建立初步的信任关系。然而，这种声誉转移是双刃剑，因为单个成员企业的不良行为也可能损害整个供应链平台的声誉。

1. 声誉租金体系构建

在电商供应链中，建立一套全面且有效的声誉评价系统对于提升整体供应链的效率和质量至关重要。这一系统应该基于多个关键因素来综合评估成员企业的声誉水平，包括买家评价、售后服务质量、商品质量、交易的透明度等。一旦建立，这个系统不仅能为成员企业提供提升声誉的具体路径，还能确保其行为与在电商供应链平台上的表现紧密相连。以亚马逊为例，其平台上的成员企业评级系统非常全面。成员企业的评级不仅基于买家的直接评价，还考虑订单的及时性、退货率、客户投诉等因素。这种全面的评价系统使成员企业清楚地知道如何提升自己在平台上的声誉，并通过高级别的声誉获得更多的市场优势，如更高的搜索排名、推广资源等。声誉水平高的成员企业通过系统赋予的声誉租金享受额外的市场优势和收益。例如，淘宝的"皇冠卖家"体系就是基于成员企业的综合表现来评定的。皇冠成员企业享有更多的平台支持，如广告优惠、优先客服支持等。这种差异化的激励机制显著提高了成员企业对提升服务质量和商品质量的积极性。

为了确保评价系统的透明度和公正性，电商供应链平台企业需要不断地通过数据分析和用户反馈来完善其评价体系。例如，京东商城通过用户购买后的评价、售后服务评价及退货率等指标，不断优化其成员企业评级体系，确保其能真实反映成员企业的服务水平和商品质量。通过这种声誉租金体系，成员企业被激励去维护和提升其声誉，从而提高整个电商供应链的效率和质量。这种体系促使成员企业提供更优质的服务和产品，因为这直接关系到他们在平台上的表现和收益。这种模式不仅有利于成员企业，也为买家提供了更好的购物体验，因为他们能够更容易地识别和选择信誉高的成员企业。这种声誉租金体系还有助于建立一个更为健康的市场环境。在这样的体系下，成员企业的竞争不再仅仅是价格竞争，更是服务质量和商品质量的竞争。例如，eBay 在其平台上实施了详细的成员企业评级制度，其中包括买家的正面反馈率、解决纠纷的能力等多个指标。这不仅能帮助买家作出更明智的选择，也促进了成员企业之间在服务和质量上的良性竞争。此外，声誉租金体系还能有效减少电商供应链平台企业的监管负担。通过鼓励成员企业自主提升服务和产品质量，平台可以减少对成员企业行为的直接监管，而是通过声誉租金机制来间接管理成员企业的行为。这种自我调节的机制有利于提高电商供应链平台企业的整体运营效率。

2. 声誉积分与奖励机制

在电商供应链中，声誉积分制度是一种重要的声誉管理工具，它通过量化的方式评估成员企业在电商供应链平台上的表现。这种制度的核心在于将成员企业的行为与声誉积分直接挂钩，进而影响他们在平台上的运营效果和竞争地位。例如，电商巨头亚马逊实施的成员企业评价系统，就是一个典型的声誉积分制度。在这个系统中，基于消费者的反馈、退货率、发货速度等多个指标，亚马逊对成员企业进行综合评分，这些评分直接影响成员企业的销售表现和在平台上的可见度。声誉积分通常是基于客户满意度调查、产品质量反馈、售后服务评价和交易频次等维度来评定的。以淘宝为例，该平台通过收集和分析消费者的购买体验反馈，评估成员企业的服务水平。淘宝成员企业的声誉积分越高，表明他们在提供商品和服务方面越受消费者认可。

这种积分制度不仅是一个评价标准，还与各种奖励机制紧密相连。在声誉积分体系下，成员企业可以通过积累较高的分数来获得多种奖励，例如商品曝光度的提升、营销资源的支持、优先级的客服服务等。例如，拥有较高声誉积分的成员企业在京东商城中可能享有更好的广告位展示和更优先的搜索排名。这些奖励不仅增加了成员企业的销售机会，也显著降低了他们在电商供应链平台上的运营成本。通过声誉积分与奖励机制，电商供应链平台企业实际上建立了一个正向激励的循环。成员企业为了赢得更多声誉积分，必须提供更高质量的商品和服务，这些高质量的表现又能转化为实际的经济利益和运营优势，进而提高成员企业的市场竞争力。同时，这种机制也促进了平台整体服务质量的提升。为了维护或提升自己的声誉评分，成员企业需要持续保证商品和服务的质量，从而提高消费者的满意度和忠诚度。

3. 差异化声誉租金策略

在电商供应链中，差异化声誉租金策略的实施代表了对供应链参与者行为的精细管理和激励机制的一种创新。这一策略背后的核心思想是，成员企业在电商供应链平台上的表现不应该得到统一标准化的回报，而是应该根据其具体的行为和表现获得相应等级的声誉租金。这种策略的成功实施依赖于建立一个公正、透明且易于理解的评价体系，涵盖多个评价维度，例如顾客反馈、服务质量、商品退换率和信用记录等。以亚马逊和淘宝为例，这些电商供应链平台企业已经实施了类似的声誉管理策略。在亚马逊上，成员企业的表现会根据顾客反馈、订单缺陷率、取消率等多个指标进行评估。表现优秀的成员企业会被授予更高的声誉级别，如"优选成员企业"等，享受更多的平台资源和优惠政策，如更显眼的产品展示位置和更优惠的广告费率。相反，表现较差的成员企业可能会受到限制或降级。差异化声誉租金策略的实施对平台的数据收集和处理能力提出了高要求。这不仅需要对海量的交易数据进行实时监控和分析，还需要公平、透明地处理这些数据，以确保评价结果的公正性。例如，淘宝利用大数据分析和人工智能算法，对成员企业的信用评分进行实时更新，确保了评价结果的准确性和实时性。该策略的显著优势在于其激励了成员企业持续改进其业务实践，提高了消费者的购物体验，同时也为消费者提供了可信赖的购买环境。通过为成员企业提供不同级别的激励，这种策略有效地细分了市场，使消费者能根据成员企业的声誉级别作出更明智的购买决策。

亚马逊实施的差异化声誉租金策略（Differentiated Reputation Rent Strategy，DRRS）是通过全球知名的成员企业表现评分系统（Seller Performance Rating System）来执行的。在该系统内，成员企业基于多方面的绩效指标进行评分，这些指标包括客户反馈、订单缺货率、退换货率以及按时发货率等。亚马逊依据这些绩效指标，将成员企业划分为不同的声誉等级，例如"优秀成员企业"（Top-rated Seller）、"标准的成员企业"（Standard Seller）和"低于标准的成员企业"（Below Standard Seller），每个等级分别对应不同的声誉租金收益。以"优秀成员企业"级别为例，这类成员企业通常提供了超出行业标准的顾客服务和订单履行效率。作为奖励，亚马逊为这些成员企业提供产品曝光度（例如在买家搜索结果中的优先级排序）、减少的交易费率以及对亚马逊Prime服务会员的特别物流服务等激励措施。这些措施的目的不仅是激励成员企业提升他们的绩效、维持较低的退换率和高顾客满意度，同时也吸引那些注重高质量服务的消费者群体。这一差异化声誉租金机制的成功实施，依赖于电商供应链平台企业先进的数据分析与处理能力，这保障了评价过程的准确性和公正性。亚马逊利用大数据分析和机器学习技术持续精进其评价算法，以确保成员企业评级的公开透明性和评估结果的可靠性。长期来看，DRRS策略强化了市场的自我调节机制，激励了供应链内部的积极竞争。成员企业们为了保持或提升其声誉等级，不断地对他们的业务运作和客户服务流程进行优化，从而直接增进了消费者的购物体验和满意度。亚马逊的案例有效地证明了DRRS在促进电子商务生态系统的健康和持续发展方面的作用，为电商供应链管理理论及其应用提供了宝贵的经验。

三、与声誉租金挂钩的责任追索机制

市场声誉机制基于消费者对品牌信任的形成，对企业提供连续的质量改进动力。然而，市场声誉机制在制约新入市场厂商方面存在局限。新厂商可能因为缺乏既有声誉而难以通过市场机制被迫改进产品质量。此时，产品责任制可以作为补充机制，通过明确厂商的法律责任来确保产品质量。根据汪晓辉和史晋川等的研究，声誉机制和产品责任制在降

低声誉机制"时间成本"方面起到了积极作用。① 甘露莎（Ganuza）等则表明产品责任制可以减少声誉机制可能带来的社会损失。② 贝克（Baker）等的研究进一步展示了声誉惩罚与法律惩罚相互补充的最优激励机制，并指出法律惩罚在某些方面优于声誉惩罚，尤其是考虑到诉讼的信息作用。③ 产品责任制与市场声誉机制的结合不仅有助于治理产品质量安全问题，而且相对于单一依赖市场声誉更具优势。考虑到声誉在电商供应链中的重要性，将责任追索与声誉租金紧密结合起来，对于促进供应链中各个参与者的合规行为至关重要。这种结合的策略在于利用声誉租金作为奖励机制，同时通过责任追索来实施有效的惩罚措施。例如，阿里巴巴集团的淘宝平台就采取了这样的策略，对违反平台规则的卖家实施积分扣减，降低其在平台上的信誉等级，从而减少其通过声誉获得的优势。

在电商供应链中，将责任追索与声誉租金紧密结合是一种有效的行为经济学策略。这种策略不仅对不良行为进行惩罚，还通过影响成员企业在电商供应链平台上的声誉积分来间接影响其经济利益。例如，当成员企业违反电商供应链平台企业的规则时，他们可能不仅面临传统的罚款或其他直接惩罚，而且可能遭到声誉积分的扣减。这种扣减直接影响成员企业的声誉级别，减少其通过声誉获得的租金，例如优先展示、低费率贷款或更有利的交易条件。以亚马逊为例，平台上有一套详尽的评价系统，成员企业违规行为（如迟延发货、虚假广告等）可能导致声誉积分扣减。这种积分的减少会降低成员企业在平台上的排名，从而可能导致销量减少和长期利润受损。这种做法利用了损失规避原理，即成员企业为了避免声誉积分的损失（可能带来的负面经济影响远超过一次性罚款）而更倾向于遵守规则。实施这种策略时，关键在于确保标准化和透明化。这意味着所有成员企业都能清晰理解规则并预见其行为的后果。评价体系必须是公正的，能够客观地反映各种可能的违规行为，并且对所有成员企业公平适用。例如，阿里巴巴集团的淘宝平台通过其综合评价系统，包括买家反馈、商品质量、发货速度等，不断监控成员企业行

---

① 汪晓辉，史晋川. 标准规制、产品责任制与声誉——产品质量安全治理研究综述 [J]. 浙江社会科学，2015（05）：50-59＋156-157.
② GANUZA J J, GOMEZ F, ROBLES M. Product Liability versus Reputation [J]. Journal of Law, Economics, and Organization, 2016 (32): 213-241.
③ BAKER S, CHOI A. Managing Reputation with Litigation: Why Legal Sanctions Can Work Better than Market Sanctions [J]. Journal of Legal Studies, 2018 (47): 45-82.

为，并根据其表现进行声誉积分调整。这要求电商供应链平台企业拥有健全的数据追踪系统和高效的决策流程，以确保责任追索措施能够迅速而准确地执行。通过这种机制，不仅加强了对成员企业的管控，还增强了成员企业遵守平台规则的内在动力，从而维护了电商供应链的健康运行。

1. 制度性约束

在电商供应链声誉管理中，透明度和公正性是确保所有供应链参与者能够接受并遵守规则的关键原则。为了提升整个平台的信誉和效率，责任追索措施的设计和实施必须基于这两个基石。

透明度的重要性体现在其确保成员企业能够清楚地了解声誉租金体系的运作方式及其行为如何影响声誉租金的获得。例如，阿里巴巴集团的淘宝平台就提供了一套详细的信用评价系统，该系统通过明确的评价指标（如消费者评分、退货率、投诉情况等）为成员企业提供了清晰的行为指南。淘宝还通过其平台界面直观地展示这些评价结果，使成员企业能够即时了解自己的表现，并据此进行调整。在公正性方面，责任追索措施必须基于严格和平等的标准执行。这意味着不同规模或销售额的成员企业一旦违规，应受到相同的处理。以亚马逊为例，该平台采用自动化系统追踪成员企业表现，确保评价的一致性和客观性。无论成员企业规模大小，违反服务标准都会受到相同的惩罚，如搜索排名下降、特权服务取消或声誉租金减少。这种做法保证了所有成员企业都按照同样的标准被评估和处理，维护了评价体系的公正性和权威性。

将责任追索与声誉租金的获得直接联系，并通过透明且公正的方式执行，既激励了成员企业遵守规则和提高服务质量，也增强了消费者对平台的信任。例如，消费者在购买决策时可以明显看到成员企业的声誉租金等级，这有助于他们作出更具信任性的购买选择。这种信任是电商供应链持续健康发展的基础，而透明度与公正性是其不可或缺的组成部分。

2. 预防性措施

在电商供应链声誉管理理论中，预防性措施扮演着至关重要的角色。这些措施旨在利用声誉租金作为激励和预防机制，促使成员企业不仅遵守电商供应链平台企业的规则，而且主动提升他们的服务质量。这种方法的优势在于防止不当行为的发生，并激发供应链各方在维护和提升声誉方面的主动性。电商供应链平台企业通过设计一套与声誉租金紧密相关的评价体系来实践这种预防性策略。这个评价体系将服务质量、顾客满意度、反应速度和产品质量等关键因素纳入评价指标中。例如，亚马逊的"客户评价"系统考量了买家对成员企业服务的满意度，并根据这些反馈影响成员企业的产品排名和可见度。这种评价体系不仅衡量成员企业的当前表现，还指明了改进服务的具体方向。

从理论角度看，预防性策略的有效性建立在"激励相容"原则上，即通过恰当的激励机制确保个体行为与组织目标的一致性。在电商环境中，这意味着平台规则设计应与成员企业追求长期成功的个人目标相吻合。声誉租金的高低反映了成员企业在平台上的综合表现，成为消费者信任的象征和成员企业业务成功的关键因素。以淘宝和天猫为例，这些平台运用了精细化的声誉系统来激励成员企业。成员企业的评价不仅基于消费者反馈，还包括物流、售后服务等多个绩效方面的考量。这些绩效评价结果直接关系到成员企业在平台上的搜索排名和消费者的购买决策，从而促使成员企业持续提升服务质量以获得更高的声誉租金。总结来说，预防性措施通过动态调整声誉租金，不仅鼓励成员企业遵守规则，更重要的是激发他们提升服务质量的积极性。这样的机制不仅遵循了经济激励的基本原则，还有助于构建一个更加健康、可持续发展的电商供应链生态系统。

四、声誉转移机制与责任追索策略协同

1. 声誉租金与激励相结合

在电商供应链管理中，协同匹配策略是一个至关重要的概念，它涉及激励和规则遵守之间的协同作用。当激励（如声誉租金）与规则遵守的监管相结合时，可以产生一种双向促进的动力，有效提升整个供应链的效率和诚信度。具体来说，电子商务供应链平台企业可设计一个声誉租金系统，该系统不仅奖励那些提供卓越服务、从而获得高声誉评价的成员企业，而且确保这些声誉得分是在遵守所有平台规则和行业标准的前提下获得的。为实现这一目标，平台须实施严格的监督和责任追究机制，以确保声誉租金的获得是基于合法和公正的商业行为。此外，声誉租金激励计划应该与一套全面的行为准则相匹配，明确规定成员企业的义务和所期望的服务水平。违反规定的成员企业不仅会面临经济惩罚，还会面临声誉租金的减少，进一步影响其在平台上的可见性和销售潜力。

通过这种协同匹配策略，平台能够确保其声誉系统不仅仅是奖励成员企业的工具，也是一种监管和自我纠正的机制。这不但促进了良好服务的提供，也保证了商业环境的公正性，确保所有成员企业都处于一个公平竞争的环境。因此，结合声誉租金与规则遵守的协同匹配策略，对于维护电子商务供应链平台企业的诚信和秩序优化供应链管理，以及提升消费者体验至关重要。这种策略不仅促进了良性竞争，也为平台创造了一个自我调节的生态系统，在其中优质成员企业能够获得他们应得的回报，而不合规者则会受到适当的处罚和声誉损失。

2. 动态调整机制

在构建和维护电子商务供应链声誉管理系统中，动态调整机制显得尤为关键。该机制使得电商供应链平台企业能够根据市场条件和成员企业行为的实时反馈来调整声誉租金体系及责任追索规则。以下是该策略结合实际案例和理论框架的学术化表述。

在现代电商供应链平台企业中，动态调整机制是一种核心策略，旨在维持声誉管理系统的活力与适应性。以阿里巴巴集团的"诚信通"服务为例，该平台不断根据市场动态和成员企业的业务表现来调整声誉积分算法，以确保系统的有效性和成员企业行为的正向激励。动态调整的操作包括定期审查信用评分标准，引入新的评价指标，以及调整信用积分对交易权限和费用折扣的影响力度。在此背景下，声誉租金体系与责任追索机制的动态调整必须建立在综合的数据分析之上。通过实时收集市场需求数据、消费者反馈、成员企业履约记录和电商生态的整体趋势，平台能够制定出更为精确的声誉评价模型。例如，淘宝在每季度末对成员企业进行的"消保金"调整，就是基于消费者投诉率、退货率等多维度数据的综合评估。

同时，为了保持系统的透明性和公正性，平台需要确保这些调整对所有利益相关方都是明确和可预测的。这可以通过定期发布政策更新公告、举行行业研讨会和提供数据驱动的决策支持工具来实现。动态调整机制的透明度不仅有助于提升成员企业对平台政策的接受度，同时也能够增强消费者对平台公正性的信任。因此，动态调整机制在电商供应链声誉管理中起到至关重要的作用。它既体现了平台对市场变化的敏感度，也显示了平台在维护生态平衡和公平交易方面的积极姿态。通过实施这一机制，电商供应链平台企业能够持续自我优化，适应快速变化的市场环境，同时为消费者和成员企业创造一个更加公正和高效的交易环境。

第六节 电商供应链声誉租金权利与责任对等模型

随着数字经济的发展和供应链的复杂性增加，确保供应链中的各方权利与义务的对等显得尤为重要。这不仅有助于维持供应链的稳定性和长期合作，还可以确保在出现问题时，责任和利益得到公正的分配。在电商供应链中，平台型电商企业面临一系列独特的管理挑战。这些企业不仅需要吸引买卖双方进行网络交易，还必须管理由于激烈的竞争环境、交易纠纷、假冒伪劣产品和"刷单"等问题导致的市场混乱。由于平台型电商企业与电商供应链成员企业之间的分离式自组织管理，加上政府法律制度在网络市场中的局限性，电商平台成为主要的管理主体。电商供应链声誉管理模式的构建必须考虑到市场定位的多样性。由于不同电商供应链面向不同的细分市场，采用统一的声誉管理模式显然不切实际。因此，电商平台在构建声誉管理体系时，必须细化并适应各自的市场定位。

市场定位的差异化对电商供应链平台企业的声誉管理方式具有显著影响。不同市场定位的电商供应链对于买家的承诺和期望是不同的，这直接影响着买家对成员企业声誉的评估。例如，在一个以高端市场为目标的电商供应链平台，买家对商品和服务的预期将更高，这要求成员企业提供更优质的产品和服务以维持良好声誉；而在面向大众市场的平台上，买家的预期可能更注重价格因素，对质量的容忍度可能更高。同时，电商供应链中的声誉机制也存在一些弊端。这种机制依赖于消费者对品牌的信任，激励企业持续改进产品质量。然而，对于新入市场的成员企业来说，由于缺乏建立的声誉，声誉机制可能不足以强制他们提高产品质量。在这种情况下，产品责任制作为一个补充机制发挥作用，通过明确企业的法律责任，确保了产品质量的标准。这表明，电商供应链平台企业需要根据其市场定位和目标客户群体的特点，灵活调整声誉管理策略。同时，为了确保所有成员企业都能达到一定的质量标准，引入产品责任制等补充机制是必要的，这有助于维护平台的整体声誉和市场竞争力。根据史晋川等人的研究，声誉机制和产品责任制共同作用于降低声誉机制的"时间成本"，即通过法律手段快速应对和解决质量问题。[1] 甘露莎等人指出，产品责任制能够减少仅依赖声誉机制可能带来的社会损失。[2] 贝克等的研究表明，声誉惩罚与法律惩罚可以互补，其中法律惩

---

[1] 史晋川, 汪晓辉, 吴晓露. 产品侵权下的法律制度与声誉成本权衡——个微观模型补充 [J]. 经济研究, 2015, 50 (09): 156-169.
[2] GANUZA J J, GOMEZ F, ROBLES M. Product Liability versus Reputation [J]. Journal of Law, Economics, and Organization, 2016, 32 (2): 213-241.

罚在某些方面（例如信息披露和法律明确性）优于声誉惩罚。① 市场声誉机制和产品责任制的结合对解决产品质量问题至关重要，并且相对于单纯依赖市场声誉，它们提供了更全面和有效的质量保障。这种结合确保了电商供应链平台上产品的可靠性和安全性，同时也增强了消费者对平台和供应链成员企业的信任。因此，当电商供应链平台企业实施声誉管理时，不同市场定位的电商平台应根据买家的期望和反馈调整其供应链平台规则、责任追索策略以及声誉转移体系。严格或宽松的管理策略应与电商供应链的市场定位相匹配，以确保在追求成员企业规模最大化和买家规模最大化的同时，也能有效地维护交易秩序和电商供应链的声誉。基于市场定位的不同，不同电商供应链的声誉转移机制和责任追索策略会有所差异。这种多维度的声誉管理方法不仅有助于维护消费者权益，提高产品质量，还有助于增强电商供应链平台企业和其成员企业之间的合作关系，共同促进整个供应链生态的健康发展。

一、声誉异质性下供给侧的对等责任追索

在电商供应链中，声誉转移机制的核心功能是将电商供应链的整体声誉转移给各个成员企业，这一过程对于制定有效的责任追索策略至关重要，因为它直接决定了声誉转移机制与责任追索策略的协调程度。声誉转移路径的典型体现是需求方将电商供应链的整体声誉视为供给方成员企业个体声誉的反映。换言之，买家认为成员企业之所以能入驻某电商供应链，是因其达到了平台的服务标准。例如，在天猫商城，成员企业的高声誉能够转化为更高的店铺评分，反映出更强的个体声誉；而在淘宝网，由于整体声誉较低，成员企业的店铺评分相应较低。高声誉的电商供应链平台能够为其成员企业提供更多客户资源，带来更高的溢价。在对比天猫与淘宝中同一商品的店铺销量和价格时，可以发现高声誉平台的成员企业通常拥有更高的价格和销量，这证明了高声誉的电商供应链可以通过声誉转移为其成员企业带来更多的顾客和溢价。因此，电商供应链中拥有较高声誉的供应链平台不仅能提升其成员企业的个体声誉，还能显著提高他们的业绩水平。天猫作为一个高声誉的电商供应链平台，设有一系列的声誉机制和交易保障措施。这些指标反映了天猫作为高声誉电商供应链平台的不同方面，包括严格的品质保障、优秀的客户服务

---

① BAKER S, CHOI A. Managing Reputation with Litigation: Why Legal Sanctions Can Work Better than Market Sanctions [J]. Journal of Legal Studies, 2018 (47): 45-82.

体验和多样化的优惠促销活动。通过这些措施，天猫不仅保证了商品和服务的高标准，也在提升消费者满意度和维护平台声誉方面发挥了重要作用，如表7-1所示。

表 7-1 天猫商城的声誉体系

指标类别	指标名称	指标描述
信用评价机制指标	天猫品质保障	天猫对入驻商家的质量标准严格，保障商品质量和服务质量，增强消费者信任。
	天猫商城评分	包括商品描述、服务质量、物流服务等维度的评分，体现卖家在不同方面的表现。
	品牌认证	对于品牌商家的额外认证，确保品牌的正品性，增加消费者信任度。
交易保障机制指标	七天无理由退换货	提供更灵活的退换货政策，增强消费者保障，提升购买体验。
	品质抽检	定期对商品进行抽检，确保商品质量，减少假冒伪劣商品的流通。
	防伪码验证	对高风险类别商品实施防伪码验证，确保商品真实性。
优惠促销机制指标	天猫超级品牌日	定期举办的品牌促销活动，提供优惠，增加品牌曝光和销量。
	天猫会员权益	为会员提供专属优惠和服务，提升用户黏性和购买频次。
	专属客服团队	提供高质量的客服服务，提升顾客服务体验，增强品牌形象。

为了更加清晰地展示低声誉电商供应链平台——淘宝网的声誉机制中所涉及的各项指标及其描述，将其整理为表格，如表7-2所示，这些指标共同构成了淘宝网的声誉机制，不仅包括直接反映交易者声誉的指标，如信用评价和店铺动态评分，还涵盖了加强交易保障和促进销量的各类机制。这些指标综合作用，形成了一个全面的声誉管理框架，有助于提升消费者信任，增加交易成功率，并维护平台的良好声誉。

表 7-2 淘宝网的声誉体系

指标类别	指标名称	指标描述
信用评价机制指标	声誉等级	通过买卖双方的评价来累积信用积分,不同积分对应不同声誉等级,反映交易者的信用状况。
	金牌卖家	奖励服务质量高、商品质量优的卖家,增强买家信任,促进销量增长。
	收藏人气	买家收藏商品作为对卖家和商品质量的认可,高收藏人气表示高商品质量和高卖家声誉。
	店铺动态评分	分为宝贝与描述相符、服务态度、发货速度等,辅助买家选择,促进卖家改善服务。
交易保障机制指标	订单险	保障实物商品交易,垫付售后款项,提高消费者购买信心,增加销量。
	运费险	解决退换货运费问题,避免额外交易费用,提升买家购买意愿。
	公益宝贝	卖家通过销售额捐赠支持公益项目,提高社会责任感,吸引买家购买。
优惠促销机制指标	优惠活动	降低商品价格,通过优惠促销活动提升销量,作为声誉机制的补充。

在电商供应链中,电商供应链平台企业对成员企业的责任追索策略是维护平台声誉和市场秩序的关键。这种追索策略通常基于平台买家对成员企业的声誉评价,且可划分为经济追索和权益追索两大类。经济追索是指平台对破坏其声誉的成员企业实施的经济处罚,如违约金;而权益追索则涉及对成员企业权益的限制,例如店铺屏蔽或商品发布限制等。

以天猫和淘宝为例,两者在责任追索策略上有所区别。天猫的策略更为严格,不仅包括权益追索,还涵盖经济追索,即对违规行为不同程度地征收违约金。这种严格的策略有效提升了成员企业规范自身行为的动力,减少了机会主义行为,从而维护了高声誉平台的形象。相比之下,淘宝主要采取权益追索策略,如对违规成员企业实施扣分和店铺屏蔽等处罚,直至成员企业整改。这种相对宽松的追索策略虽有一定效果,但在控制机会主义行为方面相对天猫而言效力有限,这也在一定程度上影响了平台的整体声誉。因此，在电商供应链声誉管理中，电商供应链平台企业需要综合考虑声誉影响和市场定位，制定既公正又有效的责任追索策略。这不仅有助于保障交易的公平性和效率，还能促进更高水平的市场声誉形成，从而实现供应链的长期稳定和可持续发展。

天猫商城作为高声誉的电商供应链平台实行了一种创新的声誉管理策略，这一策略特别针对那些业绩出色且声誉较高的成员企业，将以往的罚款制度转变为一种以考试代替罚款的激励机制。这种方法的核心在于，对于日常经营规范、偶尔出现违规行为的成员企业，更倾向于采用教育性质的措施而非严厉的惩罚。目前，天猫商城仅将这一策略应用于一部分表现优秀的成员企业，以此在保证其正常经营的同时，实现对其行为的教育和警示。天猫计划将其管理策略从单一责任追索向包括责任追索和激励的综合策略转变。在这个阶段，尤其是对于声誉较高的平台，任何成员企业的违规行为都可能对平台声誉产生重大影响，因此需要更严格的管理措施。通过实施这种复合策略，成员企业将逐渐认识到规范经营的重要性，主动维护平台声誉，以实现长期利益的最大化。成员企业在经历了电商供应链发展阶段的严格责任追索之后，其自我管理能力应该达到一定水平。

在电商供应链声誉理论的研究中，天猫和淘宝、拼多多的声誉管理模式为我们提供了对高声誉与低声誉电商平台差异性的深入洞察。这些平台在声誉分享机制和责任追索策略的实施上呈现出鲜明对比，从而影响着它们所属供应链的整体表现和市场定位。

一是天猫的高声誉电商供应链管理。天猫，作为高端市场定位的电商平台，以其高声誉著称。这一声誉得益于其执行的严格责任追索策略和细致的供应链管理。在天猫，供应链成员企业受益于平台的声誉优势，同时肩负着维护这一声誉的重任。天猫对违规行为的惩罚严厉，包括经济罚款和市场准入限制等。

二是淘宝网、拼多多的低声誉电商供应链管理。相对于天猫，淘宝网、拼多多定位于更广泛的市场，其声誉管理策略相对宽松，致力于鼓励市场的多样性和活力。淘宝网、拼多多对供应链成员的入驻条件较为宽松，允许更多样化的商家加入。这种开放性策略虽然增加了市场的活力，但同时也带来了声誉管理上的挑战。

三是声誉分享机制与责任追索策略的协同作用。在高声誉的天猫平台，声誉分享机制的效率更高，吸引了更多买家，为供应链成员提供了丰富的资源和市场优势。天猫的严格责任追索策略保证了供应链成员的合规性，维护了平台整体声誉。另一方面，淘宝网、拼多多作为低声誉平台，尽管市场准入门槛较低，但其声誉分享效果相对有限。宽松的责任追索策略可能导致平台上出现更多违规行为，进而影响消费者体验和平台声誉。在电商供应链声誉理论框架内，天猫与淘宝网、拼多多在声誉管理上的差异反映了它们各自的市场定位和管理策略。天猫的高标准声誉管理策略和淘宝网、拼多多的灵活多元声誉管理策略，都是各自适应不同市场需求和供应链动态的结果。这些差异为理解电商平台如何通过声誉管理影响其供应链成员企业的行为及整个平台的市场表现提供了重要的视角。

二、声誉异质性下需求侧的对等责任追索

在电商供应链平台企业治理的视角，必须考虑如何维持电商供应链声誉的传递性和声誉租金的稳定性。声誉租金，即由于声誉良好而获得的超额利润，是企业在市场中竞争的重要资产。电子商务供应链中的成员企业往往依赖平台提供的声誉机制来构建自身的信誉，这种信誉能够在供应链内部转移，为成员企业带来声誉租金。然而，声誉机制的失灵将直接影响这种转移的有效性和声誉租金的可靠性。

电商供应链声誉理论关注的是在网络交易环境中，声誉如何影响消费者信任、商家行为以及市场秩序。在电子商务的背景下，声誉系统被设计为一个自我调节的机制，旨在通过客户反馈来促进市场透明度和交易安全。然而，随着市场竞争的加剧，电商供应链需求侧出现了一些损害正常商业运作和消费者决策的行为，如恶意差评和恶意好评。

一是敲诈勒索型恶意差评行为。在这一行为中，个体或集团通过发表不真实的负面评价来勒索商家，要求金钱或其他利益以删除这些评价。这种行为不仅直接影响了商家的信誉，还可能引起一系列连锁反应，例如降低搜索排名、减少潜在消费者的信任，最终损害商家的收入。法律上，这种行为可能构成敲诈勒索罪，具体取决于地区的法律定义和司法解释。

二是不正当竞争型恶意差评行为。竞争者通过故意留下负面评价来降低对手的声誉，其目的在于通过贬低对方以提升自身市场份额。这种行为虽然不直接索要财物，但在本质上损害了市场的公平性，扭曲了消费者对商品或服务真实性的认知。从刑法角度看，这可能涉及侵犯财产罪，尤其是在影响了商家正常营业的情况下。

三是恶意好评行为（反向炒信）。恶意好评的目的是通过大量虚假的正面评价，人为提高竞争对手的信誉评分，使其看似涉嫌炒信，诱使电商平台的监测系统对其采取降权措施。这种策略实际上是利用了电商平台对于炒信行为的惩罚机制，达到损害竞争对手声誉的目的。

考虑到这些不当行为对供应链声誉管理的破坏效应，以及对消费者决策的潜在影响，电商供应链平台企业应持续改进监测和惩罚机制，确保声誉系统不被滥用。同时，应增强消费者对于这些行为的认识，帮助他们识别和抵制虚假评价，保障他们的权益。电商供应链平台企业也应当建立更加完善的申诉和仲裁系统，为成员企业提供申诉渠道和恢复声誉的机会。此外，加大对恶意评价行为的法律惩罚力度，提高违法成本，也是维护市场正常运行的关键措施。从长远来看，提升供应链中各方的道德标准和法律意识，以及构建更加健康的市场环境，是实现可持续商业发展的根本途径。在电商供应链声誉理论研究中，天猫商城和淘宝网的买家行为管理策略为我们提供了独特的洞见。这两个平台都采用了多种措施，以促进买家规范行为，同时遏制违规活动。针对买家的恶意评价行为，天猫商城和淘宝网首先会采用屏蔽不当评论和停止累积相关评分等手段，以保护声誉评价系统的诚信和效力；其次，通过限制买家使用评价工具或采取其他责任追究措施，来减少恶意评价的发生。对于买家与成员企业勾结等行为，这些平台制定了严格的规则，如不允许修改评分、限制同一交易双方每月评分次数，以此确保评分的真实性和有效性。与这些责任追索策略并行的是，天猫商城和淘宝网还通过奖励机制鼓励买家的规范行为。例如，提供真实评价的买家可以获得淘金币或购物优惠券，以此激励买家按规定进行真实评价。这种激励策略的目的在于促使买家积极参与评价过程，为平台声誉的有效管理提供支持。

针对买家行为的管理策略是基于政府、电商供应链平台企业、成员企业和买家互动的重要性。在这一互动模式中，买家的评价不仅是形成成员企业和电商平台声誉的关键因素，也是电商平台决定是否对成员企业采取责任追索措施的重要依据。因此，电商平台需要制定相应的责任追索和激励策略，以规范和引导买家行为，确保平台声誉的有效维护和长期稳定发展。

1. 构建"平台+政府"监管体系的策略

双主体监管的重要性。在数字化商业环境下，电商平台不仅是市场参与者，也是重要的规则制定者。它们通过声誉机制发挥类似消费者保护法的作用。然而，考虑到平台追求利润的私人目的可能与政府的公共利益目标产生冲突，因此需要一个由平台和政府共同构成的双主体监管体系。在数字化商业环境下,双主体监管的重要性体现在电商平台同时作为市场的参与者和规则制定者的双重角色上。电商平台通过实施声誉机制,类似于执行消费者保护法,对市场参与者进行监管,保证交易的透明性和公正性。例如,亚马逊通过其详细的用户评价系统和卖家行为规范,监督市场交易,保护消费者权益。然而,这种自我监管机制并非没有矛盾。电商平台作为利润驱动的商业实体,其目标可能与政府追求的公共利益不尽相同。例如,平台可能因利益考虑而在打击假冒伪劣商品方面采取温和措施。因此,为解决这种潜在的利益冲突,需要建立一个由电商平台和政府共同构成的监管体系。这种双主体监管体系能够确保电商平台在追求私人利益的同时,不会忽视或损害公共利益。政府的参与为监管机制提供了必要的公正性和权威性,帮助其在保护消费者权益和促进市场健康发展之间取得平衡。例如,欧盟对大型电商平台实施的数字服务法案,就是在政府和平台之间建立了一种协同监管的框架,旨在促进数字市场的公平竞争和消费者保护。通过这种双主体监管,可以有效平衡私人利润目标与公共利益目标之间的关系,促进电商生态系统的可持续发展。

明确平台的责任和角色。在电商生态系统中,明确平台的责任和角色对于维护市场的健康运作至关重要。电商平台作为市场的中介和规则制定者,在面对假冒伪劣商品和虚假交易时,需要承担起合理的监督责任。这种责任不仅涉及识别和打击非法行为,还包括对市场参与者行为的监控和管理。例如,阿里巴巴的淘宝平台运用大数据技术,监测和识别可疑交易,有效打击了假冒伪劣商品的销售。同时,电商平台应建立健全的用户投诉和举报处理机制。这种机制不仅有助于快速响应消费者的投诉,更能有效地将消费者的反馈转化为监管行动。通过用户反馈,平台能够及时了解市场动态和潜在的问题,从而采取相应措施。例如,亚马逊的客户服务系统提供了一个高效的投诉渠道,通过这个渠道,消费者可以直接向平台反映问题,促使平台及时处理。此外,电商平台还需要与政府监管机构紧密配合。这种配合不仅体现在共享信息和数据上,更在于共同制定和执行监管规则。政府机构的参与为电商平台的监管提供了额外的权威和资源,帮助平台更有效地打击非法行为。比如,在欧盟,电商平台与政府机构共同努力,成功实施了更严格的消费者保护规则。

政府监管的适当参与。在电商生态系统中,政府监管的适当参与至关重要,特别是在确保平台规则执行的问责性、维护客观中立性以及促进平台合理履行自我监管职责方面。政府监管的角色应当超越传统的强制性措施，更多地采用软性管理手段，如指导和协调。这种方法旨在提供一个更加灵活、适应性强的监管环境，促进电商平台自主改进和创新，同时保护消费者权益。举例来说，政府机构可以通过发布指导原则和最佳实践，来引导电商平台建立和完善内部监管机制。例如，欧盟的《一般数据保护条例》（GDPR）为电商平台提供了数据处理的指导原则，帮助它们在处理用户数据时维护透明度和保护用户隐私。此外，政府还可以通过协调会议、研讨会等方式，与电商平台和相关利益相关者进行交流，共同探讨市场监管的最佳实践。政府的这种参与方式有助于平衡监管与市场创新之间的关系，避免过度干预可能带来的市场活力减弱。同时，通过增强平台规则执行的问责性，政府监管能够确保电商平台在追求商业利益的同时，不忽视其对社会责任的承担。这种平衡对于电商生态系统的长期健康发展至关重要，有助于建立一个更加公正、透明和可持续的电商市场环境。

2. 加强对网络交易违规行为的打击

运用技术手段识别违规行为。在电商生态系统中，运用技术手段来识别违规行为是维护市场秩序和保护消费者权益的关键环节。利用大数据和云计算等先进技术，电商平台可以建立起全面的监测预警系统，从而大幅提高对刷单、炒信和虚假交易等违规行为的识别效率和精准度。例如，阿里巴巴集团运用其强大的数据处理能力，通过分析用户行为、交易模式和反馈信息，有效地识别并打击虚假交易和刷单行为。这种技术驱动的监管手段不仅提高了监管效率，还减少了对正常交易的干扰，从而维护了电商平台的市场环境和商业信誉。此外，这些技术手段的应用也为电商平台提供了数据支持，帮助它们更好地理解市场动态和消费者需求，从而指导市场策略和产品创新。例如，通过监测和分析用户的购物习惯和反馈，电商平台能够优化其商品推荐系统，提高用户体验。同时，这些数据还可以用于预测市场趋势，指导库存管理和物流规划，提高整体运营效率。因此，在电商生态系统中，运用大数据和云计算等技术手段建立监测预警系统，不仅能够有效打击违规行为，维护市场秩序，还能增强电商平台的市场洞察能力，推动业务创新和发展，是电商平台战略发展中不可或缺的一部分。

法律框架下的惩治措施。在电商生态系统中，法律框架下的惩治措施扮演着至关重要的角色，特别是在打击和惩治涉及刷单、炒信和虚假交易的商家或平台方面。依据如《中华人民共和国电子商务法》《中华人民共和国网络交易监督管理办法》和《中华人民共和国反不正当竞争法》等现有法律，严格的法律制裁不仅提高了违规成本，也有效阻止了不正当竞争行为。这种法律层面的规制，为电商平台提供了明确的运营框架和行为准则，同时也保护了消费者的合法权益。以《中华人民共和国电子商务法》为例，该法律规定了电商平台对于平台内商家行为的监督责任，明确了对虚假广告和不正当竞争行为的禁止规定。在实践中，这一法律框架为监管部门提供了依据，使其能够对违规行为进行有效打击。例如，国家市场监督管理总局利用这一法律对某些大型电商平台进行过处罚，针对其放任刷单等行为进行了严肃处理。此外，通过提高违规成本，这些法律措施也促进了电商平台自身的监管能力和责任意识。平台被迫加强内部监控机制，以避免因监管不力而承担法律责任。这种法律压力促使电商平台更加重视建立和维护一个公平、透明的交易环境，从而促进了整个电商生态系统的健康发展。综上所述，在电商生态系统中，法律框架下的惩治措施是维护市场秩序、保护消费者权益、促进公平竞争的重要机制。这些措施不仅直接影响了平台和商家的行为，也间接推动了整个行业的健康发展。

第七节　本章小结与展望

一、本章小结

本章聚焦于数字经济背景下，组织中声誉转移与责任追索的问题。从数字技术对传统纵向合作组织的冲击、平台型电商生态系统的兴起，以及声誉转移机制的演变等多个维度，深入探讨了电商供应链中的声誉转移问题及其所引发的责任追索问题。

结论显示，数字经济促使平台型电商迅速崛起，进而改变了传统的供应链结构和运作模式。在这一过程中，声誉转移成为影响组织合作与竞争的重要因素。电商供应链声誉的转移不仅包括声誉的定义和特性，还涵盖声誉维护和转移路径。此外，声誉转移引发的危机以及应对这些危机的策略，尤其是责任追索机制的建立，对于平台型电商的稳定发展至关重要。

相对于现有研究，本章的研究在理论上对电商供应链中声誉转移机制进行了系统性梳理，通过对电商供应链声誉转移的维度、特性、维护及其影响因素的全面分析，为声誉转移机制与责任追索策略的协同匹配提供了理论基础，丰富了数字经济下组织行为的理论框架。同时，本章的研究提出的"电商供应链声誉租金权利与责任对等模型"，为理解和处理电商供应链中的责任分配问题提供了新的思路。

本章的研究受限于数据的获取和资源的限制，对某些细分领域的深入探讨尚不够充分。例如，在不同类型的电商平台中，声誉转移的具体表现和影响因素可能存在差异，这一领域需要更多的实证研究来进一步验证。针对本次研究的不足，未来的研究应更加深入地探讨不同电商平台类型中声誉转移的特性和影响因素。同时，随着数字技术的不断进步，对新兴技术如区块链在电商供应链声誉管理中的应用进行研究，将是一个有价值的研究方向。此外，跨文化背景下电商供应链声誉转移的比较研究也是未来值得关注的领域。

二、未来研究方向与展望

1. 电商供应链中声誉转移的技术革新

在当今数字化和网络化日益加深的商业环境中，电商供应链的声誉管理变得日益复杂。新兴技术，尤其是区块链和人工智能的结合，正在重塑电商供应链中声誉转移的管理方式。这一技术革新不仅解决了传统声誉管理方法的局限性，还为电商企业提供了更有效、透明和可靠的声誉管理策略。

（1）区块链技术：供应链透明性的保障。区块链技术在电商供应链中的应用正在引起广泛关注。它的核心优势在于提供一个透明、不可篡改的记录系统。在声誉转移的管理中，区块链可以确保所有交易和互动都被公正、透明地记录，减少信息的误导和误解。这不仅提高了供应链中各方的信任，还加强了声誉管理的有效性。

（2）人工智能：预测和分析的新视角。人工智能的应用正在改变供应链中声誉管理的方式。通过深度学习和数据挖掘，人工智能可以帮助企业预测声誉风险，并为决策者提供基于数据的洞见。这种技术的应用使得企业能够更加主动地管理声誉风险，而不仅仅是被动地响应。

（3）技术结合：自动化的声誉风险管理。区块链和人工智能的结合能为电商供应链中的声誉管理带来新的可能性。这种结合不仅能提高数据处理的效率和准确性，还能使声誉风险的识别和处理变得更加自动化和智能化。这种技术革新为企业提供了更强大的工具来监控、分析和响应声誉风险。

（4）增强和虚拟现实技术：提升客户体验。除了区块链和人工智能，增强现实(AR)和虚拟现实(VR)技术也在电商供应链的声誉管理中发挥着越来越重要的作用。通过这些技术,企业可以提供更加丰富和互动的客户体验,增强品牌形象和声誉。这些技术的应用不仅提高了客户满意度,还增强了品牌的市场竞争力。

2. 电商供应链中责任追溯策略的创新

在快速演变的电子商务领域,责任追溯已成为保持供应链透明度和声誉管理的关键因素。随着技术的不断进步和市场环境的变化,传统的责任追溯策略需要不断创新和调整。在电商供应链中,应深入探讨如何通过结合法律、伦理和技术创新来应对声誉转移的复杂性。

(1) 法律框架的更新。责任追溯的有效性在很大程度上取决于适应现代商业环境的法律框架。随着电商模式的发展和新技术的应用,现有的法律框架亟须更新,以涵盖新兴的责任问题和风险。这不仅包括传统的合同法和消费者保护法,还涉及数据保护和网络安全法律。这些更新将为责任追溯提供明确的法律指导和支持。

(2) 伦理原则在责任追溯中的作用。伦理原则在制定和执行责任追溯策略中发挥着至关重要的作用。在电商供应链中,企业不仅要遵循法律规定,还须遵守行业伦理标准,这对于维护消费者信任和企业声誉至关重要。伦理的考量包括透明度、公平交易和对消费者权利的尊重。通过强化伦理原则,企业可以更有效地管理供应链中的责任问题。

(3) 技术创新在责任追溯中的应用。技术创新,尤其是在数据分析和监控工具方面的进步,为电商供应链中的责任追溯提供了强大的支持。利用大数据分析可以帮助企业更准确地追踪产品流向和监控供应链活动。同时,通过实时监控系统,企业能够及时发现并应对潜在的供应链风险。这些技术的应用不仅提高了责任追溯的效率,也增强了其准确性。

(4) 跨界合作的重要性。在责任追溯策略的制定和实施中,跨界合作越来越重要。这包括与行业合作伙伴、监管机构和其他利益相关者的合作。通过共享信息、最佳实践和技术创新,不同组织可以共同工作,以提高整个供应链的透明度和责任追溯的有效性。此外,这种合作还有助于形成统一的标准和实践,从而在全球范围内提高供应链的可持续性和道德标准。

3. 未来电商供应链声誉和责任追溯的发展方向

在数字化和全球化不断推进的当今世界,电商供应链的管理正面临着前所未有的挑战和机遇。未来电商供应链中声誉和责任追溯的创新将聚焦于提升系统的智能化和用户参与度。未来的发展将探讨这些创新趋势及其对电商供应链管理的深远影响。

（1）智能化系统在声誉管理和责任追溯中的应用。随着大数据和机器学习技术的发展，智能化系统将成为优化电商供应链声誉管理和责任追溯的关键。这些系统能够处理海量数据，提供更准确的预测，帮助企业识别潜在的风险和机遇。智能化系统的应用不仅能提高效率，还能增加决策的准确性，从而有效地管理声誉风险。

（2）用户参与和反馈机制的重要性。用户的参与和反馈在电商供应链声誉管理中起着至关重要的作用。增强用户参与度和建立有效的反馈机制可以显著提升声誉系统的透明度和有效性。通过社交媒体和在线平台，消费者可以直接参与声誉管理过程，提供宝贵的反馈和见解，帮助企业及时调整策略。

（3）可持续性和环境责任在声誉管理中的地位。随着全球对可持续发展和环境保护的重视，可持续性和环境责任已成为评价电商供应链声誉的新标准。企业不仅要关注经济效益，还须考虑其运营对环境和社会的影响。在未来，企业的声誉将越来越多地取决于其在可持续性和环境责任方面的表现。

（4）跨领域技术融合推动责任追溯的创新。责任追溯的未来将见证跨领域技术的融合，如区块链技术与环境监测技术的融合。这种融合不仅能提高追溯过程的效率和透明度，还能增强企业应对复杂供应链挑战的能力。例如，区块链技术可以确保供应链数据的不可篡改性和可追溯性，而环境监测技术则能提供实时的环境影响数据。

第八章 总结与反思

本章将对整部专著的主题进行深入的总结与反思，特别是声誉转移与责任追索在现代社会经济组织中的作用。不仅回顾声誉转移和责任追索的理论与实践，还将提出批判性的视角，考虑当前理论和实践的局限性，并展望未来的发展方向。

在当今的社会经济组织中，声誉与责任追索不仅是两个独立的概念，它们之间的相互作用对组织的成功也至关重要。在这一背景下，本书深入探讨了纵向合作组织中声誉转移与责任追索的相互关系，着重分析了声誉转移的机制、责任追索的动力与挑战，以及二者在推动组织可持续发展中的协同效应。本书的研究起始于一个经典的困惑：在复杂的经济组织网络中，声誉是如何在各个组织之间转移的，以及这一转移如何影响组织的责任追索机制。这个问题引领我们走入了一个丰富多彩的研究领域，其中涉及经济、法律和社会学的多维度探索。首先，论述声誉转移机制的理论与实践，探讨声誉在纵向合作组织中的作用及其转移机制的实际应用。其次，分析责任追索的动力和挑战，特别是在数字经济背景下，责任追索如何面对新的挑战和机遇。最后，探讨声誉转移与责任追索的协同效应，着重分析二者如何共同作用于组织的可持续发展。通过对以上三个关键领域的深入探讨，旨在提供一个全面的视角来理解社会经济组织中声誉和责任的复杂相互作用，以及这些相互作用对组织策略和行为的深远影响。

第一节 声誉转移机制的理论与实践

在纵向合作组织中，声誉转移不仅是一个普遍存在的现象，而且是一个关键的机制，对组织的市场竞争力和持续发展能力有着深远的影响。声誉，作为一种无形资产，其在组织之间的转移不仅反映了组织间的相互依赖和互动，还揭示了组织如何通过共享和传递声誉来实现战略目标。本节将重点探讨声誉转移的理论与实践，以及它如何影响纵向合作组织的运作。

一、声誉转移对于降低交易成本的作用是多方面的

首先，声誉作为一种信号，能够减少市场中的信息不对称。在经济学理论中，信息不对称被认为是导致市场失灵的主要原因之一。当组织拥有良好的声誉时，它传递出一种信号，表明该组织可靠且值得信赖。这种信号减少了潜在合作伙伴在决策过程中验证对方的可靠性所须花费的时间和资源，从而降低了交易的信息搜索成本。其次，声誉转移有助于减少交易的谈判成本。谈判成本是指为达成交易而进行沟通、协商所产生的成本。在存在声誉转移的环境中，由于双方对彼此的信任程度较高，因此能够更快速地达成共识，减少谈判过程中可能出现的分歧和冲突，从而降低谈判成本。再次，声誉转移有助于降低合作风险，进而减少交易的风险成本。当一个组织的声誉被成功转移到合作伙伴身上时，这种转移本身就是对合作伙伴信誉的一种背书。这种背书能够降低合作的不确定性，减少因不可预见的行为而可能产生的风险，如合同违约或质量问题等。因此，声誉转移成为一种有效的风险管理工具。最后，声誉转移在降低交易成本方面的作用，还体现在其对维持长期合作关系的促进上。长期合作关系能够带来交易稳定性和预测性，降低交易双方面临的市场不确定性。声誉的积累和转移是建立和维护长期合作关系的关键因素之一。一个良好的声誉能够吸引和维持可靠的合作伙伴，从而降低交易成本，增强交易的稳定性和连续性。总结而言，声誉转移在降低交易成本方面发挥着至关重要的作用。它不仅减少了信息搜索和谈判成本，还有效地管理了合作风险，并有助于建立和维持长期的合作关系。在纵向合作组织中，有效的声誉转移机制是提高交易效率和市场竞争力的关键。

二、增强市场地位与信任度

有效的声誉转移机制对于提升组织的市场地位和信任度具有显著影响。首先，声誉作为一种资产，对外部利益相关者尤其重要。一个组织的声誉代表了其历史表现和未来承诺的综合体现。当一个组织的声誉被成功转移到合作伙伴或市场上时，它有助于建立该组织在市场中的信誉，提高其吸引客户和投资者的能力。这种提升不仅限于直接的商业利益，还包括增加组织对利益相关者的吸引力，如潜在员工和合作伙伴。其次，声誉转移通过增强组织的信任度来提升其市场地位。在商业交易中，信任是一种宝贵的资产。组织之间的声誉转移可以视为一种信任的代理，

当组织之间的声誉相互转移时，它增强了市场参与者对这些组织的信任。增强的信任度不仅有助于降低潜在的交易摩擦，还可以提升组织对市场的吸引力，从而提高其市场地位。再次，声誉转移机制的有效性也与组织能否在市场中保持竞争优势息息相关。在高度竞争的市场环境中，组织的声誉可以成为区分自身与竞争对手的关键因素。良好的声誉不仅能够吸引顾客，还能在潜在客户中建立积极的品牌印象。此外，声誉良好的组织更容易获得市场上的优质资源，如资金和人才，这些都是提升市场地位的关键要素。最后，组织之间的声誉转移促进了合作伙伴间的相互理解和尊重，这是建立长期合作关系的基础。当组织间的声誉得到有效转移和共享时，将有助于建立稳固的合作关系，进一步提高组织在市场中的稳定性和可预测性。因此，有效的声誉转移机制对于提升组织的市场地位和信任度至关重要。通过建立和维护良好的声誉，组织不仅能够在竞争激烈的市场中脱颖而出，还能够在其利益相关者中建立长期的信任和尊重，从而为其长期发展奠定坚实的基础。

三、维护和增强组织间合作

声誉转移在维护和增强组织间的合作关系中起到了核心作用。首先，声誉转移能够促进组织间的相互理解和信任，这是成功合作的基石。在经济活动中，尤其是在长期的合作关系中，信任和理解是不可或缺的元素。当一个组织的良好声誉被传递给合作伙伴时，这种信任得以加强，因为声誉代表了组织过去的行为和未来的承诺。这种信任的建立有助于缩短谈判时间，减少潜在的冲突，并为长期合作奠定基础。其次，声誉转移有助于创建和维护稳定的合作网络。在许多行业中，组织之间的合作不是孤立的，而是处于一个相互依赖的网络中。在这样的网络中，声誉的积累和传播成为衡量组织合作意愿和能力的重要标准。良好的声誉不仅能吸引新的合作伙伴，还能促进现有合作伙伴间的互动和协作，从而增强整个网络的稳定性和效率。再次，声誉转移机制对于应对合作中的不确定性和风险具有重要作用。合作关系往往伴随着不确定性，尤其是在快速变化的市场环境中。良好的声誉可以作为一种缓解不确定性的机制，因为它代表了组织过去的可靠行为和未来的合作承诺。这种信誉背书可以减少潜在的风险，提高合作的稳定性和可持续性。最后，有效的声誉转移还能增强组织间合作的战略价值。在当前的商业环境中，合作关系越来越多地被视为实现战略目标的手段。一个组织的声誉，特别是其核心能力和专业领域的声誉，可以为合作伙伴提供独特的价值，如专业知识和市场知名度。这种战略价值不仅有助于提升合作的效果，还能够为组织带来竞争优势。声誉转移在维护和增强组织间合作中发挥着至关重要的作用。它通过增强信任和理解、构建稳定的合作网络、减少不确定性和风险，以及提高合作的战略价值，成为促进有效合作的关键因素。在纵向合作组织中，有效管理和利用声誉转移机制，对于建立和维持成功的合作关系至关重要。

四、声誉转移机制的成功依赖因素

声誉转移机制的成功在很大程度上取决于明确的声誉管理策略和组织文化。首先，声誉管理策略的制定和执行对于声誉转移的成功至关重要。一个有效的声誉管理策略应包括明确的目标、实施步骤以及评估机制。这些策略应该旨在建立和维护组织的正面声誉，同时确保这种声誉能够在合作伙伴和市场中有效传播。此外，策略的实施需要全组织的参与和支持，从高层管理到基层员工，每个人都应该了解其在声誉建设中的作用和责任。其次，组织文化在声誉转移机制的成功中扮演着核心角色。组织文化影响着员工的行为和决策，它塑造了组织内部对于声誉重要性的认识和态度。一个以信任、透明和责任为核心的组织文化能够促进正面声誉的形成和转移。此外，当组织文化强调开放、沟通和合作时，声誉转移更容易在组织内部得到认可和支持，从而有效地传递到外部利益相关者。再次，声誉转移的成功还依赖于组织对外部市场环境的敏感性和适应性。市场环境的变化可能会影响组织声誉的感知和价值。因此，组织需要不断监测外部环境，灵活调整其声誉管理策略，以确保声誉转移的有效性和适时性。这要求组织不仅要在内部建立强大的声誉管理体系，还需要对外部变化保持敏感和响应。技术的使用也是声誉转移成功的一个重要因素。在数字化时代，技术，尤其是信息和通信技术，为声誉的建立、维护和转移提供了新的途径和工具。组织可以利用社交媒体、在线平台等工具来传播其正面声誉，同时收集反馈来改进声誉管理策略。有效利用技术不仅能提高声誉转移的效率，还能增强其影响力和覆盖范围。声誉转移机制的成功依赖于一系列关键因素的共同作用，包括明确的声誉管理策略、强有力的组织文化、对市场环境的敏感性和适应性，以及技术的有效利用。这些因素共同构成了声誉转移成功的基础，对于纵向合作组织在市场中的长期成功和竞争力至关重要。

综上所述，声誉转移在纵向合作组织中扮演着关键角色，其成功取决于多种因素，包括有效的声誉管理策略、有力的组织文化、对市场环境的敏感和适应，以及技术的合理应用。通过降低交易成本、提升市场地位和信任度、维护和增强组织间的合作，以及依赖于特定的成功因素，声誉转移成为推动组织竞争力和持续发展的关键机制。这些发现不仅为理解声誉在经济组织中的作用提供了深入的见解，也为实践中的声誉管理提供了重要的指导。

然而，与声誉转移的机制和影响并行的，是责任追索在纵向合作组织中的作用和挑战。责任追索，作为维护合作稳定性和声誉的重要工具，面临着责任界定的模糊性、法律框架的不完善、组织间合理风险分配的需求，以及在数字经济背景下技术因素的考量。接下来将深入探讨责任追索在纵向合作组织中的动力和挑战，以及这些挑战对组织声誉管理和合作策略的影响。

第二节 责任追索制度的作用和挑战

一、责任追索作为合作稳定性和声誉的维护工具

责任追索机制是维护合作稳定性和声誉的重要工具。在任何合作关系中，明确各方的责任是基本的要求，这不仅关系到合作的效率，更关系到合作双方的信任和声誉。责任分配明确且公正时，合作伙伴更有可能遵守协议，因为他们知道违反协议会有相应的责任追究。这种机制提高了合作的可预测性，降低了潜在的冲突，从而保持了合作关系的稳定性。

首先，明确的责任追索机制有助于防止合作中的道德风险问题。在合作关系中，如果责任不清晰，合作方可能会采取对另一方不利的行为。明确的责任追索机制通过建立合理的惩罚和奖励机制，减少了这种风险，保护了合作双方的利益。其次，责任追索对于维护组织声誉至关重要。声誉是基于历史行为和外界对组织的期望形成的。当组织遵守责任追索机制时，它向市场展示了自己的可靠性和诚信，这有助于建立和维护良好的声誉。相反，如果组织未能履行其责任或试图逃避责任，其声誉可能会受到严重损害。再次，有效的责任追索还能增强合作伙伴间的信任。信任是合作关系中不可或缺的要素，尤其在长期和复杂的合作中更为重要。通过透明和一致的责任追索，组织可以展示其对合作的承诺和对合作伙伴的尊重，从而增强双方的信任。最后，责任追索机制的有效运作对于应对合作中的突发事件也至关重要。在任何合作关系中，总有可能

出现意料之外的情况。在这些情况下，一个明确和公正的责任追索机制可以帮助迅速解决问题，防止问题扩大，保护合作关系不受损害。责任追索在维护合作稳定性和组织声誉中起到了至关重要的作用。通过预防道德风险、维护声誉、增强信任以及有效应对突发事件，责任追索成为确保合作关系健康发展的关键机制。在纵向合作组织中，构建和维护一个有效的责任追索机制是实现长期合作和市场竞争力的基础。

二、挑战：责任界定的模糊性与法律框架的不完善

责任追索中的挑战主要体现在责任界定的模糊性和法律框架的不完善上。在多方合作的情况下，明确各方责任是一项挑战，尤其当涉及复杂的项目和多层次的合作结构时。这种模糊性可能导致责任归属不清，从而增加合作中的摩擦和冲突。首先，责任界定的模糊性可能导致责任推诿。当责任界限不明确时，组织可能会试图将责任推给合作伙伴，特别是在出现问题或失败时。这种推诿行为不仅损害了合作关系，还可能导致合作双方信任的丧失，从而影响整个合作网络的稳定性。其次，现有的法律框架可能无法完全适应快速变化的商业环境和合作模式。法律规则的滞后性可能导致在新兴的合作形式中难以找到适用的法律依据，从而使责任追索变得困难。此外，不同国家和地区的法律差异也为跨境合作带来了额外的挑战。再次，法律框架的不完善还可能导致合作中的权利和义务不均衡。当法律规定不明确或者执行力度不足时，可能导致某些组织利用法律漏洞逃避责任。这种不均衡不仅影响合作效率，还可能导致不公平竞争，损害市场的公平性。最后，解决责任界定模糊和法律框架不完善的问题需要多方面的努力。这包括改进合作协议的制定，确保责任分配的明确和公正；加强法律规制的适应性和灵活性，以适应新兴的商业模式和合作形式；加强跨国合作中的法律协调，以减少不同法律体系之间的冲突。责任追索的挑战在于责任界定的模糊性和法律框架的不完善。

三、组织间合理风险分配的有效责任追索机制

有效的责任追索机制能显著促进组织间合理的风险分配。在任何合作关系中，风险管理是一个核心因素，尤其是在那些涉及重要资源和投资的项目中。有效的责任追索机制可以确保风险和收益在各方之间公平分配，从而鼓励各方积极参与和贡献。首先，合理的风险分配需要清晰的责任界定。当每个参与方的责任和义务被明确定义时，他们能够更好

地评估自身所承担的风险。这种明确性有助于组织作出更加合理的决策，如是否参与特定项目或如何投入资源。其次，当责任和风险在合作伙伴间均衡分配时，可以减少潜在的冲突和不满。不均衡的风险分配可能导致某些合作伙伴感到不公平，从而影响合作的长期稳定性。有效的责任追索机制通过确保所有参与方都对其行为承担适当的责任，有助于维护合作关系的公正性和持久性。再次，合理的风险分配还能促进合作伙伴间的相互信任和协作。当组织相信风险和收益将被公平分配时，它们更愿意共享资源和信息，以及参与更紧密的合作。这种信任是长期合作关系和集体创新的基础。最后，应对不确定性的环境，有效的责任追索机制尤为重要。在不断变化的市场和技术环境中，合作项目可能面临各种预料之外的风险。一个灵活且公正的责任追索机制能够帮助组织迅速适应这些变化，共同管理新出现的风险。有效的责任追索机制对于促进组织间合理的风险分配至关重要。它有助于确保风险和收益的公平分配、维护合作关系的稳定性和持久性、促进合作伙伴间的信任和协作，以及应对市场的不确定性。在纵向合作组织中，建立一个合理的责任追索机制是实现有效风险管理和持续合作的关键。

四、数字经济背景下的责任追索机制

在数字经济背景下，责任追索机制面临着特殊的考验和挑战。随着技术的不断进步，特别是在信息和通信技术领域，合作模式和商业实践正在发生快速变化。这些变化对责任追索机制提出了新的要求，尤其是在确保透明度和适应性方面。首先，数字经济的兴起增加了责任追索过程中的透明度需求。在网络环境下，信息的传播速度快、范围广，这要求责任追索机制必须更加透明和公开。透明的责任追索机制不仅有助于建立公众信任，还能够提高合作伙伴之间的信任和合作意愿。其次，数字技术的应用带来了新的责任追索机制设计挑战。例如，区块链技术提供了一种新的途径来追踪和记录交易，但同时也带来了如何在保护隐私和确保透明度之间找到平衡的问题。此外，随着人工智能和机器学习的应用日益普及，如何在这些复杂系统中界定和追溯责任成为一个重要议题。再次，数字经济中的跨境合作对责任追索机制提出了更高的要求。不同国家和地区可能有不同的法律规定和文化背景，这给责任追索带来了额外的复杂性。有效的跨境责任追索机制需要考虑这些差异，并寻求在不同法律体系和文化背景下的一致性和协调性。最后，数字经济中的快速变化也要求责任追索机制具有足够的灵活性和适应性。为了应对不断变化的市场和技术环境，责任追索机制需要能够迅速适应新情况，灵活处理新出现的挑战和机遇。数字经济对责任追索机制提出了新的挑战和要求，包括提高透明度、应对新技术带来的设计挑战、处理跨境合作的复杂性，以及保持足够的灵活性和适应性。在这个背景下，构建和维护一个有效的责任追索机制对于纵向合作组织的成功至关重要，它需要组织对最新的技术进展保持敏感，并不断调整和优化自身的责任追索策略。

总体来说，责任追索在纵向合作组织中发挥着至关重要的作用，其不仅是维护合作稳定性和声誉的重要工具，而且面临着责任界定的模糊性、法律框架的不完善、合理风险分配的需求，以及数字经济背景下的特殊挑战。这些挑战要求组织在设计和执行责任追索机制时，不仅要考虑内部的管理和文化因素，还需要适应外部环境的变化和技术的进步。有效应对这些挑战是确保合作关系长期稳定和成功的关键。

接下来，将探讨声誉转移与责任追索机制，这是纵向合作组织成功的关键。我们将分析声誉转移和责任追索如何相互作用，共同提升组织的整体效能，以及如何在数字经济时代实现更为创新和有效的管理策略。此外，我们还将探讨责任追索机制如何通过提供稳定和可信的基础，增强声誉转移的效果，从而促进组织的可持续发展。

第三节　声誉转移与责任追索的协同效应

一、声誉转移和责任追索的协同作用提高组织效能

声誉转移与责任追索的协同作用显著提升了组织的整体效能。在纵向合作组织中，这两个机制的有效结合不仅增强了组织的市场地位，还提高了内部运作的效率。通过声誉转移，组织能够在市场上建立信任和认可，而责任追索确保了这种信任是基于实际的行为和承诺。首先，声誉转移提供了合作伙伴间信任的基础。在合作关系中，信任是降低交易成本和促进信息共享的关键。当组织的声誉得以转移至合作伙伴，这种信任得以加强，从而促进了更为顺畅的合作和信息流通。这不仅提高了决策的质量，还加速了项目的进展。其次，责任追索机制强化了声誉转移的真实性和可信度。责任追索机制确保了组织对其声誉所承担的行为和结果承担责任。这种机制的存在使得声誉不仅是外部的市场工具，更是内部的管理原则，确保了组织的行为与其声誉相符，从而提高了声誉

的真实性和可信度。再次,声誉转移与责任追索的协同作用有助于优化资源配置。在这种机制下,组织能够更加明智地选择合作伙伴和投资项目。声誉作为一种筛选机制,有助于识别可靠的合作伙伴,而责任追索则确保了合作中的风险和收益得到合理分配。最后,这种协同作用促进了组织对外部变化的快速响应。在不断变化的市场环境中,声誉和责任成为组织适应性的关键因素。声誉转移有助于组织在市场中保持竞争优势,而责任追索机制则确保了组织在面对挑战时能够快速并有效地做出反应。总结而言,声誉转移与责任追索的协同作用对于提高组织效能至关重要。它们共同增强了组织的市场信任,确保了内部决策和行为的一致性,优化了资源配置,并提高了对外部变化的适应性。在纵向合作组织中,这种协同作用是推动成功和可持续发展的关键。

二、声誉转移为责任追索提供社会和文化基础

声誉转移在责任追索中起到关键作用,为其提供了必要的社会和文化基础。在纵向合作组织中,声誉不仅是市场上的资产,也是内部管理和文化的一部分。通过声誉转移,组织能够在内部建立一种基于信任和责任的文化,这对于实施有效的责任追索机制至关重要。首先,声誉转移有助于建立组织内部的信任文化。信任是任何组织文化的基石,它促进了员工之间的合作和组织内部的信息共享。当组织内部存在强烈的信任感时,员工更愿意承担责任,更积极地参与组织的决策和执行过程中。其次,声誉转移还能够强化组织对外部责任的认识。在市场上建立良好声誉的组织通常更注重其对外部利益相关者的责任。这种对外部责任的认识不仅反映在组织的策略和行为中,也影响了其内部的价值观和行为准则。再次,声誉作为一种无形资产,能够加强组织对责任追索的承诺。组织的声誉往往与其历史行为和未来承诺紧密相关。因此,声誉良好的组织更有可能遵守责任追索机制,并将其视为维护声誉的一部分。最后,声誉转移还有助于促进组织对法律和伦理标准的遵守。声誉良好的组织通常更加重视法律和伦理规范,这有助于确保责任追索机制的有效执行。在这样的组织中,遵守法律和道德标准不仅是外部要求,也是内部价值观的体现。综上所述,声誉转移在责任追索中起到了至关重要的作用,它为责任追索提供了必要的社会和文化基础。通过建立信任文化、强化对外部责任的认识、加强对责任追索的承诺,以及促进对法律和伦理标准的遵守,声誉转移有助于提升责任追索机制的效果和效率。在纵向合作组织中,声誉转移与责任追索的相互作用是确保组织成功和可持续发展的关键因素。

三、完善的责任追索机制促进声誉转移的稳定性和可信度

责任追索机制的完善对于确保声誉转移的稳定性和可信度具有重要作用。在纵向合作组织中，责任追索机制不仅涉及合法性和合规性，还关乎声誉转移的真实性和持久性。一个完善的责任追索机制能够确保组织的声誉不是空洞的承诺，而是基于实际行为和结果的真实体现。首先，责任追索的清晰性和一致性是维护声誉转移稳定性的关键。当责任和后果被明确规定且一致执行时，组织更倾向于遵守规则和承诺。这种一致性有助于减少不确定性，使合作伙伴和市场参与者能够对组织的声誉有一个稳定的期望。其次，有效的责任追索机制提高了声誉转移的可信度。声誉建立在过往行为的基础上，而责任追索机制确保了这些行为是符合组织价值观和市场期望的。当组织对其行为承担全面责任时，其声誉更加可靠，从而增强了外部利益相关者的信任。再次，责任追索机制的透明度对声誉转移同样至关重要。透明的责任追索机制不仅促进了内部的责任感和外部的信任，还提高了组织对公众的可接近性和互动。这种透明度有助于公众更好地理解组织的行为和决策，从而增强声誉的正面影响。最后，责任追索机制的适应性和灵活性也是维护声誉转移稳定性和可信度的重要因素。在不断变化的市场环境中，组织需要能够迅速适应新情况，并据此调整其责任追索策略。这种适应性和灵活性有助于确保组织能够持续维护其声誉，即使在面临挑战和变化时也能保持稳定。综上所述，责任追索机制的完善化对于声誉转移的稳定性和可信度至关重要。通过确保责任追索的清晰性、一致性、透明度以及适应性和灵活性，组织能够更有效地管理其声誉，并确保其在市场上的正面影响。这对于纵向合作组织来说，是实现长期成功和可持续发展的关键因素。

四、数字经济下组织中的声誉转移与责任追索管理策略

在数字经济时代，声誉转移与责任追索机制需要采用创新性的管理策略以适应新的挑战和机遇。随着技术的快速发展，特别是在数字化和网络化方面的进步，组织面临着前所未有的变化和机遇。这些变化要求组织在声誉管理和责任追索方面采用更为灵活和前瞻性的策略。数字技术提供了新的工具和平台，用于有效地管理声誉和执行责任追索。例如，社交媒体和在线平台为组织提供了与公众交流和展示其品牌形象的新途径。同时，这些平台也为公众提供了监督和反馈组织行为的渠道，促使

组织更加注重责任追索的透明度和公正性。其次，数据分析和人工智能技术的应用能够帮助组织更有效地监测和管理声誉风险。通过分析大量数据，组织可以及时发现潜在的声誉问题，并采取相应的措施来应对。这种预测性的声誉管理使组织能够更主动地维护其声誉，减少因声誉危机带来的损失。再次，数字化时代要求组织在责任追索方面采取更加协作和参与性的方法。例如，通过建立在线社区和平台，组织可以与利益相关者进行更直接和频繁的沟通。这种沟通方式不仅有助于建立和维护声誉，也使责任追索过程更加透明和公众可参与。最后，数字经济时代要求组织在声誉转移与责任追索方面采用更为综合和战略性的视角。组织需要考虑如何在快速变化的技术和市场环境中保持其声誉的稳定性和可信度，并确保责任追索机制与这些变化保持一致。总结而言，在数字经济时代，声誉转移与责任追索需要创新性的管理策略来应对新的挑战和机遇。通过利用数字技术、采用数据驱动的声誉管理、实施协作和参与性的责任追索方法，以及采用综合战略性的视角，组织可以更有效地管理其声誉并执行责任追索，从而在竞争日益激烈的市场中保持其领先地位。

在本章中，我们深入探讨了纵向合作组织中声誉转移与责任追索的相互作用及其在组织成功中的关键作用。我们分析了声誉转移机制的理论与实践、责任追索的动力和挑战，以及声誉转移与责任追索的协同效应。通过这一系列的讨论，本章揭示了声誉转移和责任追索不仅是独立的概念，而且是相互依赖、相互增强的动态过程，它们共同对组织的市场地位、内部效率和长期可持续性产生深远影响。首先，我们强调了声誉转移在降低交易成本、提升市场地位、维护组织间合作以及强化声誉管理策略中的作用。接着，我们讨论了责任追索在维护合作稳定性、应对法律和伦理挑战、促进合理风险分配以及适应数字经济背景的重要性。最后，我们综合分析了声誉转移与责任追索的协同效应，如何提高组织的整体效能，为责任追索提供社会和文化基础，增强声誉转移的稳定性和可信度，并在数字经济时代采取创新性管理策略。这些讨论突出了声誉转移与责任追索在纵向合作组织中的核心地位，展现了它们在构建信任、提高透明度、优化资源配置和增强适应性等方面的重要作用。通过对这些关键要素的深入分析，本书为社会经济组织提供了实现长期成功和可持续发展的策略和见解。

参考文献

[1] 彭赓,陈杰,刘颖,等.信用对在线拍卖结果的影响——基于淘宝网一口价数据的分析[A].第十三届中国信息经济学会学术年会,2008.

[2] 唐要家.数字平台的经济属性与监管政策体系研究[J].经济纵横,2021(04):43-51+2.

[3] 王勇,冯骅.平台经济的双重监管:私人监管与公共监管[J].经济学家,2017(11):73-80.

[4] 汪旭晖,郭一凡,王荣翔.消费者认知失调对退货意愿的影响机制——平台型电商情境下卖家声誉和买家惰性的作用[J].财经问题研究,2019(07):113-120.

[5] 王喆.互联网平台经济治理中的竞争政策[J].竞争政策研究,2018(06):96-103.

[6] 陈艳莹,李鹏升.认证机制对"柠檬市场"的治理效果——基于淘宝网金牌卖家认证的经验研究[J].中国工业经济,2017(09):137-155.

[7] 李凌.平台经济发展与政府管制模式变革[J].经济学家,2015(07):27-34.

[8] 钱炳,周勤.声誉溢价是否总是存在?——来自淘宝网的实证研究[J].产业经济研究,2012(02):87-94.

[9] 肖俊极,刘玲.C2C网上交易中信号机制的有效性分析[J].中国管理科学,2012(01):161-170.

[10] 王俊豪,单芬霞,张宇力.电商平台声誉机制的有效性与信用监管研究——来自"淘宝"和"京东"的证据[J].财经论丛,2021(02):103-112.

[11] 方燕.网络产业反垄断规制的重新审视[J].东北财经大学学报,2020(02):70-80.

[12] 宋展昭,乐承毅,李雯欣.平台治理机制对用户知识贡献行为的影响——基于企业虚拟社区的实证研究[J].知识管理论坛,2020(06):383-397.

[13] 唐要家. 数字经济监管体制创新的导向与路径 [J]. 长白学刊, 2021 (01): 106-113.

[14] 彭劭志, 罗荷花, 赵昊. P2P网络借贷平台违约行为影响因素的实证研究——以湖南省为例 [J]. 西南金融, 2016 (07): 72-76.

[15] 潘勇, 乔晓东. 逆向选择与中国电子商务市场声誉机制的本土性研究——以淘宝网为例 [J]. 商业经济与管理, 2012 (01): 13-18.

[16] 阳镇, 许英杰. 平台经济背景下企业社会责任的治理 [J]. 企业经济, 2018 (05): 78-86.

[17] 李允尧, 刘海运, 黄少坚. 平台经济理论研究动态 [J]. 经济学动态, 2013 (07): 123-129.

[18] 吴德胜, 任星耀. 网上拍卖交易机制有效性研究——来自淘宝网面板数据的证据 [J]. 南开管理评论, 2013 (01): 122-137+160.

[19] 吴德胜. 网上交易中的私人秩序——社区、声誉与第三方中介 [J]. 经济学 (季刊), 2007 (03): 859-884.

[20] 张维迎. 博弈论与信息经济学 [M]. 格致出版社, 2012.

[21] 江小涓. 大数据时代的政府管理与服务: 提升能力及应对挑战 [J]. 中国行政管理, 2018 (09): 23.

[22] 梯若尔. 产业组织理论 [M]. 中国人民大学出版社, 2014.

[23] 李子文. 我国平台经济的发展现状和规制问题 [J]. 中国经贸导刊, 2018 (04): 64-67.

[24] 李玲芳, 洪占卿. 关于双向声誉机制的作用机理及有效性研究 [J]. 管理科学学报, 2015 (02): 1-12+94.

[25] 王磊, 马源. 新兴互联网平台的"设施"属性及监管 [J]. 宏观经济管理, 2019 (10): 52-58.

[26] 崔香梅, 黄京华. 信用评价体系以及相关因素对一口价网上交易影响的实证研究 [J]. 管理学报, 2010 (01): 50-56+63.

[27] 潘勇, 廖阳. 中国电子商务市场"柠檬"问题与抵消机制——基于淘宝网的数据 [J]. 商业经济与管理, 2009 (02): 11-15.

[28] 汪旭晖, 张其林. 平台型电商企业的温室管理模式研究——基于阿里巴巴集团旗下平台型网络市场的案例 [J]. 中国工业经济, 2016 (11): 108-125.

[29] 周黎安, 张维迎, 顾全林, 等. 信誉的价值: 以网上拍卖交易为例 [J]. 经济研究, 2006 (12): 81-91+124.

[30] 王有为, 徐云杰, 彭志伟, 等. 社会资本、网络口碑和网商绩效——

基于面板数据的实证研究 [J]. 研究与发展管理,2010（05）：31-38.

[31] 戚聿东,李颖. 新经济与规制改革 [J]. 中国工业经济,2018（03）：5-23.

[32] 贾生华,吴波. 基于声誉的私人契约执行机制 [J]. 南开经济研究,2004（06）：16-20＋51.

[33] 汪旭晖,张其林. 平台型电商声誉的构建：平台企业和平台卖家价值共创视角 [J]. 中国工业经济,2017（11）：174-192.

[34] TIMOTHY COOMBS, SHERRY HOLLADAY. CSR as crisis risk: expanding how we conceptualize the relationship [J]. Corporate Communications, 2015 (2): 144-162.

[35] ANYA C. (Savikhin) Samak. An experimental study of reputation with heterogeneous goods [J]. Decision Support Systems, 2013, 54 (2): 1134-1149.

[36] JEAN-CHARLES ROCHET, JEAN TIROLE. Two-sided markets: a progress report [J]. The RAND Journal of Economics, 2010 (3): 645-667.

[37] RAJDEEP GREWAL, ANINDITA CHAKRAVARTY, AMIT SAINI. Governance Mechanisms in Business-to-Business Electronic Markets [J]. Journal of Marketing, 2010 (4): 45-62.

[38] PANTEA FOROUDI, T. C. MELEWAR, SURAKSHA GUPTA. Linking corporate logo, corporate image, and reputation: An examination of consumer perceptions in the financial setting [J]. Journal of Business Research, 2014, 67 (11): 2269-2281.

[39] FRANK HOND, KATHLEEN A REHBEIN, FRANK G A, et al. Playing on Two Chessboards: Reputation Effects between Corporate Social Responsibility (CSR) and Corporate Political Activity (CPA) [J]. Journal of Management Studies, 2014, 51 (5): 790-813.